사행산업론

도박과 사회

나남
nanam

저자 약력

황 현 탁

영남대학교 법정대학 졸업, 영국 레스터대학원 수료
제 15회 행정고등고시 합격(1974)
문화공보부장관 비서관, 문화관광부 홍보협력관
국정홍보처 홍보기획국장, 주일본한국대사관 홍보공사
한국카지노협회 부회장 역임

주요 저서

《매스커뮤니케이션이란 무엇인가》
《유선방송개설》, 《한국영상산업론》
《문화경제학》(역서), 《일본들춰보기》
《도박의 사회학》

나남신서 1644

사행산업론

도박과 사회

2012년 11월 5일 발행
2012년 11월 5일 1쇄

지은이_ 황현탁
발행자_ 趙相浩
발행처_ (주) 나남
주소_ 413-756 경기도 파주시 교하읍
출판도시 518-4
전화_ (031) 955-4600 (代), FAX : (031) 955-4555
등록_ 제 1-71호(1979.5.12)
홈페이지_ http://www.nanam.net
전자우편_ post@nanam.net

ISBN 978-89-300-8644-8
ISBN 978-89-300-8655-4 (세트)
책값은 뒤표지에 있습니다.

나남신서 · 1644

사행산업론

도박과 사회

황 현 탁

나남
nanam

Institutionalization of Gambling Industry Control

by

Hwang, Hyon Tak

nanam

머리말

사행심은 인간의 본능이고 도박은 인간사다.
도박이 줄어든다고 사회복지가 증진되진 않는다.
도박은 자선사업이 아니며 즐기는 것이 따는 것이다.

노름판에서 돈 따 부자 되는 사람 없고 전설적인 타짜도, 포커의 왕도 오래하면 하우스에 당할 재간이 없다. 노름판에 사흘 붙어 앉으면 신령도 돈을 잃는다(중국 속담). 돼지꿈을 꿔도, 삼신할매를 모셔가도 사정 봐주지 않는 게 노름판이다. 적게 잃고 즐긴다는 생각으로 임해야 하며, 밑천의 25%를 따거나 모두 잃으면 무조건 자리를 떠야 인격은 지킬 수 있다. 주사위를 가장 잘 던지는 방법은 그것을 아주 던져 없애버리는 것이다(도박에서 손을 떼는 것이다, 영국 속담).

놀이나 여가활동, 도박이나 사행행위는 모두 인간의 자극추구욕구를 충족시키는 행위로 정확히 구분하기는 어려우나 후자가 집착가능성이 높고 심리적 보상이 즉각적이며 크다. '어머니가 죽어가요'라고 해서는 노름판에서 끌어낼 수 없으며, '죽었어요' 해야만 중단할 정도로 빠져나오기 어려운 블랙홀이다. 사행행위에 대한 보상은 불규칙적이고 간헐적이며 때론 일확천금의 행운을 가져다주지만 인간생활에 긍정적이고 플러스적인 영향만을 주지 않는다는 점에서 고래로부터 금지 · 허용 · 규제가 반복되었다.

대중오락의 하나로 정착된 도박은 복합 · 다양한 사회현상으로 수요 내지 욕구는 그 자체 역동성을 가지고 있는데, 도박이 확산되면 어두운 면이 더 부각되고 반대목소리가 들리게 되며, 엄격히 규제하면 겉으로는 문제가 없는 것처럼 보이고 반대목소리도 사라진다. 대부분의 도박연구에서는 사회가 청결하다는 것을 전제하고 도박이 가져다주는 소비자 잉여나 만족은 제대로 고려하지 않으면서 모든 잘못을 도박으로 돌리는데, 도박기회를 줄인다고 하여 사회복지가 증진되는 것은 아니다. 즉, 문제도박에 쓰인 돈과 시간, 에너지가 고스란히 생산적 활동에 투입된다는 보장이 없음에도 이를 모두 도박의 사회적 비용으로 추계하고 있다.

영국, 캐나다, 호주는 금지보다는 관리를 통해 도박의 폐해를 예방하거나 최소화하는 데 초점을 맞추어왔고, 미국은 점점 도박을 하나의 산업으로 다루면서 개인의 자율과 책임에 맡기는 태도를 취하고 있는 데 반해, 우리나라는 다른 나라에서 공인되는 도박유형을 모두 합법화하고 있음에도 이들 국가보다 참가자 보호를 위한 제도가 미흡하며 산업으로 육성하는 것도 아닌 어정쩡한 태도를 취하고 있다. 즉, 해야 할 일은 한다는 당당한 자세가 아니라, 눈치를 보면서 취할 것은 다 취하고 문제도박에 대해서는 '개인의 문제'로 치부하는 2중적인 태도를 가지고 대처하고 있다.

사행심은 인간본성의 발로이므로 형법에 규정된 단순도박죄를 폐지해야 한다는 학자들도 있는 만큼 합법적 도박활동에 참가하는 자체를 백안시하여서는 문제도박을 해결할 수 없으며, 도박에 참가하는 사람들의 실상이나 심리상태, 특히 지나친 집착으로 자제력을 잃고 생활이 파탄난 행동중독자들에 대한 실증적인 조사와 연구를 바탕으로 도박문제를 다루어야 한다.

지금까지 사행산업통합감독위원회는 사행산업의 통합관리를 위해 많은 노력을 해왔으며, 2000년 이후 사행산업의 확대에 따라 관련분야의 전문가들도 많은 연구결과물들을 발표하였는데, 도박의 폐해나 부작용 강조를 통해 존재의의나 스포트라이트를 받는 데 치중하였다고 본다. 연구의 불모지에서 이만큼의 자료축적을 위해 노력한 점은 인정하나 이젠 실증적인 연구를 통해 도박이 가져다주는 오락으로서의 가치, 도박산업이 가져다주는 경제적 효과, 불법도박과 원정도박에 대한 실상파악 등 신뢰성과 타당성을 확보할 수 있는 자료를 바탕으로 도박문제를 다루어야 하며, 호주·캐나다 등의 참가자 보호와 피해 최소화를 위한 게임액수시간한도설정제(*pre-committment*), 현금자동인출 제한, 자진퇴출제도(*self-exclusion*) 도입, 게임기 설치대수 제한, 운영자와 종사자에 대한 면허나 교육, 사행사업자의 영업준칙(*Codes of Conduct*) 제정 등 다양한 제도들을 국내에도 도입하는 문제를 검토해야 할 것이다.

도박은 피해자가 없는 범죄로서 최종적인 책임은 행위자인 개인에게 있으며, 개인의 절제가 무엇보다도 중요한 만큼 도박의 실상에 대한 교육홍보프로그램을 시행함과 동시에, 도박으로 인한 개인적·사회적 문제가 발생하지 않도록 책임도박(*responsible gambling*)의 구현을 위한 다양한 제도를 도입하고, 도박중독자 치료프로그램의 확대에도 노력해야 할 것이다. 도박이 우연과 행운에만 내맡긴 무책임한 행위가 아닌 즐거운 여가활동의 하나인 놀이나 오락으로 자리매김하길 바라며, 《사행산업론》이 한국의 도박문제 관리를 위한 심층연구의 시발점이 되기를 희망한다.

2010년 4월 졸저 《도박의 사회학》이 출판되자마자 갑작스럽게 서울 중구청장 후보로 6·2 지방선거판에 뛰어들고 재직하던 한국카지노업관광협회에서 퇴직하게 되었으며, 낙선 후에도 상당기간 정치판을 기웃거리는 바람에 당초 계획하였던 경마산업이나 유럽의 카지노산업에 대해 더 이상 관심을 쏟을 수 없었는데, 뜻하지 않게 식도암이 발견되어 정치도 접고 수술을 하고 '집에서' 정양하는 과정에서 미국, 영국, 호주, 캐나다, 일본 등의 사례를 더 들춰보면서 이 책을 쓰게 되었다. 책의 편제상 불가피하게 놀이·도박 일반론은 《도박의 사회학》의 내용을 조금 가필하여 다시 수록하였음을 밝히며, 이 기회에 뒷바라지 때문에 아홉 달을 꼼짝달싹 못한 아내에게 고맙다는 말을 전한다. 다시 '쉽게 팔리지 않고 오래 팔리는 책'을 출판하는 나남의 저자가 된 것을 기쁘게 생각하며 조상호 사장님께도 감사드린다.

2012년 10월
남산자락에서
황현탁

나남신서 · 1644

사행산업론

도박과 사회

차 례

도박과 사회

놀이와 내기와 도박

우리 조상들은 예부터 먹고살기 위해 농사를 짓든 고기를 잡든 사냥을 하든 일을 해야 했으며, 더 나은 삶을 위해 공부를 했고, 남는 시간에 활쏘기・석전・줄다리기・씨름 등 경쟁적 놀이뿐 아니라, 투호・연날리기・제기차기・낚시・그네나 널뛰기 등 즐거움을 위해 다양한 놀이를 했다. 그뿐만 아니라 일하면서 노래를 부르고 한편에서는 풍악을 울렸으며, 추수 때가 되면 씨족이 모여 감사의식을 치르고 술과 춤으로 흥에 겨워하기도 하였고, 조상과 신에게 제사를 올리기도 하였다. 비록 계층이나 계급에 따라 일과 놀이의 종류와 근로시간은 달랐을지라도 그들 나름대로 삶의 방식에 따라 일과 놀이를 병행했음은 지금과 다르지 않다.

바로 일과 놀이와의 관계를 학문적으로 정리하여 오늘날 원조(元祖)로 불리는 사람이 요한 하위징아(Johan Huizinga)와 로제 카이유(Roser Caillois)다. 네덜란드의 문화사학자 요한 하위징아는 인간은 "생각하는 인간(*Homo Sapiens*)이나 만드는 인간(*Homo Faber*)이기보다는 놀이하는 인간(*Homo Ludens*)에 더 가깝다"고 하면서 놀이를 생존을 위한 생리현상이 아닌 문화현상으로 보고 있다.[1] 그에 따르면 놀이는 "어른이나 책임있는 인간에게는 도외시하여도 무관한 기능이며, 여분의 것이고, 놀이에 대한 욕구는 놀이로 인한 즐거움이 놀이를 욕구하는 한에서만 절실해진다. 그러므로 놀이는 언제고 연기될 수 있고 중지될 수 있으며, 물리적 필요나 도덕적 의무로 부과되는 것이 아니기 때문에 여유가 있을 때, 곧 자유시간에 행해지는 자발적인 것"이라고 한다.[2] 또한 놀이는 '일상적 삶'과는 구분되는 것으로 제한된 시간과 장소에서만 '놀이하는' 것이며, '우리'를 위한 것이지 '다른 사람'을 위한 것이 아니라면서, 거기에는 '긴장감과 유쾌함과 즐거움'이 절대적이라고 한다.

로제 카이유는 인간은 즉흥과 희열의 원초적 힘인 파이디아(*paidia*)에서 이유 없이 어려움을 추구하는 루두스(*ludus*)로 나아가면서 여러 가지 놀이를 만들고 있다면서, 놀이를 아곤(*Agon*, 그리스어로 시합·경기를 의미), 알레아(*Alea*, 라틴어로 요행·우연을 의미), 미미크리(*Mimicry*, 영어로 흉내·모방·모의를 의미), 일링크스(*Ilinx*, 그리스어로 소용돌이·현기증을 의미)의 4개 범주로 구분하면서 도박을 알레아

---

1) 인간을 표현하는 여러 용어들이 사용되는데, 호모 하빌리스(*Homo Habilis*, 도구를 만들어 사용하는 사람), 호모 에렉투스(*Homo Erectus*, 직립보행하는 존재), 호모 로퀜스(*Homo Loquens*, 언어를 사용하는 존재), 호모 폴리티쿠스(*Homo Politicus*, 사회적·정치적 행위를 하는 존재), 호모 그라마티쿠스(*Homo Grammaticus*, 문법을 사용하는 존재), 호모 이코노미쿠스(*Homo Economicus*, 경제행위를 하는 존재), 호모 네간스(*Homo Negans*, '예'와 '아니오'라고 할 수 있는 존재), 호모 에스페란스(*Homo Esperans*, 희망을 가지고 살아가는 존재), 호모 후모아(*Homo Humor*, 유머가 있는 존재), 호모 히스토리쿠스(*Homo Historicus*, 역사적 인간), 호모 페스티부스(*Homo Festivus*, 축제적 인간), 호모 쿵푸스(*Homo Kungfus*, 공부하는 인간) 등이 그 예이다.

2) 김윤수 옮김, 《호모 루덴스》(까치, 2003), p. 19.

의 대표적 놀이라고 한다.[3] 권투나 축구 등 스포츠는 아곤에, 내기 · 복권 · 카드 · 룰렛 등은 알레아에, 가면극 · 주인공 선발 등은 미미크리에, 바이킹 · 번지점프 · 파도타기 등은 일링크스에 해당하는 놀이라 할 수 있는데, 《놀이와 축제의 신화성》의 저자인 표정옥은 일링크스에 "신화이미지를 조합한 것이 정글탐험 · 신밧드의 모험 · 파라오의 분노 …"라고 설명한다.

놀이를 "인간의 과잉에너지의 무목적적 방출"(F. V. Schiller, H. Spencer), "인간의 본능에 의하여 흥분을 얻고자 하는 생활"(W. James, W. H. Kilpatrick), "본능적이며 생활을 준비하는 것으로 즐거워서 행한다"(K. Gross, F. Frobel) 등 어느 것으로 정의하든, 놀이는 "일과 생존을 위한 기본욕구가 충족된 후의 남은 잔여시간인 자유시간에 하는 비노동활동"으로서,[4] 자발성, 탈일상성, 지속성, 규범성을 갖는 인간활동이다.

모든 놀이에는 '거는 것'이 있으며, '그것은 물질적 혹은 상징적 가치를 가진 것일 수도 있고 관념적 가치를 가진 것일 수도 있는데',[5] 놀이에는 이처럼 바로 경쟁 또는 내기가 전제된다고 할 수 있다. 국어사전에서는 내기를 "금품을 거는 등 일정한 약속 아래에서 승부를 다툼. 이긴 사람이 걸어 놓은 물품이나 돈을 차지한다"고 정의하고 있으며, 도박은 "요행수를 바라고 불가능하거나 위험한 일에 손을 댐"이라고 정의하고 있다. 영어사전에서는 내기(*wager*)를 "경마, 축구경기나 각종 이벤트에서 예측한 결과가 맞고 틀리느냐에 따라 돈을 주거나 받는 것"으로 정의하고 있고, 도박(*gamble*)은 "돈, 성공, 이점 등을 취하기를 기대하며 취하는 위험한 행동이나 결정"으로 정의하고

---

3) 표정옥, 《놀이와 축제의 신화성》(서강대 출판부, 2009), p. 332.

4) 전경수 · 이덕순, 《여가관광론》(원광대 출판국, 2004), p. 41.

5) 김윤수, 앞의 책, p. 82.

있다. 따라서 내기는 어느 정도 개인의 능력이나 기술, 과거의 실적들이 개재된다고 할 수 있으나, 도박은 '희망과 기대가 섞인 요행수'를 바라면서 위험한 행동을 취하는 것이므로 우연이 더 많이 개재한다. 놀이에도 내기를 거는 경우도 있고 그래야만 더 재미를 느낄 수도 있는데, 많은 돈이 걸려 있어 투기성이 있고 과소비나 사행심 조장 등 부정적 영향이 강하면 그 놀이는 내기 또는 도박으로 볼 수도 있다. 내기골프, 내기당구 등에서 지나친 금액을 걸면 형법상 도박죄가 성립하는 것은 바로 부정적 영향이 크기 때문이다.

도박은 많은 사람들에게 즐거움과 오락의 소스로서의 기능을 가지며,[6] 현대 대중문화에서 중요한 요소 중의 하나이고 참여적이다. 도박은 기도와 같이 영적인 것이었으며, 도박과 기도 둘 다 하느님의 도움과 행운의 반전을 추구했다. 도박은 인류역사의 시작과 함께 종교적 의식과 축제의 일환으로 행해진 성스러운 게임(*sacred gaming*)이었는데,[7] 이집트의 고대 무덤벽화에는 귀족이 내세를 위해 주사위게임을 하는 모습이 그려져 있고, 아이슬란드, 힌두신화에도 신이 주사위판을 부수고 다시 만드는 아메리카 원주민의 신화와 같은 것이 등장하고 있음을 볼 때 도박은 예부터 대륙의 경계를 넘어 행해졌음을 알 수 있다. 물론 성서에도 제비(*cleromancy*)로 직위를 분배하고, 사도를 선출하며, 가나안 땅을 분할하고, 도둑을 찾는 것으로 기록하고 있다.[8] 이처럼 도박은 인류의 역사와 함께하였으나, 자유화·상업화·산업화되자 시민사회를 붕괴시키고 위험하게 하는 것으로 여겨 불법화하고, 추방하며, 억압하려는 시도가 지속되었다.

우연의 게임인 도박과 관련, 파스칼(Pascal)은 "게임의 미래는 과

---

6) Gerda Reith, *Gamblimg*(Prometheus Books, 2003), p. 50.

7) 위의 책, pp. 334~335.

8) 김영선 옮김, 《도박》(꿈엔들, 2006), p. 34.

거에 일어난 결과와 아무런 상관이 없으므로, 중단된 게임의 판돈분할은 이미 행해진 것은 결정된 승률에 따라, 미래의 게임은 누구나 승자가 될 수 있다고 가정하고 나눠야 한다"고 하였다. 즉, 승패는 앞선 판의 패턴을 반복하는 것이 아니라 항상 변할 수 있다는 것이며, 확률게임이지만 우연에 좌우된다는 것이다. 그러면서 그는 "모든 도박자는 불확실한 이득을 위해 어떤 위험을 감수한다. 그러나 그는 이성에 반하는 죄를 짓는 것이 아니라 불확실하고 유한한 이득을 위해, 유한한 어떤 위험을 감수하는 것이다"라면서 합리적 행동을 촉구하고 있다.[9]

러스킨(Ruskin)은 인간은 애초부터 두 가지 부류로 나뉜다고 보았는데, "하나는 일꾼의 부류이고 또 하나는 놀이꾼의 부류"라면서, "한쪽은 땅을 갈고 물건을 만들며 집을 짓는 등 여러 가지 생활필수품들을 조달한다. 또 다른 부류는 거만하고 게으른 자들로서 끊임없이 레크리에이션을 필요로 한다. 그들은 생산적이고 부지런한 부류의 인간들을 가축으로서, 또는 죽음의 놀이에 등장하는 그들의 꼭두각시 또는 장기 알로 사용한다"고 주장한다.[10] 한 인간 자체를 '일꾼 또는 놀이꾼'으로 보는 데는 동의할 수 없지만, 누구든 일만하고 사는 것은 아니며, 긴장감의 해소나 즐거움을 위해 '놀이'를 '놀아'야 하고, '노름'도 바로 그 '놀이'의 하나라면 인간이 살아가는 사회에서는 형태는 다를지라도 놀이로서의 도박은 결코 사라지지 않을 것이다. 도박의 합법화와 합법적 도박을 통한 공적 재원확보에 비판적인 사람들은 "놀이 그 자체는 선하지도 악하지도 않은 도덕적 규범의 영역 바깥에 놓여 있다"는 하위징아의 말과, "놀이는 인류의 최상위의 표현방식이며, 인간이란 놀이하는 곳에서만 인간이다"라는 실러(F. Schiller)의 말은 인

9) Gerda Reith, *The Age of Chance* (Routledge, 2000), p. 26.

10) 김윤수, 앞의 책, p. 161.

류역사와 함께한 도박을 객관적 잣대로 볼 것을 주문하고 있다.[11)]

여분의 자유시간에 하는 선택적 놀이, 즉 여가활동은 등산·축구·수영 등 동적 여가활동, 인터넷·독서·TV시청 등 정적 여가활동으로 구분할 수 있으며, 사람들은 일반적으로 영화관람·독서·스키 등은 긍정적 정서를 경험하는 여가활동, TV시청·음주·게임 등은 부정적 정서를 경험하는 여가활동으로 인식하고 있다. 《2010년 문화향수실태조사》에 따르면,[12)] 2010년 평균 여가시간은 평일 160분, 휴일 4백 분으로 조사되고 있으며, 여가활동 유형별로는 게임·등산·음악감상·노래방 등 취미·오락활동 33.7%, 골프·체조·배드민턴·당구 등 스포츠 활동 14.4%, TV시청·신문/잡지보기 등 휴식활동 14.4%, 관광활동 12.9%, 기타 사회활동 10.6%, 문화예술 관람활동 8.7%, 문화예술 참여활동 4.1%, 스포츠 관람활동 1.1%로 나타났다.

《노는 만큼 성공한다》의 저자 김정운은 노동시간 단축과 여가시간 증가로 인한 생산적 여가문화가 정착되어야만 창의적 경제활동이 가능하며, 그래야만 한국이 '1만 달러의 덫'에서 벗어날 수 있는데, 제대로 놀지 못하기 때문에, 즉 '놀면 불안해지는 병' 때문에 2만 달러 시대에 진입하지 못하고 있다고 진단한다. 노동시간이 줄고 여가시간이 늘어나도 여가문화가 형성되지 않으면 감각적·자극적·상업적인 여가문화가 주류가 되며, 사행성 산업이 증대하여 상당한 부작용을 낳는다며, 주 5일제 근무(주휴2일제) 실시 후 일본의 파친코 등 사행산업이 2백% 증가했음을 예로 들고 있다.[13)] 자신이 자유롭게 활용할 수 있는 시간이 늘어나면 스트레스도 줄고, 일과 사생활을 컨

11) Gerda Reith, 앞의 책, p.3; 김윤수, 앞의 책, pp.316, 318.

12) http://culturestat.mcst.go.kr/

13) 김정운, 《노는 만큼 성공한다》(21세기북스, 2005), pp.26, 39.

트롤할 수 있게 되면 더욱 행복한 느낌이 들 수 있겠지만, 그것은 '제대로 놀 줄 아는 것'을 전제로 하고 있으며, 그래야만 여가활동은 삶의 활력소가 되고 자아성취의 동기가 될 수 있을 것이다.

일본 부유층(연수입 3천만 엔 이상, 금융자산 1억 엔 이상)의 라이프스타일 조사결과를 보면, 그들은 연간 2백만 엔의 피복비를 지출하고, 인맥을 구축하기 위해 연 6회 이상 자신의 집에서 믿을 만한 사람들과 파티를 하는 등 의식주생활 전체적으로 보아 불만이라는 사람은 없으나 만족한다는 응답은 58.7%에 불과한 것으로 나타났다. 부유층의 71.4%가 경제적으로는 만족스럽다고 답한 반면, 시간적 만족도, 즉 시간여유가 있다는 응답은 16.7%, 문화적으로 만족한다는 응답은 18.3%, 정신적으로 만족한다는 응답은 21.4%에 불과한 것으로 나타나 경제적·물질적으로는 만족하지만, 문화적·정신적으로는 뭔가 부족함을 느끼며, 일 때문에 바빠 놀 시간을 갖지 못하는 것으로 조사되었다.[14] 요시코시 고이치로〔吉越浩一郎〕 역시 시간외 근무(殘業)가 일반화된 일본사회는 즐거운 여생을 위해 잔업을 줄이고 '일과 여가생활 간의 균형'(*work-life balance*)을 취하도록 해야 한다면서, 궁극적으로는 일(*work*) 이외의 활동이 여생(餘生)이 아닌 본생(本生)이 되어야 한다고 강조한다.[15] "노동은 착한 일이고 노는 것은 나쁜 짓이라는 도덕률이 헌법과도 같이 견고한 일본사회는 근면한 사람만이 선이고 노는 사람은 악으로 취급받는다"고 한 일본의 작가 아사다 지로〔淺田次郎〕는 "일에 쫓겨서 놀이를 게을리 하는 것은 놀이에 쫓겨서 일을 소홀하는 것보다 훨씬 큰 죄"라고 한다. 한국 사람들의 연간 근로시간은 2,193시간(2010년)으로 경제협력개발기구(OECD)

---

14) 미우라 아츠시〔三浦展〕, 《富裕層の財布》(프레지던트사, 2007), p.69.

15) 요시코시 고이치로〔吉越浩一郎〕, 《殘業ゼロの仕事力》(일본능률협회매니지먼트센터, 2008), p.195.

회원국 중 가장 많으며, 평균 근로시간 1,749시간보다 450여 시간 많고 가장 적은 네덜란드의 1,377시간보다는 무려 816시간 많은데, 정신분석전문의인 김혜남[16]이 말하는 일과 삶의 균형을 찾는 방법, 즉 "제일 먼저 휴가계획부터 세워라, 일이 없으면 왜 불안한가를 생각해 보라, 당신이 다해야 한다는 생각을 버려라, 우리는 행복하게 살기 위해 일을 한다"는 네 가지를 곱씹어 봐야 할 것이다. 일은 단지 행복추구를 위한 방편이자 생존을 위한 토대일 뿐이다.

16) 김혜남, 《서른 살이 심리학에게 묻다》(갤리온, 2008), p. 186.

종교적 관점에서 본 도박[17)]

하위징아는 "노름은 문화적 탐구의 주요한 주제가 되지만 문화발전 그 자체를 위해서는 비생산적인 것으로 불모의 것이며, 정신이나 삶에 대해서 아무런 소득도 가져오지 않는다"고 혹평하는데,[18)] 각 종교에서는 도박을 어떻게 보고 있을까?

미국 감리교의 월터 로첸부시(Walter Rauschenbusch) 목사는 도박은 '야만인들의 죄악'이기 때문에 시민사회가 척결해야 한다고 역설하였지만, 미국인들의 28%만이 도박이 도덕적으로 나쁜 것으로 믿는 것으로 조사되고 있으며, 도덕적으로 받아들일 수 없다고 응답한 비율을 보면, 65세 이상 노인은 3분의 1을 약간 상회하고, 흑인이 백인보다 높으며, 저소득층에서 높은 것으로 조사되고 있다. 조나단 라스트(Jonathan Last)는 도박을 "지난 50년 동안 떳떳하지 못한 즐거움을 추구하기 위하여 종교적·도덕적 죄악(*sin*)과 법률적 죄악(*vice*) 사이를 왔다갔다하였으며, 엔터테인먼트 지도에서 또 다른 관심의 초점이 되었다"고 평하고 있다.

크로슨(Croson) 등은 "인간은 더 나은 것을 위해 행동하나 도박은 그럴 가능성이 희박함에도 계속하는 수수께끼이며, 중독되는 정신적 장애이고, 통제의 환상(*illusion of control*), 신의 손(*lucky hand, hot hand*) 등 착각으로 개인을 실수에 빠뜨리고 있다"고 설명하고 있으

---

17) 이 글은 2009년 Baylor University Press에서 발행한 *GAMBLING*에 수록된 글 중 William Galston의 "The Memory of Sin", Alan Wolfe의 "The Culture War Issue That Never Was"와 http://www.beliefnet.com의 글 중 "Does God Plays Dice?"를 읽고 작성한 것임.

18) 김윤수, 앞의 책, p.77.

며, 일부 온정주의적(*paternalistic*) 시각에서는 자동차 시트벨트 착용, 오토바이 헬멧착용, 약 처방 등 각 개인이 하지 않으면 나중에 후회할 수도 있는 행동을 하도록 하는 것이 사회의 모든 사람에게 득이 될 수도 있다는 측면에서 도박 자체를 금지해야 한다는 사람들도 있다. 임상용어로는 '도박을 죄악이라기보다는 증후군(*syndrome*)'으로 보고 있다.

기독교에서의 도박

중세 히스패닉 법률 중에는 "예수그리스도가 탄생하신 이래로 크리스마스이브와 크리스마스 당일은 사람들이 자유롭게 도박할 수 있는 시간이며, 모든 사람이 가정에서 기뻐해야 하는 성스러운 날이다"라는 도박에 관한 특별조항도 포함되어 있으나 신약성서에는 도박을 특별히 언급하고 있지 않다. 그러나 많은 기독교인은 도박 자체를 부도덕한 것으로 보고 있으며, 성서의 핵심원칙들과 양립할 수 없는 것으로 여기고 있다. 도박에서의 승리는 다른 사람의 손실에 근거한 것이므로 이웃을 사랑하라는 하늘의 명령을 거역하는 것이며, 약자를 착취하는 것이고, 근로윤리를 약화시키며 탐욕을 부추기고, 사기와 강도를 불러들이며 개인의 책무를 망각하게 하고, 자신뿐 아니라 남도 유혹에 빠뜨리며 믿음을 약화시켜 하느님을 배신하는 행위라는 것이다. 그리고 가족에게 나쁜 영향을 주고, 중독에 이르는 경향 때문에 비판하고 있다. 비록 자선이나 복지제공에 소요되는 재원마련 목적이라 하더라도 도박을 공적으로 후원하는 것은 상황을 악화시키는 것으로, 정부의 핵심적 책임이행이나 시민의 복지증진과 죄악의 퇴치 등에서 역효과를 가져올 뿐이라는 것이다.

개신교 특히 캘빈주의자들은 도박을 거세게 비판하는데, 영국식민

시대 미국에서는 퀘이커교도를 제외한 모든 교파에서 복권제도를 운영하였다. 미국의 보수적 종교지도자들이 도박문제를 낙태처럼 주요한 문화적 논쟁거리로 몰고 가지 않는 것은 교인들 사이에 인기가 있거나 관련된 사안들은 비판하기를 꺼리는 정치적 실용주의 입장 때문인데, 이혼을 죄악시하거나 방종한 것으로 보지 않는 것이나, 보수개신교세가 강한 조지아주나 미시시피주에서 카지노가 성업중인 것 등이 그 예이다. 그뿐만 아니라 카지노는 주민이 선출하지 않은 재판관에 의한 사법적 판단에 의한 것이 아니라, 주법이 정한 바에 따라 투표에 의해 합법화된 것으로 민주주의적 책임성을 확보하였다고 보며, 카지노의 인기가 일정 정도의 정당성을 부여하는 셈인데, 나쁘다고 생각하면 가지 않으면 된다는 논리가 배경에 자리하고 있다.

오늘날 대부분의 크리스천은 도박은 종교적인 죄악(*sin*)이란 사실을 의심의 여지없이 받아들이는데, 그들은 교회당에서 또 주일학교나 교우들을 통해서 수없이 들어왔기 때문이지 성서(*Scripture*)에는 도박을 죄악으로 언급하지는 않고 있다. 《요한복음》(*John*) 19장 24절에는 "군인들이 서로 말하되, 이것을 찢지 말고 누가 얻나 제비뽑자 하니,[19] 이는 성경에 그들이 내 옷을 나누고 내 옷을 제비뽑나이

19) 1593년 James Balmford가 출판한 *Black Letter*라는 소책자에는 주사위 · 카드 · 테이블게임 등 우연에 결과가 좌우되는 불법게임에 관한 교수와 성직자의 짧고 단순한 대화가 수록되어 있는데, 성직자는 주사위 · 카드 · 테이블게임 모두를 악행(*evil*)으로 간주하면서 제비는 우연의 게임에는 사용할 수 있으나 스포츠경기에는 사용할 수 없다고 강조한다. 그러면서 그는 제비는 유대인과 비유대인들이 심각한 문제(*serious matters*)를 다룰 때나, 신이 강림한 상황에서의 증언을 전제한 맹서에 사용하였으며, 논쟁을 종식시키기 위한 수단으로 사용하는 등 종교적인 의미로 사용하였다고 설명하면서, 기도와 맹서로 경기결과가 달라지지 않는 만큼 스포츠에는 사용하지 않는다고 한다. John Ashton, *The History of Gambling in England*(1895년판 복제판)(Harvard College Library, 2003), pp. 29~30.

다 한 것을 응하게 하려 함이더라"라고 말하고 있는데, 성경말씀 중에 제비가 구체적으로 어떤 행동인지는 논란이 있지만 주사위를 던지거나 다양한 길이의 막대기를 뽑는 우연의 게임(*game of chance*) 임에 틀림없다. 예수가 십자가에 못 박혀 죽을 때 로마병사들은 그의 옷을 걸고 도박하였는데, 그들의 행위가 잘못된 것이라면 구체적으로 어떤 죄인가? 예수의 옷을 훔치는 것은 분명히 죄가 되지만 그의 옷을 걸고 도박한 것이 죄가 되는가? 《사도행전》(*Acts*) 1장 26절에서 역시 "그리고 나서 제비를 뽑았더니 맛디아가 뽑혀서 열한 사도와 같이 사도직을 맡게 되었다"고 하여 로마병사가 아닌 예수와 함께 한 그의 애제자들이 제비를 하였다고 기록하고 있는데, 하느님은 우연의 게임인 제비를 용인하고 있으며, 제비뽑는 행위 자체는 죄악이 아니라는 의미로 해석될 수 있다. 또 《디모데 전서》 5장 8절에서 "누구든지 자기 친족 특히 자기 가족을 돌아보지 아니하면 믿음을 배반한 자요 비신자(*unbeliever*) 보다 더 악한 자니라" 하였는데, 도벽으로 친족이나 가족을 돌볼 수 없게 되는 것은 분명 성경말씀에 위배되나 자신이 감당할 만한 금액으로 노름하는 것은 《마테복음》 20장 15절에서 "내가 내 것으로 내가 원하는 대로 하는 것은 당연한 것이 아니냐?"는 말씀처럼, 돈을 죄악을 저지르는 데 쓰지 않는 한 그가 바라는 대로 쓸 수 있다고 분명히 하고 있다. 미국의 저술가 페리(Greg Perry)는 《도박, 종교와 성서》(*Gambling, Religion, and the Bible Reconciled Once and for All*) 에서 "성서에서는 도박 자체를 금하지 않고 있으며, 자신의 돈을 죄악을 저지르는 데 쓰지 않는 한 가족을 보살피면서 우연의 게임에도 쓸 수 있다"고 강조하고 있다.

미국 전직장관 윌리엄 베네트, 성서와 도박논쟁 촉발

어린이들의 이해력과 바른 인격형성을 위한 격언 모음집으로 책임감, 용기, 동정심, 충성, 우정 등 문학작품과 역사 속에 존재해왔던 여러 모범적 이야기들을 흥미있게 가르칠 수 있도록 엮은 《미덕의 책》(*The Book of Virtues: A Treasury of Great Moral Stories*, Simon & Schuster, 1993)의 저자이자 레이건 행정부 당시 교육부장관(1985~1988)을 역임하였고, 부시 행정부에서 장관급인 초대 약품통제국장(1989~1991)을 지냈던 윌리엄 베네트(William Bennett, 1943~)는 가톨릭 신자로, 공직에서 물러난 후 10여 년간 8백만 달러라는 거액을 카지노의 비디오 포커게임에서 잃어 성서와 도박에 관한 논쟁을 촉발시켰다. 그는 베스트셀러가 된 그의 책에서 문제도박을 배격하는 자기수양을 말하고, 한편에선 카지노 도박의 확산에 반대하는 Empower America라는 재단을 창설하고 이끌면서, 또 〈Morning in America〉라는 아침 6시에서 9시 출근시간대에 보수적인 라디오 토크 쇼 프로그램을 진행하면서, 뒤에선 도박으로 거액을 탕진하였기 때문이다.

2003년 그의 도박 사실이 〈워싱턴포스트〉, 〈뉴스위크〉, 〈*USA Today*〉 등을 통해 알려지자 그는 지난 10여 년간 “노름을 너무 많이 했으며, 좋은 습관은 아니나, 이젠 더 이상 노름하지 않는다”라고 말한 바 있고, 그의 아내 역시 “지불할 능력이 있고 모든 빚은 변제하였으며, 다시는 노름판에 끼지 않을 것이다”라고 밝힌 바 있다. 대부분의 보통사람들에게 8백만 달러는 큰돈이지만 수천만 달러의 재산이 있는 베네트에게는 상대적으로 많은 돈이 아닐 수 있으며, 8백만 달러도 따고 잃고를 반복한 합계금액으로 실제 그가 잃은 돈은 그보다 적을 것으로 추정된다고 언론은 보도했다. 〈뉴스위크〉는 그가 즐겨했던 비디오 포커게임기의 승률이 99.5%~102%라는 점에 착안, 그는 따고 잃고를 반복한 총 금액이 795만 달러~816만 달러일 것이고, 실제로 그는 최대 5만 달러를 잃거나 16만 달러를 땄을 수도 있다고 추정하고 있다. 그의 도박행위에 찬동하지 않는 사람들에게는 그가 얼마나 따고 잃었느냐는 중요하지 않으며, 죄악의 경중도 따지지 않는다. 어쨌든 그들은 그가 도박을 자제할 것이라 믿었으며, 그가 용서를 구하고 또 용서받았는지도 모를 일이지만, 베네트가 믿는 천주교는 도박 자체를 종교에 반하는 것으로 여기지 않고 실제로 많은 교구(*parishes*)에서 빙고게임이 행해지기도 한다.

그의 도박금액은 대부분의 사람들에게 천문학적인 액수이기는 하나 그의 가계에 비추어볼 때 감당할 만한 액수였으며, 도박이 그의 가족의 안전과 일상에 지장을 초래했다면 큰 문제일 수 있으나 그렇지 않았고, 가계에 위협이 될 수도 있는 주식투자, 부동산 구입, 낭비와 같은 행위로서, 연간 100만 달러 이상을 버는 사람에게 그 만한 액수는 스트레스를 해소하는 여흥(*relaxing hobby*)일 수도 있다는 것이다.

유대교에서의 도박

어느 사람이 유대교 성직자인 카페츠 카임(Chafetz Chaim)에게 복권에 당첨되는 은총을 내리기를 요청했으나 그가 거부하자, 그럼 복권이 아니라 주식돈벌이에 은총을 주면 어떠냐고 물었다. 카페츠 카임은 주식은 올라가고 잃는 사람이 없기 때문에 주식투자자에게 은총을 주겠노라고 답하면서, "복권에 축복을 내리면 다른 수많은 복권에 저주가 된다"고 하였다. 그 당시에는 그랬을지는 모르나 휴지조각이 되는 주식이 부지기수고 깡통을 차는 사람들이 많은 현재로서는 그런 논리는 통하지 않음은 물론이다.

《탈무드》(*Babylonian Talmud*, Sanhedrin 24b)에는 성직자들이 노름꾼은 증인으로 부적합하다는 이유에 대해 논쟁하는 내용이 있는데, "모든 도박꾼은 그들이 이길 것이며, 그들이 가진 돈 전체를 위태롭게 하지 않는다는 잘못된 형태의 믿음을 가지고 있다. 그러므로 노름에서 이기는 것은 도둑질의 일종이다"라고 근거를 제시한다(Eliezer Diamond).

유대교에서 도박을 이해하는 출발점은 법적 분쟁인데, 《탈무드》

경전에 법정에서 증인으로 봉사할 수 있는 개인의 범주를 논의하는 과정에서 등장하며, 성직자인 랍비(*rabbis*)들이 이 문제를 논의하는 과정에서 노름꾼은 제외되어야 한다고 한다. 한 가지 견해는 도박은 강탈행위와 유사한 행위로 계약의 양 당사자가 신의성실에 입각하여 한 계약이 아니어서 법적으로 이행할 필요가 없고, 조건에 따라 돈을 받는 것은 부적절한 형태로 도박자는 증인에게 요구되는 존경심이 부족하기 때문이라는 것이다. 또 다른 견해는 노름꾼들은 일반적 복지와는 관련이 없는데, 그들은 복지에 기여하지 않는 활동을 하기 때문이며 증인에게 요구되는 자질과는 양립할 수 없는 양태라는 것이다. 즉, 일반적 복지와 무관계한 사람은 허위나 불완전한 증언이 가져다 줄 사회적 해악에 대해 주의를 기울이지 않을 것이기 때문이다.

불교에서의 도박 20)

부처님이 마가다에서 덕망이 높고 부유했던 사람(長子)의 아들인 싱갈라(Singala)의 청을 받고 설법한 것이 싱갈라경(*Singalovada Sutta*)이며, 출가와 수행에 관련된 다른 경전들과 달리 재가불자(在家佛者)

---

20) 불교경전은 크게 출가자의 생활규범을 담은 율장, 부처님의 설법이 담긴 경장, 부처의 직계제자들의 경에 대한 해석과 설명을 모은 논장으로 구분되며, 경장은 다시 길이가 긴 장부(長部), 보통길이의 중부(中部), 주제별로 모은 상응부(相應部), 법수(法數)별로 정리한 증지부(增支部), 단편설법을 모은 소부(小部)로 나뉘는데, 디가 니카야(Digha Nikaya)는 긴 설법인 장부(長部)에 해당한다. 디가 니카야는 모두 34경으로 되어 있는데, 중국에서는 선생경(善生經)으로 옮겨졌고, 후한 때 안세고(安世高)가 《불설시가라월육방예경(佛說尸迦羅越六方禮經)》이란 제목으로 한역(漢譯)하였는데, 한국에서는 '육방예경'으로 알려져 있다. 이하 내용은 부처님 생존당시의 언어인 팔리어(梵語)로 된 원전을 한역을 거치지 않고 옮긴, 각묵 스님 옮김, 《디가 니카야: *Dighanikaya*》(초기불전연구원, 2006)에서 인용.

가 어떻게 불교적인 윤리로 가정생활과 사회생활을 영위해야 하는가를 기술하고 있는데, 장자의 유언에 따라 예배하는 싱갈라를 본 부처님께서는 "장자의 아들이여, 성스러운 제자는 〔생명을 죽이는 것, 주지 않는 것을 가지는 것, 삿된 음행을 하는 것(*sexual misconduct*), 거짓말을 하는 것 등〕 네 가지 업(業)의 오염원(汚染源, *defilement*)들을 제거하고, 〔열의 · 성냄 · 어리석음 · 두려움 때문에 하지 않아야 할 것을 하는〕 네 가지 사악한 업을 짓지 않으며, 〔술과 중독성 물질의 섭취, 때 아닌 때에 길거리를 배회하는 것, 구경거리를 보러 다니기에 몰두하는 것, 도박에 몰두하는 것, 사악한 친구 사귀기에 몰두하는 것, 게으름에 빠지는 것 등〕 여섯 가지 타락의 입구가 되는 재물을 추구하지 않는다. 그는 이와 같은 열네 가지 사악(*evil*)함을 없애고 동〔부모〕 · 서〔아내와 자식〕 · 남〔스승〕 · 북〔친구와 동료〕 · 상〔윗사람〕 · 하〔아랫사람〕의 육방을 감싸는 자가 되어 두 세상을 얻기 위해서 도를 닦는다. 그는 이 세상과 저 세상을 다 얻는다. 그는 몸이 무너져 죽은 뒤 좋은 곳(善處)이나 천상에 태어난다"고 하셨다.

부처님께서는 다시 노름의 폐해와 관련, "장자의 아들이여, 방일(放逸, 放溢)의 근본이 되는 노름에 몰두하는 것에는 다음의 여섯 가지 위험이 있다. 이기면 증오가 따른다. 지면 남에게 잃은 물건에 대해서 한탄한다. 실제로 재산이 없어진다. 법정에서 하는 진술에 신빙성이 없어진다. 친구와 동료들로부터 멸시를 받는다. '이 사람은 노름꾼이니 아내를 부양하기에 적당하지 않아'라고 하면서 아무도 그를 결혼상대로 원하지 않는다"고 설파한다. 즉, "노름과 여자, 술, 춤과 노래, 낮에 자고 때 아닌 때 돌아다니는 것, 사악한 친구를 사귀는 것, 가슴이 메마른 것(전재성 역, 《디가 니카야》에서는 '인색한 것'으로 번역) 등 이런 여섯 가지 경우는 사람을 파멸하게 만든다. 노름을 하고 술을 마시며 남들에게 목숨과 같은 여자들을 범하고 저열한 자를 섬기고 존경할 만한 자를 섬기지 않는 자는 이지러지는 시기의 달과 같이 파멸하게 된다"고 말씀하신다.

한편 파야시(태수의 이름)경 업과 윤회 편에는 노름꾼을 비유하는 부처님 제자의 법문이 있는데, "두 노름꾼이 주사위 노름을 하다가 한 노름꾼이 제일 나쁜 '칼리'(*kali*) 패[21]가 나오자 그것을 삼켰는데, 이를 본 다른 노름꾼이 '착한 사람아 그대가 완전히 이겼네. 그러니 나에게 주사위를 주게. 나는 기도나 올려야겠네'라 하니 '그러시게나' 하면서 주사위를 주었다. 주사위에 독을 바른 뒤 다시 노름을 하자고 권유, 노름을 하다가 칼리패가 나올 때마다 다시 삼키는 것을 보고 '주사위를 삼키는 사람은 모르지만, 최고로 타오르는 독을 발랐으니, 사악한 노름꾼이여, 삼키고 삼켜보라. 나중에 그대들에게 혹독함이 있을 것이로다'라고 말한 것을 예로 들면서, 태수에게 '사악한 나쁜 견해를 버리시오. 그대에게 오랜 세월 불행과 괴로움이 있게 하지 마시오"라고 설법한다.

힌두교에서의 도박

"도박을 하지마라. 설사 이길 수 있다 하더라도 그것은 고기가 삼켜버린 미끼달린 낚시와 같다. 한 번 이기면 100번 잃게 된다. 어떤 길이 행복과 번영을 얻는 길인가! 구르는 주사위에 끊임없이 베팅하는 것은 모아둔 부와 잠재적 수입을 쓸데없는 곳에 허비하는 것이다.

도박은 많은 불행을 동반하며, 사람의 좋은 명성을 좀먹는다. 비

21) 가장 좋은 패를 크르타(*krta*), 다음이 트레타(*treta*), 그 다음이 드와파라(*dvapara*), 가장 나쁜 패가 칼리로, 사악·불운·죄악의 의미로도 쓰임. 시대구분에도 이런 말을 붙이는데, 지금 시대를 칼리시대(*kali yuga*, 말세)라고 한다.

참한 가난은 그 무엇으로도 끝낼 수 없으며, 매번 이기기를 바라고 주사위, 도박장을 즐기며 자신의 손에 행운이 따른다고 생각하는 사람들은 모든 것을 잃는다. 도박은 불행의 다른 이름이다. 도박이란 덫에 빠진 어리석음은 빈속을 쓰리게 하고 슬픔을 가져다준다. 도박장에서 시간을 보내는 것은 조상이 물려준 부를 탕진하는 것이며, 개인적 가치를 낭비하는 것이다. 도박의 변덕스런 결과물을 취하는 사람은 의복(*raiments*), 부(*riches*), 식량(*rations*), 명성(*renown*), 학식(*erudition*) 등 다섯 가지를 잃게 된다. 도박은 인류의 부를 소비하며, 정직성을 훼손한다. 그것은 인간의 박애심을 줄이고 고통을 늘리며, 도박에 몰두하는 것은 점점 손실을 늘리는 것이다"(Tirukkural, 94: 931~940).

이슬람에서의 도박

"신도들이여! 미혹(*intoxicants*)과 도박, 보석을 탐하거나 화살점을 보는 것은 혐오스런 일로 사탄의 계략이므로 그런 일을 삼가라. 그러면 그대들은 번창하리라. 사탄의 계략은 인간을 혼미하게 하고 도박을 하게 하여 서로간에 적개심과 증오를 부추기는 것이다. 또한 당신이 알라신을 떠올리고 기도하는 것을 방해하는데, 그래도 그만두지 않겠는가"(Qur'an, Al-Ma'idah, Surah 5: 90~91)?

아랍의 이교도들(*pagan Arabs*)이 즐겼던 화살로 하는 점술게임인 '알 마이서'(*al Meiser*)는 영어로 '로트'(*lots*)로 번역되는데, 마호메트는 코란에서 술과 화살점(*wine and lots*)에 대한 물음에 대해 사람들이 이용하는 것들이지만 둘 다 크나큰 죄악이라고 답하고 있다. 코란에서 말하는 '알 마이서는 주사위나 카드 등 우연이나 모험으로 행하는 모든 종류의 게임으로 이해되고 있으며, 사탄의 일로 증오의 대상

으로 여긴다.[22)]

도박은 죄악인가[23)]

그리스 신화에서 제우스, 하디스와 포세이돈은 주사위를 던져 우주를 천국, 지옥, 그리고 바다로 나누었다고 하는데, 천지창조의 신화가 바로 내기인 도박에서 시작하고 있다. 로마복구자금을 마련하기 위해 아우구스투스 황제는 운과 우연에 의해 당첨이 결정되는 복권을 팔았고, 폭군 네로도 불탄 로마를 재건하기 위해 복권을 팔았다고 한다. 스칸디나비아 신화의 아세스(Ases)는 인류의 운명을 주사위를 던져 결정하였으며, 성경에서 이스라엘 민족이 제비로 가나안 땅을 분할한다든가(《민수기》 26: 55), 맛디아가 제비로 사도로 선출되는(《사도행전》 1: 24~26) 등 내기와 도박은 시대와 지역을 불문하고 널리 퍼져 있었다는 기록을 도처에서 발견할 수 있다. 심지어 예수가 처형될 때에도 병사들은 예수가 입었던 옷을 놓고 타불라(*tabula*)라는 게임을 했다고 전해진다(《요한복음》 19: 23~24).

오늘날의 상업적 도박게임의 대부분은 카드나 주사위의 조작으로부터 파생되었고, 둘 다 고대의 제비던지기에 기원을 두고 있다고 한다. 도박은 신선한 공기나 운동과는 별 상관이 없고, 나태와 고리대

---

22) John Ashton, *The History of Gambling in England*(London, Duckworth & Co, 1898), p. 4.

23) 이 글은 Gerda Reith, *The Age of Chance: Gambling in Western Society*〔김영선 옮김, 《도박》(꿈엔들, 2006)〕를 읽고 쓴 글이다. 이 책은 2000년 영국사회학회(British Sociological Association)가 저명한 사회학자 Prof. Philip Abrams를 기념하여 1993년 제정한 Philip Abrams Memorial Prize를 수상하였다.

금을 조장한다는 이유 등으로 중세에는 무수한 금지령이 내려졌으며, 십자군전쟁 기간 동안 영국군대는 도박의 자유를 계급에 따라 차별화하기도 하였는데, 낮은 계급에는 돈을 걸고 하는 주사위게임이 금지되었으나, 기사와 성직자는 20실링 이하의 게임을 할 수 있었다. 17세기 바로크시대에는 '매혹적인 마법이고 가려움증이며 사지를 마비시키는 병'[24]인 도박이 사회를 뒤덮어 감각과 이성을 모두 잃는 시기였는데, 중상주의 성장에 따라 부자뿐만 아니라 돈을 만지게 된 일반대중도 게임을 즐기게 되어 돈에 대한 새로운 관념이 생성되었다. 이 시기에 확률론이 발전되었으며, 우연의 게임인 도박, 개인들간의 내기, 모험적 사업에 대한 투기 등이 확산된다.

17세기 중반부터 18세기 전체에 걸쳐 도박은 여가생활로 편입되었는데, 바로 상업적 도박장의 등장이 이런 수요를 해결하였고, 멋지게 게임할 수 있는 능력이 상류사회로 들어가는 전제조건이 되었으며, 그래서 아이들을 위해 도박 과외선생을 고용하기도 하였다. 상류계층은 왕이 지명한 궁내관(*Groom Porter*)의 허가를 받은 회원제 클럽(Whites, Almacks, Crockfords 등)에서 온갖 게임을 즐겼으나 중간계급과 하층계급의 사람들은 도박굴(*hells*)이라는 허가받지 않은 술집이나 커피숍에서, 세금이 부과되는 카드(한 벌에 6펜스)나 주사위(한 짝에 5실링)가 아닌 복권 같은 것으로 도박하여 벼락부자가 될 수 있는 희망에 베팅하였다. 클럽이 아닌 불법시설이었으므로 요즈음 불법시설에 등장하는 접근차단장치인 쇠창살, 비밀통로, 경비견 등이 있었다고 한다. 그러다 보니 도박굴은 정직한 플레이어인 봉(*cousin*)의 돈을 따가는 바람잡이들(*takers-up*), 선수들(*versers*), 빨대들(*robbers*) 등 온갖 타짜들(*sharps*)이 득실대는 걸신들린 야수들(*ravenous beasts*)

24) Gerda Reith, 앞의 책, p. 59.

의 아지트가 되어버렸다.[25]

도박이 점차 상업화되면서 '도박장'이 수수료로 소득을 챙기게 되자, 몫을 챙길 기회를 사라지게 할 수 있는 속임수가 점차 도박장에서 사라졌으며, 19세기 중반에는 도박전용 공공시설의 형태로 휴양지인 니스, 칸, 몬테카를로 등 '쾌락의 해안선'(*Pleasure Periphery*)이나 바덴바덴, 바드 홈부르크, 비스바덴 등 건강온천휴양지에는 카지노가 등장하기 시작하였다. 자본주의가 심화되자 상업적, 통계적 관심을 반영하여 카드에 숫자를 표기하고 게임방식에서도 무늬와 그림보다는 숫자를 중시하게 되었다. 룰렛과 주사위게임 역시 방식과 룰이 바뀌게 되었고, 1905년에는 손잡이를 당겨 이기는 번호조합이 만들어지면 동전이 쏟아져 나오는 슬롯머신이 찰스 페이(Charles Fey)에 의해 개발되어 샌프란시스코에 처음 등장하였다.[26]

우연의 게임인 도박은 사회질서에 혼란을 야기할 수 있다는 이유로 비난받았는데, 종교개혁시대에는 도박은 죄의 구현으로, 계몽주의시대에는 비합리성의 전형으로 비난받았고, 산업혁명시대에는 범죄로 규정되었으며, 오늘날에는 과도한 도박은 질병으로 여겨진다. 아이러니하게도 20세기에 들어와서 도박은 한편으론 비난의 대상이 되었지만, 다른 한편으로는 용인되고 조장되는 이중적 존재가 되었는데, 도박이 갖는 재정적 잠재성에 눈을 돌린 네바다(라스베이거스)의 도박합법화가 좋은 예(1931년)이다. 많은 다른 나라들도 지역발전과 고용증대, 세수확보 등을 위해 합법화, 제도화하는 방향으로 나아갔는데, '도박을 완전히 불법화하는 것이 불가능하다면 허용하고 관리'하는 방향으로 정책을 전환한 영국이 전형적 예이다(1961년). 즉, 도박을 하고자 하는 사람들을 감시와 통제가 용이한 공개된 장소로 유도,

---

25) 위의 책, p. 71.

26) 위의 책, p. 78.

합법적으로 즐길 수 있도록 하여 도박심리를 만족시키고, 폭력단이나 사기도박, 탈세 등 운영상 개입될 수 있는 부작용을 방지하는 것이 보다 적절한 관리대책이라는 것이다.

20세기 이래 도박은 주요한 소비행태인 동시에 주류 여가활동의 하나가 되었다. 카지노는 '오락을 파는 상인으로 상품 대신 놀이시간을 팔고' 있으며, 많은 사람들이 '개인적 자질, 인내심, 노력 또는 교육에 기초한 모든 차이를 무효로 만들고 기술의 효능을 무력화하는 절대적 민주주의, 무자비한 평등주의'에 탐닉하고 있다. 푸시킨, 발자크, 보들레르, 도스토예프스키 같은 많은 위대한 작가들도 일상적 삶에서 벗어나 '꿈의 세계'인 도박에 몰입하였으며, 샌드위치 경(Lord Sandwich)은 게임을 중단하는 것이 싫어서 테이블에서 음식을 가져오도록 하였는데, 그것이 오늘날 '샌드위치'의 효시가 되었다고 한다. "도박은 아무것도 생산하지 않고 창조적 활동 대신에 끝없는 돈의 순환만을 만들어 낸다. 돈의 주인은 바뀌지만 실질적인 어떤 것도 생산하지 않는다"는 비판을 받고 있지만,[27] 스패니어(D. Spanier)가 말한 대로 '이기든 지든 스릴을 느끼기' 때문에 도박행위는 도처에서 지속되고 있다.

사람들은 도박게임에서 이기면 자신의 기술과 노력 때문이고, 지면 주위의 산만함이나 불운 같은 자신의 통제 밖에 있는 요소들 탓이라는 '통제의 환상'에 빠지게 된다. 특히 우연의 게임은 확률이기도 하지만 예측할 수도 노력해서 바꿀 수도 없고, 그저 받아들일 수밖에 없음에도 꿈과 전조, 운을 믿으며, 행운을 가져다준다는 부적이나 옷 등 물건, 장소, 시간, 숫자 등 요상한 관념(*magical notions*), 즉 이른바 미신적 믿음에 의지하여 잃을 수밖에 없는 게임에 몰입하고 있다.

27) 위의 책, p. 142.

도박장 음식 샌드위치

뉴질랜드, 호주, 알래스카, 하와이 등을 탐험한 제임스 쿡 선장(Capt. James Cook)의 후원자였으며, 최초의 해군담당 경(*First Lord of the Admiralty*)이었던 영국 정치가 존 몬테규 샌드위치 4세(John Montague, the Fourth Earl of Sandwich, 1718~1792, 하와이제도는 그의 이름을 따 샌드위치 섬으로 불리기도 함)는 카드놀이를 무척 좋아했으며 가끔 식사시간을 넘기곤 했는데, 일어나기 귀찮아서 식당에서 몇 시간씩 카드놀이를 계속하면서 하인에게 구운 두 쪽의 빵 사이에 간이 된 소고기를 넣어 만든 것을 먹으며 카드놀이를 계속하였다고 한다. 당시 귀족들의 식사습관은 아니지만 맨손으로 잡고 음식을 먹어도 카드가 더럽혀지지 않고 자리에서 일어날 필요도 없었다. 물론 같이 노름하던 귀족들도 샌드위치 경과 같은 것을 먹었다.

그런 도박장에서 시작된 메뉴를 당시 도박장에 있던 귀족들이 보고 따라하면서 이 식사법이 점차 퍼져나갔다. 주위에서 그 요리이름이 무엇인지 물어서 그냥 샌드위치 경이 만들어 먹는 것을 보고 따라했다고 해서 그 이름을 붙인 것이 '샌드위치'라는 음식의 유래이다. 샌드위치란 단어가 처음 등장한 것은 1762년 11월 24일로 영국의 작가인 에드워드 기번(Edward Gibbon, 1737~1794)이 런던의 카드놀이 클럽인 The Cocoa Tree에서 샌드위치를 먹었다고 기록하고 있으며, 요리책 저자인 영국 여성 엘리자베스 레슬리(Elizabeth Leslie, 1787~1858)에 의해 미국에 소개되었다고 한다.

라스베이거스 공항의 슬롯머신

일본의 히가키 다츠야〔檜檀立哉〕는 그의 책 《도박/우연의 철학》(賭博/偶然の哲學)에서 "근대자본주의에서 소유의 논리는 자신의 능동적 노력의 결과를 통해 얻어지는 것만을 정당한 것으로 보는데, 도박을 통해 딴 돈은 쉽게 번 돈(泡錢)으로 과잉의 즐거움을 일어나게 하고, 일하지 않고도 돈을 벌 수 있다는 나태함을 잉태하므로, 도박행위는 근대사회의 자유로운 주체인 인간 스스로에 대한 불신감을 키우는 무책임한 행위"[28] 라고 지적하고 있지만, 도박이라는 '놀이'는 여가활동이나 오락, 재미의 차원을 넘어 도처에서 번창하고 있다.

28) 檜檀立哉, 《賭博/偶然の哲學》(河出書房新社, 2008), p. 151.

도박의 심리

거다 리드(Gerda Reith)는 우연과 확률의 게임인 카드나 주사위, 경마, 슬롯머신 등 도박의 연원과 발전과정, 그리고 도박에 몰입하는 인간의 심리를 많은 자료와 연구결과들을 인용하여 기술하고 있다. 오랜 기간 게임을 하면 돈을 잃을 수밖에 없는 것이 도박의 특성이지만 확률과 우연의 게임에서 '내가' 승자가 되지 말란 법도 없다는 환상과 기대 속에 사람들은 도박장으로 몰려가고 있으며, 여러 나라 정부는 제도화를 통해 도박을 '관리'하는 것이 사회적, 경제적 측면에서 더 효과적이라고 판단, 금지하기보다는 합법화의 길을 택하고 있다면서, 도박판에서 '돈을 잃을 수밖에 없는 것이 숙명'임에도 사람들은 재능과 노력 여하에 따라 운명은 바꿀 수 있으며, 자신에게도 행운이 찾아 올 것이란 믿음을 가지고 도박장을 향하고 있다는 인간심리를 분석하고 있다.

한국마사회의 상담실장으로 일한 이홍표는 《도박의 심리》란 저서에서 도박에 탐닉하는 것을 새로운 병으로 규정하고, 왜 거기에 빠져드는지 몇 가지 이유를 제시하고 있다. 우선 도박은 그 결과의 예측이 불가능함에도 도박자가 예측하려 하고 또 예측가능하다고 믿는 가장 자극적이고 위험한 놀이라는 것이다. 따라서 사람들은 위험을 감수하면서 대박에 대한 환상을 꿈꾸며 스릴을 느끼게 된다는 것이다. 또, 도박은 일상생활이나 노동의 세계와는 달리 그 결과가 노동에 대한 대가로 주어지는 것이 아니라 우연에 따라 주어지며, 경우에 따라서 '놀면서 돈 벌 수 있는 환상적 세계'가 될 수도 있기 때문이라는 것이다. 확률이 지배하는 도박의 세계는 근본적으로 예측과 통제가 불가능하며 언제 어떤 결과가 나올지 아무도 모른다. 그는 또한 음주

동기와 비교하면서 ① 불쾌한 정서상태에서 벗어나기 위한 회피동기, ② 사교와 친목을 목적으로 한 사교동기, ③ 도박이 주는 즐거움과 여가를 즐기기 위한 유희동기에, 도박에 고유한 ④ 도박을 통해 돈을 추구하는 금전동기, ⑤ 정서적 흥분을 목표로 하는 흥분동기 등 다섯 가지를 도박에 탐닉하는 이유로 들고 있다.[29]

유럽에서는 도박이 합법화되면서 카지노가 부유층과 명사들의 재력과 신분을 과시하는 사교장 역할을 하였고, 미국에서는 성인의 80~90%가 도박경험이 있다고 할 정도로 도박이 확산되어 있다. 각국은 재정확충을 위해 또는 일제강점기 화투의 확산처럼 시민의 저항의식을 마취시키기 위해 정부가 암묵적으로 도박을 권장하는 측면도 있어 합법적 도박의 범위는 증가하고 있다. 정부규제로 도박이 근절된 나라는 없으며, 합법화하지 않는 사회의 경우에도 비합법적 도박이 성행하고 있다.

오늘날 도박중독증은 '충동조절장애'라는 정신장애로, 의학적·심리학적 관리의 대상이 되고 있다. 미국의 경우 병적 도박(*pathological gambling*)의 발병률이 1.4%~2.8%, 호주의 경우 7.1%에 이른다는 조사결과가 있는데, 문제성 도박(*problem gambling*)을 포함하는 경우 발병률은 더 높아질 수 있다.[30] 많은 경우 이러한 장애를 사회문제로 보기보다는 개인의 문제로 다루려는 경향에서 탈피하지 못하고 있으며, 약물중독처럼 '병'으로 받아들여야만 치유할 수 있다고 한다.

게임의 법칙을 좌우하는 것은 확률과 우연으로, 기술과 전략으로 도박에서 승자가 될 수는 없다. 그럼에도 모험과 충동, 비합리성으로

---

29) 이흥표, 〈건강〉 V. 8(한국심리학회, 2003), p. 172.

30) 한국사회의 도박이용률 실태조사에 따르면 표본의 72.4%가 도박하는 것으로 나타나 미국의 70~90%, 영국의 68%, 캐나다의 76%와 유사한 결과라고 한다〔〈건강〉(한국심리학회, 2009. 6), p. 255〕.

가득 찬 도박에 사람들이 몰리는 것은 항상 확률과 우연에 따른 '가능성과 희망의 세계가 자신에게 찾아 올 것이라는 환상을 버리지 못하기 때문'일 것이다.

도박 실상과 심리 사이의 괴리

도박이나 오락의 도구로 사용되었을 것으로 추정되는 육면체의 주사위는 아시리아와 수메르 지역의 유적에서 출토되었으며, B.C. 3600년의 것으로 추정되는 바빌로니아나 이집트 유적에서도 복사뼈(*astragalus*)가 색칠한 자갈이나 게임판과 함께 출토되어 그 옛날부터 놀이를 즐겼던 것으로 보인다. 도박의 불가사의함과 매력은 미신, 흥분, 희망, 도피, 탐욕, 속물근성, 수학적 매력의 임의의 조합이라는 말[31]을 들먹이지 않더라도 도박은 지리적·사회적·지적인 경계가 없는 인간생활의 한 부분으로 동서고금을 막론하고 행해졌으며, 시대에 따라 금지·허용·규제 등 정부의 통제를 받아왔다. 도박은 전염성이 강한 질병으로 돈을 잃게 되면 이성을 잃을 때까지 도박을 계속하고 싶은 격정이 들끓게 된다. 이러한 심리상태는 도박을 쇼핑을 하고, 공연을 관람하며, 여행을 하거나 독서 또는 TV시청과 같은 여가활용수단의 하나로 생각하는 것이 아니라 잃은 돈을 복구하려거나 돈을 따 보겠다는 욕심에서 발로한다. 노름판에서는 돈을 딴 사람도 존경받지 못하고 잃은 사람도 동정받지 못하지만 그래도 잃는 것보다 따야 속이 편한 것이 인지상정이다.

캐나다 마니토바주 게임통제위원회(Manitoba Gaming Control Com-

31) Edward Packel, *Mathematics of Games and Gambling*(The Mathematical Association of America, 2006), p. 1.

mission)가 도박에 관한 사회교육프로그램의 일환으로 작성한 도박실상자료 중 도박의 심리에 관한 내용에는 “오늘 기분이 좋은데 한 판 놀아볼까 하고 게임장에 들렀다가 지고는 갈 수 없지, 좀더 놀아볼까 하다가 노름판을 끝내게 된다”고 하면서 어떤 형태의 도박을 즐기든간에 심리가 도박에 중요한 영향을 미친다면서 도박의 실상과 노름꾼들의 심리 사이의 괴리를 종합해 놓고 있어 소개한다.[32]

① 도박에서의 승리낙관은 위험을 초래: 생활 대부분에서의 낙관주의는 긍정적인 결과를 가져다주나 도박에서의 낙관론은 위험을 초래한다. 한 번 크게 딴 사람은 다시 승리할 기회가 곧 올 것이라고 믿는데, ‘대부분의 사람들은 노름판에서 돈을 잃는다’는 사실을 명심하고 이긴 것은 보너스, 잃으면 그냥 재미있게 놀았다고 생각하라.

② 도박에서 시스템은 작동하지 않는다: 무수한 노름꾼들이 게임결과의 패턴을 연구하고 시스템화를 시도했으나 한 번도 성공한 적이 없다. 게임의 결과는 무작위로 일어나며, 패턴이 있더라도 다음에 그 패턴을 따른다는 보장이 없다. 검은 구름이 끼면 비가 올 것이라고 예상하고 우산을 챙기나, 도박에서는 그와 같은 예상은 잘못된 생각일 뿐이다.

③ 게임 후에 떠오르는 묘안은 소 잃고 외양간 고치기(*20/20 hindsight*): 모든 도박의 결과는 임의적이고 독립적으로 일어날 뿐 과거의 결과와는 무관하다. ‘내가 돈을 땄을 때 잃기 전에 그만 두었어야 하는데 다음부터는 그렇게 해야지’ 하는 뒷북치기는 아무런 소용이 없다. 그보다는 게임 전에 얼마 동안 얼마나 쓸 것인지를 결정하는 것이 현명하다.

④ 아슬아슬하게 비켜갔다는 생각을 버려라: 슬롯머신이나 비디오 게임기(VLT)에서 아슬아슬하게 빗나가는 경우 조금 더 하면 이기겠

32) http://www.getgamblingfacts.ca/ 참조.

다거나 승률이 높아졌다는 생각을 하게 되는데, 이는 어리석은 생각이다. 아슬아슬하게 비켜간 것은 비켜간 것일 뿐이며, 환급액과는 무관하다.

⑤ 부쩍 달아오르거나 냉정한 딜러나 기계는 없다: 딜러나 기계, 심지어 특정한 자리가 달아올랐다거나 열기가 식었다는 생각은 허구의 믿음일 뿐이며 기계의 회전이나 딜러의 딜링(*every spin or deal*)은 플레이어에게 언제나 같은 기회를 줄 뿐이다. 이기고 지는 것은 오로지 결과의 무작위성에 기인하며 장기적으로는 항상 돈을 잃게 되어 있다. 따면 좋지만 잃으면 계획했던 한도 이상의 돈을 쓰지 않도록 하라.

⑥ 딴 것만을 기억하는 선택적 주의와 환기(*selective attention and recall*): 도박에서는 잃고 따는 것이 반복되며 실제로 잃는 경우가 많음에도 딴 것만 주의의 대상이 되고, 잃은 것은 무시되거나 최소화된다. 잃고 딴 기록을 유지한다면 선택적 주의와 환기의 실상을 파악할 수 있다.

⑦ 환급액은 예상할 수 없다는 사실을 깨달아라: 도박에서 이길 가능성이 있다는 것은 아주 매력적인 요소이며, 모든 횟수와 차례의 단위게임에서 다른 결과가 나올 수 있기 때문에 게임참가를 중단하지 못하는 단기적인 변동비율강화(*variable ratio reinforcement*)에 근거하고 있지만 그렇다고 단기적으로 환급금을 예측할 수 있는 것은 아니다.

⑧ 더 많은 시간과 돈을 투자하면 더 많이 딸 것이라는 생각은 함정이다: 오지 않을 것을 기다리고 있을 때 기다리는 것을 포기하거나 계속 기다리는 두 가지 선택지가 있는데, 기다리는 것을 포기하려니 기다린 것이 억울하거나 곧 올지도 모른다는 생각 등으로 계속 기다리는 경우가 많다. 도박에서도 계속하면 승리의 기회가 오리라는 믿음은 잘못된 가정이며 더 많이 잃게 될 것이다. 도박에서는 돈을 잃

는 것이 보통이란 생각을 가지고 투자가 아닌 오락을 즐긴 비용이라고 생각하라.

⑨ 잃은 돈에 연연해하지 마라: 몇몇 노름꾼들은 잃은 돈에 연연하여 더 많은 돈을 잃고 더 아까운 생각이 들어 다시 노름에 빠지게 되는 끊기 어려운 악순환(*vicious cycle*)의 고리를 만들고 있다. 이 고리를 끊는 것은 잃은 돈을 오락에 지출한 돈으로 생각하는 것이다.

⑩ 통제할 수 있다는 환상(*illusion of control*)에서 벗어나라: 노름꾼 자신은 어떤 게임을 하고, 얼마나 베팅하며, 무엇에 베팅하고 얼마나 오랫동안 게임할 것인지는 통제할 수 있으나 불행히도 게임의 결과는 통제할 수 없다. 그럼에도 특정한 방식으로 주사위를 던지거나 자리를 바꾸거나 게임방식을 변경하는 등의 행동을 통해 게임의 결과에 영향을 미칠 수 있을 것이라는 환상에 빠지기도 한다. 누가 게임하든, 얼마나 오랫동안 게임하든, 얼마를 베팅하든 승리의 기회는 변하지 않는다는 사실을 명심하라.

⑪ 마술적 사고(*magical thinking*)에 현혹되지 마라 : 마술적 사고란 두 가지 사안이 전혀 연관성이 없음에도 한 가지 사안이 다른 사안에 영향을 끼친다고 생각하는 잘못된 믿음을 말하는데, 특정한 상황이나 상태, 시간, 행동 등에 따라 게임의 결과가 영향을 받는다고 하는 생각이다. 게임의 결과는 항상 같으며, 우연에 좌우될 뿐이다.

⑫ 미신이나 의식을 신봉하지 마라: 마술적 사고의 한 형태가 미신이나 의식을 믿는 것이다. 특정한 행동이나 의식이 행운을 가져다준다는 믿음을 말하는데, 운동선수는 미신이나 의식을 신봉하면 자신감을 갖게 되고 자신감은 경기결과에 영향을 미칠 수 있으나, 우연의 게임인 도박에서 자신감의 증가는 게임의 결과에 전혀 영향을 줄 수 없고 오히려 더 많이 잃게 될 위험이 있다. 토끼발(*rabbit's foot*), 말발굽(*horseshoes*), 네잎클로버, 트롤인형(*troll dolls*) 등은 행운을 상징

하는 물건이며, 행운의 해, 행운의 숫자 등도 있다.

⑬ 도박의 매력은 사람에 따라 다르다: 어떤 사람은 카드놀이를, 다른 사람은 슬롯머신이나 비디오게임기를 이용한 게임을 즐긴다. 도박하는 이유도 돈을 따기 위해, 재미로 또는 쾌감을 맛보기 위해, 그리고 오락을 즐긴다는 차원 또는 일상의 근심걱정거리로부터의 탈출 등을 위해 게임한다. 특히 기계로 즐기는 도박은 강력한 현실도피수단으로, 빠져들면 시간 가는 줄 모르고 부지불식간에 돈을 잃게 된다.

⑭ 도박의 환상에서 벗어나 현실을 직시하라: 분수, 이야기하는 조각상, 검투사, 각종 쇼나 공연, 명품쇼핑몰, 어마어마한 상금 등 카지노의 호사스런 분위기는 매일의 개미 쳇바퀴 돌 듯하는 루틴한(*routine*) 일상으로부터 잠시 탈출하기에 안성맞춤이며 이런 분위기 때문에 사람들은 때때로 더 큰 모험을 감내하거나 더 많은 돈을 도박에 사용한다. 웃으면서 거액의 당첨금이 적힌 패널을 들고 찍은 당첨자 사진이나 잭팟이 터졌을 때 번쩍이는 불빛이나 요란한 벨 소리 등은 사람들에게 '저런 영광이 나에게 오지 말란 법은 없지 않느냐'란 생각을 갖게끔 하며, 승리에 대한 환상에 빠지게 한다. 많은 사람들이 돈을 따기 위해 도박하나 따는 사람은 극히 소수라는 사실을 직시하고, "도박이 당신을 컨트롤하기 전에 당신 스스로 도박을 컨트롤하도록 하라."

도박의 경제적 · 사회적 영향

도박이 가져오는 긍정적이거나 부정적인 영향은 관찰된 경제적 효과와 비교한 관찰된 사회적 비용의 상대적 중요성에 대한 주관적 판단으로, 사회경제적 영향을 집계하는 방법론적 · 이론적 접근방식에 대하여는 논란이 있어 왔으며, 신뢰할 만한 측정방법은 없다. 도박의 재정적 · 경제적 영향과 사회적 영향을 직접적으로 비교하기 위해 도입한 방법 중의 하나가 바로 비용편익분석(*cost-benefit analysis*)인데, 도박으로 인한 사회적 병폐의 일부, 즉 병적 도박자의 치유비용, 도박범죄의 기소와 수감 등 사법처리와 관련되는 비용, 도박으로 인한 근로손실 등 일부를 금전으로 환산하여 포함시키면서, 자살 · 이혼 · 인간관계상실 · 오락적 가치 등은 포함시키지 않고 있어 이 방법 역시 신뢰할 수 없을 뿐만 아니라 환산한 금전적 가치의 숫자 역시 임의적인 것이어서 타당하다고 할 수 없다.

캐나다 각 주의 도박 관련 기관과 물질남용캐나다센터 등 7개 단체의 연합체인 도박연구캐나다컨소시엄(Canadian Consortium for Gambling Research)이 도박의 경제적 · 사회적 영향과 관련된 연구결과물 492편을 분석하여 2011년 3월 11일 발표한 바 있는데, 경제적 영향에는 기본적으로 돈으로 환산할 수 있는 정부세입, 공공서비스 제공, 도박규제로 인한 비용, 시설물 등의 설치로 인한 가치창출과 이로 인한 비용, 동종 · 이종기업에 미치는 수익과 비용, 개인소득, 자산가치 등을, 사회적 영향에는 성격상 돈으로 환산하기 어려운 문제도박, 범죄, 고용, 소득계층별 영향, 레저수단, 공중의 인식, 생활 · 공중보건 · 사회적 자본이나 가치 등을 포함시키고 있다.

분석대상 연구결과 492편 중 실증적 조사를 기반으로 한 연구물이 293편이었으며, 전체의 70%가 2000년 이후 발표되었으나 1990년대 도박실상을 실증적으로 조사한 것이 55%이고, 미국의 연구가 62%(캐나다 16%, 호주 8%, 뉴질랜드 4%, 한국 6건 등), 카지노 연구가 57%(2종 이상 도박 26%, 전자게임기 10%, 복권 6%, 인터넷도박 1.4%, 경마 0.7%), 정부세입과 고용문제가 각각 27%(문제도박과 관련지수 24%, 도박 외의 사업수입 23%, 범죄 16%, 공공서비스 15%, 도박에 대한 공중의 태도 12%) 인데, 특정한 시기 · 지역 · 분야의 연구에 편중되어 있고 도박의 경제사회적 영향 전반에 대한 신뢰성 있는 연구성과로는 미흡한 부분이 있다.

연구결과들이 제시하고 있는 도박의 대체적인 경제적 영향으로는 ① 정부세입이 증가하고, ② 보건 · 교육 · 사회안전 등 공공서비스가 확대되며(조세부담증가 회피, 정부부채 감소, 기존 공공서비스 유지가능 포함), ③ 도박규제로 인한 정부부담 증가(단, 수입 대비 부담 비중은 크지 않음), ④ 도로 · 전기 · 상하수도 등 기반시설과 호텔 · 식당 등 관련산업의 인프라 가치 상승(특히 원주민 보호구 등 피폐한 지역에 효과가 큼), ⑤ 경찰 · 소방 · 교통 등 서비스 제공 및 기반시설 설치 · 유지비용 증가, ⑥ 도박참가자가 외지인인 경우에는 도박장 설치지역의 연관사업 특히 접객서비스업과 고용에 긍정적인 효과(지역주민의 경우에는 부정적 영향), ⑦ 미국 인디언카지노 설치지역을 제외하고는 도박장 설치지역 주민의 개인소득에는 영향을 미치지 않음, ⑧ 카지노 설치지역의 자산가치 증가 또는 중립적 영향 등을 들고 있다.

한편 사회적 · 부정적 영향으로는 ① 도박의 가장 중요한 부정적 영향인 문제도박과 이로 인한 파산 · 이혼 · 자살 · 치유자의 증가로, 이들 중 소수만이 공적 부조와 지원의 대상이며, 도박에 대한 합법적 접근기회 부여는 문제도박 발생의 한 가지 원인에 불과하고, 정신건강이나 약물남용 등 심각한 결과가 전적으로 도박 때문이라고 볼 수 없으며 여러 가지 복합적인 요인에 의한 것이다. ② 도박과 범죄와의 연관성은 복잡하며 연구결과들이 상이한데, 합법도박을 도입하면 불법도박이 감소하고, 문제도박자 중 일부가 재산범죄에 연루되며, 카지노 같은 도박은 위폐 · 자금세탁 · 사기도박 등 불법행위와 연관될 기회가 증가하고, 술과 연관된 범죄발생 가능성이 있으며, 방문객 증가로 인한 범죄발생의 증가를 가져올 수 있다. 도박과 범죄발생 사이에는 도박접촉의 강도, 접촉인구집단의 크기, 기간, 부정적 영향 차단을 위한 예방과 교육 등 여러 가지 요인에 따라 차이가 나타나며, 대부분의 연구에서는 범죄증가의 규모는 그렇게 크지 않다.[33] ③ 저소득층이 중산층이나 고소득층보다 소득의 더 많은 비중을 도박에 사용하는 이른바 사회경제적 불평등 현상이 발생하고 있으며(전체 도박매출액 중 차지하는 비중은 낮음), ④ 도박은 오락을 제공하고 레저수단의 하나로 이용되고 있음은, 중요하고 이론의 여지가 없는 긍정적 영향이나 복권을 제외하고는 소수의 인구집단에게만 해당된다. ⑤ 정부나 업계의 커뮤니티 지도자들은 도박의 영향에 대해 긍정적 태도를 가지고 있으나 경제적 효과가 큰 일부지역의 주민을 제외한 일반공중은 부정적인 태도를 가지고 있는데, 그렇다고 도박을 부도덕한 것으로 보고 있지는 않으며 도박세입이 적절하게 사용되고 있다고 여기고 있고, 젊은 사람, 남성, 도박을 많이 하는 사람이 도박에 더 긍정적인 태도를 갖고 있다. ⑥ 미국과 캐나다의 인디언카지노는 설치지역 주민의 생활의 질 향상에 아주 긍정적이나 그 이외의 지역에서는 거의 무시할 정도이고, 도박에 깊이 빠진 사람은 정신건강이 좋지 않으며 그들의 가족에게도 부정적 영향을 미치는데, 문제도박자 이외에는 도박자와 비도박자, 가끔 도박하는 사람과 자주 도박하는 사

33) 미국 FBI가 발표한 도박범 체포자는 연간 1만여 명 내외로 전체 체포자의 극히 일부분이며, 연도별 비중에 큰 차이가 없다(http://www.fbi.gov).

연도	전체 체포자 수	도박범 체포자 수	비중(%)
2006	14,380,370	12,307	0.08558
2007	14,209,365	12,161	0.08558
2008	14,005,615	9,811	0.07005
2009	13,687,241	10,360	0.07569
2010	13,120,947	9,941	0.07576

람 사이에는 주관적 복지에 큰 차이가 없다는 등의 연구결과를 제시하고 있다.

도박유형에 따라 영향에도 차이가 나는데, 카지노나 전자게임기처럼 많은 매출액을 가져다주거나 복권처럼 정부가 운영하는 도박이 정부세입에 가장 믿을 수 있고 긍정적인 영향을 가져다주며 공공서비스가 부수된다. 또 복권은 규제·행정비용이 소요되며, 카지노나 경마는 기간시설 가치창출과 직접 연관되어 있고 타지 사람을 주 고객으로 한 카지노가 지역의 다른 사업에 파급되는 경제적 편익이 크며, 경마는 다른 유형의 도박에 비해 연관산업에 긍정적인 영향을 미친다. 전자게임기와 복권은 지역사업으로부터 돈을 다른 곳으로 돌릴 우려가 있으며 따라서 부정적 영향이 크다. 카지노는 자산가치를 증가시킬 잠재력이 크며, 카지노테이블게임·전자게임·인터넷도박은 문제도박을 증가시킬 잠재성이 아주 높고 카지노는 범죄증가, 복권은 범죄감소의 잠재성이 크다. 전자게임기는 노동력이 적게 소요되며 따라서 고용을 감소시킬 수 있고, 경마와 카지노는 고용을 증가시키며, 인터넷도박은 경제적 후퇴와 무관한 유일한 도박이다. 복권은 가장 많은 사람들에게 레저기회를 제공하고 있으며, 전자게임기와 인터넷게임은 도박에 대한 부정적 영향을 가장 크게 미치고 타지 사람용 카지노는 피폐한 지역 사람들의 생활의 질 향상에 기여하며, 일반 카지노와 전자게임기는 삶의 질을 저하시킨다.

도박의 경제적, 사회적 효과는 여러 변인들에 영향을 받는데, 얼마나 많은 사람이 도박에 접할 수 있는지, 도박의 유형은 어떤 것인지, 합법적으로 도박할 수 있게 노출된 기간, 도박참가자나 수입이 도박장 설치지역으로부터인가 타지로부터인가의 여부, 인접지역의 도박기회의 정도, 부정적 효과를 방지하기 위한 정책이나 교육프로그램의 강도, 지역 경제사정의 피폐 정도, 조사대상지역의 범위, 도박 영향을 평가한 기간의 장단, 도박수입의 배분 등에 따라 얼마든지 변화할 수 있으며, 연구에서 제시된 것들은 특정 지역, 특정 시기의 도박의 대체적인 영향들로서 큰 것에서 작은 것까지, 아주 긍정적인 것에서 극히 부정적인 것까지 다양한데, 앞에서 언급한 경제적 · 사회적 영향들은 많은 지역에서 여러 시기에 걸친 것들이 혼재되어 있다.

카지노의 경제적 효과와 사회적 비용[34)]

슘페터(Joseph Schumpeter)는 경제발전을 가져다주는 5개 요소로 ① 새로운 재화, ② 새로운 생산양식, ③ 신시장 개척, ④ 새로운 자원의 획득, ⑤ 독점화, 독점해체 등 새로운 제도의 실행을 들고 있는데, 카지노는 바로 합법화를 통해 첫 번째에 해당하는 "새로운 재화"가 되었으며, 경마 · 경정 · 경륜 · 경견 · 복권 등도 새로운 재화로 등장하였다고 볼 수 있다. 도박은 알코올, 담배, 마약, 매춘 등과 같은 죄악재(*sin goods*)로서 예술품과 같은 가치재(*merit goods*)는 아니지만 사회구성원의 수요가 없어도 공급되는 상품의 일종으로, 미국인의 79%가 카지노를 해롭지 않은 오락의 형태로 보고 있다.

구체적인 경제적 효과로는 이딩턴(William Eadington)이 적시하는 조세편익(낮은 조세저항과 수입증대), 투자자극, 고용창출, 지역경제 발전, 이익확보를 위한 매출증대 등을 들고 있다.

워커(Douglas M. Walker)는 카지노 도박과 경제성장을 설명하면서, 카지노는 다른 관광 · 서비스업보다 노동집약적이고, 복권이나

---

34) 조지아대학 Douglas M. Walker 교수의 저서 《카지노 도박의 경제학》(*The Economics of Casino Gambling*) (Springer Verlag, 2007)을 읽고 쓴 글임.

경주보다 자본유입이 크며, 수입대체, 즉 외부 도박을 대체할 수 있고 경제성장에 중요한 역할을 하는 외부와의 거래를 증가시킨다고 한다. 또한 카지노는 경제편익(*economic benefits*)에 가장 의미 있는 소비자와 생산자 잉여가치, 즉 상거래 양(*transactions volume*)의 증가를 가져다주는데, 이 과정에서 소비자가 지불하는 가격이 낮아지고, 선택의 폭이 확대된다고 한다. 그러면서 워커 교수는 지난 15년간 도박산업의 확장이 다른 분야 산업의 위축을 초래한다는 논란, 즉 다른 산업 잡아먹기(*industry cannibalization*)나 경제적 약자들의 주머니를 털거나 자원을 빼내가는 것이라는 주장에 대해서 소비자의 선호에 따른 고용, 생산, 자원의 이동은 경제적 복지를 증진시키는 것이라고 강조한다.

그는 문헌연구를 통해 카지노와 다른 오락산업과의 연관성을 요약·제시하고 있는데, ① 인디언카지노는 식당, 호텔, 주점에는 해롭다. ② 카지노와 경주는 복권에 해롭다. ③ 복권은 다른 형태의 도박에 해롭지 않다. ④ 복권은 경마와 경견에 해롭다. ⑤ 경마와 카지노는 경견에 해롭다. ⑥ 카지노는 식당, 호텔, 주점에 해롭다. ⑦ 슬롯머신은 복권에 해로우며, 경마와 경견은 복권에 영향을 미치지 않는다. ⑧ 복권은 경마에 해롭다는 다양한 연구결과들을 소개한다. 하지만 대체관계 또는 보완관계로 설명하는 이런 연구들은 단기간에 걸친 제한된 개인이나 그룹을 대상으로 한 조사이고, 유사업종 간 영향연구가 양방연구가 아닌 일방연구, 즉 A가 B에 미치는 영향을 연구한 것일 뿐 B가 A에 미치는 교차연구가 없었다는 점, 각 도박의 시장규모를 고려하고 있지 않다는 한계가 있다고 지적하고 있다.

카지노산업에서 가장 문제가 되는 것은 사회적 비용(*social cost*)으로 도박은 본질적으로 나쁜 것이며, 중독이나 병적 도박은 사회에 높은 비용을 부담지운다는 데 연유한다. 어디까지가 사회적 비용인지에 대한 학자들의 일치된 견해는 없으나 ① 일을 하지 않은 데 따른 수입 손실, ② 직장에서의 생산성 저하, ③ 스트레스로 인한 우울증과 신체적 질환, ④ 증가하는 자살시도, ⑤ 가까운 사람들의 긴급지원(*bail-out costs*), ⑥ 병적 도박에 따른 미회수 대출, ⑦ 미지불 부채와 파산, ⑧ 높아진 보험료, ⑨ 공직자들의 부패, ⑩ 공무수행에서의 피로, ⑪ 다른 산업 잡아먹기, ⑫ 도박으로 인한 이혼 등을 사회적 비용의 범주에 포함시키고 있다. 그러나 정치헌금은 사회적 비용에 포함시키지 않고 있는데, 2000년의 경우 카지노업계는 1,260만 달러, 2002년 1,500만 달러, 2004년 1,130만 달러를 정치헌금으로 기부한 것으로 나타났다. 카지노가 합법화되었어도 지방정부는 카지노 수, 규모, 형태, 위치, 소유권 등을 규제할 수 있는 권한을 가지고 있어 정치헌금을 계속 기부하고 있다.

병적 도박자에게 정부재정이나 사경제에서 부담하는 비용이 어느 정도인가에 대하여는 학자들간에 추정치가 다른데, 톰슨(W. N. Thompson), 가젤(R. C. Gazel)과 릭크먼(D. Rickman)이 추계한 병적 도박자 1인당 연간 9,469달러가 가장 빈번히 인용되고 있으며(1997), 1만 3천2백 달러(R. Goodman, 1995), 10,330달러(E. L. Grinols, 2004), 1만 5천~3만 3천5백 달러(E. L. Grinols & J. D. Omorov, 1996), 5만 3천 달러(J. W. Kindt, 1994; 1995), 3만 달러(Maryland Task Force) 등 다양하며, 그리놀스(Grinols)는 도박중독으로 말미암은 연간 사회적 비용은 미국 역사상 가장 강력한 허리케인 앤드류(Andrew)가 휩쓸고 간 손해 또는 1993년에 발생한 미드웨스트(Midwest) 홍수피해의 2배와 같다고 주장한다.[35] 도박의 사회적 비용과 관련, 톰슨과 쉐어(K. Schwer)가 2005년에 발표한 논문에서 남부네바다(라스베이거스)에서의 연간 사회적 비용을 병적 도박자 3억 8,780만 달러(성인의 3.5%, 38,571명, 1인당 10,053달러), 문제도박자 1억 5,740만 달러(2.9%, 31,959명, 1인당 4,926달러) 합계 5억 4,520만 달러로 추계하고 있다.

일부 학자들이 카지노 도박은 시간낭비이며, 직접적으로 비생산적인 이익을 추구하는 활동이라고 주장하는데, 경제학자 새뮤얼슨(Paul Samuelson)도 '레크리에이션의 한계를 넘는' 것이라는 단어를 사용하면서, 나쁜 것이라는 비판은 경제학자들의 최종판단을 통과하지 못한 도덕, 윤리, 종교에 바탕을 두기 때문이라고 한다.

워커는 카지노는 다양한 오락의 한 가지 선택지이며, 개인의 자유가 존중되어야 하는 자유사회에서 자신의 재산과 돈을 남을 해하지

35) Douglas M. Walker, *The Economics of Casino Gambling* (Springer Verlag, 2007), p. 96.

〈표 1-1〉 병적 도박자 1인당 연간 사회적 비용: 톰슨, 가젤, 릭크먼[36]

(단위: 달러)

비용항목	액수
고용(*Employment*)	2, 941
근로시간 감소(*lost work hours*)	1, 328
실업보상(*unemployment compensation*)	214
생산성 감소와 실업(*lost productivity/unemployment*)	1, 398
악성 채무(*bad debts*)	1, 487
민사처리(*civil court*)	848
파산처리(*bankruptcy court*)	334
기타 민사처리(*other civil court*)	514
형사처리(*criminal justice*)	3, 498
절도(*thefts*)	1, 733
체포(*arrests*)	48
재판(*trials*)	369
보호관찰(*probation*)	186
수감(*incarceration*)	1, 162
치료(*therapy*)	361
복지(*welfare*)	334
부양아동지원(*aid to dependent children*)	233
급식지원(*food stamps*)	101
총계	9, 469

36) 위의 책, p. 98.

않는 한도 내에서 자유롭게 쓸 자유가 있고, 정부의 역할은 이런 권리를 보호하는 것이라면서, 피터 콜린스(Peter Collins)의 "자유란 좋은 것뿐만 아니라 나쁜 것을 선택할 권리, 일상생활에서 어떤 것이든 선택하는 자유를 행사하지 않음으로써 자신의 기본적 권리가 침해되거나 인간의 존엄성을 해하게 되는 나쁜 선택의 결과로부터 국민을 보호하는 사회로 구성되어 있다"는 말을 인용하고 있다. 그러면서 그는 재산권, 선택의 자유, 정부의 적절한 역할 측면에서 카지노의 합법화를 지지하며, 타인의 권리를 침해하지 않는 한 개인은 자신의 돈을 어떻게 쓸 것인지를 스스로 결정할 권리가 있다고 결론짓고 있다.

도박과 사회복지 증진의 관계[37)]

대중오락의 하나인 도박은 복합·다양한 사회현상으로 수요 내지 욕구는 그 자체 역동성을 가지고 있는데, 도박이 확산되면 어두운 면이 더 부각되고 반대목소리가 들리게 되며, 엄격히 규제하면 겉으로는 문제가 없는 것처럼 보이고 도박반대 목소리도 사라진다.

오늘날 도박은 일시오락으로 하는 경우와 허용된 장소나 방법으로 행하는 경우를 제외하고는 처벌받게 된다. 이처럼 도박을 규제하는 것은 세금을 징수하고 도박으로 인한 폐해를 줄이기 위해서인데, 도박을 규제하게 된 연원은 무엇일까? 첫째, 도박은 술, 담배처럼 죄악 중의 하나이기 때문에 규제한다는 것으로, 죄악이라는 도덕적 평가

37) 이 글은 Matti Viren 엮음, *Gaming in the New Market Environment* (Palgrave Macmillan, 2008)을 읽고 수록된 논문 중 덴마크 University of Aarhus의 Martin Paldan 교수의 "Political Economy of Regulating Gambling"을 중심으로 쓴 것임.

는 종교에 바탕을 두고 있다. 둘째로는 오랜 규제역사를 가지고 있고 전례답습 경향에 따라 규제하는데, 이 과정에서 돈을 필요로 하는 많은 이해관계자들(*stakeholder*, 정책결정자와 수요자)이 얽혀들어 계속 규제하게 되었다는 것이다. 셋째로는 도박으로 인해 의도하지 않았던 외부불경제(*externality*)인 중독문제가 발생하고 이를 치유하기 위해 규제가 필요하다는 것이다. 즉, 일부이기는 하지만 "도박에 지나치게 집착하고 도박하는 동안 자제력을 잃기도 하며, 나중에 감정적 스트레스나 인간관계의 갈등 등의 사유로 후회하는 사람들"인 병적 도박자들로 인한 사회적 비용확보를 위해서도 규제가 필요하다는 것이다.

대부분의 게임연구에서는 편익을 과소평가하고 비용을 과다계상하고 있는데, 비용을 추계함에서 소비자 잉여나 만족은 제대로 고려하지 않고 모든 잘못을 도박으로 돌리는 우를 범하고 있다. 즉, 도박이나 문제도박이 과거에는 물론 현재에도 없다는 청결한 사회임을 전제하고 도박의 사회적 비용을 계상하고 있다는 것이다. 또한 모든 도박을 불법화하였을 경우, 대체되는 여가활동으로 인한 사회적 비용 등 다양한 변인에 대한 고려가 부족하다. 덴마크의 경우 문제도박자들이 유용한 경제활동에 쓰지 않고 도박에 베팅한 비용(*welfare loss*)과, 도박으로 인한 정상근로손실에 따른 가치창출손실(*dead weight loss*)은 전체 GDP의 0.05~0.2%로 아주 적다고 한다. 이와 관련 덴마크의 폴단(Martin Paldan) 교수는 "대부분의 사람들은 도박을 재미로 즐기고 있으며, 도박이 가져다주는 유용성이 소수의 문제도박자들로 인한 비용보다 크다는 것을 상상조차 하지 못하고 있다"면서 "도박문제를 줄이기 위해 도박 자체를 전반적으로 줄인다고 해서 사회복지가 증진되는 것은 아니다"라고 주장한다. 다시 말하면 많은 사람들이 '재미로 여가활동으로 게임'을 즐기고 있어 그 효용은 상상을 초월한 것이며, '문제도박에 쓰인 돈과 시간, 에너지가 고스란히 생산적 활동에 투입된다는 보장이 없다'는 것이다.

오늘날 도박에서 발생한 조세나 수입으로 수행하는 긍정적인 경제활동에 대한 정책결정자들의 선호로 많은 국가에서 형법에 우선하는 특별법 제정을 통해 여러 종류의 게임을 기소대상에서 제외하는데, 우리나라도 예외는 아니다. 형법상 규정된 도박죄의 보호법익보다는 관광이나 체육, 축산, 복지증진이나 확대라는 법익을 우선하는데, 형법 제23장 도박과 복표에 관한 죄, 제246조~제249조에서 도박을 벌하는 규정을 두고 있고, 사행행위 등 규제 및 처벌특례법이 있음에도 관광진흥법, 폐광지역개발지원에 관한 특별법, 복권 및 복권기금법, 한국마사회법, 국민체육진흥법, 경륜·경정법 등에서 카지노, 복권, 경마, 경기에 대한 내기, 경륜, 경정 등을 합법화하고 있다. 즉, 이들 '도박행위'를 형법 제20조(정당행위)의 '법령에 의한 행위 또는 업무로 인한 행위 기타 사회상규에 위배되지 아니하는 행위는 벌하지 아니 한다'라는 규정의 '법령에 의한 행위'로 보아 벌하지 않고 있다. 도박은 살인이나 강도 등 상대와 피해자가 있는 죄와는 달리 국가가 정책적으로 처벌여부를 결정할 수 있는 '피해자 없는 범죄'(*victimless crime*)이기 때문에 가능한 일이다. 도박은 도덕의 문제이고 개인의 책임으로 돌릴 수 있는 '범죄'이다.

사행산업통합감독위원회의 도박중독의 사회·경제적 비용 연구결과에 따르면 도박중독 유병률을 6.1%로 가정할 경우 2009년의 총비용을 78조 2,358억 원으로 추계하고 있는데,[38] 2009년의 합법적 사행산업의 총매출액이 16조 5,337억 원임을 감안하면 주객이 전도되었으며, 양성화하여 철저히 관리하는 것이 국가·사회적인 이익이

38) http://www.ngcc.go.kr/

될 수도 있다는 얘기가 된다. 그럼에도 불구하고 정부가 사행산업을 무제한 확대할 수 없는 것은 사행심에 불을 붙이고, 다른 나라 국민들과 달리 올인(*all-in*)하는 특성 때문에 더 많은 부작용 발생을 우려하기 때문이다. 다음 호주 사례에서 보듯 도박이 초래하는 비용뿐만 아니라 편익에 대한 분석도 함께 수행되어야만 비용추계에 대한 객관성과 신뢰도를 높일 수 있을 것이다.[39]

국민경제와 개인생활에 미치는 도박의 영향: 호주의 사례

호주의 게임면허사업자, 게임기제조업자, 호텔, 카지노사업자로 구성된 호주게임평의회(AGC: Australia Gaming Council)[40]는 〈호주게임산업현황자료〉(*A Database on Australia's Gaming Industry*)를 작성·발표한 바, 이 자료에는 호주연방 각 주의 도박산업이 GDP 중에서 차지하는 비중, 사업체와 주주 등 이해관계자 수, 자본적 지출액, 고용현황, 지역사회 기여도나 관광진흥에 미치는 영향, 게임 외의 오락제공 등에 관한 구체적인 현황자료뿐 아니라, 도박이 건강·인간관계·금전문제·개인행동·범죄·쾌락추구 등에 미치는 영향이

39) 호주 생산성위원회는 도박의 비용편익분석시 편익은 레크리에이션으로 도박하는 사람들에게 가져다주는 즐거움이라는 소비자 잉여(*consumer surplus*)와 정부 조세수입으로부터 발생하는 편익을 합산하고, 비용산정시에는 문제도박자들의 지나친 손실, 인간관계·근로·감정기복 등에 미치는 영향, 범죄 등 도박과 연관된 사회적 영향을 합산하고 있다면서, 도박이 생산과 고용에 미치는 영향은 "위축된 만큼 다른 분야에서 대체되기" 때문에 고려하지 않았다고 밝히고 있다(2011. 3. 30, 생산성위원회 이사장 Gary Banks의 세미나 발표문 10쪽에서, http://www.pc.gov.au).

40) 2000년 6월 설립되었으며, 2007년 뉴질랜드 업계도 포괄하게 되면서 명칭을 Australasian Gaming Council로 변경하였다.

나 연관성, 그리고 이를 종합한 경제·사회적 편익과 비용을 계량화한 내용들을 담고 있다. 한마디로 호주의 도박산업이 호주 국가경제에 미치는 효과와 영향을 종합적·구체적으로 취합하고 있어 우리에게도 좋은 참고자료가 될 것 같아 요약·소개한다.41)

호주연방 각 주에는 2008년 기준으로 경마·경견·스포츠베팅 및 장외발매소(TAB: *Totalizator Agency Board*)를 포함한 내기 관련 면허사업자 4,572, 전자게임기(EGM: *Electronic Gaming Machine*) 면허사업자 5,691, 복권사업자 4,987, 카지노사업자 13 등 모두 15,263 면허사업자가 있으며, 2010년 이들 사업자의 총매출액은 1,527억 달러로 추산하고 있다. 게임기가 설치된 클럽과 팝은 호주 GDP에 약 1% 정도 기여하고 있으며, 면허사업자들의 대부분은 가족들 소유회사로 운영되고 있고, 2001년 클럽의 회원 수는 약 6백만 명, 도박회사의 주주들 숫자는 100만 명을 상회하는 것으로 나타났는데, 2009년 조사에서 증권시장에 상장된 도박회사의 전체 주주 숫자는 78만 9천 명인 것으로 조사되고 있다.

도박면허사업자들은 건물이나 기계·설비의 구입·설치나 업그레이드 등을 위해 지속적으로 자본적 지출(*capital expenditure*)을 하고 있으며, 2005년 도박 관련 사업체 6,894(호텔 3,455, 클럽 2,416, TAB점포 1,010, 카지노 13)개소는 전체 144,845명을 고용하는 것으로 조사되었고(경마산업 27,750명 고용-2009년, 복권 7,104명 고용-2005년, 게임기 제조업체 2천 2백 명, 등록된 마권업자 610명 별도), 종사원들의 평균연봉은 호텔 내 게임종사자 25,080달러, 클럽 내 게임종사자 28,787달러, 카지노 종업원 40,090달러, 게임기 제조업체 86,500달러로 나타났다.

41) 이 자료는 2010년도에 발표되었으나 인용한 자료와 통계들은 여러 연도에 걸쳐 발표된 것들을 취합한 것이다.

게임 관련 사업자들은 법령에서 정한 지역사회 기여기금이나 자발적으로 지역사회의 행사나 이벤트, 자선기금 등에 기부하는데, 13개 카지노의 경우 2007/8 회계연도 중 주정부가 정한 규칙에 따라 3천 3백만 달러, 체육단체 자발적 지원 1,060만 달러, 자선문화행사 4천 4백만 달러, 문화체육행사 후원 460만 달러, 자선행사 후원 180만 달러 등으로, 각 주마다 규정하는 기금(*fund*, *levy* 등)의 명칭과 목적은 상이하며, 빅토리아주의 경우 커뮤니티지원기금(*Community Support Fund*)[42] 이란 명칭으로 호텔 내 슬롯머신 수입의 8.33%를 징수하고 있고(2008/9 회계연도 수입은 약 1억 달러) 대부분을 질병 · 건강분야에 사용하여 오다가 2010년부터 2014년까지는 문제도박 위험해소와 인구급증 지역 커뮤니티활동 활성화에 쓰도록 정하고 있다.

도박영업장은 지역주민들뿐 아니라, 타지 사람들과 외국인 관광객들도 방문하는 장소로 지역경제 활성화와 관광진흥에 기여하고 있다. 외지로부터의 관광객들은 숙박 · 음료 · 오락 · 패키지투어 등에 경비를 지출하지만 도박에도 전체 지출액의 일정비율을 지출하는 것으로 조사되고 있는데, 2006~2010년 통계를 보면 1박을 하는 관광객은 전체 지출액의 0.55~0.86%를, 당일치기 관광객은 0.56~0.92%를 도박비용으로 지출하고, 외국인 관광객의 12.6%는 도박활동에 참여하는 것으로 조사되고 있다.[43]

---

42) 퀸즐랜드주는 Community Benefit Fund란 명칭으로 지역사회 지원, 아동, 장애인, 청소년, 노인, 가족 등을 위한 사업에 나누어 지원하고 있다. 서부호주주(Western Australia)의 복권수입은 병원 40%, 예술 5%, 스포츠 5%, 자선 12.5%, Perth 국제예술제 5%를 사용하도록 하는 등 사용목적을 예산확정시 정하고 있다.

43) 외국인 관광객 중 한국인의 도박활동 참가율은 18.7%로 2위인 타이완 · 뉴질랜드의 17.8%, 중국 12.9%, 일본 9.5%보다 높은 것으로 나타났으며, 제일 낮은 프랑스 관광객 참여율은 5.4%에 불과하다. 한국인의 1인당 지출

게임장을 찾는 사람들이 단순히 게임에만 몰두하는 것은 아니며, 식음료서비스·라이브공연·스포츠중계·피트니스센터 이용 등 다른 여가활동이나, 경품추첨·지역모임 참석 등도 즐기기도 하며, 빅토리아주의 경우 게임시설이 설치된 호텔이나 클럽에서의 평균지출액은 시설이 없는 곳보다 라이브공연의 경우 2.77배, 식대지출은 1.57배, 주류음료 지출액은 1.54배, 숙박비 지출액은 1.59배가 많은 것으로 조사되었고, 전자게임기를 설치한 호텔이 그렇지 않은 호텔보다 공연시설, Pay TV, 회의시설 등에 더 많은 경비를 들인 것으로 나타났다.

도박의 편익이나 비용분석은 도박이 건강에 미치는 영향을 분석하는 방법인 공중보건모델(*Public Health Model*)과, 도박의 비용과 편익을 경제적 가치나 금액으로 환산하는 사회경제적 영향연구(*social and economic impact studies*)로 구분할 수 있는데, 전자의 경우로는 2008년도 빅토리아주에서 시행한 건강관점에서 본 문제도박 조사연구가 있고, 후자의 경우에는 생산성위원회(Productivity Commission) 연구가 있다. 빅토리아주 연구결과에 따르면 도박하는 사람들도 지난 1년간 가까운 지인의 사망·질병·사고나 본인의 근로환경·재정상태의 변화, 직장 내 업무처리에 문제점 발생, 상사·지인과의 의견대립, 소송이나 이혼 등을 경험한 것으로 나타났으며, 조사표본 중 2.93%만이 도박이 직접적인 원인이었던 것으로 조사되었다. 또 노름꾼들은 84%가 스스로 건강하다고 답하고 있으며, 4.43%의 성인도박자들만이 자신의 건강상태가 좋지 않다고 답하고 있고, 89.5%가 심리

액은 327달러로 평균인 191달러보다 높으며, 인도인이 423달러로 가장 많고 말레이시아인, 중국인, 싱가포르인들의 1인당 지출액이 한국인보다 많다. 2010년 조사결과를 보면 1회 방문당 지출액은 인도네시아인이 가장 많고(568달러), 홍콩(447달러), 한국인(438달러), 인도인(434달러) 순이다.

적인 고민이 없다고 응답한 반면, 5.56%가 심리적인 장애, 2.68%가 경증정신장애, 2.26%가 중증정신장애를 가진 것 같다고 응답하였는데, 이는 호주 전체 인구의 정신 및 행동장애 비율 11.2%와 비슷한 수준이다. 문제도박자의 27.06%, 잠재적 위험도박자(*moderate risk gamblers*)의 6.07%가 자살충동을 느낀 것으로 나타났으며, 문제도박자의 15.17%와 잠재적 위험도박자의 3.46%가 도박이 범법행동을 유발하고 있다고 응답하였고, 노름꾼의 20.81%가 생활이나 가정 교육 등에서 심리적인 상처를 받거나 어려움, 문제를 경험한 것으로 조사되었다. 한편 3.26%의 성인도박자는 도움이 필요할 때 친구들로부터 도움을 청하지 못했으며, 1.84%는 지역사회에서 전혀 사는 재미를 느끼지 못하였고, 1.92%는 전혀 느낌이 없었던 것으로 나타났으며, 45.66%의 도박자들이 어느 한 조직의 구성원인 것으로 조사되었다.

2010년 생산성위원회의 조사보고서에 따르면, 퀸즐랜드(2007년 조사) 문제도박자의 70.9%가 도박으로 건강에 영향을 받았으며, 38.5%가 업무능률에 부정적 영향, 14.1%가 보직변경, 9.1%가 해고와 관련된 것으로 나타났다. 또 88%가 도박문제를 가지고 있다고 생각하고 있으며, 47.6%가 도움을 원하고 있고, 28.4%가 실제로 도움을 요청했던 것으로 조사되었으며, 34.6%가 능력한도 이상으로 도박하고 있다고 생각하고 있고, 54.7%가 가정경제에 해를 끼치고 있으며, 66.6%가 죄의식을 느끼고, 28.5%가 도박에 비판적인 것으로 나타났다.

빅토리아주의 비영리 단체인 릴레이션십오스트레일리아(Relationship Australia)가 1998년과 2008년에 조사한 결과를 비교해 보면, 도박이 업무나 공부에 문제를 야기했다는 응답이 배나 증가하였고(평가지수 25→50), 자녀양육(24→39), 재정적 어려움(28→40), 심각한 질병이나 장애(20→30), 해고나 실업(14→28), 폭력이나 물질남용(4→22) 등으로 나타나 도박문제가 점차 확산되는 것으로 조사되고 있다. 또 파트너와의 관계에서는(2006년 조사) 함께하는 시간 부족(36%), 상대방 생각에 대한 이해 부족(23%), 가치관 차이(22%), 소통 부족(21%) 등이 큰 문제점으로 조사되고 있으나 도박은 파트너 관계에서 크게 부정적 영향을 미치지 않는 것(3%)으로 조사되고 있다.

2008/9 회계연도 중 호주의 사업 관련 파산은 모두 3,979건으로 경제상황 악화(46%), 초과인출(9%), 경영능력 부족(8%), 자본부족(7%), 높은 이자율(9%) 등이 주요 원인이며, 도박으로 인한 파산은 43건으로 조사되고 있어 전체 파산의 1%를 조금 상회하고 있다. 반면 비사업 관련 파산원인은 실업(33%), 과도한 신용(25%), 질병(11%) 등이며, 도박으로 인한 파산은 전체 23,817건 중 976건으로 전체의 4%를 차지하는 것으로 나타났다.

태즈메이니아(Tasmania)주에서 2008년 시행한 도박과 범죄와의 연관성 연구와 2006년 빅토리아주에서 시행한 연관성 연구에 따르면, 도박으로 인한 경비지출은 다른 범죄와 긍정적이고 의미있는 상관관계가 있는 것으로 나타났으며, 워필드어소시에트(Warfield & Associates)사가 1998~2007년 10년간 도박에 연유한 326건의 사기사건을 분석한 결과 포커게임기 관련 사건이 184건, 카지노 74건, 경마 27건, TAB 18건, 기타 23건으로 조사되었다.[44]

2007년의 태즈메이니아주 유병률조사(*Tasmanian Prevalence Survey*)에 따르면, 도박이 가져다주는 영향과 관련, 조사대상자 전체의 12.1%는 개인생활에 긍정적인 영향을, 17.4%는 부정적인 영향을 끼친다고 응답하였으며, 69.5%는 영향이 없다고 응답한 반면, 잠재

---

44) 호주 전역에서의 사기사건 건수는 연간 10만 건을 상회하며, 2005/6 회계연도의 경우 101,222건이다.

적 위험자는 31.6%, 45.8%, 22.7%, 문제도박자는 6.6%, 85.2%, 5.2%라고 각각 응답하였다. 또 2003년 빅토리아주의 조사에 따르면, 생활에 즐거움을 주었다는 응답이 21%, 영향이 없다는 응답이 74.6%, 즐거움을 주지 못했다는 응답이 4.2%, 무응답 0.2%로 나타났다.

생산성위원회가 1999년에 발표한 도박의 비용편익분석에 따르면, 스포츠경기・복권・즉석복권・카지노・전자게임기 등 도박이 가져다주는 편익을 43억 6천 5백만 달러에서 60억 7천 6백만 달러로 추산하고, 사회적 비용을 18억 달러에서 55억 8천 6백만 달러로 추산하여, 최악의 경우 12억 2천 백만 달러의 손실에서 최대 42억 7천 7백만 달러의 편익을 가져다 줄 것으로 분석하고 있다. 동 보고서는 도박이 가져다주는 만족도나 오락적 가치, 정부 세수, 면허수입, 지역사회 기여, 문제도박자들이 경험한 소비자 손실 등을 편익으로, 빚과 파산 등 재정적 문제, 생산성과 고용에 대한 부정적 영향, 범죄, 가정해체나 건강문제 등 개인이나 가족에게 미치는 영향과 이를 치유하기 위한 비용 등을 사회적 비용으로 추계하고 있다. 생산성위원회가 2010년 발표한 내용을 보면, 2008/9 회계연도의 편익을 121억 달러에서 158억 달러로, 비용을 47억 달러에서 84억 달러로, 순 편익을 37억 달러에서 111억 달러로 추계하면서, 정부가 문제도박을 효과적으로 방지하고 손해를 최소화하는 정책을 시행한다면 편익은 더욱 증대될 것이라고 밝히고 있다.

도박과 사행행위의 처벌과 통제[45]

도박의 국어사전적 의미는 "돈이나 재물 따위를 걸고 주사위, 골패, 마작, 화투, 트럼프 따위를 써서 서로 내기를 하는 일" 또는 "요행수를 바라고 불가능하거나 위험한 일에 손을 대는 일"이라는 의미이며, 사행행위는 "뜻밖의 행운을 바라는 행위"로 정의되고 있다. 네이버 지식사전에는 도박을 "금품을 걸고 승부를 다투는 일을 말하며, 내기·노름·박희(博戱) 라고도 한다. 도박은 우연성이 큰 비중을 차지하며, 여기에 약간의 기량을 발휘할 여지가 있다. 스릴이 있고 인간 고유의 사행심을 자극해서, 예로부터 세계 각처에서 행하여졌다" 라고 기술하고 있고, 사행행위는 "종류·명목·방법 여하를 막론하고 타인으로부터 금품(金品)을 모아 우연의 결과에 의하여 특정인에게 재산상의 이익을 제공하고, 다른 참가자에게 손실을 미치게 하는 모든 행위"로 정의하고 있다.

한편 형법에서는 도박에 대한 정의규정을 두고 있지 않으나 "당사자 상호간에 재물을 걸고 우연한 승패에 의하여 그 재물의 득실을 결정하는 것"을 말하는데, 승패가 행위자의 기술·능력·지식·숙련도 등에 전적으로 의존해서는 안 되고 주로 우연한 사정에 좌우되어야 하며,[46] 승패의 우연성은 단지 당사자의 주관에서 불확실하면 족하

---

45) 이호용, "사행행위의 개념과 규제범위 연구," 〈경찰학논총〉 제3권 제2호, 2008, pp. 65~92; 김형훈, "풍속사범의 개념에 관한 연구," 〈경찰학연구〉 제7권 제1호, 2007, pp. 172~199; 이재상, 《형법각론》(박영사, 2010) 등 참조.

46) 판례는 당사자의 능력과 기술이나 기능, 기량이 승부에 영향을 미치더라도 우연성이 조금이라도 개입되는 경우는 도박죄가 성립한다고 판시하고 있다 (이재상, 앞의 책, p. 685).

고, 객관적으로 불확실할 필요는 없다. 또 우연성은 도박의 참여자 모두에게 존재하여야 하고, 당사자 중 일부에게만 있고 나머지 상대방은 기망행위에 의하여 우연성을 자유로이 지배할 수 있는 사기도박의 경우에는 도박죄가 아니라 사기죄에 해당한다는 것이 판례의 태도이고 통설이다. 운동경기의 승패는 그 본질상 우연적 요소와 동시에 당사자의 실력·체력·정신력·당일의 컨디션 등과 같은 개인적 요소도 함께 가지고 있어 운동경기 그 자체는 도박이 아니지만, 돈을 걸고 하는 경우 우연성이 경기승패의 상당부분을 차지할 때에는 도박이라고 할 수 있을 것이다. 그리고 '사행행위'와 관련하여서는 사행행위 등 규제 및 처벌특례법 제2조에서 "여러 사람으로부터 재물이나 재산상의 이익을 모아 우연적 방법으로 득실을 결정하여 재산상의 이익이나 손실을 주는 행위"로 규정하고 있어, 동시에 여러 사람이 참여하는 행위뿐 아니라 1인씩 순차적으로 다수인이 참여하는 경우도 포함되며, 재물이나 재산상 이익이라면 가액의 다과나 교환가치를 묻지 않으며 사이버머니·마일리지·포인트 등 어떤 방식으로든 금전으로 환산가능한 것이라면 포함된다. 또 우연적 방법은 당사자가 확실히 예상 또는 자유로이 지배할 수 없는 사실에 관하여 승패를 결정하는 것으로 주관적으로 결정되며 객관적으로 불확실한 것임을 요하지 않는다. 그리고 참가자 일부에게는 금전적 이익을 많이 배분하고 다른 일부에게는 적게 배분하거나 전혀 배분하지 않는 불균형적 배분이 발생하여야만 한다.

이렇게 볼 때 도박이든 사행행위든 정도의 차이는 있을지 모르지만 승패의 결과가 '우연'에 좌우되며, '재물'이 전제된다는 점에서 서로 혼용될 수 있다. 다만 모든 도박 또는 사행행위가 범죄가 되고 처벌되는 것은 아닌데, 실제로 실정법상 처벌하는 구체적인 행위는 서로 다를 수 있다. 형법 제246조에서는 '일시오락 정도에 불과한 때를 제외하고 재물로서 도박한 자[47]와 상습으로 도박한 자'를, 제247조는 '영리의 목적으로 도박을 개장한 자'를, 제248조에서는 '법령에 의하지 아니하고 복표를 발매한 자, 복표발매를 중개한 자, 복표를 취득한 자'를 벌하도록 규정하고 있으며, 사행행위 등 규제 및 처벌특례법 제30조에서는 법령에서 정한 사행성 기구 외의 기기를 이용한 영업, 무허가 영업, 청소년 입장 등 영업자 준수사항 위반행위, 검사받지 아니한 사행성기구의 판매나 이를 이용한 영업 등 금지되는 사행행위를 한 자를 처벌하도록 규정하고 있다. 또한 식품위생법 제44조 및 제97조에서는 '업소 안에서 도박이나 그 밖의 사행행위를 조장하거나 묵인하는 식품접객영업자나 그 종업원'을, 게임산업 진흥에 관한 법률 제28조 및 제44조에서는 '게임물을 이용하여 도박 그 밖의 사행행위를 하게 하거나 이를 하도록 내버려두는 게임 관련 사업자'를, 풍속영업의 규제에 관한 법률 제3조 및 제10조에서는 '풍속영업(게임산업 진흥에 관한 법률상의 복합유통게임 제공업, 영화 및 비디오물의 진흥에 관한 법률상의 비디오물 감상실업, 음악산업진흥에 관한 법률상의 노래연습장업, 식품위생법상의 단란주점영업 및 유흥주점영업, 체육시설의 설치이용에 관한 법률상의 무도학원업 및 무도장업, 청소년보호법상의 청소년출입·고용금지업소)을 하는 장소[48]에서 도박이나 그 밖의 사행

47) 일부에서는 인간의 사행심은 어린아이 적부터 인간에 내재하는 본능으로 우연에 승패를 걸고 그 득실을 경쟁하는 것은 인간의 자연스런 면이라고 할 수 있다면서, 인간의 본능적인 모험심에서 나온 도박이 처벌과 단속만으로 근절된다고 보기 어렵고, 사회에서 각종 도박행위가 용인되는 실정에 비추어 단순도박죄는 삭제하고 상습도박 내지 직업도박만을 처벌해야 한다고 주장한다(이재상, 앞의 책, p. 652).

48) 풍속영업의 규제에 관한 법률에서 도박이나 그 밖의 사행행위가 금지되는 업소에는 '공중위생관리법에 의한 숙박업·목욕장업·이용업 중 대통령령이 정하는 업소'도 포함되어 있으나(제2조 제4호) 대통령령에서 특정하지 않고 있는데, 이는 청소년보호법상 청소년고용금지업소에 숙박업·목욕장업·

(射倖) 행위를 하게 하는 풍속영업자나 그 종업원'을, 자연공원법 제 29조 및 제 86조와 용산공원 조성 특별법 제 22조 및 제 61조의 규정에 의해서는 자연공원 구역이나 용산공원에서 '사행행위와 이와 유사한 행위'를 하는 행위자를, 정보통신망이용촉진 및 정보보호 등에 관한 법률 제44조의 7 및 제 73조에서는 '법령에 따라 금지되는 사행행위에 해당하는 내용의 정보를 유통하는 행위를 거부 · 정지 또는 제한하도록 하는 명령을 이행하지 아니한 자'는 벌하도록 규정하고 있는데, 각 법률에서는 처벌하는 행위를 '도박이나 그 밖의 사행행위' 또는 '사행행위'로 규정하여 사행행위를 도박을 포함하는 보다 넓은 의미로 사용하고 있다. 그리고 체육시설의 설치이용에 관한 법률 제 22조에서는 '체육시설 업소 안에서 도박이나 그 밖의 사행행위(射倖行爲)를 조장하거나 묵인하지 아니할 것'을 규정하고 있으며 이를 위반할 경우 시정명령을 받게 되고 이를 위반하면 체육시설업의 등록(골프장업, 스키장업, 자동차 경주장업) 또는 신고(요트장업, 조정장업, 카누장업, 빙상장업, 승마장업, 종합체육시설업, 수영장업, 체육도장업, 골프연습장업, 체력단련장업, 당구장업, 썰매장업, 무도학원업, 무도장업)가 취소되어 무등록 · 무신고 영업이 되어 결과적으로 벌을 받게 되며, 학교보건법 제 5조의 규정에 의한 학교경계로부터 2백m 이내의 학교환경 정화구역 내에서는 '사행행위장 · 경마장 · 경륜장 및 경정장(각 시설의 장외발매소를 포함한다)' 설치가 원칙적으로 금지되고 이를 위반한 경우 처벌되며(제 6조, 제 19조), 정신보건법이 규정하고 있는 사회복지시설 중 '도박, 인터넷게임 등 유해행위에 의존하거나 유해행위를 남용하여 중독된 정신질환자를 치유하거나 재활을 돕는 시설인 중독자재활시설을 설치'하는 경우에는 시설의 소재지를 관할하는 시장 · 군수 · 구청장에게 신고하여야 하며, 신고 없이 설치운영한 자

이용업소가 포함되어 있어 규정하고 있지 않은 것으로 보인다.

는 처벌한다(제 15조, 제 16조, 제 56조). 또한 문화예술진흥법 제 8조의 규정에 의한 문화지구, 청소년활동진흥법 제 47조의 규정에 의한 수련지구 안에서는 사행행위 등 규제 및 처벌특례법에 의한 사행행위 영업이 금지 또는 제한되거나 영업을 영위하기 위한 시설을 설치할 수 없으며, 학원의 설립운영 및 과외교습에 관한 법률 제 5조에서도 학원설립운영자 또는 교습자는 '사행행위장·경마장·경륜장 및 경정장(각 시설의 장외발매소를 포함한다)' 등 교육환경을 해칠 우려가 있는 영업소(이하 "유해업소"라 한다)와 동일한 건축물 안에서 학교교과 교습학원이나 교습소를 설립·운영하여서는 아니 된다고 규정하고 있다. 보호관찰 등에 관한 법률 제 32조에는 법원 및 보호관찰심사위원회는 선고 또는 결정시 보호관찰대상자에게 '사행행위에 빠지지 아니할 것'이란 의무를 과(科)할 수 있으며, 형의집행 및 수용자의 처우에 관한 법률에 의거, 수용자는 '사행행위에 사용되는 물품'을 소지할 수 없고(제 92조), '도박이나 그 밖의 사행심을 조장하는 놀이나 내기를 하는 행위'를 하여서는 안 되며(시행규칙 제 214조), 의료법 제 82조에 의한 안마시술소나 안마원 내에서 '도박하게 하거나 이를 하도록 내버려 두지 않아야 한다'(안마사에 관한 규칙 제 7조). 출입국관리법 제 18조에 따라 재외동포는 사행행위영업장·유흥주점·풍속영업장 등 선량한 풍속이나 그 밖의 사회질서에 반하는 행위를 하는 영업장에 취업할 수 없으며(출입국관리법시행령 제 23조), 외국인 근로자의 고용 등에 관한 법률 제 20조의 규정에 의하여 외국인에게 사행행위 등 규제 및 처벌특례법을 위반한 사행행위를 하게 하여 처벌을 받은 사업자는 외국인을 3년간 고용할 수 없고, 채무자의 회생 및 파산에 관한 법률 제 564조의 규정에 의하여 법원은 '채무자가 과다한 낭비·도박 그 밖의 사행행위를 하여 현저히 재산을 감소시키거나 과대한 채무를 부담한 사실이 있는 때'에는 면책을 허가할 수 없다. 또 농지법 제 37

조의 규정에 의하여 '농업의 진흥이나 농지의 보전을 해칠 우려가 있는 시설'인 관람석의 바닥면적 합계가 천㎡ 이상인 경마장, 경륜장, 경정장 설치를 위해서는 농지의 전용을 허가할 수 없고, 산업집적 활성화 및 공장설립에 관한 법률 제16조의 규정에 의하여 사행기구제조업 허가를 받은 경우에는 공장등록을 한 것으로 의제한다고 규정하고 있다. 앞에 열거한 각 법률의 예에서 보듯이 처벌대상자는 도박자·불법복표발매자·정보유통중지명령 불이행자 등 행위자, 사행행위·식품접객영업·풍속영업 등 영업자나 게임 관련 사업자, 그리고 영업자나 사업자의 종업원 등 각 법률에서 특정하고 있다. 그 밖에 공무원의 사행행위와 관련하여서는 직무관련자와 '마작·화투·카드 등 오락과 관련하여 우연의 결과나 불확실한 승패에 의하여 금품 등 경제적 이익을 취하는 목적으로 하는 사행성 오락'을 할 수 없도록 규정한 행정규칙과 자치법규가 다수 제정·시행중에 있어 위반시에는 징계 등의 조치가 취해질 수 있다.

그리고 여신전문금융업법 제2조에서는 신용카드를 '사행행위 등 건전한 국민생활을 저해하고 선량한 풍속을 해하는 행위의 이용대가 및 이용에 따른 금전의 지급', 즉 카지노(외국인대상 카지노는 제외), 경륜, 경정, 경마, 소싸움, 사행행위 등 규제 및 처벌특례법상의 사행행위 이용시의 결제수단으로 이용할 수 없도록 규정하고 있다.

형법 및 다른 법령의 규정에 불구하고 관광진흥법 및 폐광지역개발지원에 관한 특별법에 의한 카지노, 한국마사회법에 의한 경마, 경륜·경정법에 의한 경륜과 경정, 복권 및 복권기금법에 의한 복권, 국민체육진흥법에 의한 체육진흥투표권, 전통 소싸움경기에 관한 법률에 의한 소싸움은 도박이나 사행행위에 포함되지만, 형법 제20조의 '법령에 의한 행위 또는 업무로 인한 행위 기타 사회상규(社會常規)에 위배되지 아니하는 행위는 벌하지 아니한다'는 정당행위(正當

行爲)로 보아 위법성이 조각되어 처벌받지 아니한다. 다시 말하면, 각 특별법이 규정하는 사행행위는 '건전한 기업활동의 기초가 되는 국민의 근로관념과 공공의 미풍양속 내지 근로라는 사회의 경제도덕 또는 정당한 근로에 의하지 아니한 재물의 취득을 처벌함으로써 경제에 관한 건전한 도덕법칙을 보호한다'는 도박죄의 일반적 보호법익보다는[49] '관광진흥, 말산업 및 축산발전, 국민체육진흥 도모, 복권사업의 건전한 발전, 국민의 여가 체육 육성 및 체육진흥, 농촌지역개

〈표 1-2〉 도박·사행성 관련 법령

구분	관련 법령
기본법	형법, 사행행위 등 규제 및 처벌특례법, 사행산업통합감독위원회법
허용법	한국마사회법, 관광진흥법(카지노 허가 특례 : 폐광지역개발지원에 관한 특별법, 제주특별자치도 설치 및 국제자유도시 조성을 위한 특별법, 경제자유구역의 지정 및 운영에 관한 특별법, 기업도시개발특별법), 경륜·경정법, 복권 및 복권기금법, 국민체육진흥법, 전통소싸움경기에 관한 법률, 사회복지공동모금회법*
규제 법령	식품위생법, 게임산업 진흥에 관한 법률, 풍속영업의 규제에 관한 법률, 영화 및 비디오물의 진흥에 관한 법률, 음악산업진흥에 관한 법률, 체육시설의 설치이용에 관한 법률, 청소년보호법, 청소년활동진흥법, 정보통신망이용촉진 및 정보보호 등에 관한 법률, 학교보건법, 문화예술진흥법, 학원의 설립운영 및 과외교습에 관한 법률, 출입국관리법, 외국인근로자의 고용 등에 관한 법률, 채무자의 회생 및 파산에 관한 법률, 농지법, 산업집적활성화 및 공장설립에 관한 법률, 자연공원법, 용산공원조성특별법, 형의 집행 및 수용자의 처우에 관한 법률, 보호관찰 등에 관한 법률, 정신보건법, 공무원의 사행성 오락행위와 관련한 법(경찰공무원법), 행정규칙(골프 및 사행성 오락 관련 행위기준에 관한 운영규정, 국민권익위원회 훈령 등)과 자치법규(충청북도 공무원 골프 및 사행성 오락 관련 행위기준에 관한 지침 등), 의료법(안마사에 관한 규칙), 여신전문금융업법

주: 사회복지공동모금회법 제18조의 2의 규정에 따라 사회복지공동모금회도 보건복지부장관의 승인을 얻어 복권을 발행할 수 있다.

49) 이재상, 앞의 책, p. 651.

발과 축산발전 촉진 등 특별법이 규정하는 특별법익'을 보다 우선시하고 있어 처벌하지 않도록 하는 '합법적인 사행행위'이고, 이런 사행행위를 업으로 하는 영업이나 사업이 '합법적인 사행산업'인 것이다.

도박이나 사행행위, 그리고 놀이나 여가활동 모두 인간의 자극추구 욕구를 충족시키는 행위로서 정확히 구분하기는 어려우나, 전자가 심리적 보상이 즉각적이고 크다는 점에서 집착가능성이 높다. 또 사행행위의 보상은 불규칙적이고 간헐적일 뿐 아니라 인간생활에 긍정적이고 플러스적인 영향만을 가져다주지 않는다는 점에서 개인생활이나 사회에 미치는 영향이 지대하기 때문에 건전한 놀이나 오락의 한계를 넘는 행위에 대하여는 오늘날까지도 규제하고 있다. 미국 조지아주 헌법(제1조 제2항 제3호-복권과 비영리 빙고게임-모든 복권·복표의 판매, 모든 형태의 내기경주에 대한 베팅과 카지노 도박은 금지되며, 형사법에 의해 처벌된다), 아이다호주 헌법(제3조 제20항-도박금지-제1호-도박은 공공정책에 반하며 주법으로 규정된 복권, 내기경기, 빙고나 추첨을 제외하고는 엄격히 금지된다) 규정처럼 금지하는 모델(*Prohibitory Model*), 영국의 보통법(*Common Law*) 취지(게임하우스는 법의 감시를 받는 공공소란행위가 발생할 수 있고, 많은 질서범들이 모여들 우려가 있어, 이웃들에게 불편을 줄 수 있는 장소)나 1968년 게임법(게임장에서 대출 또는 환전, 18세 미만 출입제한, 일요일 일정시간 휴장, 광고제한 등 플레이어 보호규정 다수)처럼 노름꾼들을 보호해야 한다는 참가자 보호모델(*Player Protection Model*), 미국 네바다주법(S463.0129-게임산업은 주 경제와 주민들의 일반적 복지증진에 아주 중요하다, 게임산업의 지속적인 성장과 성공은 공공의 믿음과 신뢰에 달려 있다 등)처럼 게임산업은 정부의 이익에 중요하다는 정부이익모델(*Government Interest Model*) 등 3개 유형으로 분류할 수 있다.[50)]

---

50) Anthony N. Cabot, Keith C. Miller, *The Law of Gambling and Regulated*

영국, 캐나다, 호주 등의 도박 관련 실정법은 완전한 금지보다는 관리를 통한 폐해의 예방이나 최소화에 중점을 두어왔고, 미국은 점점 도박을 하나의 사업으로 다루면서 개인의 자율과 책임에 맡기는 태도를 취해가는 데 반해, 우리나라는 다른 나라에서 공인되는 유형의 도박행위를 모두 합법화하면서도 이들 국가보다 참가자 보호에 관한 제도화가 미흡하며 도박을 산업으로서 육성하는 것도 아닌 어정쩡한 태도를 취하고 있다. 전 세계적으로 합법화하는 사행행위의 종류와 범위가 많고 다양해지는 것이 추세로 도박산업의 선두를 달리는 미국·영국 등의 예를 보면 경마장에서 카지노게임을 즐길 수 있도록 한 레이시노(*Racino*), 경마에서도 '참가자들과의 사이에 적중(的中)했을 때의 환급금의 배율(倍率)을 약속해 놓고 매출총액이나 적중한 사람의 수와는 관계없이 약속한 배율에 따라서 환급금을 지불하는 업주와 참가자 사이의 대결인 북메이커(*bookmaker*) 제도'에서, 가산기(*totalizator*)가 발명된 후에는 참가하는 사람들이 패를 갈라 승부를 겨루고 이긴 사람, 즉 적중한 사람들이 일정한 규칙에 의해서 진 사람들이 걸어놓은 돈을 공평하게 분배하는 참가자들 사이의 대결인 패리뮤추얼(*pari-mutual*) 제도로 발전하였고, 경주장 안에서의 베팅뿐만 아니라 통신시설을 이용하여 원거리에서도 베팅에 참가할 수 있도록 한 장외발매소가 등장하였다. 또 사람들 사이의 노름판이 슬롯머신이나 전자게임기처럼 사람과 기계와의 게임으로 변화되기도 하였고, 이제는 인터넷이나 모바일·인터랙티브TV 등을 이용한 원격도박(*remote gambling*)까지 합법화의 길을 가고 있다. 사행산업에 대한 정부당국의 허용은 피신청인의 권리행사 보장이나 일정한 요건을 구비하면 특별히 공익을 해하지 않으면 이를 거부할 수 없는 기속재량행위인 허

Gaming-Cases and Materials(Carolina Academic Press, 2011), p. 5.

가라기보다는, 피신청인에 대한 특권부여(*privilege*) 또는 일정한 요건을 갖춘 경우에도 특별히 필요하다고 인정하는 경우에 한하여 처분하는 자유재량행위 내지 설권행위인 특허로 보고 있으며, 따라서 사업자가 납부하여야 하는 조세와 기금의 비율도 높고 특별한 관리와 감독도 가능하다. 다시 말하면 법률에 의하지 않고는 사업에 참여할 수 없는 진입장벽이 있고, 수입지출구조에 대한 규제뿐만 아니라 참가자에 대한 통제, 영업시간, 장소, 방법, 베팅이나 보상의 기회나 규모 등에 대한 규제도 엄격하다. 우리나라의 경우에도 경마뿐 아니라 복권, 카지노, 경륜, 경정, 스포츠토토, 소싸움 등 다양한 종류의 합법적인 사행산업[51]이 도입되었는데, 그럼에도 불구하고 이른바 무허가 불법사행산업이 꼬리에 꼬리를 물고 있음은 단속의 미비에도 그 원인이 있겠으나 요행을 바라는 사람들이 많고 높은 수익을 창출할 수 있는 사업이기 때문이다.[52] 합법적인 사행산업에 대한 단속강화가 불법사행산업의 확산을 가져왔다는 '풍선효과' 때문이든, 합법적 사행산업의 확대가 불법사행산업의 확산을 견인하였다는 '기관차 효과'가 원인이든 수요가 있다고 하여 합법적인 사행행위의 종류와 영업장을 계속 확장할 수 있는 것도 아니라는 것이 규제당국의 고민이며, 따라서 일차적으로는 도박 또는 사행행위 참가자들의 자발적 통제, 즉 자제력에 의존하고, 다음으로는 도박이나 사행행위로 인한 문제발생을 예방하고 치유하기 위한 규제제도를 도입하여 제도적으로 통제하면서, 문제도박자는 의학적으로 치료하는 방안을 강구하고 있다.

51) 사행산업통합감독위원회법 제2조에 사행산업 정의규정을 두고 있음.

52) 불법사행산업에 대한 단속강화와 관련된 기자회견을 하면서, 담당부장검사는 "사행산업은 사람의 영혼을 도둑질하고 사회를 피폐하게 만드는 중대범죄에 해당되는 만큼 강력한 단속과 철저한 불법수익 박탈을 통해 '도박으로 돈을 벌 수 있는 유일한 길은 도박하지 않는 것'이라는 사회적 공감대를 확산시켜 나갈 방침"이라고 말한 바 있다(http://news.hankooki.com).

한국의 사행산업

우리 민족이 즐겼던 내기와 도박의 유형들[1]

'내기'란 "일정한 조건 밑에서 승부를 다투어 이기는 편이 건 물품이나 돈을 차지하는 일"인데, 역사기록을 통해 우리 선조들도 여러 가지 형태의 내기를 했음을 알 수 있다. 금품을 걸고 다투는 놀이인 도박(賭博)에서 내기하다의 의미를 가진 '박'(博)이란 단어가 《삼국사기》 백제의 4대 왕인 개루왕(재위 A.D. 128~166)과 도미에 얽힌 이야기에 등장하는 것으로 보아 형태는 정확하지 않지만 '내기', 즉 '도박'은 그 당시에도 있었던 것이 분명하며, 연회에서 사용된 것으로 보이는 안압지에서 출토된 목제주령구(木製酒令具)에 기록된 것처럼

1) 이 글은 다산연구회 역주, 《역주 목민심서》(창작과비평사, 1965); 강명관, "투전놀음에 날 새는 줄 몰랐다," 《조선의 뒷골목풍경》(푸른역사, 2009); 유승훈, 《다산과 연암, 노름에 빠지다》(2006, 살림출판사); "투전에서 화투까지 전통 카드놀이 변천사," 〈문화와 나〉(삼성문화재단, 2006년 가을호); 김영진, "쌍륙의 역사와 놀이방법," 〈생활문화연구〉 제 13호(국립민속박물관, 2004.6); 이성욱, "고스톱의 사회학," 〈시사저널〉 307호(1995.9.14) 등과 인터넷 등재자료 등을 읽고 작성 또는 인용하였으며, 국립민속박물관 박수환의 도움을 받아 유물사진을 촬영하였다.

술좌석에서 주사위를 굴려 '삼잔일거'(三盞一去: 술 석 잔 단숨에 마시기)와 같이 주사위에 쓰여진 대로 행동하게 하는 내기도 있었다.

그런가 하면 스포츠와 도박이 결합한 형태인 격구(擊毬)는 고려 18대 왕 의종(재위 1146~1170)이 즐겼고 무신정권(A. D. 1170~1270)이 들어서면서 성행하여 왕이 친히 상품을 걸고 승부를 진행하였는데, 14세기 충숙왕(재위 1313~1330, 1332~1339), 공민왕(재위 1351~1374) 시대에는 사회적 문제를 야기, 금지령을 내리기도 하였다.[2] 한편 고려시대 학자 이규보의 시문집 《동국이상국집》(1241년 간행)에도 "옥으로 만든 판에서 쌍륙을 친다"(玉局爭雙六)란 구절이 있음을 볼 때 당시에도 쌍륙놀이가 행해졌음을 알 수 있으며, 조선시대에는 태조와 태종, 왕비의 위패를 모신 사당인 문소전에서 쌍륙을 하다가 불을 냈다는 기록도 있고, 연암 박지원(朴趾源, 1737~1805)의 《양반전》에도 '양반매매증서'에 양반이 지켜야 할 규범으로 "손에 돈을 만지지 말고, 쌀값을 묻지 말고, … 돈을 가지고 노름을 말 것이다"라고 정하고 있으며, 다산 정약용(丁若鏞, 1762~1836)[3]의 《목민심서》에도 도박하는 관리들을 비판하고 있는 것 등으로 보아 쌍륙이나, 투전, 골패 등 도박이 당시에도 성행하고 있었음을 짐작할 수 있다.

강명관은 그의 책 《조선의 뒷골목풍경》에서 도박을 "인간이 모든 것이 우연과 불확실성에 의해 지배되는 세계에 대해 이해하는 또 다

2) 조선의 태조 이성계도 '온 나라 사람들이 몹시 놀랄 정도로' 격구에 능하였으며, 평상시에도 배만한 크기의 나무 공(木毬)을 만들어 위로 던지게 하고 나무화살로 쏘아 맞혔다고 한다〔《태조강헌대왕실록》(세종대왕기념사업회, 1972), pp. 22~23, 48〕.

3) 정약용의 〈하일대주〉(夏日對酒, 여름날 술을 앞에 놓고)란 시구 중에도 "摴蒲與江牌(저포여강패, 쌍륙놀이와 골패놀이), 馬弔將蹴鞠(마조장축국, 마작놀이 공차기놀이), 馬弔將江牌(마조장강패, 마작이며 골패라든지), 象棋與雙陸(상기여쌍륙, 장기바둑 쌍륙에 빠져)"가 나온다.

른 방식"으로 보면서, "국가는 오로지 도박을 독점하기 위해 자신이 허락한 도박 외에는 모두 금지"하는데, 조선시대에 도박이 성행하였던 1차적 원인으로 경제발전으로 말미암은 부의 축적과 화폐의 유통을 지목하고 있다.

그럼 현대적 노름이 등장하기 전에는 어떤 것들이 유행하였을까? 다산 정약용의 《목민심서》 제9부 형전(刑典) 6조 제5장 금폭(禁暴)에는 "도(賭)라는 것은 놀이로써 취하는 것이요, 박(博)이라는 것은 바꾸어 얻는 것이다. 도박의 놀이는 옛날과 지금이 다르다. (중략) 요즈음 유행하는 것은 ① 바둑, ② 장기, ③ 쌍륙(雙陸), ④ 투패(鬪牌, 馬弔, 鬪牋), ⑤ 강패(江牌, 骨牌), ⑥ 척사(擲柶)이다"라면서 "지금의 관장들이 동헌에 앉아 저리(邸吏)나 책객(冊客)들과 마조·강패놀이를 하면서 태연하게 부끄러움을 모르니 장차 어떻게 백성이 나쁜 짓하는 것을 금하겠는가"라고 탄식한 것을 보면 도박이 만연하고 있음을 짐작할 수 있다. 그러면서 그는 "여러 도박 중에서 마음을 망가뜨리고 재산을 탕진하여 부모와 종족의 걱정거리가 되는 것은 마조가 첫째이고 쌍륙·강패가 그 다음이다. 아전(衙前, 관청의 하급관리)이 포흠(逋欠, 관청의 물건을 사사로이 써버림)을 지고, 군교(軍校, 장교)가 부정을 저지르는 것은 이 때문인 경우가 많으니 수령은 마땅히 거듭 영을 내려 엄중히 금해야 한다"고 역설하고 있다.

투전(鬪牋, 鬪錢)은 두꺼운 종이로 너비는 손가락만하고, 길이는 15㎝쯤 되게 만들어 그 위에 인물·새·짐승·곤충·물고기 등의 그림 또는 시구(詩句)나 문자를 그려 끗수를 나타낸다. 원래 중국에 있던 것이 임진왜란 때 명(明)나라 군사를 통해 한국에 전래되었다는 설과 숙종 때 장현(張炫)이 당상통역관(堂上通譯官)으로 중국에 드나들면서 가져왔다는 설 등이 있으나 확실치 않다.

투전의 한 면에는 사람·물고기·새·꿩·노루·별·토끼·말 등의 그림(또는 글자)을 흘려 적어 끗수를 표시한다. 같은 그림(또는 글자)이 10개씩 모두 80장으로, 이것을 팔목(八目)이라 부르며 투전목은 종이였기 때문에 손을 타도 훼손되지 않도록 기름을 먹였다.

처음에는 장현처럼 중인 이하의 계층에서 투전을 즐겼으나 나중에는 양반계층도 투전을 즐기게 된다. 연암 박지원은 《열하일기》에서 역관·비장배(裨將輩, 장수 보좌진)와 투전판을 벌여 돈을 땄다고 쓰고 있으며, 다산 정약용은 《목민심서》에서 재상이나 명사, 승지, 옥당(이른바 청직)까지 돼지 치는 자들이나 하는 놀이(곧 투전)를 하는 세태를 개탄했다. 또한 효종의 딸 경숙 옹주의 손자로서 병조판서와 이조판서를 지낸 원경하의 아들인 원인손(元仁孫)이 18세기 투전판의 타짜(打子, 투전의 고수)였다. 조선 후기로 가면 갈수록 투전이 성행하여, 기방 등에 도박장을 차려 놓고 영업하는 사람이 많았다.

투전의 방법도 여러 가지가 있어 동동(同同)이·가보잡기·찐붕어·엿방망이 등이 있으나 모두 속임수를 쓰기에 편리하도록 되어 있다. 투전은 19세기 말 일본에서 화투가 들어오기 이전까지 가장 성행했던 노름으로 '화투의 한국화'에도 지대한 영향을 끼친 놀이로 화투에서 사용되는 쪼우기·짓고땡·족보·타짜 등은 원래 투전용어였다.

쌍륙(雙六)은 주사위 놀이로서 두 사람이 각각 15개의 말을 사용하여 놀지만 12개 또는 16개의 말을 사용하기도 하는데, 쌍륙이 십이기(十二棊)로 불리기도 하는 것은 12개의 말을 사용했던 데 연유한 것으로 추정되며, 남자뿐만 아니라 여자도 즐긴 놀이이다. 쌍륙에 쓰이는 도구는 말과 주사위 2개, 그리고 말판이다. 주사위 2개를 굴려 나온 사위대로 말을 앞으로 보내는 놀이로 원래는 자기 말밭에서 모든 말이 벗어나면 이겼으나, 후대에 가면 상대의 궁을 점령하면 이기도록 바뀌었다.

조선시대에는 다산 정약용이 기생들과 저포(樗蒲) 놀음(쌍륙)을 하

쌍륙(국립민속박물관)

여 3천 전을 뿌려주며 즐겁게 놀았다든가, 연암 박지원이 글을 쓰다 막히면 양편을 각각 오른손과 왼손이 맡게 하여 혼자서 쌍륙을 즐겼다는 기록이 있는 것으로 보아 양반, 기생할 것 없이 쌍륙을 즐겼을 것으로 짐작된다. 국립민속박물관에 가면 어린이들이 쌍륙체험학습을 할 수 있도록 말판과 말, 주사위가 설명문과 함께 준비되어 있다.

투전은 남성들의 노름으로 인식되었던 데 반해, 쌍륙과 함께 기방에서 남녀가 함께 즐겼던 놀이가 골패(骨牌)다.[4] 골패는 주사위 놀이가 카드놀이와 결합해 새로운 놀이로 변모하는 과도기적 양식으로, 형태는 주사위를 닮았지만 놀이법은 카드놀이와 비슷하다. 일정하게 패를 나누어 가지고 패를 맞추거나 사위면의 숫자를 가지고 우열을 가린다. 민속박물관에는 한글로 된 골보가 소장되어 있는 것으로 보아 해방 후에도 행해졌던 것으로 추정되나 놀이방법이 복잡해 골보(骨譜)까지 만들었던 만큼 일반에게는 널리 보급되지 않은 것으로 보인다.

4) 경상도 민요로 다음과 같은 골패타령(骨牌打令)이 있음. "(1절) 얼싸 오날 하심심하니 홋패 작패하여 보자. 쌍준륙에 삼륙을 지르고 쌍준오에 삼오를 지르니 삼십삼천 이십팔수 북두칠성이 앵돌아졌구나. (후렴) 얼삼마 디어라 방아로다. (2절) 청부동(靑不同) 백부동(白不同) 매화가 되고, 소삼관이 사륙하고 소삼어사 오륙하니, 옥당쌍소가 나달아 오누나. (후렴) …."

화투(花鬪)는 일본에서 들어 온 것으로 누가 처음 전파시켰는지는 알 수 없으나 1894년 갑오경장 이후 일본의 하나후다〔花札〕가 유입되어 한성과 개항지에서 일본인들 사이에 행해지다가 점차 한국인들에게 보급된 것으로 보인다. 한일합방이란 매국행위를 조인했던 '을사오적' 중 이완용과 이지용은 '희대의 화투대왕'으로 불릴 정도로 화투에 열중했던 인물들인데, 이완용은 '견인증'이라는 병의 고통을 잊기 위해 화투로 세월을 보냈으며, 이지용의 저택은 '조선에서 가장 거대한 판돈이 오가는 도박장'이었다. 일제는 화투를 한다고 구속시키면서 한편으로는 골패세령을 제정하여 골패, 마작, 화투의 제조·판매 면허제를 도입하였는데, 1935년에는 무허가로 화투를 제조하였던 조선인에게 '과세고의 20배에 해당하는 벌금에 처하였다'는 사건이 보도되기도 하였다.

화투는 48장으로 4장씩 12달을 상징하며, 화투놀이 종류도 여러 가지가 있는데, 보통 월별로 그림을 맞추는 민화투는 끗수를 계산하여 많이 딴 쪽이 이기는 것이다. '약'이라는 것이 있어 난초약(5월)·풍약(10월)·비약(12월) 등으로 그 달의 4장을 모두 차지하면 20끗씩을 더 받게 된다.[5] 이밖에 5끗짜리 띠 중에서 '홍단', '청단', '초단' 등 세 가지 띠를 차지하면 30끗씩을 더 받게 되며, 지방에 따라 '4오동'이라 하여 오동 4장을 모으면 40끗씩을 받기도 한다. '육백'(6백)이란 놀이는 여러 가지 득점규약에 따라 6백 점을 먼저 따는 편이 이기게 된다. 그 밖에 아낙네나 노인들이 재미로 하는 '재수보기'와 '운수떼기'가 있다.

화투가 들어오면서 도박의 판도가 바뀌어 옛날식 투전은 자취를 감

---

5) 4월은 흑싸리가 아닌 등나무 꽃이고, 5월은 난초가 아닌 창포이며, 비와 오동은 각각 달이 뒤바뀌었다〔한국일어일문학회, 《게다도 짝이 있다》(글로세움, 2003), pp. 29~34〕.

골패(국립민속박물관)

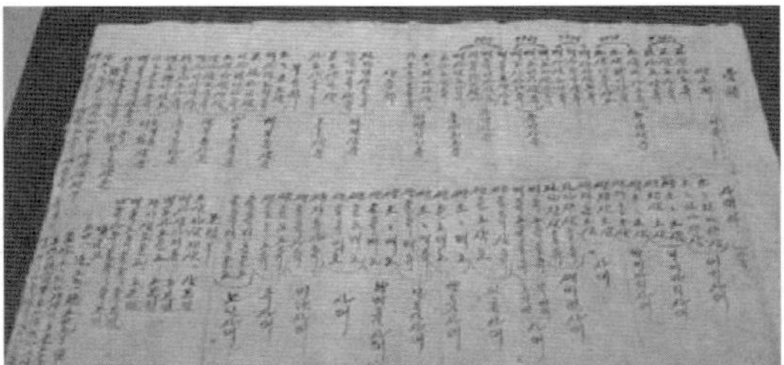

골보(국립민속박물관)

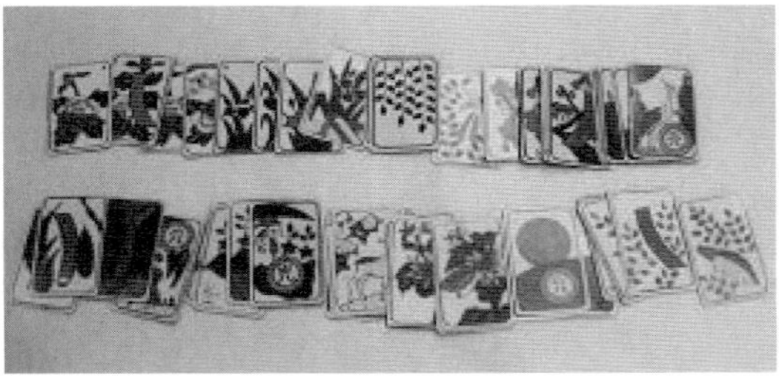

1920년대 화투(국립민속박물관)

추게 되었고 화투가 도박의 전형으로 토착화되었다. 고스톱, 섰다, 도리짓고땡 등이 바로 그런 것들이다. 특히 고스톱은 '전 국민의 오락'이라 불릴 정도로 한때 한국사회를 휩쓸었으며, 정치상황이나 사회적 이슈 등을 반영해 풍자의 의미로 룰을 재미있게 바꿔서 하는 경우도 있는데, 가장 유명한 것이 1980년대 유행했던 '전두환 고스톱'으로 '싹쓸이'를 한 선수는 다른 선수의 패 가운데 원하는 것을 아무거나 가져올 수 있다. 싹쓸이를 해도 오히려 자기 것을 상대선수에게 줘야 하는 '최규하 고스톱', 점수가 나도 고, 스톱 여부를 상대편 선수에게 물어보고 결정해야 하는 '이민우 고스톱' 등 1980년대의 고스톱에서부터, 단풍패 3장이 들어 온 사람은 부실공사의 책임을 져 상대편에게 무조건 판돈을 주어야 하는 '삼풍 고스톱', 열끗짜리(10) 하나와 세끗짜리(3) 하나를 같이 든 사람은 기본선수 구성원 네 사람의 패를 모두 본 다음 한 사람을 지명, '팽'(烹) 할 수 있는 권한을 갖는 '영삼이 고스톱', 3점이 난 후 고를 하더라도 다음 순서에서 점수가 안 나거나 불리해지면 고한 것을 '번복'하여 애초 점수대로 판돈을 가져 갈 수 있는 'DJ 고스톱' 등 다양한 변형 고스톱이 등장하기도 하였다. 언제부턴가 국가원수의 성명을 아무데나 가져다 붙이는 풍조가 생겼는데, 그들에 대한 불만을 비속화하고 싶은 대중의 복수심리를 화투를 통해서 읽어 볼 수 있다.

그 외에 종이에 벼슬의 품계를 적어 놓고 윤목(박달나무로 깎은 16㎝ 정도 길이의 다섯 모 난 나무막대로 각 면마다 끗수가 쓰여 있음) 등을 굴려 벼슬을 오르내리는 놀이인 승경도(陞卿圖) 놀이, 여러 사람이 편을 갈라 일정한 거리에 둔 항아리에 화살을 던져 넣는 투호(投壺) 등은 노름보다는 놀이로 행해졌다. 일제강점기에 중국으로부터 유입된 마작은 네 사람이 136개 이상의 패를 가지고 짝을 맞춰 승패를 겨루는 것으로 기술·전략·계산력을 요하는 두뇌게임이다. 지금도 중국,

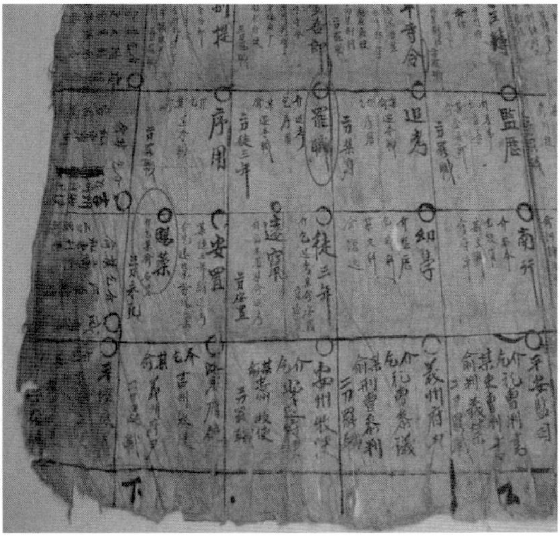

승경도(국립민속박물관)

일본, 타이완 등에서 행해지고 있으나 화투에 밀려 크게 유행하지는 않았다. 마작의 도구로는 숫자가 쓰인 것(數牌), 글자가 쓰인 것(字牌), 꽃이 그려진 것(花牌)들이 사용된다.

일제강점기의 도박[6]

국립중앙도서관의 1945년 이전 신문자료를 검색하면 도박과 관련된 기사가 8백여 건 검색되는데, 그 가운데에는 '○○지역에서의 도박단검거' 뉴스뿐만 아니라, 소년 · 신사 · 청년부호 · 승려 · 관공리 ·

6) 국립중앙도서관의 원문통합검색시스템을 이용하면, 디지털화된 대부분의 자료를 가정 또는 도서관에서 활용할 수 있으며, 이 글도 열람한 자료를 참조하여 작성한 것임. 도박이란 단어로 검색하면 많은 소장자료가 검색됨.

여자백합도박단 · 백작 · 기생 · 부녀자 · 육군현역병 · 자본가 등 도박자의 신분을 적시한 기사와, 영 대사관원과 미 선교사가 도박, 일본공사가 도박, 지나인 대도박단, 중국인도박단, 도박 좋아하는 영국부인 등 외국인의 국내 도박, 사찰 · 산중 · 선중 · 면소 · 주차장 · 노상 · 공원 · 음식점 · 공자묘 등 도박장소가 적시된 기사, 마취도박 · 사기도박 · 어부변장도박 · 도박광이 마누라를 팔아넘겼다는 기사(도박광의 賣妻), 벼 판 돈 · 소 판 돈 · 고구마 판 돈으로 노름한 기사 등이 부지기수로 등장한다. 경찰이 도박꾼을 안 잡아가 도박이 대유행이라는 기사(〈매일신보〉, 1919. 4. 15), 미국에서는 비행기로 도박장을 정찰한다는 기사(〈매일신보〉, 1922. 10. 25), 도박을 그만두자는 모임 교풍회(矯風會)를 조직했다는 기사(〈매일신보〉, 1928. 2. 7), "이태리 해안 산레모에 대도박장 공허(公許) 뭇소리니 수상이 만족"이라는 제목의 기사(〈매일신보〉, 1928. 2. 13), "도박은 민족의 좀, 세계시민에게 격문산포" 제하기사(〈만선일보〉, 1940. 9. 2) 등 재미있는 기사도 많이 등장한다. 또 왕대아(王大雅)는 시조사가 발행하는 〈시조〉(時兆) 1934년 5월호 "도박의 성행, 이욕(利慾)에 흥분된 세상"이란 글에서 "이기적 탐욕은 현대적 죄악 중 가장 큰 것"이라면서 영국 경마의 마권, 입장권 구입 후 자동차 · 피아노 · 라디오 추첨권을 주는 것, 야구 · 축구 · 경견에 도박을 결부시킨 것, 미국 하버드대학에서의 강의중 인용되는 저서의 저작자 수 맞추기, 영국 철도회사의 비밀열차의 행선지 맞추기, 스페인의 추첨권 판매수익을 활용한 대학설립 등을 언급하면서 각처에서 도박성이 있는 부찰(富札)과 부첨(富籤)이 많이 유행하는 것은 "수고하지 아니하고 돈을 모으려는 욕망이 열렬하기 때문"이라면서 "결코 행복을 가져다 줄 수 없다"고 비판하고 있다. 그러면서 그 자신은 1937년 〈시조〉 9월호에 쓴 "도박이혼의 도시 레노(Reno)를 지나 1만 3천 척의 라키산(록키산)을 답파"라는 제목의 여행기에서 “이 도시에 있는 각 도박장과 주점은 매일 매야 각처에서 모여든 남녀들로 대만원을 이룬다. 다수한 도박장이 공개되어 있어서 많은 남녀들이 들끓고 있는데, 어떤 도박장에서는 일야에 20만 불〔달러〕의 대금을 수입한 때도 있었다고 한다”면서 경탄을 금치 못하고 있다.[7]

조선중앙일보사가 발행하는 잡지 〈중앙〉 1936년 3월호의 무궤도 인터뷰 “도박과 조만식”이라는 글에서 ‘평양의 간디’로 불리는 조만식은 신사(紳士) 도박단 검거소식과 관련된 질문에 ‘사상이 부패한 증조’라면서 도박근절을 위해서는 “외적 제재보다는 내적 제재, 종교적 제재가 가장 유력하다”고 응답하고 있다. 그리고 이종우는 1935년 12월호 〈신인문학〉의 “모나코의 도박장을 구경하다”라는 글에서 국가공인 도박장인 몬테카를로에 입장료 10프랑, 외투 맡기는 값 2프랑 도합 12프랑을 내고 들어가 본 카지노 풍경을 적고 있다. “이 도박장에서는 경관의 보호 아래서 하는 것이기 때문에 암만 놀아도 경찰서에 붙잡혀갈 염려가 없으니 그야말로 천하태평이다”라고 적고 있으면서, “기묘한 것은 도박을 일상삼는 이 나라에서도 도박을 좋은 짓이라고 생각하지는 않고 자국사람에게는 일체 도박장 출입을 금하고 있음”을 지적한다.

1926년에 발행된 《조선도박요람》[8]은 투전을 사용한 다섯 가지(가보, 짓구땡이, 동동이 등), 골패를 사용한 다섯 가지(골야시, 부동치기 등), 화투를 사용한 서른한 가지, 윷을 사용한 세 가지, 돈치기 네 가지, 심지박기 등 기타 다섯 가지 등 모두 쉰 세 가지 유형의 도박을 소개하고 있다.

한편, 일제강점기에 발표된 염상섭의 《삼대》, 김유정의 《만무방》,

---

7) 국립중앙도서관 자료검색시스템 이용 원문열람.

8) 김찬근, 《조선도박요람》(인쇄지 동경, 1926).

《소낙비》, 이효석의 《메밀꽃 필 무렵》, 《마작철학》, 《벽공무한》, 나도향의 《뽕》, 채만식의 《태평천하》 등 소설 속에서도 마장(마작)·골패·화토(화투)·투전·복권(만주국 발행의 유민채표〔裕民彩票〕) 등이 등장하며, 도박이나 노름은 축첩·음주·가산탕진·패가망신 등과 연관된 부정적인 향락문화로 묘사되고 있다. 암울한 시대상황의 반영일 수도 있다.[9)]

합법적 사행산업

경마

우리나라의 합법적 사행산업 중 가장 오랜 역사를 가진 것이 경마로 일제강점기인 1922년 4월 5일 조선경마구락부가 설립인가를 받아 그해 5월 20일 처음으로 경마가 시행되었으며, 1962년 한국마사회법이 제정되어 오늘에 이르고 있다. 경마란 "기수가 기승(騎乘)한 말의 경주에 대하여 승마투표권(마권)을 발매하고, 승마투표 적중자에게 환급금(배당)을 지급하는 행위를 말한다"고 정의하고 있는데(한국마사회법 제2조), 경마는 레이스(스포츠)와 베팅(도박)의 요소가 유기적으로 결합되어 있고 과학적으로 예측한 결과와 우연이라고 할 수 있는 이변이 조화를 이룬 레저다.

경마에는 경주마를 소유한 마주, 경주마에 올라타 경주에 출전하는 기수, 마주와 마필위탁관리계약을 맺고 말을 조련하고 일반운동

9) 기타 국내외 소설, 시, 산문, 영화, 방송프로그램, 오페라 등 작품 속에 등장하는 도박의 이미지에 관하여서는 황현탁, 《도박의 사회학》(2010, 나남) 및 황현탁의 블로그(http://blog.naver.com/hlp5476)를 참조할 것.

경기에서의 감독과 같은 위치에서 말과 기수를 관리하는 조교사, 마필의 조교와 사양, 보건 및 마사관리에 관한 전문가인 마필관리사 등이 각자의 영역에서 활동하고 있다.

마권에는 경마사업자와 경마 관람객이 특정 말의 우승가능성에 대해 상호 합의에 의해 1 대 1로 환급률을 정한 뒤 경주결과에 따라 정해진 배당률에 의해 계산된 배당금을, 사업자가 사전에 작성하여 교부했던 전표(*Book*) 소지자에게 지급하는 형태인 '북메이커'방식(*Bookmaker*, 사업자와 고객의 대결로 사업자가 손해 볼 수도 있음)과, 고객끼리 거는 돈을 승식(*Pool*) 별로 분류해서 집계하고 배당률을 계산한 후 경주결과에 따라 적중자에게 세금과 수수료 등 발매수득금(收得金)을 선공제한 후 나머지 전체 금액을 건 돈의 양에 따라 비례배분해서 지급하는 '패리뮤추얼'방식(*Pari-mutuel*, 사업자 대 고객의 대결이 아닌 고객 상호간의 대결로 사업자는 손해 보는 일이 없음)이 있는데, 영국이나 호주 등의 경우에는 두 가지 방식의 마권이 모두 발매되고 있으나 우리나라의 경우에는 패리뮤추얼방식의 마권만 발매되고 있다.

경주는 매주 토, 일요일에 시행되며, 서울경마공원의 경우 1일 11~13경주가 시행되고, 1 경주당 6~15두의 경주마가 출두한다. 어느 한 경마장이 다른 경마장의 발매 전산시스템과 연결, 자신의 경주실황 영상 및 데이터를 전송하고, 전송을 받은 경마장이 이를 활용해 마권을 발매하고 베팅할 수 있게 하는 교차투표율이 50%를 넘고 있어 경주횟수와 영업장을 실질적으로 확대하는 효과를 거두고 있는데, 경마의 사행성을 줄이고 건전한 레저문화로 육성하려는 정부시책과 정면 배치된다는 지적이 있다. 마권에는 1위 1두를 적중시키는 단승식(單勝式), 경마공원별로 첫 경주 마권발매 개시시에 경주별 출주예정 말이 5~7두일 때는 1~2위, 8두 이상일 때는 1~3위 중에서 1두만 적중시키는 연승식(連勝式, 당해 경주 발주 성립시점의 출주예정 말이 4두 이하일 때는 연승식 불성립), 1·2위 2두를 순서에 관계없이 적중시키는 복승식(複勝式), 3위 내 2두를 순서에 관계없이 적중시키는 복연승식(複連勝式), 1·2위 2두를 순서대로 적중시키는 쌍승식(雙勝式), 1·2·3위 3두를 순서에 관계없이 적중시키는 삼복승식(三複勝式)의 6종류가 있다.[10]

복 권

복권이란 번호를 기입하였거나 어떤 표시를 해놓은 표(票)를 판 후 추첨하여 일정한 번호가 맞은 표에 대하여 표의 값보다 훨씬 많은 상금을 주는 것으로, 추첨에 의해서 승자(勝者, 當籤者)를 정하는 내기를 말하는데, 복권 및 복권기금법에서는 “다수인으로부터 금전을 모아 추첨 등의 방법으로 결정된 당첨자에게 당첨금을 지급하기 위하여 발행하는 표권(票券)”으로 규정하고 있다(제 2조). B.C.100년경 만리장성 축조를 위한 자금마련을 위한 중국의 키노, 불탄 로마를 복구하기 위한 재원마련을 위한 아우구스투스 황제의 복권발행 등 대형 모금의 방법으로서 복권이 팔리고 있었다고 전하여지고 있다. 기록에 남아 있는 것은 1530년 이탈리아의 피렌체와 제노바에서 판매된 것이 최초이며, 그 뒤를 이어 1569년 영국의 아일랜드에서 팔렸고, 16세기 후반부터 17세기에 걸쳐 세계 각국에서 유행하여, 세계적인 복권(추첨)의 전성시대가 도래하였다. 복권은 국가가 직접적으로 팔거나, 특별히 국가가 인정한 단체가 판매하는 것이어서 개인이 복권을 판매하는 것은 어느 나라에서나 엄금한다. 복권의 특색은 다른 도

---

10) 한국마사회법 제 7조에는 승마투표방법을 단승식·복승식·쌍승식·연승식·복연승식·삼복승식·삼쌍승식(三雙勝式) 및 특별승마식(特別勝馬式)의 8종으로 한다고 규정하고 있음.

박에 비해 1회의 추첨에 참가자가 아주 많다는 것이며, 사행성과 중독성 등 도박에 뒤따르기 쉬운 폐해가 적다는 것이다.

1947년 제14회 런던올림픽 참가경비 마련을 위한 복권을 발행한 것이 우리나라 복권의 효시이며, 이후 주택복권, 체육복권, 기술복권, 복지복권, 기업복권, 자치복권, 관광복권 등 다양한 복권이 주관 기관별로 발행되어 오다가 2004년 복권 및 복권기금법이 제정되어 13개 복권이 복권위원회에 의하여 통합 발매·관리되게 되었으며, 2011년 연금식으로 당첨금을 지급하는 연금복권 520(매월 5백만 원씩 20년간 지급)을 발행하여 선풍적 인기를 끈 바 있다. 복권은 1인 1회당 10만 원 이상을 구매할 수 없고 청소년에게는 판매가 금지되며, 원칙적으로 현금으로만 구매할 수 있다(법 제5조). 복권은 다른 사행산업보다 사행성과 중독성이 낮다는 이유로 사행산업통합감독위원회가 시행하는 사행산업총량관리제에서 제외시키는 방안이 강구되고 있다. 복권사업자는 장애인, 국민기초생활수급자, 한부모가족의 세대주, 독립유공자와 그 유족 또는 가족, 국가유공자와 그 유족 또는 가족, 그 밖에 저소득층, 국가를 위하여 희생하거나 공헌한 사람 등이 온라인복권을 판매하려는 경우에는 우선적으로 계약을 체결하도록 규정하고 있다(법 제30조).

우리나라에서 발행되는 복권으로는 매주 발행되는 온라인복권 로또6/45(액면가 천 원)와 연금복권 520(액면가 천 원), 연 2~4회 발행하는 스피또, 스피드키도·메가빙고·파워볼과 같은 추첨식 인터넷복권 등 다양한 종류가 발행되고 있다. 로또의 1등 당첨확률은 814만 5,060분의 1이다. 2011년 평균 한 회차 판매금액은 약 530.6억 원으로 액면가를 천 원으로 보면 5,306만 게임이 된다. 1회당 1등 당첨자는 확률적으로 게임수를 1등 당첨확률로 나눈 평균 6.5명 정도가 된다는 계산이다. 이탈리아 로또(6/90)의 1등 당첨확률은 약 6억

2,260만분의 1, 미국 메가밀리언(5/56+1/46) 1등 당첨확률은 약 1억 7,570만분의 1, 유럽 유로밀리언(5/50+2/9) 1등 당첨확률은 약 7,600만분의 1로 나눔로또(6/45)보다 9~76배 당첨확률이 낮아 당첨자 수가 적게 나올 확률이 높다.

카지노

이탈리아어로 '작은 집'을 뜻하는 카사(*casa*)에서 유래되었으며 본디 르네상스시대 귀족소유의 사교·오락장소를 가리킨다. 카지노는 18~19세기에 걸쳐 유럽 여러 나라에 개설되었으며, 국왕의 제원조달을 목적으로 공인되었다가 차츰 도박의 폐해가 커지자 귀족계급의 몰락과 더불어 19세기 말부터 일부를 제외한 많은 나라에서 금지되었으나 제2차 세계대전 후 공공을 위한 자금조달 명목으로 해변·온천 등 휴양지와 관광지를 중심으로 공인하는 나라가 늘어나게 되었다. 1861년 개설된 모나코공국의 몬테카를로, 1931년 합법화된 미국 네바다주의 라스베이거스가 세계적으로 유명하다. 아시아에서는 마카오가 1964년 도박이 합법화된 이후 마카오 제1의 산업으로 성장했으며, 우리나라에는 1967년 복표발행 현상 기타 사행행위단속법에 근거하여 인천 올림포스호텔에 국내 최초의 카지노가 개장되었으나 1969년 법이 개정되어 내국인 출입이 금지되었고, 1994년 관광진흥법 개정을 통해 카지노 설립허가 근거규정이 마련되었다. 2000년 폐광지역 개발지원에 관한 특별법에 의한 강원랜드가 개장되기 전까지는 외국인을 대상으로 한 카지노만 영업이 가능하였는데, 현재는 외국인을 대상으로 영업하는 16개소의 카지노와 내국인도 출입이 가능한 강원도 정선의 강원랜드카지노 등 17개 카지노가 영업중에 있다. 관광진흥법 제28조 제1항에 카지노사업자는 "내국인('해외이주법' 제

1969년부터 영업중인 워커힐 카지노

2조에 따른 해외이주자는 제외한다)을 입장하게 하는 행위”(제 4호)를 할 수 없도록 규정하고 있어, 외국인만을 대상으로 한 카지노만 허가가 가능한데, 폐광지역 개발지원에 관한 특별법에서 폐광지역에 허가된 카지노에는 이 조항의 적용을 배제하도록 한 특별규정(제 11조 제 3항)을 두어 내국인 출입이 가능하게 되었다. 제주특별자치도 설치 및 국제자유도시 조성을 위한 특별법 제 171조의 6(외국인 투자의 촉진을 위한 관광진흥법 적용특례), 경제자유구역의 지정 및 운영에 관한 특별법 제 23조의 3(외국인전용 카지노업 허가 등의 특례)에서 5억 달러 이상의 외국인 투자가 있는 경우 관광진흥법상 규정된 허가요건(관광객 증가 60만 명당 2개소 이내, 국제공항이나 항만 등 특정지역, 호텔 등 부수시설로 설치 등)에 불구하고 허가할 수 있도록 특례규정을 두고 있고, 기업도시개발특별법 제 30조(관광진흥법에 관한 특례)에서 5천억 원 이상의 투자가 있는 경우 카지노업(외국인카지노) 허가를 신청하면 허가하도록 규정하고 있다. 지금까지 외국인투자자가 카지노 허가를 받으려면 3억 달러 이상을 투입, 특1급호텔 등 대규모 시설투자를 이행한 후 카지노업 허가를 신청할 수 있었으나 사전심사제를 도입, 앞으로는 필요한 시설을 갖추는 것을 조건으로 적합여부를 통보하고, 적합통보를 받으면 4년(1년 연장가능) 이내에 필요한 시설을 완비토록 하여 투자불확실성을 완화하고 불필요한 투자를 하지 않아도 되게 되었다(2012년 9월 21일, 경제자유구역의 지정 및 운영에 관한 특별법시행령 개정령 공포).

카지노에서는 슬롯머신·비디오게임기를 이용하는 머신게임과, 바카라·블랙잭·룰렛·포커·크랩·빠이가우 등 테이블을 이용하는 테이블게임으로 대별되며, 고객보다 사업주인 하우스가 유리한 하우스 어드벤티지(*house advantage*)가 있어 게임을 오래 지속하는 경우 돈을 잃을 수밖에 없다. 전 세계적으로는 육지에 개설된 카지노가 주종을 이루고 있으나 배 위의 선상카지노도 영업중에 있고, 최근에는 인터넷을 이용한 카지노게임이 확산일로에 있다.

경륜

"자전거 경주에 대한 승자투표권(勝者投票券)을 발매하고 승자투표적중자(勝者投票的中者)에게 환급금을 내주는 행위"인 경륜(경륜·경정법 제2조)은 88올림픽 시설인 자전거경기장 올림픽 벨로드롬을 효율적으로 활용한다는 차원에서 2000년부터 시작하였는데, 사이클경기의 경기력 향상과 함께 자전거타기 운동을 확산시켜 국민의 건강증진과 건전한 여가문화 창달에 기여하고 국민체육진흥기금 등 공익기금 조성을 통해 체육복지를 실행하고자 시행하고 있다. 경주사업자는 경주 개최에 따른 운영경비·수익금·손실보전준비금 및 시설환경개선준비금으로 승자투표권 발매금액의 100분의 20 이내에서 발매수득금을 거두어들일 수 있다(법 제15조).

경륜은 한 경주에 몇 명의 선수가 참가해야 한다는 정해진 숫자는 없으나 경주로(*Piste*)의 폭 등을 감안, 우리나라에서는 7명의 선수가 출전하여 독립된 직선주로가 아닌 333.33m의 경사진 타원형의 경주로를 6바퀴(2,025m) 돌면서 기록이 아닌 순위를 겨루는 경주로, 경주의 편성은 해당회차 출전선수 중 기량이 비슷한 동일 등급의 선수로 이루어지며, 경륜선수는 선수 개개인의 기량에 따라 특선(S)급 4반, 우수(A)급 3반, 선발(B)급 3반으로 세분화되어 있다. 선수는 자신의 힘과 테크닉, 판단력 등을 동원해 상대를 견제하면서 먼저 결승점에 도달해야 하는 상대성 게임이다. 일반경륜은 매주 금, 토, 일에 시행되며, 관객들은 경주 출발 전에 경주권(승자투표권)을 구매하고 종료되면 배당률에 따라 환급금을 지급받는다. 경주권에는 단승식, 연승식, 복승식, 쌍승식, 특별승식(삼복승식)의 5종류가 있다.

경 정

"모터보트 경주에 대한 승자투표권을 발매하고 승자투표 적중자에게 환급금을 내주는 행위"인 경정(경륜·경정법 제2조) 역시 88서울올림픽 시설인 조정·카누경기장을 효율적으로 활용하여 올림픽 정신을 계승하고 모터보트 관련 산업의 발전을 도모하여 경제활성화에 기여하고자 2002년에 시작하였는데, 수상레저스포츠를 활성화시켜 건전한 여가문화를 창조하고, 국민체육진흥기금 등 공익기금을 조성하여 체육복지를 실현하기 위하여 시행하고 있다. 경주사업자는 경주개최에 따른 운영경비·수익금·손실보전준비금 및 시설환경개선준비금으로 승자투표권 발매금액의 100분의 20 이내에서 발매수득금을 거두어들일 수 있다(법 제15조).

6명의 선수가 출전하여 1주회 6백m의 경주수면을 세 바퀴 돌아 순위를 겨루는 모터보트 경주로, 경기시작 전 관객들은 우승이 예상되는 선수의 경주권(승자투표권)을 구입하여 승자를 적중시키면 정해진 배당률에 따라 환급금을 지급받는다. 선수는 기량에 따라 A1, A2, B1, B2로 구분되며, 경주는 정지된 상태에서 출발하는 온라인 스타트방식이 아닌 질주상태에서 정해진 시간 안에 출발선(스타트라인)을 통과하는 플라잉스타트방식을 사용하는데, 출주신호와 함께 계류장을 떠난 선수들은 대기행동 후 출발시각 0~1.5초 사이에 출발선을 통과해야 한다. 따라서 출발시각 이전에 출발선을 통과하면 사전출발, 1.5초를 초과하여 통과하면 출발지체라는 규칙이 적용되어 해당 선수는 출주에서 제외되고 해당선수의 경주권은 고객에게 환불된다. 일반경정은 매주 수요일, 목요일에 시행되며, 1일 15회 이내의 경주가 시행되는데, 경주권에는 단승식, 연승식, 복승식, 쌍승식, 특별승식(삼복승식)의 5종류가 있다.

체육진흥투표권(스포츠토토)

체육진흥투표권은 운동경기를 대상으로 투표권을 판매해 결과와 스코어 등을 맞춘 구입자에게 배당금을 주는 베팅게임으로 1923년 영국에서 처음 시작되었으며, 국민체육진흥법 제2조에는 "운동경기 결과를 적중시킨 자에게 환급금을 내주는 표권(票券)으로서 투표방법과 금액, 그 밖에 대통령령으로 정하는 사항(투표권의 종류, 대상 운동경기, 발행회차, 환급금 지급비율, 지급기한 및 지급방식 등)이 적혀 있는 것"으로 규정하고 있다. 투표권의 종류에는 운동경기의 승/무/패를 맞히는 승부식 게임, 득점·실점을 맞히는 점수식 게임, 이를 혼합한 혼합식 게임, 우승자·등위·득점선수 등을 맞히는 특별식 게임으로 구성되어 있다(법시행령 제26조). 체육진흥투표권은 고정환급률 방식과 고정배당률 방식으로 구성되어 있으며, 이 중 고정환급률 방식을 '토토'라 하고, 고정배당률 방식을 '프로토'라고 한다. 2001년 10월부터 축구토토를 발매하면서 본격적인 업무를 시작하였고 현재는 축구뿐 아니라, 농구·야구·골프·씨름·배구 등 모두 6개 종목에 대한 토토발행이 가능하다. 프로토의 종류에는 본인이 자신 있는 일부 경기만 선택하여 선택한 경기의 승/무/패를 예측하는 승부식 게임과 특정 경기의 스코어, 득점선수, 우승자 등 다양한 경기의 기록을 맞히는 기록식 게임이 있다. 기존 오프라인 방식의 복권사업과는 달리 경기시작 10분 전까지 온라인 복표단말기를 통해 구입자가 원하는 숫자조합을 선택할 수 있는 것이 특징이다. 우리나라의 투표권사업의 발행주체는 서울올림픽기념국민체육진흥공단이며, 수탁사업자가 발매와 환급업무 등을 수행하고 있다.

고객 환급금과 사업운영비를 제외하고 스포츠토토로 조성된 국민체육진흥기금은 2011년까지 2조 7천 2백억 원에 이르며, 이는 2001년부터 조성된 전체 국민체육진흥기금의 50%를 상회하는 금액이다. 토토 발매를 통해 조성된 기금은 2002한일월드컵 개최를 위한 축구경기장 건립비용을 전액 상환하는 데 크게 기여했고, 우수선수 발굴 및 육성은 물론 스포츠 꿈나무와 비인기 종목 지원, 생활체육시설 확충 등 체육계 전반에 지원되고 있다.

전통 소싸움경기

대구, 청도, 김해, 의령, 진주, 창녕, 창원, 함안, 완주, 정읍, 보은 등에서 지역축제의 하나로 진행되어 오던 소싸움놀이가 2002년 전통 소싸움경기에 관한 법률 제정을 계기로 시범적으로 우권(牛券)을 발행하였으며, 2011년 청도에 상설 소싸움경기장이 개장하여 경마와 같은 베팅사업으로 발전하였다. "소싸움에 대하여 소싸움경기

투표권을 발매하고, 소싸움경기 투표 적중자에게 환급금을 교부하는 행위"인 소싸움경기(전통 소싸움경기에 관한 법률 제2조)는 매주 토, 일요일 1일 10경기가 개최되며, 싸움소가 1 : 1로 대결하는 단순한 경기다. 소싸움은 경기시작부터 30분이 경과하면 무승부로 판정하는데, 운영주체는 지방공기업인 청도공영사업공사이다. 청도상설소싸움경기 민간사업시행자인 한국우사회가 발매하는 우권에는 승리하거나 무승부한 소를 맞추는 단승식과 복승식, 승리·무승부와 함께 5분 단위의 승리시점을 맞추는 시단승식, 시복승식의 4종류가 있다.

게임과 사행행위

게임산업 진흥에 관한 법률 제2조에서 "게임물"이라 함은 "컴퓨터 프로그램 등 정보처리 기술이나 기계장치를 이용하여 오락할 수 있게 하거나 이에 부수하여 여가선용, 학습 및 운동효과 등을 높일 수 있도록 제작된 영상물 또는 그 영상물의 이용을 주된 목적으로 제작된 기기 및 장치"를 말하며, "사행성 게임물"이라 함은 그 결과에 따라 재산상 이익 또는 손실을 주는 것으로 다음에 열거된 것을 말한다.

가. 베팅이나 배당을 내용으로 하는 게임물
나. 우연적인 방법으로 결과가 결정되는 게임물
다. '한국마사회법'에서 규율하는 경마와 이를 모사한 게임물
라. '경륜·경정법'에서 규율하는 경륜·경정과 이를 모사한 게임물
마. '관광진흥법'에서 규율하는 카지노와 이를 모사한 게임물
바. '사행행위 등 규제 및 처벌 특례법' 제2조 제2호에 따른 사행행위영업을 모사한 게임물
사. '복권 및 복권기금법' 제2조 제1호에 따른 복권을 모사한 게임물
아. '전통 소싸움경기에 관한 법률' 제2조 제1호에 따른 소싸움을

모사한 게임물

한편 게임물 제작업, 배급업, 제공업 등 관련사업자는 ① 게임물을 이용하여 도박 그 밖의 사행행위를 하게 하거나 이를 하도록 내버려두지 아니할 것, ② 게임머니의 화폐단위를 한국은행에서 발행되는 화폐단위와 동일하게 하는 등 게임물의 내용구현과 밀접한 관련이 있는 운영방식 또는 기기·장치 등을 통하여 사행성을 조장하지 아니할 것, ③ 경품 등을 제공하여 사행성을 조장하지 아니할 것 등을 준수하여야 하며(제 28조), 이를 위반할 경우에는 5년 이하의 징역 또는 5천만 원 이하의 벌금에 처하도록 규정하고 있다(제 44조).

우리나라에서는 대체로 사행성이 가미된 내기를 도박으로 인식하고 있으나 서양에서는 도박(*gambling*)이란 용어보다는 가치중립적인 용어로 인식되는 게임(*game*)이라는 단어를 법령에서 사용하는 예가 많다. 그러나 우리나라에는 사행산업을 규율하는 각 특별법 외에 '게임산업 진흥에 관한 법률'이 별도로 있어 사행행위를 통칭하여 게임이란 용어를 사용하기 어렵다. 이 책에서는 도박, 사행행위(산업), 게임(산업)을 엄격히 구분하여 사용하지 않고 혼용하고 있다.

사행산업의 규모[11)]

2011년 우리나라의 사행산업의 규모는 〈표 2-1〉, 매출액은 〈표 2-2〉, 입장객은 〈표 2-3〉, 발매건수는 〈표 2-4〉, 조세기금 현황은 〈표 2-5〉, 업종별 매출 및 지출구조는 〈표 2-6〉, 업종별 영업장 현황은 〈표 2-7〉, 복권발매 현황은 〈표 2-8〉, 체육진흥투표권 발행개

11) 사행산업통합감독위원회 사행산업통계정보포털: http://static.ngcc.go.kr/

〈표 2-1〉 사행산업 규모(2011년도)

(단위: 억 원)

구분		카지노		경마	경륜	경정	복권	체육진흥투표권	소싸움	계
		강원랜드	외국인전용카지노							
총매출액		11,857	11,289	77,862	25,006	7,348	30,805	18,478	17	182,629
비중(%)		6.5	6.2	42.6	13.7	4	16.9	10.1	0	100
순매출액		11,857	11,256	20,907	6,996	2,053	15,067	7,874	2	76,012
비중(%)		15.6	14.8	27.5	9.2	2.7	19.8	10.4	0	100
총수입액		-	-	5,951	-	-	-	-	-	5,951
입장객수(천 명)		2,983	2,101	19,518	9,306	3,387	-	-	92	37,387
1인당 평균 베팅액(만 원)		40	54	40	27	22	-	-	2	49
영업장 본장 수		1	16	3	3	1	-	-	1	25
장외발매소		-	-	32	21	15	-	-	-	68
발매건수(천 건)		-	-	538,591	-	34,278	-	186,587	108	759,564
조세	국세	1,379	857	3,340	630	174	-	-	-	6,380
	지방세	163	94	11,189	3,414	1,029	-	-	3	15,892
	조세 합계	1,542	951	14,529	4,044	1,203	-	-	3	22,272
	순매출액 대비 조세 기여율(%)	13	8.4	69.5	57.8	58.6	-	-	1.4	28.7
기금	전체	2,338	1,051	2,498	984	210	12,022	5,066	-	24,169
	순매출액 대비 기금 기여율(%)	19.7	9.3	11.9	14.1	10.2	79.8	64.3	-	31.1

주: 1. 해당 사업자, 복권위원회, 조세는 사업관련 직접조세.
2. 카지노 총매출액은 관광진흥법시행령 제30조에 따라 순매출액(실고객지출액)으로 집계.
3. 복권은 온라인복권, 인쇄복권, 전자복권산업 전체 매출임, 2010년 결산보고서 기준.
4. 순매출액=총매출액-환급금.
5. 1인당 평균 베팅액=총매출액/이용객수.
6. 복권은 조세 없이 전액이 기금으로 편입, 순매출액 대비 조세기여율은 복권, 체육진흥투표권 제외.

〈표 2-2〉 매출액(2007~2011년)

(단위: 억 원)

구분			2007	2008	2009	2010	2011
카지노	강원랜드		9,705	10,658	11,538	12,534	11,857
	외국인전용 카지노		6,129	7,528	9,196	10,056	11,256
경마	총매출액	전체	65,402	74,219	72,865	75,765	77,862
		본장	20,072	23,138	21,501	21,294	22,100
		장외	45,330	51,081	51,364	54,471	55,762
	순매출액		18,181	20,648	19,564	20,354	20,907
경륜	총매출액	전체	21,173	20,524	22,238	24,421	25,006
		본장	7,539	7,397	8,203	9,248	9,737
		장외	13,634	13,127	14,035	15,173	15,269
	순매출액		6,347	6,153	6,222	6,832	6,996
경정	총매출액	전체	5,388	6,869	7,183	6,508	7,348
		본장	924	1,046	1,119	915	1,047
		장외	4,464	5,823	6,064	5,593	6,301
	순매출액		1,613	2,055	2,006	1,818	2,053
복권	총매출액		23,810	23,940	24,712	25,255	30,805
	순매출액		11,819	11,851	11,786	12,501	15,067
체육진흥투표권	총매출액		13,649	15,962	17,590	18,731	18,478
	순매출액		6,095	6,944	7,785	8,160	7,874
소싸움	총매출액	전체	-	-	-	-	17
		본장	-	-	-	-	17
		장외	-	-	-	-	-
	순매출액		-	-	-	-	2
합계	전체 총매출액		145,256	159,700	165,322	173,270	182,629
	전체 순매출액		59,889	65,837	68,097	72,255	76,012

주: 해당 사업자 제출 자료 종합.

〈표 2-3〉 입장객 현황(2007~2011년)

(단위: 천 명)

구분			2007	2008	2009	2010	2011
카지노	강원랜드	입장객	2,452	2,915	3,045	3,091	2,983
		실입장객	-	-	-	-	-
	외국인전용 카지노		1,176	1,277	1,676	1,946	2,101
경마	전체		21,684	21,233	21,675	21,812	19,518
	본장		4,540	4,806	4,854	4,880	4,995
	장외		17,144	16,427	16,821	16,932	14,523
경륜	전체		9,049	8,848	9,429	9,409	9,306
	본장		1,725	1,690	1,950	1,885	1,780
	장외		7,324	7,158	7,479	7,524	7,526
경정	전체		2,891	3,434	3,499	3,286	3,387
	본장		299	291	302	256	272
	장외		2,592	3,143	3,197	3,030	3,115
소싸움	전체		-	-	-	-	92
	본장		-	-	-	-	92
	장외		-	-	-	-	-
합계			37,252	37,707	39,324	39,544	37,387

〈표 2-4〉 발매건수 현황(2007~2011년)

(단위: 천 건)

		2007	2008	2009	2010	2011
경마	전체	-	498, 893	475, 616	516, 898	538, 591
	본장	-	174, 410	132, 126	132, 870	538, 591
	장외	-	324, 483	343, 490	384, 028	-
	장외비중(%)	-	65	72. 2	74. 3	-
경륜	전체	-	-	-	-	-
	본장	-	-	-	-	-
	장외	-	-	-	-	-
	장외비중(%)	-	-	-	-	-
경정	전체	-	34, 002	34, 101	34, 103	34, 278
	본장	-	3, 807	3, 918	3, 360	3, 844
	장외	-	30, 195	30, 183	30, 743	30, 434
	장외비중(%)	-	88. 8	88. 5	90. 1	88. 8
복권		-	2, 413, 498	2, 490, 521	2, 527, 202	-
체육진흥투표권		134, 856	156, 460	175, 360	182, 120	186, 587
소싸움	전체	-	-	-	-	108
	본장	-	-	-	-	108
	장외	-	-	-	-	-
	장외비중(%)	-	-	-	-	0
합계		134, 856	3, 102, 853	3, 175, 598	3, 260, 323	759, 564

〈표 2-5〉 조세기금 현황(2007~2011년)

(단위: 억 원)

			2007	2008	2009	2010	2011
카지노	강원랜드	국세	1,498	1,617	1,481	1,558	1,379
		지방세	170	164	175	184	163
		조세 소계	1,668	1,781	1,656	1,742	1,542
		기금	1,871	2,054	2,271	2,497	2,338
	외국인전용 카지노	국세	89	297	426	540	857
		지방세	23	55	68	33	94
		조세 소계	112	352	494	573	951
		기금	552	689	855	935	1,051
경마		국세	2,501	2,904	2,820	3,170	3,340
		지방세	10,669	12,067	10,378	10,823	11,189
		조세 소계	13,170	14,971	13,198	13,993	14,529
		기금	1,345	1,762	2,198	2,502	2,498
경륜		국세	1,693	513	561	622	630
		지방세	2,117	3,236	3,012	3,306	3,414
		조세 소계	3,810	3,749	3,573	3,928	4,044
		기금	583	505	703	883	984
경정		국세	108	156	161	145	174
		지방세	862	1,099	1,005	911	1,029
		조세 소계	970	1,255	1,166	1,056	1,203
		기금	-	22	292	184	210
복권		기금	10,233	7,748	9,679	9,346	12,022
체육진흥투표권		기금	3,522	4,165	4,877	5,354	5,066
소싸움		국세	-	-	-	-	-
		지방세	-	-	-	-	3
		조세 소계	-	-	-	-	3
		기금	-	-	-	-	-
조세 합계			19,730	21,108	20,087	21,292	22,272
기금합계			18,106	16,945	20,875	21,701	24,169

주: 1. 해당 사업자 자료종합.
2. 복권, 체육진흥투표권은 조세 없이 수익금 전액이 기금으로 편입.
3. 경정은 개장 이후 지속된 적자로 2008년부터 기금적립.
4. 부산 경륜경주 관련 제 세금 중 "농어촌특별세, 레저세, 지방교육세"에 대해서는 부산 자체 경주에 대해서는 전액 산정하고, 부산 송출 경주에 대해서는 해당 법에 따른 교차사업자간 분배율에 따라 부산 귀속 납부액만 산정.
5. 경주 관련 제 세금 중 "기타소득세(국세), 기타소득 주민세(지방세)"에 대해서는 부산 자체 경주에 대해서는 전액 산정하고, 부산 송출 경주에 대해서는 부산 고객 발생분만 산정.
6. 체육진흥투표권은 대상경기 종목의 주최단체 지원 및 문화체육관광부장관이 정하는 사업지원금 포함.

〈표 2-6〉 업종별 매출 및 지출구조

경마	경륜·경정	카지노(내국인)	복권	스포츠토토	소싸움
환급금(73%) 제세(16%): 레저세(10%), 지방교육세(4%), 농어촌특별세(2%) 수득금(11%): 경주개최비용, 수익금	환급금(72%) 제세(16%): 레저세(10%), 지방교육세(4%), 농어촌특별세(2%) 수득금(12%): 경주개최비용, 수익금	전체 환급금 (드롭액의 82~83%) *머신게임 배당률 (92~93%) 순매출액(17~18%): 폐광지역 개발기금, 공익사업비(16~17%) / 법인세(10%) / 관광진흥개발기금(10%) / 사업운영비(36%) / 수익금(27~28% 내외)	환급금(50~51%) 사업운영비(10% 가량) 수익금(38~39%)	환급금(50~70%) 사업운영비(19% 가량) 수익금(15~30%)	환급금(72%) 제세(16%): 레저세(10%), 지방교육세(4%), 농어촌특별세(2%) 수득금(12%): 경주개최비용, 수익금
이익준비금(10%) 경마사업확장 적립금(20%) 축산발전기금(56%) 농어촌 복지사업(14%)	체육진흥기금(40%) 문화예술진흥 기금(24.5%) 청소년육성 기금(19.5%) 중소기업창업 및 진흥기금(4%) 지방재정지원(10%) 공익사업지원(2%)	배당금(43~45% 가량) 사업확장 적립금 등(55% 내외)	법정 배분금 사업(35%) 공익 사업(65%)	국민체육 진흥기금 출연(78%) 대상경기 주최단체 지원(10%) 문화체육 사업지원(7%) 공공체육 시설 개보수 지원(5%)	소싸움경기 투자적립금(10%) 축산발전기금(60%) 지역개발사업(30%)

〈표 2-7〉 업종별 영업장 현황

구분	현황	비고
카지노	■ 총 17개 서울 3, 인천 1, 부산 2, 강원 2(평창, 정선), 제주 8, 대구 1 ※ 내국인 1개소(정선 강원랜드), 외국인전용 16개소	허가: 문화체육관광부장관 운영주체: (주)강원랜드, 그랜드코리아레저(주) 및 파라다이스 등 민간사업자
경마	■ 총 35개 본장(3개소): 서울1, 제주1, 부산경남1 장외발매소(32개소): 서울(12), 경기(9), 인천(4), 충청(2), 경상(4), 전라(1)	허가: 농림수산식품부장관 운영주체: 한국마사회
경륜	■ 총 24개 본장(3개소): 광명 1, 부산 1, 창원 1 장외매장(21개소): 서울(8), 경기(7), 인천(1), 충청(2), 경상(3)	허가: 문화체육관광부장관 운영주체: 국민체육진흥공단, 창원경륜공단, 부산지방공단스포원
경정	■ 총 16개 본장(1개소): 경기 하남(미사리) 1 장외매장(15개소): 서울(6), 경기(4), 인천(1), 충청(2), 경상(2)	허가: 문화체육관광부장관 운영주체: 국민체육진흥공단
소싸움	본장(1개소): 경북 청도	허가: 농림수산식품부장관 운영주체: 청도공영사업공사

〈표 2-8〉 발행복권 현황

구분	온라인복권	인쇄복권		전자복권	
		추첨식	즉석식	추첨식	즉석식
발행상품	로또 6/45	연금복권	스피또 500 스피또 1000 스피또 2000	스피드키노 메가빙고 파워볼	트리플럭 트레저헌터 더블잭마이더스 캐치미
총 12종	1	1	3	3	4

주: 온라인복권 수탁사업자는 ㈜나눔로또, 인쇄복권과 전자복권 수탁사업자는 한국연합복권임.

〈표 2-9〉 체육진흥투표권 발행 개요 및 배당방식

▪투표권 발행 개요

<table>
<tr><th colspan="2">구분</th><th>내용</th></tr>
<tr><td colspan="2">대상운동종목</td><td>축구, 야구, 농구, 골프, 씨름, 배구(총 6개 종목)</td></tr>
<tr><td rowspan="2">투표권 종류</td><td>투표방법</td><td>승부식, 점수식, 혼합식, 특별식(우승자 맞히기 등)</td></tr>
<tr><td>환급방법</td><td>고정환급률, 고정배당률(사전에 배당률을 고지하는 방식)</td></tr>
<tr><td colspan="2">발행횟수</td><td>국민체육진흥공단과 수탁사업자 협의하에 결정</td></tr>
<tr><td colspan="2">단위투표금액</td><td>천 원 이하(1인 구매한도 10만 원 이하)</td></tr>
<tr><td rowspan="2">매출액 배분</td><td>고정환급률</td><td>환급금 50%, 순수위탁운영비 6.566%~8.980%, 시스템투자비 및 채무상환액 비율 1.493~2.347%, 판매점수수료(오프라인) 5.97%, 판매점수수료(온라인) 5.5%, 수익금(오프라인) 32.703~35.971%, 수익금(온라인) 33.173~36.441%</td></tr>
<tr><td>고정배당률</td><td>환급금 50~70%, 순수위탁운영비 6.566~8.980%, 시스템투자비 및 채무상환액 비율 1.493~2.347%, 판매점수수료(오프라인) 5.97%, 판매점수수료(온라인) 5.5%, 수익금(오프라인) 15~35.971%, 수익금(온라인) 15~36.441%</td></tr>
<tr><td colspan="2">수익금 배분</td><td>국민체육진흥기금 출연 78%
경기주최단체 지원 10%
문화체육사업 지원 7%
공공체육시설 개보수 지원 5%</td></tr>
</table>

▪배당방식

구분	내용
토토	방식: 고정환급률 배당방식 경기방법: 당첨금을 당첨자 수로 나누어 배당률을 결정하는 방식
프로토	방식: 고정배당률 방식 경기방법: 운영업체에서 제시한 배당률에 의해 참가자가 돈을 거는 방식 자신이 원하는 경기만을 선택해서 베팅가능 승부적중유형과 기록적중유형으로 구분

요 및 배당방식은 〈표 2-9〉와 같다.

사행산업의 통합관리감독

2000년 이후 기존에 허용하던 경마, 복권, 경륜, 외국인대상 카지노 외에 내국인대상 카지노인 강원랜드의 개장(2000년), 경정의 도입(2002년), 부산 경마장(2004년)·경륜장(2005년) 및 창원의 경륜장(2006년) 개장, 온라인복권인 로또의 발행(2002년), 체육진흥투표권(스포츠토토)의 발행(2001년) 등 새로운 업종의 사행산업 등장과 지방확산, 장외발매소의 확장 등으로 사행산업의 이용객과 매출이 급증하고, 2006년에는 불법사행성 게임물인 '바다이야기' 사건이 발생하여 도박의 심각성에 대한 사회적 우려가 확산되었다. 또 사행산업의 업종별 근거법률이 각각 별도로 제정되었고, 관리감독 부처도 기획재정부, 문화체육관광부, 농림수산식품부 등으로 분산되어 있어 정부 차원의 관리체계가 미흡하다는 지적이 있어 "사행산업으로 인한 부작용을 최소화하고 사행산업이 건전한 여가 및 레저산업으로 발전해 나가도록 함으로써 국민의 복지증진에 이바지"할 수 있도록 하기 위하여 2007년 1월 26일 사행산업통합감독위원회법이 제정되었고, 2007년 9월 17일에는 국무총리 소속의 사행산업통합감독위원회가 발족하였다.

위원회는 ① 사행산업의 통합적인 관리·감독 및 건전화를 위한 종합계획의 수립·시행에 관한 사항, ② 사행산업 업종간의 통합 또는 개별 사행산업 업종의 영업장의 수, 매출액 규모 등에 관한 총량조정(계획수립을 포함한다. 이하 같다)이 필요한 경우로서 사행산업 관련 기관·단체 또는 개별 업계 등의 요청에 의한 협의·조정 또는 권고에 관한 사항, ③ 과도한 사행심 유발 방지를 위하여 사행산업사업자에 대한 현장 실태확인과 지도·감독에 관한 사항, ④ 사행산업으로 인한 중독의 예방과 치유 등 사행산업 부작용 해소를 위한 대책의 수립·시행에 관한 사항, ⑤ 사행산업을 건전한 레저산업으로 발전시키는 데 필요한 조사·연구 및 평가에 관한 사항, ⑥ 사행산업에 대한 사회적 인식전환과 과도한 사행행위 유발방지를 위한 통합적인 교육프로그램 개발과 홍보에 관한 사항, ⑦ 청소년을 대상으로 한 사행산업 중독 예방교육의 실시에 관한 사항 등을 관장하도록 규정되어 있는데(법 제5조 제1항),[12] 2008년 11월에는 '사행산업건전발전 종합계획'을 수립, 2013년까지 연차적으로 추진한다는 계획을 발표한 바 있는데, ① 과도한 사행산업 확산방지를 위한 총량설정 이행, ② 전자카드제 도입, 장외발매소 운영제도 개선, 사행사업자 부담금제도 개선 등 정책의 실효성 확보를 위한 법·제도의 개선, ③ 사행산업 현장감독요원 파견, 사행산업 시행기관 건전화 평가 등 지도·감독체계 확립을 통한 건전발전 기반구축, ④ 전문인력 양성과 네트워크 구축 등 도박중독 등 사행산업 부작용 해소, ⑤ 국민 인식전환을 위한 건전레저 오락기능 활성화, ⑥ 불법사행산업 근절 등을 6대 중점 추진과제로 선정한 바 있다.

사행산업의 확산을 방지하기 위한 방안의 일환으로 시행하는 매출총량제는 사행산업의 매출규모를 GDP 대비 2007년 0.67%에서 2013년에는 0.58%로 하향조정한다는 것을 목표로 하고 있는데, 호주·뉴질랜드 등 일부국가에서 시행하는 영업장소별, 인구대비별, 지역별 게임기 설치대수 제한 제도 등을 참조하였으며,[13] 각 업종별

12) 2012년 11월 24일부터 시행될 개정법률에서는 불법사행산업에 대한 감시, 근절대책수립, 중독예방과 치유 등 부작용 해소대책 수립·시행 외에도 중독예방치유부담금의 관리·운용에 관한 사항도 위원회의 기능에 추가되었다.

로 정한 매출총량을 초과하는 경우에는 사행산업 중독예방치유부담금을 추가 부과하거나 다음연도 매출총량을 감액하는 등의 조치를 취하고 있다. 위원회는 매출총량 관리를 위해 사행산업 영업장은 생활밀집지역에서 떨어져 있어야 하고, 신규영업장 확대는 억제한다는 원칙을 견지하면서 경마·경륜·경정은 본장 위주의 영업을 수행하고 장외매장은 점진적으로 축소해 나간다는 원칙하에 사업자들과 협의하여 조정하고 있으며, 총량 이행을 위해 영업장 출입일수, 영업시간, 1회 베팅액, 경기개최일수, 1일 경기횟수, 발행종류 등 매출에 영향을 미치는 방안들을 정책수단으로 활용하고 있다. 매출총량제는 GDP를 기준으로 하고 있으므로 GDP가 성장하는 경우에는 매출총량의 금액이 상향조정될 수 있다.

각 사행산업 업종별로 구매상한액 또는 베팅한도 등을 정하고 있으나 한도를 준수하도록 하는 실효성 있는 관리통제시스템이 없어 과도한 사행심 유발과 도박중독자 발생 등 부작용에 대한 대응책의 일환으로 위원회는 2010년부터 전자카드제를 도입, 단계적으로 시행하고 있다. 전자카드에는 신원확인은 물론 구매상한액·출입일수 통제, 자가제한 한도설정, 게임이력기록 등이 가능하여 개인별 이력관리가 보다 원활해져 도박중독자의 예방 또는 참여방지의 효과적인 수단이 될 수 있으나 개인 신상정보 노출 등에 따른 매출감소를 우려, 사업자들은 전면적인 시행에 부정적인 입장이다.

---

13) 호주 주별 게임기 설치대수 상한제: ACT: 5천 2백 대(식당 2대, 호텔 10대 등), NSW: 9만 9천 대(클럽 450대, 호텔 30대), NT: 전국평균 55% 초과금지(클럽 45대, 호텔 10대), QLD: 호텔 2만 대, 클럽 24,713대(클럽 280대, 호텔 40대), SA: 1만 2천 9백 대(업소별 40대), TAS: 2천 5백 대(클럽 40대, 호텔 30대), VIC: 3만 대(20% 이상 멜버른시 이외 지역에, 업소별 105대, 성인인구 천 명당 10대 초과 금지). *A Database on Australia's Gambling Industry* 2009/10, Australasian Gaming Council.

불법사행산업에 대한 규제·감독업무는 경찰, 검찰, 법원 등 사법기관의 업무였으나 2012년 5월 23일 위원회법이 개정되어 위원회의 업무에 '불법사행산업에 대한 감시'업무가 추가되었으며, 위원회 내에 불법사행산업 감시·신고센터를 설치하여 신고를 접수할 뿐만 아니라 고발 또는 수사의뢰를 할 수도 있고 수사기관 또는 사행산업사업자에게 협조를 요청할 수 있도록 규정하고 있으며, 신고자에게는 '신고포상금'을 지급할 수 있는 근거도 추가되었다. 2008년 위원회의 연구결과에 따르면 불법도박 시장의 경제적 규모를 약 53조 원으로 추산하고 있는데, 2012년 위원회법 개정 전까지 불법도박은 엄격히 말해 위원회의 업무소관 밖이었다. 2012년 개정된 위원회법에는 사행산업 또는 불법사행산업으로 인한 중독 및 도박문제의 예방·치유와, 법정기구로 출범하는 한국도박문제관리센터의 운영을 위하여 사행산업사업자에게 연간 순매출액(총매출액에서 환급금 등을 공제한 금액으로서 대통령령으로 정하는 금액을 말한다)의 1,000분의 5 이하[14]의 범위에서 중독예방치유부담금을 부과할 수 있는 근거도 마련되어 위원회의 업무수행이 한층 원활해지게 되었다.

불법도박은 합법도박에 비해 환급률이 높고 고액베팅이 가능하며, 게임방식이 다양하여 고객의 선호도가 높은 만큼 위원회가 합법적인 사행산업에 대한 규제를 강화하게 되면 불법사행산업으로 이동하거나 규제가 덜한 외국의 도박장으로 원정도박을 하는 등 풍선효과가 발생할 우려가 있고,[15] 합법산업 내에서도 베팅상한액 제한으로 병

14) 호주 수도특별주(Australian Capital Territory)는 2011년 게임기법(*Gaming Machine Act*) 개정을 통해 게임기 총매출액의 0.6%를 문제도박지원기금(*Problem Gambling Assistance Fund*)으로 사용토록 의무화하였다(2012. 4. 3, 주정부 감사관의 문제도박 관련 의회보고서 참조).

15) "강원랜드 큰손들 동남아로 발길 돌린다," 〈조선일보〉 2012. 7. 3. http://news.chosun.com/

정동원 등에서 보는 바와 같은 편법적인 방법이 등장하며, 온라인 베팅이 금지되어 있음에도 무수한 사이트들이 운영되는 등 합법사행산업에 대한 규제의 실효성이 의문시된다는 비판도 있다.[16]

카지노산업

구멍가게 수준의 카지노로서는 경쟁력이 없다

한국카지노업관광협회가 한국관광개발연구원에 의뢰하여 조사한 내국인의 해외카지노 이용실태 조사보고서에 따르면, 마카오·필리핀·라스베이거스의 3개 지역에서 한국인이 지불하는 게임 관련 지출은 2009년 4,918억 원, 항공·숙박·쇼핑 등 관광관련비용은 7,047억 원 합계 1조 1,965억 원으로 추계하고 있는 바, 이는 강원랜드의 1년 매출액과 같은 규모이며, 사행산업통합감독위원회가 닐슨컴퍼니코리아와 경희대 산학협력단에 의뢰하여 필리핀·마카오·라스베이거스의 카지노를 이용한 한국인 대상 설문조사 및 정킷사업자 등 현지 관계자 면접·자료조사 등을 통한 조사연구 결과(2011년 발표)에 따르면, 마카오 원정도박금액이 1조 천9백억 원~1조 4천3백억 원, 필리핀 원정도박금액이 6천억 원~6천6백억 원, 라스베이거스 원정도박금액이 2천 백억 원~2천3백억 원 도합 2조 1,639억

16) 규제찬성론자들은 합법사행산업이 불법사행산업을 이끈다는 기관차 효과를 거론하며, 불법인터넷도박시장의 급성장은 풍선효과라기보다는 기관차 효과로 봐야 한다고 주장한다. 경찰청이 적발한 불법도박사이트는 2009년 29,355개, 2010년 5,847개, 2011년 4,522개, 2012년 8월 말까지 1,192개로 점차 줄어드는 추세이다(연합뉴스, 2012.10.1).

〈표 2-10〉 카지노업체 시설현황(2012.1.1 현재)

시·도	업소명(법인명)	허가일	종사원수(명)	전용·영업장 면적(㎡)	테이블	슬롯	비디오	전체 대수
서울	파라다이스워커힐카지노【(주) 파라다이스】	'68. 03. 05	884	3, 178. 36	89	5	135	8종 229대
	세븐럭카지노 서울강남점【그랜드코리아레저(주)】	'05. 01. 28	749(본사포함)	6, 059. 85	73	26	95	7종 194대
	세븐럭카지노 밀레니엄 서울힐튼점【그랜드코리아레저(주)】	'05. 01. 28	464	2, 811. 94	57	42	89	8종 188대
부산	세븐럭카지노 부산롯데점【그랜드코리아레저(주)】	'05. 01. 28	256	2, 532. 60	39	25	55	7종 119대
	파라다이스카지노부산【(주) 파라다이스글로벌】	'78. 10. 29	277	2, 283. 50	35	6	36	8종 77대
인천	인천카지노【(주) 파라다이스글로벌】	'67. 08. 10	295	1, 311. 57	32	8	26	7종 66대
강원	알펜시아카지노【(주) 코자나】	'80. 12. 09	39	689. 51	17	10	30	8종 57대
대구	인터불고대구카지노【(주) 골든크라운】	'79. 04. 11	184	3, 473. 37	68	10	40	8종 118대
제주	더케이제주호텔카지노【(주) 엔에스디영상】	'75. 10. 15	160	2, 359. 10	42	-	20	6종 62대
	파라다이스그랜드카지노【(주) 파라다이스제주】	'90. 09. 01	151	2, 756. 76	26	44	9	5종 79대
	신라호텔카지노【벨루가(주)】	'91. 07. 31	152	1, 953. 69	29	-	40	5종 69대
	로얄팔래스카지노【(주) 풍화】	'90. 11. 06	133	1, 353. 18	33	-	32	5종 65대
	롯데호텔제주카지노【(주) 두성】	'85. 04. 11	137	1, 205. 41	33	46	2	7종 81대
	더호텔엘베가스카지노【(주) 지앤엘】	'90. 09. 01	109	2, 124. 52	32	-	-	4종 32대
	하얏트호텔카지노【(주) 유니콘】	'90. 09. 01	81	803. 30	18	10	-	6종 28대
	골든비치카지노【(주) 골든비치】	'95. 12. 28	127	1, 528. 58	28	16	-	5종 44대
16개 업체(외국인 대상)			4, 198	36, 425. 24	651	248	609	10종 1, 508대
강원	강원랜드카지노【(주) 강원랜드】(내·외국인 대상)	'00. 10. 12	1, 841	7, 322. 12	132	345	615	9종 1, 092대
17개 업체(내·외국인 대상)			6, 039	43, 747. 36	783	593	1, 224	100종 2, 600대

원~2조 3,255억 원에 이르는 것으로 나타났다.

한때 연예인의 필리핀 원정도박과 공무원들의 평일 강원랜드 출입 문제가 사회적인 이슈가 된 적도 있고 심심찮게 경제특구에 카지노 설치문제가 언론에 등장하는데, 카지노가 없다고 도박의 폐해가 사라지는 것은 아니며, 풍선효과로 불법사설도박이나 사행성 게임 등 다른 종류의 도박으로 고객이 이동할 수도 있고, 또 마카오, 필리핀, 싱가포르, 라스베이거스 등 다른 나라에서 얼마든지 도박을 즐길 수 있다. 그렇다면 합법적인 틀 안에서 카지노를 포함한 도박을 관리하는 것이 국가 경제적으로나 개인의 삶 측면에서도 더 바람직할 수 있다고 보며, 신규 카지노를 도입하거나 대형 카지노를 개설하는 경쟁국들의 사례를 통해 교훈을 얻을 수도 있다.

세계에서 가장 크다는 마카오의 베네치안 카지노는 영업장 면적이 5만 천㎡이고, 3천 4백 대의 머신과 8백 대의 테이블이 설치되어 있으며, 마카오 전체적으로는 34개 카지노에 5,302개의 테이블과 16,056대의 머신이 설치되어 있다. 미국에서 제일 규모가 크다는 코네티컷주의 폭스우드(Foxwoods) 인디언카지노(Mashantucket Pequot족이 운영)는 31,586㎡(34만sqft)에 8,018대의 머신과 380대의 테이블이 설치되어 있고, 같은 코네티컷주의 모헤건선(Mohegan Sun) 카지노(Mohegan족 운영)도 27,870㎡(30만sqft)에 6,780대의 머신과 392대의 테이블이 설치되어 있다.

우리 교포들이 많이 이용(?)하는 로스앤젤레스 남쪽의 패창가(Pechanga) 카지노도 18,580㎡(20만sqft)에 3천 대의 머신과 130대의 테이블이 설치되어 있다. 2009년 12월에 개장한 라스베이거스 시티센터(CityCenter) 내의 아리아(Aria) 카지노도 면적이 약 1만 4천㎡(15만sqft)에 이르고, 2010년 4월 27일에 개장한 싱가포르의 마리나베이샌즈(Marina Bay Sands) 카지노도 1만 5천㎡의 영업장에 천 6백 대의 머신과 5백 대의 테이블이 설치되어 있는데 천 개의 테이블까지 들여놓을 수 있는 면적이라 한다.

강원랜드를 포함하여 우리나라 전체 17개 내·외국인 카지노 영업장 면적은 43,747㎡로 마카오 베네치안 카지노 영업장만도 못하고, 머신 수는 1,817대, 테이블 783대에 불과하여 싱가포르 마리나베이 샌즈 하나 정도에 지나지 않는다. 2011년 입장객이 298만 명인 강원랜드의 영업장 면적이 고작 7,322㎡에 지나지 않아 평일에도 북적이고, 화재시 안전하게 대피가능한 적정인원인 5,560명을 넘어 2010년 하루 평균 입장객이 8,469명(2011년은 8,174명)에 이르고 있다. 외국인카지노 중에서는 세븐럭카지노 서울강남점 영업장이 약 6천㎡이고, 121대의 머신과 69대의 테이블이 설치되어 있으며, 카지노의 대명사처럼 알려진 워커힐카지노는 약 3,180㎡에, 140대의 머신과 89대의 테이블이 설치되어 있어 아시아 시장인 마카오나 싱가포르와 경쟁하기에는 한계가 있을 수밖에 없다.

카지노의 부작용만을 의식하여 시설도 늘여주지 않고 출입일수 등 각종 규제조치에 불편을 느낀 국민들이 마카오나 필리핀으로 가서 게임에 몰두하는데, 필리핀 카지노 고객의 10%, 매출의 15%가 한국인들로 인한 것이라 한다(2011년 필리핀 방문 한국인 수는 92만 5천 명으로 전체 외국인 방문객의 25%를 차지하고 있으며, 2010년 74만 명보다 25% 증가). 2009년 원화의 환율 때문에 마카오를 방문한 한국인이 2008년도의 28만 명에서 21만 명으로 일시 줄어들었으나, 2010년에는 33만 2천 명, 2011년에는 39만 9천 명이 방문한 것으로 나타났는데, 이 중 상당수가 카지노 방문이 주목적인 것으로 추정되며, 언제든 두 곳 외에도 싱가포르, 캄보디아, 베트남 등 동남아지역으로 출국할 가능성이 있다.

면적이 넓고 시설만 많다고 하여 경쟁력이 있는 것은 아니지만 쾌적한 환경에서 게임을 즐길 수 있도록 하는 것도 마케팅 차원에서 검토하여야 하며, 게임만이 아니라 시간과 돈을 소비하고 즐길 수 있는 시설도 함께 갖추어야만 고객을 유인할 수 있을 것이다. 2010년 2월과 4월에 개장한 싱가포르의 리조트월드센토사(Resorts World Sentosa)나 마리나베이샌즈에서 보듯, 쇼핑, 테마파크, 수영장, 박물관, 공연, 전시 · 컨벤션 시설 등이 어우러져야만 장기적으로 살아남을 수 있다. 그러기 위해서는 정부가 접근성이 좋고, 비용이 적게 드는 지역에 여러 시설을 함께 갖춘 복합레저단지를 조성할 필요가 있다. 우리나라 외국인 카지노 고객 210만 명의 40%를 차지하는 일본인과, 약 37%에 이르는 중국 · 타이완 고객들이[17] 다른 곳으로 발길을 돌리는 날에는 우리나라 카지노업계는 고사할 수밖에 없으며, 특히 일본에 카지노가 합법화되고 타이완[18]에 카지노가 들어서기 전에 정부가 대책마련에 적극 나서야 한다. 한 연구결과(2010, 카지노협회)에 따르면 일본에 카지노가 개설되는 경우 보수적으로 보는 경우에도 강원랜드 고객의 18.7%(2009년 입장객 304만 명 대비 22만 명 감소), 외

---

17) 중국관광객은 지난 3년간 2배 이상 증가(2009년 581,012명에서 2011년 1,315,112명)하였으며, 2012년 8월 1일부터는 복수사증 발급대상을 중산층으로 확대하고 사증발급 신청서류도 간소화하며, 10월부터는 인천공항 환승관광객에 대한 12시간 무사증 입국허용을 시범적으로 실시하는 등 중국관광객 유치를 위한 제도를 개선해 나가고 있다.

18) 2012년 7월 7일 중국 본토 복건성 해안에서 19㎞ 지점에 위치한 타이완의 마조열도(馬祖列島, Matsu Tao, 냉전시대에는 5만 명의 타이완군이 진주했으나 현재는 3천 명이 주둔, 주민 1만 명)에 카지노를 도입하기 위한 주민투표가 실시되어 통과되었고, 중앙정부의 승인을 기다리고 있는데, 도박 관련 법안이 타이완 의회에 계류중에 있어 실제 카지노 설립까지는 3~5년이 걸릴 것으로 전망(http://news.yahoo.com). 2009년 중국 본토 고객을 겨냥, 타이완 섬 인근 남중국해의 팽호도(澎湖島, Penghu Tao)에 카지노를 설립하기 위한 주민투표는 부결된 바 있음.

〈표 2-11〉 외국인 대상 카지노 국적별 입장객(2011년)

국적별 / 업체별	전체 입장객	국적별			
		일본(%)	중국(%)	타이완(%)	기타(%)
워커힐	339, 114	63, 539(18. 7)	211, 044(62. 2)	6, 758(2. 0)	57, 773(17. 0)
부산	92, 454	45, 012(48. 7)	27, 312(29. 5)	-	20, 130(21. 8)
골든게이트	37, 880	8, 033(21. 2)	18, 161(47. 9)	849(2. 2)	10, 837(28. 6)
세븐럭강남	381, 336	121, 871(32. 0)	92, 418(24. 2)	10, 671(2. 8)	156, 376(41. 0)
세븐럭힐튼	847, 260	391, 481(46. 2)	220, 136(26. 0)	49, 646(5. 9)	185, 996(22. 0)
세븐럭롯데	199, 499	157, 569(79. 0)	12, 104(6. 1)	5, 367(2. 7)	24, 459(12. 3)
알펜시아	4, 145	218(5. 3)	1, 154(27. 8)	225(5. 4)	2, 548(61. 5)
인터불고	18, 021	1, 067(5. 9)	5, 309(29. 5)	522(2. 9)	11, 123(61. 7)
라마다프라자	31, 334	5, 440(17. 4)	24, 082(76. 9)	124(0. 4)	1, 688(5. 4)
그랜드	36, 311	21, 442(59. 1)	13, 577(37. 4)	-	1, 292(3. 6)
신라	21, 309	3, 124(14. 7)	15, 719(73. 8)	104(0. 5)	2, 362(11. 1)
오리엔탈	14, 612	4, 984(34. 1)	7, 977(54. 6)	437(3. 0)	1, 214(8. 3)
롯데	31, 941	9, 593(30. 0)	18, 007(56. 4)	-	4, 341(13. 6)
엘베가스	11, 274	2, 631(23. 3)	5, 726(50. 8)	412(3. 7)	2, 505(22. 2)
하얏트	10, 295	856(8. 3)	8, 858(86. 0)	-	581(5. 6)
골든비치	23, 913	3, 245(13. 6)	19, 004(79. 5)	-	1, 664(7. 0)
합계	2, 100, 698	840, 106(40. 0)	700, 588(33. 4)	75, 115(3. 6)	484, 889(23. 1)

국인 카지노 입장객 중 일본인 고객 약 79만 8천 명 중 16.5%인 약 6만 6천 명이 감소할 것으로 추정하고 있다. 여기에 내·외국인의 항공, 호텔, 식음료, 쇼핑 등과 관련되는 경비를 추가하는 경우에는 엄청난 경제적 손실이 예상된다. 한마디로 구멍가게 수준의 카지노로서는 경쟁력이 없으며, 인접국이나 복합카지노로 고객을 빼앗기거나 국내 카지노 고객이 빠져나가기 전에 적극적인 대책수립이 필요하다.

외화가득 효과가 큰 외국인카지노

2011년 16개 국내 외국인카지노의 총 입장객은 210만 명, 매출액은 1조 1,256억 원으로 입장객 1인당 53만 6천 원을 지출한 것으로 나타났는데, 영업장별 1인당 지출액은 195만 8천 원(파라다이스 인천)에서 22만 3천 원(세븐럭힐튼)으로 차이를 보이고 있다. 한편 내국인카지노인 강원랜드의 입장객은 298만 3천 명, 매출액은 1조 1,857억 원으로 1인당 39만 8천 원을 지출한 것으로 나타나, 외국인의 국내 카지노에서의 1인당 지출액보다 13만 8천 원이 적은 것으로 나타났다.

카지노 영업장별 1인당 지출액의 차이는 초청고객 또는 VIP고객이 얼마나 많으냐, 즉 고액 베팅자가 얼마나 많으냐에 기인한 것인데, 우리나라의 경우에는 조사나 연구결과가 없어 알 수 없으나 이른바 깃발부대인 일반관광객이 많이 입장하는 것으로 알려진 세븐럭힐튼의 1인당 지출액이 워커힐의 117만 원, 세븐럭강남점의 70만 6천 원보다 훨씬 적은 22만 3천 원에 불과한 것으로 나타났음은 중국이나 일본 등 인근국가의 부유층을 대상으로 한 마케팅이 중요함을 단적으로 증명하고 있다.

매출액에 절대적인 영향을 미치는 고액 베팅자에 대한 미국의 조사

〈표 2-12〉 카지노 입장객 및 매출액(2010년, 2011년)

구분	2010년도		2011년도	
	입장객(명)	매출액(천 원)	입장객(명)	매출액(천 원)
파라다이스워커힐	368, 419	295, 881, 172	339, 114	344, 975, 382
세븐럭강남	343, 537	250, 842, 255	381, 336	269, 191, 077
세븐럭힐튼	774, 734	166, 437, 359	847, 260	188, 912, 121
세븐럭부산롯데	180, 020	56, 158, 666	199, 499	64, 017, 203
파라다이스부산	83, 947	70, 452, 091	92, 454	75, 773, 350
파라다이스인천	29, 186	63, 678, 428	37, 880	74, 193, 994
알펜시아	4, 334	293, 952	4, 145	239, 248
인터불고	569	59, 922	18, 021	6, 546, 368
라마다	19, 903	12, 672, 854	31, 334	12, 410, 838
그랜드	30, 522	20, 971, 880	36, 311	23, 865, 263
신라	13, 848	4, 375, 768	21, 309	9, 458, 887
로얄팔래스	9, 174	10, 619, 761	14, 612	13, 599, 286
롯데	33, 322	20, 744, 114	31, 941	22, 149, 983
엘베가스	23, 091	13, 404, 322	11, 274	6, 049, 755
하얏트	5, 640	5, 424, 469	10, 295	5, 549, 046
골든비치	25, 573	13, 558, 090	23, 913	8, 674, 416
소계	1, 945, 819	1, 005, 575, 103	2, 100, 698	1, 125, 606, 217
강원랜드	3, 091, 209	1, 256, 849, 846	2, 983, 440	1, 186, 299, 157
총계	5, 037, 028	2, 262, 424, 949	5, 084, 138	2, 311, 905, 374

주: 기금부과대상 매출액 기준.

나 연구결과들을 보면,[19] 1%의 도박꾼들이 전체 내기액수의 50%를 지불(미네소타) 한다든가, 복권구입자의 5%가 전체 수입의 51%를 구매(National Gambling Impact Study Commission) 하거나, 상위 10%의 선상카지노 도박꾼이 전체 수입의 80%를 차지(일리노이) 한다는 연구결과도 있고, 일반도박자들이 연간 650호주달러를 잃는 데 반해 문제도박자는 18.5배나 많은 1만 2천 호주달러를 잃으며 도박수입의 3분의 1이 문제도박자들이 지출한 것이고(Australian Productivity Commission), 2.4%의 문제 또는 병적 도박자들이 카지노 수입의 40.8%를 차지(Gambling Impact Study Commission) 하며, 상위 베팅 10%의 도박꾼이 전체 수입(테이블 및 슬롯머신)의 61%를 지불하거나, 상위 10%의 복권구입자가 전체 매출액의 65%에 해당하는 복권을 구입한다는 연구결과도 있다.

카지노를 포함 경마, 경정, 스포츠토토, 복권 등 사행성산업에서의 정부정책, 특히 문제도박이나 병적 도박과 관련된 정책이나 대응책 마련을 위해서는 업종별, 개인별 지출액에 대한 정확한 추계가 선행되어야 하며, 업계로서도 매출액 증대를 위해서는 입장객의 특성별 지출액에 대한 조사가 절실할 것이다.

세븐럭 카지노, 뉴스추적을 추적한다!!!

2005년 1월 28일 당시 문화관광부가 서울 2개소, 부산 1개소 등 3개의 외국인전용 카지노를 공기업인 한국관광공사에 조건부 허가한 후 기존 카지노업계, 특히 제주도 소재 카지노업계는 생존권 차원에서 정부허가를 "제주 카지노 다 죽는데 서울, 부산 웬 말이냐, 신규 카지노 허가정책은 관광공사만 배불리기"로 규탄하였고 대부분의 전

---

19) Earl L. Grinols, *Gambling in America-Costs and Benefits* (Cambridge, 2004).

문가, 심지어 국회와 언론도 성공가능성에 회의적이었다. 현재의 카지노 브랜드인 '세븐럭카지노'(Seven Luck, 강남영업점은 2006. 1. 6 개장)를 운영하는 법인 GKL(Grand Korea Leisure)가 설립(2005. 9. 6)되기 전인 2005년 8월 31일자 〈뉴스추적〉의 보도내용을 중심으로 오늘의 세븐럭카지노와 카지노업계 전반을 살펴보면, 비판자들의 주장보다 도입을 결정한 정부 분석이 오늘의 실상에 더 근접함을 알 수 있다.

GKL은 외국관광객 유치증진 및 외화획득 증대, 한국 카지노산업의 국제경쟁력 제고, 이익금의 관광인프라 구축 투입 등을 수행하기 위하여 설립된 공기업인데, 당시 한 야당의원은 증권가에서 나돌던 "대북지원 자금마련"을 위해 허가했다는 내용을 인터뷰에서 소개하고 있을 정도로 정치적으로도 민감한 사안이었다. 관광공사가 금강산 관광사업에 출자하여 이 부분은 완전히 부인하기는 어려운 형편이나 그 이외의 내용은 대부분 '기우'나 '과장'이었음을 알 수 있다.

우선 국내의 외국인카지노 시장규모와 관련, 과거의 카지노 입장객 현황을 예로 들면서 60만 명 내외를 왔다갔다했던 입장객(1992년 68만 명으로 최대)을 고려할 때 일반관광객을 대상으로 한다는 정부의 정책은 "실상을 모르고 하는 정책"으로 카지노 추가개장으로 크게 는다는 보장이 없고 따라서 기존의 고객을 나누어 갖게 되어 점점 더 열악해질 것이라고 증언했다. 그러나 2011년 입장객은 210만 명이고, 세븐럭힐튼점 고객만도 84만 7천 명으로 세븐럭 개장 전 전체 카지노 고객수보다 더 많으며, 2005년 13개 외국인전용 카지노 매출액이 4,346억 원에 불과하였던 것이 2011년에는 1조 1,256억 원으로 259%나 신장되어 '파이를 나눈 것이 아니라 키울 것'이라는 당시 정부의 주장이 더 설득력이 있었음이 증명되었다. 대체로 전체 관광객의 10% 정도가 카지노 고객이라고 보았는데, 국내 거주 외국인이나 영주권자의 카지노 입장객 통계가 없어 정확히는 말할 수 없으나 2011년 외국관광객은 979만 명으로 그 20% 이상이 카지노를 다녀간 것으로 나타났다.

또 당시 여당의 한 의원은 "초기의 한국의 외국인카지노도 공공기관에서 운영, 적자를 면치 못하다가 민간에게 경영권을 넘겼다"고 하면서 "관광공사 출자회사도 비슷한 수순을 밟을 것"이라고 예측하였는데, 적어도 2010년 주식의 49%를 주식시장에 '성공적'으로 상장한 만큼 '공공기관 출자회사의 부실' 주장 역시 설득력을 잃고 있다. 민간기업에 비해 탄력성과 유연성이 떨어져 경쟁에서 살아남기 힘들며, 마카오와 말레이시아 카지노들과의 경쟁까지 생각할 때 우려가 크다고 전망하였었다. 한편 설립 당시 한국관광공사 측은 2008년에 흑자를 시현할 것으로 전망하였는데, 카지노 운영 첫해인 2006년에 35억 원의 흑자를 기록하였다. 뿐만 아니라 신규 카지노의 고용창출효과와 관련, 보도에서는 6백 명 정도의 신규 고용창출 효과가 있을 것이라고 전망하고 있으나, 2011년 말 현재 비정규직을 포함 1,644명을 고용하고 있어 전문가들의 예상 또는 전망이 보도 또는 프로그램 제작을 보완 또는 추인하는 식이었음을 부정할 수 없게 되었다.

'관광진흥법'이 아닌 '경제자유구역의 지정 및 운영에 관한 특별법'과 '기업도시개발특별법'에 의거 외자 5억 달러 또는 5천억 원의 투자가 있는 경우 외국인전용 카지노를 허가하도록 한 법률을 거론하며, 이런 특별법 규정에 따라 카지노가 우후죽순처럼 설치되어 한국은 '카지노 공화국이 될 것'이라고 우려했으나 그로부터 7년이 지난 현재까지 외국인전용 카지노는 한 곳도 설치되지 않았다(제주특별자치도 설치 및 국제자유도시 조성을 위한 특별법에도 5억 달러 이상 투자시 외국인전용 카지노를 허가하도록 한 규정이 있으나 2006년 2월 21일 제정되어 보도 당시 상황과는 무관).

물론 보도에서 증언한 대로 '복합리조트 형태의 카지노'가 바람직함에도, 정부가 여건을 고려하여 '호텔 부속시설 형태의 카지노'를 허가한 점은 아쉽기는 하지만 허가 당시 우려했던 일들이 일어나지 않고 성공적으로 정착되고 있으며, 파이를 키워가고 있어 외국의 저명 카지노 회사들이 한국의 지리적 이점과 기업환경을 고려, 한국진출을 조심스럽게 검토하고 있음은 카지노업계의 전망을 밝게 하고 있다.[20]

게임산업

1961년에 제정된 유기장법(遊技場法)에 따라 놀이기구나 시설을 설치한 장소인 유기장(遊技場)은 정부의 허가를 받도록 하였는데, 이른바 파친코라 불리는 전자유기시설이 유기장법의 규제를 받게 된 것은 1973년 유기장법이 개정되면서부터다. 이 법은 1981년 유기장업법(遊技場業法)으로 바뀌었고, 1986년에는 다시 공중위생법으로 바뀌게 된다. 공중위생법에 규정된 전자유기장업은 "유기시설 또는 유기기구를 갖추고 손님으로 하여금 대중오락을 하게 하는 영업"으로 규정하여 파친코 영업을 '위생접객영업'의 일종으로 규제하게 되었다.

그런데 1993년 정치권과 연루된 이른바 '슬롯머신 사건'이 발생하자 우선 '사행행위규제 및 처벌특례법'을 개정, 파친코영업을 할 수 없도록 추가로 규제하였고, 1995년에는 모법인 공중위생법을 개정하

20) 2012년 5월 일본의 세가그룹이 한국의 파라다이스그룹과 합작회사를 설립(45% 출자), 영종도에 복합리조트를 설치할 것이라는 일본 언론보도가 있었으며(http://www.casinoshinbun.com), 6월에는 일본 유니버설엔터테인먼트사(회장: 오카다 가즈오)도 영종도에 인천월드시티라는 복합리조트 건설계획을 발표한 바 있다(http://news.itimes.co.kr).

여 성인전용 유기장업 관련조항을 법률에서 삭제, 전면 금지하였다. 그러다가 1999년 '음반비디오물 및 게임물에 관한 법률'을 개정하면서 이른바 전자오락은 '종합게임장'으로 부활하게 되었으며, 상품권이나 경품까지 제공할 수 있게 되었고, 2006년에는 게임산업을 진흥한다는 방침에 따라 '게임산업 진흥에 관한 법률'의 적용을 받도록 '육성차원'에서 게임을 다루게 되었다. 이 법은 사행성을 전적으로 금지하는 것이 아니라 사행성의 정도에 따라 규제하는 제도를 도입하였는데, '우연적 방법에 의해 승패가 결정되고 그 결과에 따라 환가성이 인정되는 경품을 제공하는' 바다이야기, 황금성 등의 게임기를 설치한 게임장이 우후죽순처럼 전국적으로 확산, 게임장은 점차 '도박장화'되어 사회적인 이슈가 되었다. 급기야 2007년 1월 19일에는, 게임산업 진흥에 관한 법률을 개정하여 "누구든지 게임물의 이용을 통하여 획득한 유무형의 결과물(점수, 경품, 게임 내에서 사용되는 가상의 화폐로서 대통령령이 정하는 게임머니 및 대통령령이 정하는 이와 유사한 것을 말한다)을 환전 또는 환전알선하거나 재매입을 업으로 하는 행위"인 게임장영업을 할 수 없도록 규제하게 되었다.

상품권 제공, 과다한 경품제공이나 현금환전으로 인한 게임의 사행성화를 방지하기 위해 금전거래를 금지하는 내용인데, 이를 위반하는 경우 '5년 이하의 징역 또는 5천만 원 이하의 벌금에 처'하도록 규정하고 있다(제44조). 이 조항에 따라 2007년 5월 16일 게임산업 진흥에 관한 법률 시행령이 개정되어 법률상 금지되는 사행성이 있는 우연성에 근거한 게임을 매개로 한 금전거래의 유형이 구체화되었다.

> 제18조의 3(게임머니 등) 법 제32조 제1항 제7호에서 "대통령령이 정하는 게임머니 및 대통령령이 정하는 이와 유사한 것"이란 다음 각 호의 어느 하나에 해당하는 것을 말한다.

1. 게임물을 이용할 때 베팅 또는 배당의 수단이 되거나 우연적 방법으로 획득된 게임머니.
2. 제1호에서 정하는 게임머니의 대체교환 대상이 된 게임머니 또는 게임아이템(게임의 진행을 위하여 게임 내에서 사용되는 도구를 말한다. 이하 같다) 등의 데이터.
3. 게임제작업자의 컴퓨터프로그램을 복제, 개작, 해킹 등을 하거나 게임물의 비정상적 이용을 통하여 생산·획득한 게임머니 또는 게임아이템 등의 데이터.

그러나 2007년 7월 인기 온라인게임인 '리니지' 게임에 필요한 게임머니인 '아덴'을 현금거래한 사람이 기소되고 1심에서 유죄판결을 받았는데, 2심에서는 우연적 요소보다는 게임 이용자들의 노력이나 실력, 즉 게임에 들인 시간이나 그 과정에서 증가되는 경험이라는 요소에 의해 좌우되는 정도가 더 강하므로 아덴을 우연적 방법에 의해 획득한 게임머니라고 할 수 없다고 판단하였다. 이에 검찰은 "비록 리니지게임의 아덴 획득과정이 룰렛게임보다 우연적 요소가 적은 것은 사실이나, 속칭 고스톱·포커 등의 게임에서 게임참가자의 노력·경험·판돈의 다과에 의해 승패가 좌우되는 것과 다를 바 없다"며 상고했는데, 2010년 1월 대법원은 "속칭 '노가다'라고 할 정도의 시간과 노력을 들여야 획득할 수 있는 리니지 아이템과 게임머니를 우연히 획득했다고 판단하는 것은 말이 안 된다"라는 피고의 주장을 인용, 일반 온라인게임의 게임머니는 게임산업 진흥에 관한 법률 시행령에서 환전금지 대상으로 규정한 '우연적 방법으로 획득한 게임머니'로 볼 수 없다는 2심판결에 법리오해의 잘못이 없다고 판결, 기소된 사람의 무죄를 확정하였다.[21] 즉, 고스톱·포커·룰렛 등과 달리 리니지게임은 게임이용자들의 노력이나 실력에 의하여 좌우되는 정

21) 〈연합뉴스〉, 2010. 1. 10.

도가 더 강하므로 이를 우연적 방법에 의해 획득한 게임머니라고는 할 수 없다고 본 것이다.

2009년 불법사행성게임 단속으로 불구속 기소된 사람은 3만 1,806명으로 2008년의 2만 5,687명보다 24%(6,119명)가 증가한 것으로 나타났다.[22] 불법성의 유무는 게임물등급위원회의 게임내용물 심의(게임산업 진흥에 관한 법률 제21조) 여부와 관할구청의 영업허가(제26조) 여부가 아니라 제28조에서 규정하는 게임물 관련 사업자의 준수사항 중 "제2호 게임물을 이용하여 도박 및 그 밖의 사행행위를 하게 하거나 이를 하도록 내버려두지 아니할 것, 제3호 경품 등을 제공하여 사행성을 조장하지 아니할 것"이란 규정을 위반하였기 때문이다(벌칙은 5년 이하의 징역 또는 5천만 원 이하의 벌금, 제44조). 일반 소매상점에서의 판매가격이 5천 원 이내인 완구류 및 문구류, 문화상품류 및 스포츠용품류가 아닌 경품제공이나 경품을 돈으로 바꿔주는 것이 금지된다는 사실을 모르고 사행성 게임장에서 경품제공이나 환전방법 등을 설명하다 단속된 아르바이트생들이다.

게임산업 매출액과 업체 수, 종사자 수 및 게임플렛폼별·장르별 현황은 〈표 2-13〉, 〈표 2-14〉, 〈표 2-15〉, 〈표 2-16〉과 같다.[23]

게임을 즐기는 주목적은 오락에 있고 일부 기능성 게임은 치매예방이나 장애인·다문화가정·어린이 등 특수계층 대상 학습·교육 등에 이용되기도 한다. 그러나 2007년 바다이야기 사태에서 보듯 게임 이용의 결과물인 아이템이나 점수, 게임머니 등이 거래 또는 환전되고 있어 사행성을 부추기고 게임산업 전체에 대한 부정적 인식을 확산시킬 수 있다는 판단에서 정부는, 게임산업 진흥에 관한 벌률 시행령을 개정하여 2012년 7월 1일부터는 온라인게임의 경우 게임아이템

22) 〈서울신문〉, 2010. 1. 11.

23) http://www.mcst.go.kr

〈표 2-13〉 게임산업 규모 총괄

구분	사업체수(개)	종사자수(명)	매출액(백만 원)	부가가치액(백만 원)	부가가치율(%)	수출액(천 달러)	수입액(천 달러)
2005년	41,062	141,263	8,679,800	4,381,563	50.48	564,660	232,923
2006년	32,802	105,773	7,448,900	3,655,175	49.07	671,994	207,556
2007년	34,533	92,572	5,143,600	2,487,445	48.36	781,004	389,549
2008년	29,293	95,292	5,604,700	2,808,000	50.10	1,093,865	386,920
2009년	30,535	92,533	6,580,600	3,348,867	50.89	1,240,856	332,250
2010년	20,658	94,973	7,431,118	3,768,320	50.71	1,606,102	242,532
전년대비 증감률(%)	▽32.3	2.6	12.9	12.5	-	29.4	▽27.0
연평균증감률(%)	▽12.8	▽7.6	▽3.1	▽3.0	-	23.3	0.8

자동사냥프로그램이나 타인의 개인정보를 이용하여 게임아이템이나 게임머니를 획득하여 사업목적으로 거래하는 것을 금지하고, 아케이드게임의 경우 게임제공업소가 개인별로 획득한 게임아이템이나 게임머니를 기록·관리하거나 증표를 교부하여 이를 환전에 이용하는 것을 금지하였으며, 경품을 배출하는 아케이드게임은 상품배출확률을 개·변조할 수 없도록 시간당 게임이용한도금액, 회당 획득할 수 있는 최대점수, 1회 게임진행시간 등 운영정보를 표시하도록 의무화하여 건전한 게임풍토조성과 문화정착을 도모하기 위한 제도개선방안을 시행하고 있다.[24]

오늘날의 젊은이들은 21살이 될 때까지 평균적으로 1만 시간을 게임에 쓰고 있으며, 전 세계적으로 1주일에 30억 시간을 온라인게임

24) http://www.mcst.go.kr

을 즐기는 데 소비하는 것으로 알려지고 있는데,[25] 정보선진국인 우리나라에서는 온라인게임뿐만 아니라 모바일을 이용한 게임 등도 많은 종류가 출시되어 있어 게임 소비시간은 다른 어떤 나라보다도 길 것으로 추정된다. 특히 청소년들의 게임과몰입 문제가 사회적 이슈

〈표 2-14〉 게임산업 연도별 업체수, 매출액 및 종사자수

구분	연도	사업체수(개)	매출액(억 원)	종사자수(명)
게임제작 및 배급업	2008년	4,573	35,884	42,730
	2009년	5,111	45,720	43,365
	2010년	1,094	55,942	48,585
전년대비 증감률(%)		▽78.6	22.4	12.0
연평균 증감률(%)		▽51.1	24.9	6.6
게임유통업	2008년	24,720	20,163	52,562
	2009년	25,424	20,086	49,168
	2010년	19,564	18,369	46,388
전년대비 증감률(%)		▽23.0	▽8.5	▽5.7
연평균 증감률(%)		▽11.0	▽4.6	▽6.1
게임산업 전체	2008년	29,293	56,047	95,292
	2009년	30,535	65,806	92,533
	2010년	20,658	74,311	94,973
전년대비 증감률(%)		▽32.3	12.9	2.6
연평균 증감률(%)		▽16.0	15.1	▽0.2

25) 박성호, 서울 국제인터넷 온라인게임 심포지엄(2012. 6. 23, 게임문화재단) 발표자료 중에서.

가 되고 있어 2011년에는 여성가족부가 주관이 되어 청소년보호법을 개정(일명 신데렐라법), 11월 20일부터 16세 미만 청소년들에게 밤 12시부터 새벽 6시까지 연령확인과 본인 인증제도를 도입하여 강제적으로 온라인게임 이용을 금지(모바일게임은 청소년들의 모바일기기 보유현황 등을 고려, 2년간 적용유예) 하도록 하는 강제적 셧다운(*shutdown*) 제도를 도입하여 시행하고 있는데, 부모 주민번호를 도용하면 이용할 수 있기 때문에 실효성 논란이 제기된 바 있다. 또한 교육과학기술부는 청소년이 게임을 시작한 지 2시간이 지나면 자동으로 게임이 종료되며, 10분 후 1회에 한해 재접속이 가능하도록 하는 쿨링오프제(*cooling-off*)는 지난 18대 국회(회기종료 2012. 5. 29)에서 입법하려 했으나 논란 끝에 무산된 바 있는데, 2012년 6월 26일 문화체육관광

〈표 2-15〉 게임산업 연도별 업종별 매출액 현황

중분류	소분류	2008년 (억 원)	2009년 (억 원)	2010년 (억 원)	비중(%)	전년대비 증감률(%)	연평균증감률(%)
게임제작 및 배급업	온라인게임	26,922	37,087	47,672	64.2	28.5	33.1
	비디오게임	5,021	5,257	4,268	5.7	▽18.8	▽7.8
	모바일게임	3,050	2,608	3,167	4.3	21.4	1.9
	PC게임	263	150	120	0.2	▽20.0	▽32.5
	아케이드게임	628	618	715	1.0	15.7	6.7
	소계	35,884	45,720	55,942	75.3	22.4	24.9
게임 유통업	컴퓨터게임방 운영업	19,280	19,342	17,601	23.7	▽9.0	▽4.5
	전자게임장 운영업	883	744	768	1.0	3.2	▽6.7
	소계	20,163	20,086	18,369	24.7	▽8.5	▽4.6
게임산업 합계		56,047	65,806	74,311	100.0	12.9	15.1

부는 게임업계와 협의하여 16세 미만이 아닌 18세 미만 청소년을 대상으로 심야시간대뿐 아니라 전체 시간대에서 게임시간을 선택할 수 있도록 한 '게임시간선택제'(일명 선택적 셧다운제, *selective shut-down system*)를 7월 1일부터 시행한다고 발표하였다.[26]

이 제도는 청소년이 게임사의 회원으로 가입할 경우에는 법정대리인의 동의가 필요하며, 부모는 게임회사의 포털사이트를 방문, 제한하고자 하는 게임과 시간을 선택하도록 하고, 게임이용 중에는 접속

〈표 2-16〉 게임 플랫폼별 장르별 현황(2010년)(%)

	온라인 게임	PC게임	아케이드 게임	비디오 게임	모바일 게임	휴대용 게임	전체
롤플레잉	29.3	5.6	4.0	16.7	12.7	16.7	17.6
액션/대전/어드벤처	12.8	16.7	10.7	30.6	18.7	33.3	15.7
웹보드게임	10.4	16.7	12.1	-	15.8	16.7	12.5
스포츠게임	8.8	5.6	15.4	16.7	8.2	8.3	10.0
슈팅게임	7.6	11.1	18.8	16.7	8.2	-	10.1
기타 시뮬레이션	5.8	5.6	3.4	-	13.9	-	8.0
교육용게임	5.8	16.7	2.7	5.6	8.5	16.7	6.6
전략시뮬레이션	11.9	16.7	4.0	11.1	7.0	-	8.6
기타	4.3	5.6	13.4	2.8	2.2	-	5.0
체감게임	-	-	-	-	-	-	-
기능성게임	3.0	-	6.7	-	4.7	8.3	4.2
프라이즈게임	0.3	-	8.7	-	-	-	1.6

26) 문화체육관광부 보도자료(2012. 6. 26), http://www.mcst.go.kr

〈표 2-17〉 게임시간 선택제를 적용받는 사용시간 점유율 상위 20위 이내 게임목록

순위	게임명	장르	사용시간 점유율(%)	개발사	유통사
1	리그 오브레전드	RTS	14.19	라이엇 게임즈	라이엇 게임즈
2	아이온	RPG	6.87	엔씨소프트	엔씨소프트
3	서든어택	FPS	6.82	게임하이	CJ E&M/넥슨
4	피파온라인 2	스포츠	5.45	EA/ 네오위즈게임즈	네오위즈게임즈
5	리니지	RPG	2.25	엔씨소프트	엔씨소프트
6	메이플스토리	RPG	1.36	넥슨	넥슨
7	던전앤파이터	RPG	1.16	네오플	넥슨
8	스페셜포스	FPS	0.97	드래곤플라이	네오위즈게임즈
9	카트라이더	레이싱	0.88	넥슨	넥슨
10	월드 오브 워크래프트	RPG	0.62	블리자드엔터테인먼트	블리자드엔터테인먼트
11	스타크래프트 2	RTS	0.56	블리자드엔터테인먼트	블리자드엔터테인먼트
12	프리스타일풋볼	스포츠	0.54	JCE	JCE
13	마구마구	스포츠	0.49	애니파크	CJ E&M
14	카운터 스트라이크 온라인	FPS	0.47	넥슨	넥슨
15	슬러거	스포츠	0.46	와이즈캣	네오위즈게임즈
16	오디션	아케이드	0.43	T3엔터테인먼트	와이디온라인
17	카오스온라인	RTS	0.41	네오액트	넥슨
18	스페셜포스 2	FPS	0.41	드래곤플라이	CJ E&M
19	아바	FPS	0.39	레드덕	네오위즈게임즈
20	프리스타일	스포츠	0.35	JCE	JCE

후 1시간이 지나면 현재까지 이용한 게임시간과 함께, "과도한 게임 이용은 정상적인 일상생활에 지장을 줄 수 있습니다"라는 주의문구가 게임화면에 나타나게 된다. 변경된 제도는 원칙적으로 모든 온라인 게임에 적용되나 ① 중소기업이 직접 서비스하는 게임물, ② 교육목적 등으로 제작되어 등급분류를 받지 않는 게임물, ③ 개인정보 수집이 없어 이 제도를 따를 수 없는 게임물은 이 제도를 적용받지 않는다. 게임회사는 게임물의 특성・등급・유료화 정책 등에 관한 기본적인 사항과 게임물 이용시간 및 결제정보를 청소년 본인 및 법정대리인에게 고지하도록 하고 있다.

불법도박 현황

사법처리 현황

골프를 치는 것은 운동이지만 한 타당 얼마를 주고받기로 하면 노름이 되며, 재미나 시간보내기로 치는 화투가 있는가 하면 돈내기 화투도 있다. 요즈음 컴퓨터와 인터넷의 보급으로 '게임물'이 널리 보급되어 수많은 사람들이 즐기고 있는데, '게임산업 진흥에 관한 법률'에서 말하는 게임물이란 "컴퓨터프로그램 등 정보처리 기술이나 기계장치를 이용하여 오락할 수 있게 하거나 이에 부수하여 여가선용, 학습 및 운동효과 등을 높일 수 있도록 제작된 영상물 또는 그 영상물의 이용을 주된 목적으로 제작된 기기 및 장치"로 규정하면서 '사행성'이 있는 것은 적용대상에서 제외하고 있어, 사행성이 있는 것은 형법이나 다른 특별법의 적용을 받게 된다. 형법은 "재물로써 도박한 자는 5백만 원 이하의 벌금 또는 과료에 처한다"고 규정(제 246조 제 1항)하여

'도박'을 금지행위로 정하고 있는데, '도박'이란 '요행수를 바라고 불가능하거나 위험한 일에 손을 대는 것'으로 '노름'과 같은 의미이다. 그러면서도 경마는 한국마사회법, 경륜과 경정은 경륜·경정법, 복권은 복권 및 복권기금법, 카지노는 관광진흥법과 폐광지역개발지원에 관한 특별법, 체육진흥투표권은 국민체육진흥법, 소싸움은 전통 소싸움 경기에 관한 법률 등에서 형법의 적용이 배제되고 있고, 복표발행업·현상업·회전판돌리기업·추첨업·경품업은 사행행위 등 규제 및 처벌특례법에 의거 허가를 받으면 영위할 수 있는 길을 열어 놓고 있다.[27] 이처럼 각 특별법에서 규정한 자는 합법적으로 사행산업을 영위할 수 있으며 그 이외의 자가 하는 도박은 모두 불법으로, 이른바 '사설'(私設) 자가 붙는 사설경마, 사설카지노, 사설스포츠토토, 사설경륜·경정 등은 모두 불법이란 의미이다. 다만 우리의 형법(제246조)은 '일시오락 정도에 불과한 재물이 오간 경우에는 벌하지 않는다'고 규정하고 있다. 이처럼 운동이나 오락과 도박의 경계는 재물이나 돈 또는 사행성과 연관되느냐에 따라 구분된다.

우리나라 형법에서 규정하는 도박 관련 조항은 아래와 같다.

▪ 형법 제23장 도박과 복표에 관한 죄

제246조(도박, 상습도박) ① 재물로써 도박한 자는 5백만 원 이하의 벌금 또는 과료에 처한다. 단, 일시오락 정도에 불과한 때에는 예외로 한다.

② 상습으로 제1항의 죄를 범한 자는 3년 이하의 징역 또는 2천만

---

27) 그러나 '주화, 지폐 또는 대용품을 투입하여 우연의 결과에 따라 재물 등이 배출되어 이용자에게 재산상 이익 또는 손실을 주는 기기'인 투전기나, '투전기 외의 기계식 구슬치기기구, 사행성 전자식 유기기구 등'인 사행성 유기기구는 허가할 수 없도록 제한규정을 두고 있다(사행행위 등 규제 및 처벌특례법 제5조).

원 이하의 벌금에 처한다.

제247조(도박개장) 영리의 목적으로 도박을 개장한 자는 3년 이하의 징역 또는 2천만 원 이하의 벌금에 처한다.

제248조(복표의 발매 등) ① 법령에 의하지 아니한 복표를 발매한 자는 3년 이하의 징역 또는 2천만 원 이하의 벌금에 처한다.

② 전 항의 복표발매를 중개한 자는 1년 이하의 징역 또는 5백만 원 이하의 벌금에 처한다.

③ 제1항의 복표를 취득한 자는 5백만 원 이하의 벌금 또는 과료에 처한다.

제249조(벌금의 병과) 제246조 제2항, 제247조와 제248조 제1항의 경우에는 5백만 원 이하의 벌금을 병과할 수 있다.

2008년 합법적 사행산업의 총매출액은 16조 원이나 사행산업통합감독위원회가 아주대학 산학협력단에 의뢰하여 연구한 결과로는 불법사행산업의 총 규모는 약 53조 7,028억 원, 순매출액은 5조 3천억 원으로 추정하고 있다(불법경마, 경륜·경정은 매출액 전액, 카지노는 매출액의 5%, 게임장은 10%, 온라인은 2%로 추산).[28] 또 같은 기관에서 조사한 사행산업 각 업종별 경험률 조사결과를 보면, 성인오락실과 화투 등 하우스도박이 75.8%, 경마가 72.7%, 복권이 69.7%로 나타났으며, 카지노바나 사설카지노 경험률은 12.1%에 불과한 것으로 나타났다. 가장 재미있는 도박으로 하우스도박을 들고 있으며, 다음은 경마, 성인오락실, 사설스크린경마 순이었다.[29] 한편 강원대 사회과학연구소가 조사한 바에 따르면,[30] 선호하는 도박은 화투/카

---

28) 아주대 산학협력단, 〈불법도박의 실태조사 및 대책연구〉(사행산업통합감독위원회, 2008.7), p.77.

29) 위의 책, p.132.

30) 강원대 사회과학연구소, "한국사회의 도박이용률과 이용실태 및 병적 도박유병률-도박종류를 중심으로," 〈건강〉 6호(2009).

드게임(34.2%), 로또(29.8%), 오락형 온라인게임(한게임 등, 19.5%), 주식(직접투자, 선물옵션, 펀드투자는 제외, 6.9%), 내기당구/내기바둑(3.3%), 즉석복권(1.6%)의 순이었고, 표본수가 적어(1,306) 스포츠토토, 경마, 성인오락실, 불법하우스도박, 카지노, 기타 현금거래가 가능한 불법온라인도박, 경륜, 사설스크린경마, 카지노바 등은 1% 미만으로 나타났다. 도박하는 사람들은 합법, 불법여부를 가리지 않고 게임에 참가하고 있어 합법적 영업장에서의 게임이 불가능한 경우 불법영업장이나 해외영업장을 찾는 '풍선효과'가 나타날 개연성이 다분하다. 게임선호도와 관련, 강원랜드 입장객만을 대상으로 한 조사에서는 블랙잭, 바카라, 슬롯머신, 룰렛, 다이사이, 비디오포커, 빅휠, 캐러비언 스터드포커 순인 것으로 나타났다.[31]

현재 주로 하는 도박에 빠진 계기는 친구의 권유나 유혹이 60.6%로 나타나 '친구 탓'이 가장 크고, 선후배, 아는 사람, 동료가 각각 9.1%로 나타났으며, 우연한 기회에 도박에 빠지게 되었다고 답한 사람도 9.1%로 나타났다. 한편 김교헌 등의 연구에 따르면[32] 도박성 게임에 가장 빈번하게 참여하는 집단은 30대·40대 남성인 것으로 나타났으며,[33] 도박자들의 종교는 무교인 사람들(36.47%)이 가장 많았고, 불교(30.40%), 기독교(20.36%), 천주교(11.85%), 기타종교(0.91%) 순으로 나타났다.[34] 또한 카지노 이용자는 경마나 경륜에

31) 강원대 산학협력단, 〈합법적 도박이 도박참여자에게 미치는 영향〉(사행산업통합감독위원회, 2008.10).

32) 김교헌·성한기·이민규 외, "도박성 게임 이용자의 심리사회적 특성과 문제성 및 병적 도박의 예측요인," 〈건강〉(한국심리학회, 2004.6), p.285.

33) 여성보다는 남성이, 연령이 높을수록, 학력이 낮을수록 더 자극적인 도박활동에 참여하는 것으로 조사〔강원대 산학협력단, 〈합법적 도박이 도박참여자에게 미치는 영향〉(사행산업통합감독위원회, 2008.10)〕.

34) 김교헌·성한기·이민규 외, 앞의 책, p.300.

〈표 2-18〉 도박자들의 종교(%)

구분	정상인	문제성 도박자	병적 도박자
무교	37.56	40.71	38.91
불교	23.47	28.93	26.18
기독교	23.00	17.50	20.36
천주교	14.79	11.43	14.55
기타종교	1.17	1.43	-

비해 여성비율이 높고 월평균 수입과 교육수준이 상대적으로 높은 것으로 나타났다.

도박사범들

대검찰청이 발행한 《2010범죄분석》 및 《2011범죄분석》에 따르면, 2010년의 도박범죄 건수는 모두 13,275건으로 2009년의 31,600건보다 반 이하로 줄어든 것으로 나타났고, 하루 발생건수도 86.6건에서 36.4건으로 줄어들었다. 장소별로는 사무실이 27.9%(3,706건), 주거지가 25.0%(3,318건), 유흥접객업소가 7.4%(976건), 기타가 39.7%(5,275건)로 나타나 2009년과 비교할 때 유흥접객업소에서 적발된 건수의 비중이 늘고(3.6%→7.4%), 기타장소가 줄어들었다(46.7%→39.7%). 전과별로는 초범이 25.2%(8,577명), 재범이 74.8%(25,493명)로 2009년에 비해 재범비율이 증가(68.7%→74.8%)하였으며, 재범자 중 동종 전과자는 50.9%였다. 공범비율은 69.9%(26,054명)로 동네친구(25.7%), 직장동료(14.3%), 고향친구(5.2%) 순이었으며, 단독범은 전과 없음이 33.1%, 초범이 26.5%였고 9범

이상도 13.8%로 나타났다. 범행동기는 사행심이 44.3%(15,024명), 우발적 동기가 7.2%(2,428명), 호기심 5.1%(1,712명)였고, 학력별로는 고졸이 54.5%, 중졸이 13.4%, 초등졸이 7.6%로 나타났으며, 직업별로는 피고용자(직장인)가 40.9%, 자영업자 29.9%, 무직 23.0%로 나타났다. 인구수당 도박발생 비율(사건수/인구수×10만)이 높은 지역은 익산(355건/307,289명×10만=115.5), 성남, 춘천 순이며, 낮은 지역은 창원(103건/1,090,181명×10만=9.4), 광주, 용인 순으로 익산은 전국평균 26.0보다 4.4배가 높은 것으로 나타났다.

또《2011검찰연감》의 죄명별 처리인원을 보면, 도박죄로 모두 37,304건을 접수하였으나 그 중 22,068건은 불기소하고 13,941건을 기소, 905건을 타관에 송치한 것으로 나타났으며, 상습도박죄는 1,363건 접수에 528건 기소, 485건 불기소, 241건 타관송치, 도박개장죄는 1,929건 접수에 984건 기소, 675건 불기소, 177건 타관송치로 집계되었다. 한편 특별법인 '사행행위 등 규제 및 처벌특례법' 위반사건과 관련하여서는 6,936건을 접수, 5,463건을 기소하고 1,221건은 불기소, 18건은 타관송치한 것으로 나타났다. 그 밖에 소년사건, 학생사건, 공무원사건, 여성사건 등에도 도박죄나 상습도박죄, 도박개장죄 등 형법상 규정된 범죄(각각 35건, 90건, 156건, 6,248건 접수)와 게임산업 진흥에 관한 법률, 경륜·경정법, 관광진흥법, 국민체육진흥법, 사행행위 등 규제 및 처벌특례법, 한국마사회법 등 특별법 범죄를 접수하여 처리한 통계도 수록되어 있는데, 기소(구속, 불구속, 구약식)건수보다는 불기소(혐의 없음, 기소유예, 공소권 없음, 죄가 안 됨, 참고인 중지, 각하 등) 건수가 많다. 2010년 1,383건의 외국인연루 도박사건을 접수하였는데, 중국인 연루건수가 944건, 미국인 5건, 일본인 2건, 기타 432건으로 나타났으며, 매년 증가하다가 (05년: 224건, 06년: 230건, 07년: 278건, 08년: 635건, 09년 1,889건)

2010년에는 감소하였다. 외국인 도박범죄는 상해폭행(3,439건), 사기공갈(3,168건), 공문서위조 등 문서범죄(2,706건), 절도(2,005건) 다음으로 많은 것으로 나타났다. 형법상 도박사범 외에도 특별법 위반사건으로 게임산업 진흥에 관한 법률 위반(42건), 경륜·경정법 위반(1건), 관광진흥법 위반(2건), 국민체육진흥법 위반(1건), 사행행위 등 규제 및 처벌특례법 위반(16건), 한국마사회법 위반(2건) 사건 등이 접수된 바, 중국인 36인, 미국인 8인, 일본인 1인, 기타 19인으로 나타났다.

한편 대법원의 《2011사법연감》에 따르면, 2010년 형법상 도박 및 복표에 관한 죄로 제1심에 접수된 사건의 인원은 모두 1,956명인데, 처분결과를 보면, 유기징역 142명, 집행유예 485명, 재산형(벌금) 1,289명, 선고유예 30명, 무죄 80명, 혐의면제 2명, 면소 6명, 공소기각 2명, 기타 273명으로 나타났으며, 특별법인 '사행행위 등 규제 및 처벌특례법' 위반으로 제1심에 접수된 사건은 모두 1,970명이나 과년도 접수분을 포함 2,185명에 대한 심결이 행해졌는데, 그 중 유기징역 422명, 집행유예 849명, 재산형 709명, 선고유예 5명, 기타 192명으로 나타났다.

2009년 및 2010년 검찰과 법원이 처리한 도박 관련 범죄 처리현황은 〈표 2-19〉 및 〈표 2-20〉과 같다.[35)]

선수들에게까지 손 뻗친 불법도박 : 경기조작

《고려사》에 보면 "임금이 영봉루에 나아가 개경·서경의 신기군에게 격구를 하도록 명하고 물품을 차등 있게 하사하였다"(御靈鳳樓 命兩京神騎擊毬 賜物有差)라는 표현이 등장하는데(《고려사》 권 제15),

35) 《검찰연감》 2010, 2011 및 《사법연보》 2010, 2011.

이것은 경기의 승패가 재물과 연결됨을 의미하는 역사적인 기록으로 볼 수 있다. 도박은 원래 형벌로 다스렸지만 우리나라는 물론 많은 국가에서 경마·경견뿐 아니라 경정·경륜이나 스포츠 경기에 돈내기를 하는 것을 합법화하고 있어 경기의 승패를 직접 돈과 연결시키고 있다. 경기가 돈과 결부되면 심각한 부패에 연루될 수 있다는 우려를 표명하였음에도 체육단체나 선수들에 대한 자금줄 역할을 할 수 있을 뿐 아니라 정부기관에도 수입을 가져다준다는 이유로 합법화하였다.

19세기 영국의 경마에서도 승부를 조작하기 위해 말에 약물을 먹였다는 기록이 있고, 각종 국제경기대회에서 선수들의 약물복용으로 승부와 순위가 재조정되기도 하였으며, 다음경기에서 쉬운 상대를 만나기 위해, 특례입학자격을 얻거나 대표선수로 선발되기 위해 또

〈표 2-19〉 검찰 도박 관련 범죄 처리현황(2009, 2010)

죄명	접수		기소		불기소		타관송치 등	
	2009	2010	2009	2010	2009	2010	2009	2010
형법(도박)	61,973	37,304	24,903	13,941	34,668	22,068	1,788	905
형법(상습도박)	3,584	1,363	1,446	528	1,409	485	609	241
형법(도박개장)	3,179	1,929	1,669	984	1,180	675	234	177
사행행위법	10,428	6,936	8,050	5,463	2,000	1,221	222	18
경륜·경정법	755	339	409	83	274	179	53	48
게임산업법	30,636	21,441	19,474	12,653	9,179	7,030	751	640
관광진흥법	289	146	175	69	81	65	8	6
복권및복권기금법	2	-	-	-	2	-	-	-
한국마사회법	2,862	1,424	1,729	685	892	474	177	160

는 팀 동료나 선후배와의 경기 등에서 '부정한 돈'과 연루되지 않은 승부나 경기조작이 있어왔음도 알려진 사실이다.[36] 관중이나 시청자들, 심지어 경기의 상대방도 알아차릴 수 없을 만큼의 박진감 넘치는 연기로 승부나 경기가 조작된다면 당사자들을 제외한 누구도 그 사실을 알 수 없을 것이지만, 어눌한 연기에 계속되는 조작으로 전모가 밝혀진 경기들이 언론보도를 장식하고 있으며, "프로레슬링은 쇼"라

〈표 2-20〉 법원의 형사공판사건 처리현황(1심, 2009, 2010)

구분	형법		사행행위		게임산업		경륜·경정		관광진흥		마사회법	
	2009	2010	2009	2010	2009	2010	2009	2010	2009	2010	2009	2010
접수	3, 225	1, 956	3, 503	1, 970	11, 984	8, 800	31	26	116	44	361	229
처리	3, 108	2, 309	3, 834	2, 185	11, 701	9, 880	39	29	150	40	318	274
유기징역	203	142	820	422	1, 448	1, 208		5	27	3	34	20
집행유예	761	485	1, 587	849	4, 545	3, 401		9	66	11	124	101
재산형	1, 661	1, 289	1, 210	709	4, 543	3, 992	11	9	39	17	126	126
선고유예	42	30	4	5	57	57	1			1	6	1
무죄	40	80	13		79	51			2		1	4
협의면제		2		3	2							
면소	5	6		3	12						1	1
공소기각	1	2				5						
기타	395	273	200	192	1, 015	1, 160	7	6	16	8	26	21

36) 2012년 런던올림픽 배드민턴 여자 복식경기에서 한국 2개 팀 4명, 중국 1개 팀 2명, 인도네시아 1개 팀 2명 등 모두 8명의 선수가 다음 경기에서 불리한 대전을 피하기 위해 경기에 전력하지 않고 고의로 패하여 실격 처리된 바 있다.

는 말이 일상화될 만큼 '짜고 치는 고스톱판' 같은 경기들도 있었다.

지금까지 한국에서 불법도박이라 함은 주로 도박장을 개장하거나 도박사이트를 운영하는 경우[37] 또는 경주나 경기를 무단으로 중계하면서 베팅하도록 하는 불법행위가 주였는데,[38] 2011년부터는 선수들이 외부의 불법도박브로커들과 연계되어 의도적으로 실책을 범하거나 점수 차를 내도록 하는 방식으로 경기를 조작하였다는 점이 특징적이다. 2011년 5월부터 표면화된 프로축구 K리그 승부조작사건에 이은 남녀프로배구, 프로야구에서의 경기조작사건에 연루된 선수들이 자살하거나 구속되었으며, 많은 선수들이 해당경기연맹에서 영구제명되는 등 한바탕 홍역을 치른 바 있는데, 공정하고 투명한 스포츠 환경을 조성한다는 취지로 2012년 2월 17일 국민체육진흥법을 개정,[39] 불법으로 체육진흥투표권사업을 한 자에 대한 처벌을 강화(3

37) 2011년 김제 마늘밭 매장 110억 원 발굴사건, 여의도 물류창고 10억 돈상자 발견사건 등의 경우 불법도박사이트 운영을 통해 획득한 수익인데, 불법 스포츠베팅사이트 신고건수를 보면 2007년 40건에서 2008년 976건, 2009년 5,395건, 2010년 7,915건으로 급격히 증가하는 추세에 있다(2011.11 국민체육진흥법 일부개정법률안 국회 문화체육관광방송통신위원회 수석전문위원 검토보고서 인용).

38) 불법스포츠토토 운영자들은 아침시간대에는 미국의 프로야구나 미식축구, 낮 시간에는 일본의 야구, 저녁이나 새벽에는 유럽의 축구경기 등 시차를 감안, 하루 종일 외국의 경기를 중계하면서 베팅을 유도하고 있고, 청소년들 사이에도 불법스포츠토토가 유행하고 있으며, 심지어 수업시간 중에도 베팅하는 사례가 있다고 한다(http://news.khan.co.kr).

39) 2011년 12월 30일 국회에서 통과된 국민체육진흥법 일부개정법률안 개정이유는 "체육진흥투표권 발행사업과 관련하여 체육진흥투표권 발행대상 운동경기에서의 승부조작 등의 행위를 방지하고, 정당한 체육진흥투표권 발행사업자가 아닌 자의 불법적인 스포츠 도박사업 운영과 그 도박에 참여하는 행위를 근절하여 체육진흥투표권 발행사업의 안정성과 공정성을 확보하기 위하여 승부조작 등의 행위를 한 자 및 불법적인 스포츠 도박사업 운영과 그

년 이하 징역이나 천 5백만 원 이하 벌금에서 7년 이하 징역이나 7천만 원 이하 벌금으로 상향조정) 함은 물론, 정보통신망을 이용한 불법체육진흥투표권 발행시스템을 설계·제작·유통 또는 제공한 자(불법사이트 관련자) 와 불법스포츠도박을 한 자(게임참가자) 는 5년 이하의 징역이나 5천만 원 이하의 벌금에 처하도록 처벌규정을 신설하였고, 불법스포츠도박 운영자에게 경기정보를 제공한 자(선수, 직원, 종업원 등), 불법투표권사업을 홍보·중계·알선한 자(브로커 등) 도 3년 이하의 징역이나 3천만 원 이하의 벌금에 처하도록 처벌규정을 추가하였다.

선수들이 금전을 수수하고 경기조작에 가담하는 근본적인 원인은 선수들에 대한 처우가 일부 유명선수들을 제외하고는 스포트라이트를 받는 만큼 충분치 못할 뿐 아니라 선수로서의 활동기간도 아주 짧다는 데 연유한다. 2012년 2월 21일 발표된 경기조작 관련 정부의 종합대책 중에는 프로구단별 최저연봉을 2천 4백만 원으로 하는 방안이 포함되어 있는데, 이는 유명선수와 일부 용병선수들을 제외한 대부분의 선수들이 월 2백만 원도 못 받고 있다는 것을 의미하는 것으로, 2012년 2월 27일 한국프로축구연맹은 2011년도 프로축구 신인선수 최저연봉은 천 2백만 원이었고 2012년도 최저연봉을 2천만 원으로 인상한다고 발표한 것이 이를 뒷받침하고 있다. 이런 상황에서 경기조작에 가담할 경우 주어지는 1회당 150만 원~5백만 원은 큰돈이 아닐 수 없으며, 선수들이 불법사행사업자들의 돈의 유혹에 휘말려들었음은 프로스포츠의 환경이 열악함을 반증하고 있다. 아마추어 스포츠의 경우에도 대학 특례입학, 대표선수 선발 등의 이점 때문에 경기조작 전례가 있어 2012년 2월 발표한 정부대책에도 학교운동부 운영의 투명성 확보대책이 포함되어 있다. 2012년 3월과 4월에는 경정, 경마

도박에 참여한 자 등에 대한 처벌을 신설·강화하는" 것 등이다(http://www.assembly.go.kr).

에서의 승부조작과 내부정보 제공 대가로 상당한 금품(수백만 원에서 수억 원대)을 수수한 혐의로 선수, 직원과 기수, 브로커가 구속된 바 있으며, 6월에도 경정에서 승부조작 의혹이 제기된 바 있다.

영미권 국가의 게임산업

영국 도박의 역사와 법제의 변천[1)]

도박은 거의 모든 문화권에서 모든 시기에 걸쳐 끊임없이 지속되어 온 행동으로, 전 세계적인 보편성을 가지고 있으며, 이는 인간본성으로부터 연유하기 때문으로 역사적으로 보면 경솔한 행동으로 치부되기도 했고, 범죄가 되거나, 묵인되거나, 허용되기도 하였다. 미국법제에 지대한 영향을 미친 영국 보통법(*common law*)은 도박 그 자체를 금지하지는 않았는데, 기본적으로 도박을 레저활동의 일환으로 보았기 때문이다.

고대 독일인들은 주사위를 던져 그들의 부를 탕진하거나 심지어 그들의 신분상태를 결정하기도 하였는데, 이들이 5세기 초 영국 동남부를 침략하면서 그들의 관습도 영국으로 건너왔을 것으로 추정하고 있다.[2)] 문헌에 등장하는 주사위게임과 관련, 정직한 역사기록자로 알

---

1) 이 글은 미 법무성이 1977년 발행한 도박 관련 법령 조사자료 *The Development of The Law of Gambling 1776-1976* 중에서 영국 관련 부분만을 발췌, 요약한 것임.

2) 이하 에드워드 3세까지의 내용은 John Ashton의 앞의 책, pp. 12～16 참조.

려진 비탈리스(Ordericus Vitalis, 1075~1143)는 성직자와 추기경들이 주사위 놀이를 즐겼다고 언급하고 있으며, 철학자인 살리스버리(John of Salisbury, 1110~1182)는 주사위 놀이를 인간을 파멸의 구렁텅이에 빠뜨리는 '가증스런 예술'(*damnable art*)이라고 불렀다 한다. 또 1190년에는 기독교 십자군 규칙으로 백작신분 이하 하층민들은 도박할 수 없으며, 백작과 성직자들은 하루에 20실링 이하 액수로만 게임을 즐길 수 있다는 포고령을 발표한 바 있고, 헨리 3세(재위 1216~1272)는 성직자들이 주사위나 체스놀이 하는 것을 금지한 바 있다. 또 에드워드 2세(재위 1307~1327) 때에는 비정상적인 주사위(*false dice*)로 남을 속인 사람이나 도박하는 사람을, 난폭하거나 밤에 어슬렁거려 평화를 방해하는 폭력배로 보아 기소하거나, 의사에 반하여 노름판에 사람을 끌어들인 사람을 배심원들이 징역형에 처했다는 기록도 있다.

에드워드 3세(재위 1327~1377) 때에는 도시의 평온을 유지하기 위해 크리스마스 축제기간 중 집안에서만 조용히 주사위 놀이를 하도록 하는 포고령을 반포하기도 하였으며, 노름판에서 사용된 주사위나 테이블이 정상적인 것인지를 조사하여 사기를 친 사람을 형틀에 가두어 한 시간 동안 길거리에 서있게 한 후 투옥시키고 도박용구는 불태웠으며 잃은 돈은 돌려주도록 하는 판결을 내렸다는 기록도 있다.

1700년까지 영국에서는 보통법의 기본원칙들은 일반적으로 법령에서 조문화하지 않았는데, 공공의 안녕이나 공중도덕에 위반될 소지가 있는 모든 행동은 공익방해죄(*public nuisance*)로 다스렸다. 통상적으로 도박과 도박장도 법적 관점에서 보면 공익을 해치는 행위 또는 장소인데, 게으름을 유혹하고 많은 수의 비정상적인 사람들이 관심을 두고 그곳에 모여 다른 사람들에게 불편을 초래하기 때문에 그렇다는 것이다. 보통법 아래에서 게임 자체는 불법이 아니었는데, 법률

〈표 3-1〉 도박 유형별 역사[3]

도박유형	발명시기	지역 또는 국가
주사위(복사뼈, *astragalus*)	B. C. 3600	중동
주사위(*standard die*)	B. C. 2000	이집트 등
카드	10세기	중국
	14세기	서유럽
룰렛	1800	프랑스
포커	1800	미국 루이지애나(프랑스령)
주사위(*ancient backgammon*)	B. C. 3000	중동
(현대적 규칙)	1743	잉글랜드
(*doubling cube*)		
크랩	20세기 초	미국(영국 Hazard게임)
주사위(*Chuck-a-luck*)	20세기 초	축제 행사장
빙고(*Bingo*), 케노(*Keno*)	1880~1900	잉글랜드, 축제장
브리지(*Whist*)	16세기	잉글랜드
(*Auction*)	1900년대	잉글랜드
(*Contract*)	1915~1929	미국
복권	1세기	로마제국
	중세	이탈리아
생명보험	1583	잉글랜드
경마	16세기	잉글랜드
체스	?	?
	7세기	인도
서양장기(*checkers*)	12세기	프랑스
바둑(*go*)	B. C. 1000	중국
게임이론	1928	독일(von Neumann)
	1944	미국(von Neumann/Morgestern)
인간/컴퓨터주사위(*backgammon*) 게임	1979	미국(컴퓨터프로그램 승리)
인간/컴퓨터체스게임	1979	미국(컴퓨터프로그램 승리)

3) Edward Packel, *Mathematics of Games and Gambling* (The Mathematical Association of America, 2006), p. 3.

로 게임을 규제한 것은 리처드 2세(재위 1377~1399) 집권 당시로서 1388년 모든 근로자와 현역군인들에게 활과 화살을 확보하고 테니스, 축구, 고리던지기(*coits*), 주사위 놀이 등(1409년에는 핸드볼이 추가됨)을 금지할 수 있도록 명령할 수 있는 법을 통과시켰는데, 이는 군사적 필요 때문이었다. 에드워드 4세(재위 1461~1483)도 1477년 공공의 평화를 해하는 소란스런 집회를 억제하기 위해 가정집에서 게임할 수 없도록 하는 법을 제정하였는데, 프랑스 원정에서 돌아온 에드워드가 군대를 해산하자 고분고분하지 않았던 예비역들이 테러를 자행하기도 하여 이들이 모이는 경우 공공의 평온에 위험이 될 수도 있다는 판단에서였다. 헨리 8세(재위 1509~1547)는 1541년 근로자와 군인들은 크리스마스 때를 제외하고는 게임할 수 없도록 하면서 카드, 주사위, 당구 등의 게임도 추가로 금지하였는데, 이 역시 군사대비태세 유지(*military preparedness*)가 주목적이었다. 게임 때문에 돈을 잃고 가난해지면 활과 화살을 살 수 없을 뿐만 아니라, 때로는 살인, 강도, 흉악범죄에 연루될 수 있음을 우려하고 있다. 하층민에게는 게임할 수 없도록 하면서 도박장 운영자에게는 하루 40실링[4]의 벌금을 부과하도록 하였는데, 게임 자체는 불법이 아니지만 공공장소나 도박장 등 특정장소에서의 돈내기를 하는 것을 불법으로 간주하였다. 비록 게임은 성행하고 있었지만 청교도들에게 게임은 시간낭비로서 경멸의 대상이었고 따라서 지나친 게임과 남용은 용인될 수 없는 행위였다.[5]

---

4) 실링(*shilling*)은 1971년까지 사용되어 온 영국의 화폐제도로 파운드와 펜스의 중간단위(1파운드는 20실링, 1실링이 12펜스로 십진법 단위가 아니었음).

5) 이런 조치로 인해 보통사람들의 즐거움을 앗아갔다고 비난받기도 하였으며, 젊은이들은 술을 마시거나 남의 양을 훔치거나 다른 낭비벽 또는 비경제적 활동에 탐닉하기도 하였다(John Ashton, 앞의 책, p. 40).

1593년 영국의 성직자 밤포드(James Balmford)가 출판한 《블랙레터》(*Black Letter*)라는 소책자에는 주사위·카드·테이블게임 등 우연에 결과가 좌우되는 불법게임에 관한 교수와 성직자의 짧고 단순한 대화가 수록되어 있는데, 성직자는 주사위·카드·테이블게임 모두를 악행(*evil*)으로 간주하면서 제비(*lots*)는 우연의 게임에는 사용할 수 있으나 스포츠경기에는 사용할 수 없다고 강조한다. 그러면서 그는 제비는 유대인과 비유대인들이 심각한 문제를 다룰 때나, 신이 강림한 상황에서의 증언을 전제한 맹서에 사용하였으며, 논쟁을 종식시키기 위한 수단으로 사용하는 등 종교적인 의미로 사용하였다고 설명하면서 기도와 맹서로 경기결과가 달라지지 않는 만큼 스포츠에는 사용하지 않으며, 제비는 재물을 취하거나 즐거움을 위해 사용되어서는 안되고 오로지 논쟁종식에 쓰여야만 한다고 강조한다.[6)]

1603년 법원은 모노폴리(Monopolies) 사건판결에서 정부(*Crown*)는 단일특허를 부여하여 카드의 생산이나 수입을 제한할 권한이 없고 지나친 놀이는 보통법에 반하나 보통법이 게임 자체를 금지하지 않고 있다고 판결하였는데, 이후부터 정부는 게임의 부정적 영향에 대한 규제를 간접적 방식에서 직접 법령에 규정하게 되었다. 1657년에는 돈을 잃은 사람이 잃은 금액의 2배를 돌려달라는 소송을 제기할 수 있도록 하는 법을 제정하면서 10년 전인 1647년 6월 24일 이후의 도박빚은 전적으로 무효이고 효력이 없는 것으로 간주한다는 내용도 포함되어 있다. 1660년 이전 법령은 게임 자체가 아니라 그에 부수하는 결과, 즉 부정적 영향들을 금지하려 하였다. 이런 규제에도 불구하고 게임이 성행하였으며, 게임도중에 살인사건이 발생하기도 하였고, 심지어 셰익스피어(1564~1616) 7대 희극에도 주사위나 주사위 놀이가

---

6) John Ashton, 앞의 책, pp. 29~31.

열세 번이나 언급될 정도로 대중적인 오락으로 자리매김하였다.

1660년 스튜어트가(Stuart 家)의 왕정복귀 후 청교도적인 사회분위기가 많이 완화되었는데, 찰스 2세(재위 1660~1685)는 스스로 경주마를 수입하고 먹이를 주기도 하였으며, 카드게임도 즐겼고, 질녀인 앤 여왕(재위 1702~1714) 역시 자유분방한 성격이었다. 당시에 경마가 유행하였고 내기도 성행하였는데, 도박은 자신도 모르게 몸속에 스며든 독약처럼 사회에 퍼져나갔고 국가적인 오락이 되어버렸다. 1541년 게임금지법은 엄연히 유효하고 도박은 기소될 수 있는 행위임에도 불구하고 알막스(Almacks), 화이트(Whites), 크록포드(Crockfords) 같은 유명 클럽[7]에서는 하루 저녁에 1만, 1만 5천, 2만 실링을 잃는 것이 보통이었다고 한다. 이처럼 도박이 성행하자 찰스 2세는 1664년 젊은 사람들을 하찮음, 게으름, 느슨함, 비정상으로부터 보호하고 귀중한 시간을 허비하지 않도록 하면서 그들 재산이 헛되이 사용되지 않도록 하기 위해 사기성이 있고 규칙이 제멋대로이며 지나친 게임을 방지하는 내용의 법을 제정하였는데, 카드, 주사위, 테이블게임, 테니스, 볼(*bowls*),[8] 키틀(*kittles*), 쇼블보드(*shovel-board*), 닭싸움, 경마, 개싸움, 풋레이스(*foot-races*) 및 다른 오락을 포함한 모든 숙련 및 우연의 게임을 금지하였다. 단순한 놀이는 처벌하지 않으나 사기나 속임수 도박 피해자는 잃은 액수의 3배를 반환청

---

7) 일부 클럽은 하우스 이름을 '아카데미'(Academies)라고 붙였는데, 저술가 토마스 브라운(Thomas Brown, 1663~1704)은 교활한 사기술을 이용, 남의 돈을 가로채기(*Sleigh of Hand*)도 하며, 아무것도 배울 것 없고, 온갖 별 볼일 없는 인간들이 모여 있는 곳에 그런 영광스런 이름을 붙이기보단 사기술이 판치는 곳(*Cheating Houses*)으로 불러야 마땅하다고 주장한 바 있다(John Ashton, 앞의 책, pp. 21~22).

8) 볼(*bowls*), 키틀(*kittles*), 쇼블보드(*shovel-board*)는 현재 이용되지 않거나 변형된 게임들이다.

구할 수 있도록 하고 승소하면 잃은 사람과 정부가 반반씩 나눠 갖되 6월 이내에 소를 제기하지 않으면 누구든지 소를 제기할 수 있도록 하고 소를 제기한 사람이 잃은 사람의 몫을 갖도록 하는 내용도 포함되었다. 또한 한 번 또는 한 판에 100실링 이상을 빌린 도박 빚을 법적으로 집행할 수 없도록 규정하고 도박 빚으로 건네진 유가증권도 무효로 한다는 내용도 포함되어 있었는데, '한 번 또는 한 판'에 100실링이라는 규정이 애매하여 실효성을 확보할 수 없게 되자 1710년 과도하고 사기성 있는 게임방지법을 제정, 보완하였으며, 지주귀족(*landed aristocracy*)들이 도박이라는 죄악에 빠져 파멸하는 것을 방지하는 것이 주목적이었다. 이 법은 도박 빚으로 갚은 모든 재화(*Notes, Bills, Bonds, Judgements, Mortgages, Securities or Conveyances*)를 무효로 하도록 하였는데, 뒤에 이 조항 때문에 선의의 보유자가 피해를 보는 사례가 빈발하게 되었다. 10실링 이상을 잃은 사람은 3개월 이내에 소송을 제기할 수 있도록 규정하면서 만일 이 기간 안에 소를 제기하지 않으면 제 3자가 잃은 금액의 3배를 청구하는 소를 제기하고 승소금액의 반을 갖도록 하고 나머지는 빈곤층을 위해 쓰도록 규정하였다(The Statute of Charles II). 이 법에는 돈을 잃은 피고와 돈을 딴 원고가 잃고 딴 금액을 정확히 밝히도록 규정하면서 그렇게 한 원고와 피고는 추가기소에서 면책되도록 하면서, 사기도박을 한 사람에 대한 벌칙, 직업적 도박꾼에 대한 징벌 등에 관한 조항도 포함되어 있다. 이 법에는 왕실은 현금을 주고받는 게임을 할 수 있다는 단서규정을 두고 있어 왕실에는 적용되지 않아 공적 질서유지의 도덕적 기초를 허물어뜨리는 결과를 초래하였다거나, 제 3자에 의한 배상청구제도는 지나친 왕권에 대항하는 보루로서 도박을 즐겼던 귀족들의 재산을 배상액으로 내놓아야 할 수도 있어 영국신사로서의 권리를 위험에 빠뜨릴 수 있다든가, 부의 재분배라는 긍정적인 효과를 부정하는 것, 또는 도박처럼 위험을 감내하는 행동은 군 장교의 통솔력에 유익한 효과를 가져다준다는 등의 논란도 있었다. 법률상 금지한 게임으로는 카드, 주사위, 테이블(*tables*), 테니스와 볼(*bowls*)만 적시하고 있으나 법원은 경마, 경보, 개경주, 크리켓 등 모든 종류의 스포츠게임과 전체 숙련 및 우연의 게임에 확대 적용하였고 공공장소뿐만 아니라 사적인 장소에서의 게임도 적용대상으로 판결하였다. 앤 여왕의 뒤를 이은 하노버(Hanover) 왕가 역시 도박 애호가였음에도 18세기 중엽 몇몇 게임은 과도한 게임이나 사기게임에 이용될 소지가 있는 바람직스럽지 않는 게임이란 이유로 조지 2세(재위 1727~1760)는 1739년 하트에이스(*ace of hearts*), 파로아(*pharoah*), 바세트(*basset*), 헤저드(*hazard*)란 게임은 불법화하였고 1740년에는 백가몬(*backgammon*) 게임을 제외한 모든 주사위게임을 금지하였으며, 1745년에는 룰렛게임을 없애버렸다. 1739년과 1740년의 조치는 황실에는 적용되지 않도록 예외규정을 두었다.

1752년에는 절도와 강도를 효율적으로 방지하고 공공오락장소 규제를 통해 무질서한 도박장 운영을 억제할 목적으로 처벌규정을 둔 법을 제정하였는데, 2인의 구역 내 거주자가 게임장을 신고하고 건물주가 계속 도박장으로 제공하는 경우 신고자에게 10실링의 보상금을 지급하도록 하였으며, 1755년에는 이 조항을 항구 규정화하였다. 청교도적인 법제도하에서는 내기 빚은 법정에서 다루어졌으며, 법원은 공익방해죄(*nuisances*)를 적용하였다.

복권 역시 보통법에서는 불법으로 간주되지는 않았는데, 1566년에 처음으로 발행되었고, 1569년에 처음으로 추첨이 행해졌다. 1612년에는 식민지 버지니아의 녹화사업을 위해, 1627년과 1631년에는 런던의 상수도 건설을 위해, 1640년에는 스페인전에 출항하였던 전함 수리를 위해, 1660년에는 가난하고 장애후유증이 있는 병사들을 지원하기 위해 정부로부터 특허를 받아 복권을 발행하였다. 1694년부터 1776년 사이에는 복권발행을 의회가 통제하였는데, 1699년에는 복권이 유해하고 정당하지 않고 비합법적으로 행해지거나 기만적인 방법으로 어린이나 하인들 돈을 강탈한다는 이유로 금지하면서, 종전에 발행을 허가하였던 복권까지도 무효화하였다. 이 기간 중에는 의회가 법률로만 복권을 발행할 수 있도록 엄격히 제한하였는데, 50년 동안 수건만이 허용되었다. 1739년의 웨스트민스터 교량건설, 1753년 대영박물관 설립을 위한 복권 등이 이시기에 발행되었다.

도박과 관련한 법적 제한이 있었고 금지규정이 있었음에도 귀족들은 도박을 즐겼고, 대도시에서는 도박장이 비밀리에 운영되었으며, 사기와 속임수 도박이 성행하였다. 전문적인 사설마권업자가 등장한 것은 18C, 19C로, 경주장은 물론 장외에서도 베팅하였고 귀족뿐 아니라 평민들도 참가하였다. 경주에 농간을 부리기도 하였고 도박 빚을 받기 위해 폭력배가 동원되기도 하였다. 도박과 관련된 모든 유가증권을 무효화한 앤(Anne)법을 보완하기 위해 1835년 불법적인 대가만 무효로 하도록 하여 정당하게 소지한 유가증권은 보호되도록 하였다.

정부가 발행하는 복권은 액면가가 높아 중산층 이상이 구매하였고 근로자들이나 가난한 사람들은 연간 5~6회 발행되는 소액의 사설복권(*little go*라는 명칭으로 발행)을 즐겼는데, 1698년 사설복권이 금지되었음에도 수요가 있어 계속되었고 많은 이익을 남겼다. 1802년에는 도박에 공익방해죄가 적용됨을 선언하고 사설복권을 구매하거나 다른 복권을 구매하는 경우에는 5백 실링의 벌금을 부과하도록 하였다. 사설복권업자가 복권을 판매하고 당첨 숫자는 정부복권추첨과 일치시키는 보험복권(*insurance*라는 명칭으로 발행)도 성행하였는데, 이 역시 1698년 법, 1802년 법에 반하나 조직적으로 운영되어 단속이 어려웠다. 뿐만 아니라 단속반원들을 매수하거나 공무원에게 뇌물을 제공하여 한때 런던에는 사설마권판매사무소가 4백여 개에 이른 때도 있었다. 1808년 하원 복권검토위원회는 높은 운영경비가 필요하고 민간의 보험제도에 악용될 수 있다는 이유로 폐지할 것을 건의하였다. 그런 건의가 있었음에도 복권은 십수 년간 폐지되지 않았으며 1823년 마지막으로 복권발행이 허용되었고, 1826년 추첨을 끝으로 폐지되었다. 1802년 법에는 영국 내에서의 외국복권 홍보에 관한 규정이 없어 함부르크나 다른 도시 복권광고가 쏟아지자 1836년 법을 보완하였다. 1837년 왕위에 오른 빅토리아 여왕(재위 1837~1901)은 찰스 2세나 앤 여왕과는 달리 사치와 게으름을 싫어하고 청교도 정신에 입각한 통치를 하였다. 이 시기는 영국의 산업화, 제국주의화, 중상주의 확산의 세기가 되었고, 1844년에는 상하양원합동검토위원회를 설치, 기존 도박법령들을 검토, 시대에 뒤떨어진 것으로 결론을 내리고 구법을 폐지할 것을 건의하였는데, 3세기 동안 불법화되었던 스포츠는 이미 레크리에이션의 건전한 형태로 받아들여지고 있는 것이 현실이었다.

1845년에 게임법(*Gaming Act*)을 제정하여 '게임이나 내기와 관련된 구두나 문서로 된 모든 계약이나 약속은 무효이고 효력이 없다고 규정하였고, 채권자나 이해관계자에 대한 금전 또는 대가반환을 위한 소송을 인정하지 않고 있다. 모든 게임이나 내기 계약은 무효로서 강제할 수 없도록 규정하고 의심되는 도박장에 대한 경찰관의 입회조사, 영장발부 후 관련자 체포 등도 규정하고 있다. 사설마권업자는 계약이 무효화되자 지불을 담보하기 위해 사전에 일정한 금액을 예치한 후 베팅할 수 있도록 하는 새로운 방안을 강구하면서 시내 곳곳에 마권발매소를 설치하거나 공공연히 광고를 하고 승부조작을 위해 말에 약물을 투입하기도 하였다.

1853년에는 사설마권업자규제법을 제정, 내기 자체를 불법화하지 않으면서 베팅이 이루어지는 장소에서의 도박에 공익방해죄를 적용, 도박장 운영자나 광고를 하는 사람을 처벌하도록 규정하고 있다. 이 법률에 따라 시중의 많은 베팅하우스는 문을 닫았으나 베팅총액은 전과 동일하였는데, 법의 실효성이 약화되자 다음해인 1854년에 법을 개정하였다. 1845년, 1853년, 1854년 법의 실효성 확보를 위해 경찰은 플레이어와 마권업자가 기존에 확보한 모든 시설물과 장비를 포기하도록 강권하였는데, 도로나 공공장소에서 행하는 경우에는 '게임하거나 베팅하는 사람은 3개월 이내의 징역이나 노역에 처한다는 1824년 법에 따라 기소할 것'임을 발표하였다.

1906년에는 경마장에서 경마당일 베팅하는 것을 제외하고 모든 공공장소에서 베팅을 금지하는 법(*Street Betting Act of 1906*)을 제정하였는데, 1회 위반은 10실링, 2회 위반시에는 20실링의 벌금을 부과하고, 기소가 되면 50실링의 벌금 또는 6월 이하의 징역, 약식기소되면 30실링의 벌금 또는 3개월 이하의 징역에 처하도록 하는 벌칙도 두었다. 역시 베팅 자체를 불법화하지는 않고 베팅장소만 규제하였다. 통신의 발달로 우편, 전보, 심지어 전화를 통한 베팅이 이루어져 법률개정에 아랑곳하지 않고 경주베팅이 성행하였고 경마, 경견뿐 아니라 축구경기에도 베팅이 도입되자 축구협회는 경기가 혼탁해질 수 있다는 이유로 의회에 로비를 벌여 1920년 축구경기에 현찰베팅을 불허하도록 하는 법을 제정하였다.

1913년에는 베팅액을 승률에 따라 계산, 배분하는 가산기(*totalizer*)가 발명되어 사업자는 수많은 참가자들에게 즉시 배당금을 지급할 수 있게 되었다. 1926년에는 마권판매에 대한 판매세(*exercise tax*)를 부과하는 법이 통과되었는데, 제정 당시 예측했던 수입보다 실제 세수가 적자(7백만 실링을 예상했으나 260만 실링에 불과) 1930년대에 징세를 중단하였고, 1928년에는 경주장 베팅통제법을, 1934년에는 경주일수를 제한하고 경주장 면허제를 도입하는 법을 각각 제정한 바 있다.

1836년 복권법 제정 후 1세기 동안 복권제도에는 큰 변화가 없었는데, 1930년 아이리쉬 경마(*sweepstakes*)가 아일랜드와 영국에 소개되고 인기를 얻게 되자 1934년 영국은 "소규모 상금으로 소규모 복권을 발행하는 것은 사회적으로 해가 되지 않고 사기나 소란의 위험성도 방지할 수 있으며, 형법적용에서 배제시킬 수도 있다"는 논리로 예술연맹복권, 사회단체회원대상 복권, 시장에서의 소규모 복권을 제외한 모든 복권발행을 금지하는 법을 제정하였다. 제 2차 세계대전이 끝난 후 1949년 설치된 '복권 · 베팅 · 게임 관련 법령관행검토왕립위원회'는 '법령들이 모호하고 비논리적이며, 시행이 어려우므로 1928년 법, 1934년 법을 제외한 전 법률을 무효화하고 단일 법률을 제정'할 것을 건의하면서 영국사회의 도박실태 조사결과도 발표하였는데, 성인 5인중 4인이 가끔씩 몇 가지 형태의 도박활동에 참가하고 있고, 오락과 취미활동 개인소비지출의 0.8%에 불과하며 잉글랜드 국부의 0.5~1%를 넘지 않고 도덕적 관점에서도 도박이 참가자, 가족, 지역사회에 심각한 해악을 끼친다는 믿음을 뒷받침할 자료가 없다면서 지나친 도박을 단념케 하거나 방지하는 것 외에는 정부가 간섭하지 말아야 한다고 제안하고 있다. 이런 취지에서 장내뿐 아니라 장외 베팅을 허용하고 면허제도를 도입하도록 건의하고 게임과 관련하여서는 공공장소에서의 금지는 계속하되 5실링 이하의 이용료를 받을 수 있도록 하고 한 번에 20실링을 초과하지 않는 게임을 허용할 것도 건의하고 있다.

1950년대 내내 위원회 검토사항이 논란이 되다가 1960년 베팅게임법이 제정되었는데, 면허제도를 특정한 제한 아래 도입하고 면허를 받은 마권업자가 베팅을 받을 수 있도록 허용하며, 18세 미만은 참가할 수 없도록 하였다. 게임과 관련하여서는 '모든 우연의 게임은 참가자 누구에게나 공평해야 하고 모든 이익금은 참가자에게 배분되어야 하며 게임참가에 따른 수수료는 부담시켜서는 안 된다'는 원칙하에 합법화하였고 게임기, 즉 슬롯머신도 일정한 조건을 붙여 합법화하였다. 이 조치로 1961~1967년 사이 영국에서는 합법적인 클럽이 천여 개로 증가하였고, 확산과정에서 조직폭력배들이 개입되기도 하였다. 1960년 법이 천명한 '승률이 모든 플레이어에게 동일해야 한다'는 원칙은 승률이 참가자마다 다를 수밖에 없는 룰렛게임에서는 적용될 수 없는 원칙이고, 게임참가에 따른 수수료를 징수할 수 없다는 원칙 역시, 사설클럽에서는 적용될 수 없는 것으로 클럽들은 법에 반하는 입장료를 징수하였다.

교회도 게임반대 목소리를 높이자 1968년 미비점을 보완한 게임법을 제정하였다. 이 법은 일요일에는 게임할 수 없도록 규정하고 광고도 할 수 없도록 하였으며, 위반시 벌금 또는 징역형에 처함과 동시에 면허를 취소하도록 규정하면서 규제기관인 영국게임위원회(British Game Board)를 설립토록 하였는데, 이 기관은 면허를 발급하고 면허심사도 엄격히 하였으며 현장점검 권한도 보유하였다. 이런 조치로 천여 개소에 이르던 게임클럽이 1970년에는 158개소로, 1973년에는 134개소로 감소하였고, 빙고클럽도 3천 개소에서 1,557개소, 1,813개소로 감소하였다. 또 사회단체가 운영하는 사교클럽도 단체의 실적과 회원현황을 엄격히 심사하여 면허를 발급하였다. 이런 획기적인 입법조치 덕분에 카지노에서의 폭력도 사라졌으며, 2백 년 동안 도박억압 정책을 펴오던 영국정부가 도박을 정당한 레크리에이션 활동으로 인정하는 계기가 되었다. 한때 도박은 죄악시되기도 하였으나 이제는 일탈행동에서 레저로 또는 레크리에이션 활동으로 인식이 바뀌었고 많은 사람들은 개인의 선택의 문제인 놀이의 일종이라고 받아들이고 있다. 도박 그 자체를 성인들의 유희, 작업부담으로부터의 안전밸브, 아노미나 소외로부터의 일탈적인 적응 등으로 규정하고 있지만 술, 약물, 담배, 매춘 등 다른 사회적 유해물보다 덜 해롭다는 것일 뿐, 방임해도 좋은 행동은 아닌 만큼 규제의 목소리 또한 그치지 않고 있다.

2005년에는 1963년 베팅게임복권법, 1968년 게임법, 1976년 복권오락법을 통합한 도박법(*Gambling Act 2005*)을 제정하여[9] 카지노, 복권, 게임기, 스포츠풀을 포함한 경마, 경견, 장외발매소와 인터넷을 통한 베팅 등 모든 도박업무를 도박위원회(Gambling Commission)를 통해 규율하고 있다.[10] 이 법에 따르면 면허는 영업장면허(*premises licence*), 운영면허(*operation licence*), 종사자면허(*personal licence*)로 구분되며, 카지노의 경우 1968년 게임법에 따라 면허를 받은 카지노 사업자 외에 신규면허는 영국 전역에서 1개의 지역면허사업자(*regional casino*, 시설규모 제한 없음), 150대의 기계(1회 2파운드 이하 투입, 최대 4천 파운드 이하 상금을 배출하는 B급 기계)를 설치할 수 있는 천5백~3천5백m^2 규모의 8개의 대규모 사업자, 80대의 기계를 설치할 수 있는 5백~천5백m^2 규모의 8개의 소규모 사업자를 면허하기로 하고 재개발이 필요한 지역 중에서 원하는 지역을 대상으로 공모를 실시한 후, 2008년 상하 양원에서 동의를 얻지 못한 지역면허사업자를 제외한 16개 카지노사업자 설치지역을 확정한 바 있는데, 문화미디어체육부는 정책만 담당하고 면허·허가·감독업무는 잉글랜드·웨일즈·스코틀랜드 주 정부와 도박위원회가 관장한다.[11]

---

9) 도박활동이 범죄와 치안방해에 연루되지 않도록 하고, 공정하고 공개적으로 운영되도록 하며, 청소년이나 취약계층을 도박활동으로부터 보호함을 목적으로 한다고 명시하고 있다(제1조).

10) 2010년 7월 복권위원회(National Lottery Commission)를 흡수, 통합하였다.

11) 대형 카지노 설치지역: Great Yarmouth, Hull, Leeds, Middlesbrough, Milton Keynes, Newham, Solihull, Southampton; 소형 카지노 설치지

2011년에 발표된 2010년 도박참여 현황조사 결과를 보면, 16세 이상 인구의 73%가 지난해에 도박활동에 참여하였다고 응답하였으며, 인구수로는 3,550만 명으로 추정할 수 있다. 복권구매가 59%로 가장 일반적이며, 직접 도박활동에 참여한 비율이 81%로 나타났고, 인터넷을 통한 도박참여도 14%에 이르는 것으로 나타났다. 유병률 조사에서는 DSM-IV지표로 0.9%(인구수로는 약 45만 천 명), PGSI 지표로는 0.7%(인구수로는 약 36만 명)로 나타나 독일, 노르웨이, 스위스와는 비슷하나 미국, 호주, 남아프리카공화국보다는 낮은 것으로 나타났다. 도박하는 이유로는 돈을 딸 목적이란 응답이 83%로 가장 많았고, 재미로 78%, 쾌감을 즐기기 위해 51%, 여가활용 38%, 사교활동 33%, 긴장이완 22%, 권태해소 20% 등으로 나타났다. 2011년 3월 31일 현재 영국 전역에는 134,840대의 게임기가 설치되어 있으며(B-46,470대, C-45,476대, D-42,894대), 111,363명이 종사하고 있고, 스포츠풀을 포함한 531개 베팅사업자가 9,067개소의 장내외 영업소에서 영업하고 있으며, 146개 카지노가 영업 중에 있고,[12] 570개 면허사업자가 2,103개소의 성인게임센터에서, 235개 면허사업자가 293개소의 가족오락센터(*Family Entertainment Center*, 사행성이 적은 D카테고리 게임기 설치허가를 받은 업소)에서 게임기를

역: Bath and NE Somerset, Dumfries and Galloway, East Lindsey, Luton, Scarborough, Swansea, Torbay, Wolverhampton(http://www.legislation.gov.uk).

12) 영국 전역에서 운용되는 카지노 146개소 중 Genting UK가 46개소, Rank Group이 37개소, Gala Coral Group이 28개소, London Clubs International이 11개소를 운영 중이며 기타가 27개소이고, 2005년 도박법에 따라 신규면허를 받은 16개 사업자 중 7개가 영업중임. 5,688대의 테이블(룰렛테이블 3,604대)과 2,510대의 게임기가 설치되어 있으며, 총수입 중 85%가 테이블게임 수입이고 드롭액 기준으로 룰렛게임이 전체의 약 50%를 차지하며, 1,738만 명이 방문함.

설치 · 운영 중에 있으며, 447개 복권사업자가 621개의 복권을 발행하고 있다. 2010년 4월~2011년 3월 회계연도의 도박매출액은 55억 4,656만 파운드로 경마, 경견, 축구 등 베팅이 53%, 카지노가 14%, 인터넷 · 모바일 · 양방향TV 등 원거리 베팅이 12%, 빙고 11%, 아케이드게임 7%, 복권이 3%를 차지하고 있다.13)

2012년 7월 24일 영국의회 문화미디어체육위원회가 발표한 2005년 도박법 영향보고서(*The Gambling Act 2005 : A bet worth taking?*)에 따

〈표 3-2〉 각국의 문제도박 유병률

국가	연도	지표	기간	%	신뢰구간
스웨덴	2008/09	PGSI	12개월	0.3	-
노르웨이	2008	NODS	12개월	0.8	0.6~1.2
캐나다	2003	PGSI	12개월	0.5	-
뉴질랜드	2006/07	PGSI	12개월	0.4	0.3~0.5
영국	2010	PGSI/DSM-IV	12개월	0.7/0.9	0.5~1.2
독일	2007	SOGS	12개월	0.6	-
스위스	2005	SOGS	12개월	0.8	-
아이슬란드	2005	PGSI	12개월	1.1	0.7~1.5
남아공	2005	GA	12개월	1.4	-
미국	2000	DIS	12개월	3.5	-
싱가포르	2008	Chinese DSM-IV	12개월	1.2	0.7~1.6
마카오	2003	Chinese DSM-IV	12개월	4.3	-
홍콩	2005	Chinese DSM-IV	12개월	5.3	-

13) http://www.gamblingcommission.gov.uk/

르면, 당시 "지나간 50여 년간 마지못해 허용한다는 소극적 태도에서 벗어나 도박법규를 제정하였으나 오늘날의 사회와 기술변화에 뒤떨어지고 잘못 설계된 제도로 기형적이 되었다"고 밝히면서, 법은 아케이드·클럽·팝 등 유동인구가 많은 장소인 베팅숍에서 이루어지고 있는 도박현실과는 상당한 괴리가 있고, 신규 카지노 개장과 관련한 제도개선, 국내 온라인도박업체에 대한 차별, 독립적 경마사업자에 대한 면허료 인하, 정확한 자료에 근거한 문제도박 대응책 미흡, 도

〈표 3-3〉 영국 게임기의 분류

기기유형	1회 최대베팅금액	최대상금액
A	Unlimited	Unlimited
B1	£2	£4,000
B2	£100 (in multiples of £10)	£500
B3	£2	£500
B3A	£1	£500
B4	£1	£250
C	£1	£70
D non-money prize (other than crane grab machine)	30p	£8
D non-money prize (crane grab machine)	£1	£50
D money prize	10p	£5
D combined money and non-money prize (other than coin pusher or penny falls machines)	10p	£8 (of which no more than £5 may be a money prize)
D combined money and non-money prize (coin pusher or penny falls machine)	10p	£15 (of which no more than £8 may be a money prize)

주: 1. A형 게임기는 설치가능한 업소가 없음.
2. D형 게임기에는 경품, 현금, 경품/현금이 출력되는 3종류가 있음.

박의 영향과 문제도박과 관련한 신뢰성 있는 조사연구사업 수행,[14] 도박시설 설치여부에 대한 해당 지역사회의 결정권 부여, 도박위원회의 지출구조 등에 대한 검토 등이 필요하다고 지적하고 있다.

미국의 게임산업

도박의 역사

식민경영자들은 초기식민화에 따른 역경과 어려움을 견뎌낼 수 있는 생산적인 시민들을 필요로 해 근로윤리를 좀먹는 도박을 금지하는 법적 조치를 취하였는데, 게으름을 부추기고 무익하게 시간을 허비하는 주사위나 카드 또는 다른 게임들을 불법화하였으며, 심지어 매사추세츠주와 코네티컷주에서는 초기법령에서 게으름 자체를 처벌할 수 있는 행동으로 금지하였다. 영국인이 이주한 양 주와 달리 네덜란드인들이 많이 정착한 뉴욕주에서는 도박이 성행하였으며, 1741년 도박장과 연루된 불미스런 행동, 도박손실이 가족재산에 미치는 부정적 영향이나 청년들의 지적 타락 등을 우려하여 반도박법을 제정하기 전까지는 비교적 관대했다. 남부 주에서는 도박이 보다 용인되었는데, 이는 경제적 번영을 위해 열심히 일해야 한다는 영국이주농부들에 비해 보다 더 즐거움을 추구하는 프랑스, 스페인 사람들이 남부로 이주했기 때문이라고도 한다. 농장주들 사이에 도박은 흔히들 행해졌으며, 도박은 농장의 고된 일과로부터 탈피하는 데 좋은 구실이

14) 문제도박 감소를 위해 활동중인 GREaT재단도 36만~45만 명에 이르는 문제도박자는 천 3백만 흡연자, 6백만 알코올약물문제자, 천 6백만 비만자 문제와 비교하면 사회적으로 큰 문제가 아니라고 주장한다(보고서 p. 10).

되었다. 버지니아주에서는 남부 주보다 더 엄격하게 도박을 규제하였는데, 도박장은 금지했지만 개인집에서의 도박은 허용하였는데, 놀이를 할 수 있는 대규모 저택을 소유하지 못한 가난한 자들에게 도박을 금지하는 것은 즐거움을 빼앗는 것과 다름이 없다고 생각했기 때문이다. 복권도 식민초기부터 공공사업 재원조달이나 자선목적으로 허용되었는데, 하버드 · 예일 · 프린스턴 등 대학의 지원이나 도로 · 학교 · 수상운송 프로젝트 추진 등을 위해 복권을 발행하였다.

합중국 초기 북부 주에서는 여전히 도박을 적대시하였는데, 도박장이나 도박사들이 주 타깃이었다. 영국에서는 내기계약도 보통법에 반하지 않고 불법은 아니지만 미국에서는 모든 내기계약은 사악한 행위로 공공정책에 반하는 불법이고 무효라는 입장을 취했다. 따라서 도박장은 사창가나 음란행위가 행해지는 장소 또는 이교집단이 모이는 장소와 같이 취급되었으며, 소란 · 분쟁 · 속임수가 행해지고 공공의 평화로움에 영향을 주거나 폐해를 끼치는 공익방해를 초래하는 공적 경멸의 대상이었다. 독립선언문을 기초한 토머스 제퍼슨(Thomas Jefferson)도 "도박은 신성한 인간을 좀 먹고 인류에 대한 적개심을 키울 뿐이다"라면서 이성을 좀 먹는 악습으로 보았다. 이런 연유로 초기 테네시 주법은 도박으로 유죄판결을 받은 사람은 5년간 공무담임권을 제한하는 규정을 두기도 하였는데, 테네시 법원은 "일반적인 죄악의 발생을 방지하는 법을 만드는 것이 정부의 역할인데, 게임은 나쁜 버릇을 심어주고 도덕관념을 파괴하며, 정직한 고용과 생산활동을 못하게 하고 자기억제력과 존경심을 잃게 하는 죄악 중 하나"라고 판결하였다.

미국은 1803년 중부지역(현재 미시시피, 네브래스카, 다코타, 오클라호마, 캔자스 등 광대한 지역으로 루이지애나로 불림)을 프랑스로부터 매입(천5백만 달러, 212만㎢)하고, 1848년 멕시코와의 전쟁에서 승

엘레나 듀몽

리, 캘리포니아와 뉴멕시코 등 서부지역을 할양받은(1,825만 달러 지불, 3백만㎢) 후 금광이 발견되어 서부개척의 역사가 시작되자 캘리포니아주뿐만 아니라 네바다, 몬태나, 유타, 아이다호, 사우스다코타, 애리조나 등 중서부지역의 광부가 몰리는 곳에는 여지없이 도박장과 매춘이 성행했는데, 20세에 샌프란시스코의 벨라유니온(Bella Union)에서 딜러 일을 시작한 미국 최초의 여성딜러 엘레나 듀몽(Eleanore Dumont, 1829~1879)은 광산지역을 전전하면서 도박장과 갈보집을 개설, 운영한 것으로 유명하다.[15] 1800년대 중반에는 미시시피 강과 오하이오 강을 오가는 7백여 척의 상선에서 도박이 성행했으며,[16] 2천여 명의 전문도박사들이 활동하고 있었는데, 데볼(George H. Devol, 1829~1903)을 선상카지노의 대부라고 한다.[17]

도박의 도시로 알려진 네바다주도 1861년 초대의회에서 모든 도박을 금지하면서 벌금형과 징역형 모두를 선고할 수 있는 법을 제정하

---

15) 거친 광부들을 상대하면서 콧수염을 길러 Madame Moustache로도 불림. http://www.legendsofamerica.com/

16) 법률의 효력이 미치는 강이 아닌 영해를 벗어난 공해상, 그것도 바지선에 도박장을 설치하고 쾌속선으로 도박꾼들을 실어 나르는 도박사업이 행해지던 때도 있었다. 미시시피 강 연안에서 운영되었던 선상카지노나 마크 트웨인의 Quaker City여행(1867년)기(1868년 발표)에 등장하는 크루즈선박에 설치된 카지노와 달리 도박을 위한 뱃놀이가 등장한 때도 있었다. Anthony N. Cabot, Keith C. Miller, *The Law of Gambling and Regulated Gaming-Cases and Materials*(Carolina Academic Press, 2011), p.441.

17) History Channel의 "High Rollers, A History of Gambling in America" 중에서.

였으나, 1869년에는 면허제도를 도입, 합법화하면서 대신에 고액의 면허료를 납부토록 하거나 청소년 입장을 제한하는 등의 규정을 두었다. 1877년에는 채무가 있는 사람, 아내나 미성년자를 동반한 성인 남자를 경범죄로 벌하는 규정도 두었다. 1909년에는 다시 도박을 금지하면서 중벌로 다스렸으나 1931년 합법화, 1976년 뉴저지주에서 카지노가 합법화될 때까지 미국에서 독점적 지위를 누려왔다. 그러나 복권은 금지했는데, 이는 약자인 시민들로부터 이익을 취하는 것은 정부권한을 부패하게 행사하는 것으로 보았기 때문이다.[18]

1980년대에는 각 주들이 복권을 많이 발행하기 시작하였는데, 이것은 카지노 합법화의 길을 내준 격이 되었다. 이런 현상에 대해 당시 상원의원이었던 골드워터(Barry Goldwater)는 "복권은 낙타의 코일 뿐이고(빙산의 일각) 카지노들이 낙타의 나머지 부위를 채웠다"고까지 말하였는데, 복권이 도입되면서 머지않아 카지노가 도입되었고, 복권의 성공은 도박의 해악에 대한 상징적 무게를 감소시켰을 뿐 아니라, 도박합법화는 주 재원확보를 위한 매력적인 수입원으로까지 여겨졌다.[19] 뿐만 아니라 인디언카지노의 확산은 카지노 합법화에 대한 시민들의 반대여론을 약화시켰는데, "왜 인디언부족 지역에만 카지노가 있어야 하느냐?"는 의문을 제기하기도 하였다. 카지노가 죄

---

18) 경마나 포커는 소수의 사람들과 제한된 장소에서 행해지는 데 반해, 복권은 지역사회 전체로 확산, 모든 가구에 침투하여 모든 계층에서 참여하고 가난한자들이 어렵게 번 돈을 갈취하며 무지하고 단순한 사람들을 약탈한다면서, 인간의 불행을 초래하는 가장 위험하고 빈번한 원인으로 보았기 때문이다. Anthony N. Cabot, Keith C. Miller, *The Law of Gambling and Regulated Gaming-Cases and Materials*(Carolina Academic Press, 2011), p. 6.

19) Douglas M. Walker and John D. Jackson, "Do Casinos Cause Economic Growth?" in Laurence S. Moss, *Perspectives on Gambling*(Wiley Blackwell, 2008), p. 193.

악이 횡행하는 장소에서 고용이나 세수증대, 평균임금 인상이나 소비자의 선택권 확대, 또는 오락산업에서의 상호경쟁 등 정치인이나 일반대중들이 솔깃한 이점들이 부각되었으며, 카지노에서 경주베팅이 행해지듯 경주장에 슬롯머신이 설치될 날이 올 것이라고까지 전망했었다.

한때 도박은 낙태, 동성애, 포르노물, 매춘, 마약과 함께 6대 전통적 죄악으로까지 여겨졌으나, 도박은 다른 죄악에 비해 덜 해롭고 성과 연루되어 있지도 않으며, 약물처럼 육체적 손상을 가져오는 죄악도 아닌 개인적 죄악으로서, 상업적 잠재력도 갖고 있고 재정적 기여도 가능하여 담배와 술과 같이 취급되고 있다.[20] 도박은 중산층의 레크리에이션 활동이나 성인들의 놀이로서 죄악이나 범죄가 득시글거리는 부랑자산업(*pariah industry*)이라기보다는 레저로 받아들여지고 있다. 즉, 도박은 이상한 행동에서 레저활동으로 인식이 바뀌었고, 도박 자체를 현대사회의 기능부재나 성취감을 주지 못하는 것들을 보상하는 제도화된 레저활동, 작업부담으로부터의 안전밸브, 아노미나 소외에 대한 일탈적 적응, 또는 근로와 양립하는 사회적인 책임이 따르는 활동으로 보면서, 다만 개인과 사회에 문제를 야기할 수 있는 비이성적인 행동으로 다른 놀이나 레저활동과는 구분될 뿐이라는 입장이다.[21]

도박의 폐해와 관련, 카지노가 있는 카운티가 없는 곳보다 범죄율이 12%가 높으며,[22] 도박꾼들의 62%가 불법행위를 저질렀고, 도박

---

20) Jan McMillen, *Gambling Culture*(Routledge, 1996), pp. 48, 57.

21) 호주에서는 도박을 근로자들의 본능 또는 자연스런 행동경향으로 용인(위의 책, p. 17).

22) 뉴저지주 형무소에 수감중인 2만 5천여 명 중 30% 내외가 도박중독자이며, 수형자 1인당 연간 2만 5천 달러의 세금이 투입되고 있다고 반대론자들은 주장하나, 카지노 옹호론자들은 유입인구의 증가에 따른 범죄증가일 뿐 카

치료를 받았던 사람들의 56%가 돈을 훔친 적이 있으며, 재산범죄의 8.6%, 폭력범죄의 12.6%가 카지노 때문에 발생한 것이라는 연구결과도 있고, 병적 도박자들(*pathological gamblers*)의 파산비율이 비도박자들보다 높으며(19.2% : 4.2%), 1990~2002 12년간 카지노가 있는 카운티의 파산증가 건수가 63%(180% : 117%) 높고, 파산자 수도 카지노가 있는 카운티(100명당 6.7명)가 없는 카운티보다 높다(100명당 5.2명)는 부정적인 연구결과 등이 있음에도 불구하고, 카지노가 설치지역이나 주, 국가경제에 부정적 영향을 미친다는 실증적인 증거가 적어,[23] 미국에서는 도박산업이 확산일로에 있다. 이는 도박으로 인한 손실은 측정이 어려운 데 반해 일자리 창출이나 세수증대 등의 이점은 실체가 있고 계량화가 가능하기 때문에 정치적 관점에서는 폐해를 못 본 척하는 접근법(*see-no-evil approach*)을 취하고 있기 때문이기도 하다. 정치인들은 유권자들에게 도박이 교육, 환경, 노인복지와 경제발전이라는 네 가지 정책을 수행하는 데 소요되는 재원을 조달하는 유용한 방안이라는 확신을 심어주었으며, 정부도 수입증대를 위해 편리한 도박에 눈을 돌리고 있다. 도박은 죄, 악행, 범죄 또는 시간의 비생산적인 낭비에서 요즈음은 무해한 레크리에이션 또는 자선활동, 심지어 국가사회에 도움을 주는 애국적인 일로 치부되기까지 한다.[24]

낙후된 지역에 경제활력을 되살리고자 카지노 도입을 추진한 대표적인 미국 도시가 2011년 매출액 기준으로 미국 제2의 카지노 도시

지노로 인한 증가로 볼 수 없다면서 플로리다주 올란도에도 디즈니랜드 설치 후 범죄가 증가하고 있음을 예로 들고 있음. 佐々木一彰, 《ゲーミング産業の成長と社會的正當性 — カジノ企業を中心に》(稅務経理協會, 2011), p.15.

23) Moss, 앞의 책, p.146.

24) 위의 책, p.102.

인 뉴저지주의 애틀랜틱시티와 제9의 도시인 미시시피주의 튜니카카운티이다.[25] 애틀랜틱시티는 1970년대에 들어서 인구가 감소하고 세수가 줄어들자 1976년 주정부가 소유·운영하는 형태의 카지노를 도입하려 했으나 반대에 부딪치자 주정부가 엄격히 규제하는 민영카지노를 도입하되 수익의 일부를 노령자, 장애인의 복지를 위해 사용토록 하는 법령을 통과시킨 바 있는데, 헤네건(Dan Heneghan)의 분석(1999)에 따르면 다음 도표에서 보는 것처럼 당초 예상했던 것 이상으로 경제적 효과가 나타난 것으로 조사되었다.

인구 15만 명 정도의 농업도시였던 튜니카(Tunica)카운티 역시 1990년대 초 1인당 소득이 미국에서 최하위로 떨어지자 해결책으로 1991년 카지노를 도입하게 되었으며, 1992년 16%였던 실업률은 2002년 5%로 낮아졌고, 1992년 카지노 매출액은 1,090만 달러였으나 2001년에는 11억 8,840만 달러로 증가하여 지역경제 활성화에 큰 역할을 한 것으로 평가하고 있다(2011년 매출액은 8억 천 7백만 달러).

도박의 시대구분

도박에는 여러 가지 유형이 있으나 대체로 경주(말, 개)에 대한 베팅, 복권, 카지노를 포괄하는 개념으로 사용하고 있으며, 요즈음은 게임이라는 보다 중립적인 용어로 통용되고 있다. 오늘날 미국에서의 게임산업은 오락산업(게임, 케이블TV, 테마파크, 비디오 대여, 공연, 영화관람, 스포츠관람) 중에서 가장 큰 비중을 차지하고 있으며, 특정지역 경제발전의 구세주 역할을 하고 있고, 주의 세입증대방안의 하나로 인식되고 있다.

네바다 주법(Nev. Rev. Stat. S463.170)이 규정하는 카지노 면허자

---

25) 佐々木一彰, 앞의 책, pp.11, 13.

〈표 3-4〉 애틀랜틱시티 카지노 건설시의 당초 예상효과 대비 실제효과

항목	예상효과(1976~1985)	실제효과(1985년까지)
연간방문관광객수	140만 명	2,930만 명
평균체재시간	3.8일	다소 짧음
호텔수익	8억 달러	24억 달러
신규고용창출	21,825~29,100명	40,000명
지불임금	2억 1,300만 달러~2억 8,400만 달러	6억 5,860만 달러
연간카지노납부세금	3,030만 달러	1억 6,920만 달러
재산세	2,900만 달러	3억 7,400만 달러
호텔 객실 수	4,900~9,700	6,342
호텔건설비	4억 3,650만 달러~6억 9,800만 달러	23억 달러

의 인적 적합성 기준을 보면 "면허를 취득하고 적격자 판정을 받고자 하는 자는 좋은 성격의 소유자로 정직하며 성실해야 하고, 과거의 행동, 범죄기록, 평판, 습관 등에서 주의 공공의 이해에 위협이 되지 않아야 한다"는 내용이 있고 "입증책임은 신청자에게 있다"고 명시하고 있다. 이처럼 도박사업 운영자의 심성까지 들여다보는 미국이지만 도박을 규제하는 것은 연방정부가 아닌 주정부의 업무이다.

이런 연유로 미국 연방의회는 게임규제입법과 관련, 개별 주가 규제할 수 없는 주를 넘나드는 도박을 규제하는 데 국한한다는 입장을 취해왔는데, 그동안 연방입법은 주 게임법들의 실효성 확보를 지원하는 것이었고 연방정부 차원에서 특정한 행위를 금지하는 것은 아니었다. 예를 들면, 복권이나 경품목록을 다른 주로 보내거나 광고를 통해 타주 주민들의 복권구입을 방지하는 내용 등의 입법이었는데, 1950년대에 들어와 조직범죄의 주요 자금원이 도박산업이란 관점에

서 직접 규제하기 시작하였다. 도박 관련 연방법으로는 캘리포니아주나 플로리다주 연안에 정박한 배에서 도박판을 설치한 선박을 공해상으로 몰아낸 1949년 도박선법(*Gambling Ship Act in 1949*),[26] 슬롯머신을 타주로 옮기지 못하도록 규제하는 1951년 존슨법(*Johnson Act in 1951*), 1960년대 케네디 대통령 동생 로버트 케네디가 법무장관 시절에 조직범죄 차단을 위해 5인 이상이 30일 이상 또는 하루에 2천 달러 이상 주법을 위반하여 도박하거나 마권, 내기 등과 관련되는 기록, 물건, 티켓, 슬립, 토큰, 휠, 테이프, 기계부품 등을 다른 주나 외국으로 이동하는 교역을 금지하는 내용의 법률(*Travel Act, Federal Wire Act, Wagering Paraphernalia Act*), 1970년에 마약, 고리대금, 조직범죄, 사회불안 야기 등을 차단하기 위해 제정한 불법도박금지법(*The Illegal Gambling Business Act*), 그리고 2006년의 불법인터넷도박금지법(*The Unlawful Internet Gambling Enforcement Act*) 등이 있다.

《복권과 도박, 고통 없는 수입 고통이 따르는 환상》(*State Lotteries and Legalized Gambling, Painless Revenue or Painful Mirage*)이라는 저서를 출판한 맥고완(Richard A. McGowan)은 후속저서 《정부와 게임산업의 변천》(*Government and the Transformation of the Gaming Industry*)에서 미국 도박산업의 발전단계를 다섯 시기로 구분하고 있는데, 영국이 미국식민지 경영을 위해 설립한 '버지니아'회사가 지금의 버지니아주에 정착촌인 제임스타운을 건립한 1607년부터 시작하고 있다.

제 1단계(1607~1840년대)는[27] 주가 복권발행을 승인하던 시기로서

---

26) 법률의 효력이 미치는 강이 아닌 영해를 벗어난 공해상에 바지선을 띄워놓고 도박시설을 설치하여 쾌속선으로 노름꾼을 실어 나르거나 미시시피 강 연안의 선상카지노나 마크 트웨인의 Quaker City여행기에 등장하는 크루즈선 카지노처럼 여행 목적지가 있는 것이 아닌 그저 도박만을 위한 뱃놀이가 등장하기도 하였다.

27) 19세기 미국에는 복권, 경마, 포커가 주요 도박게임이었는데, 1831년에는 8

복권은 식민지 통치를 위한 군비조달을 위해 발행하기도 하였으나, 주로 교육, 의료목적으로 발행하였는데, 1747년에는 예일대 설립을 위해, 1765년에는 하버드대 설립을 위해 복권을 발행한 바 있다.

제 2단계(1860년대~1890년대)는 복권발행 전성기로서 남북전쟁(1861~1865)이 끝난 후 전쟁에 패한 남부의 주들은 도로, 교량, 학교건설 등 전후 재건재원을 마련하기 위해 대량의 복권을 수시로 발행하였으며, 심지어 북부 주에서도 인기가 있었는데, 많은 타지 사람들이 우편으로 복권을 구매하여 뉴올리언스 우편물의 50%가 루이지애나주에서 발행한 복권구매와 관련된 우편물이었다고 한다. 복권발행과 관련, 뇌물이나 조작사건이 발생하자 연방의회와 정부는 복권발행을 중단시키는 방안의 일환으로 복권구매에 연방우편제도를 이용할 수 없도록 하였고 이로 인해 루이지애나 복권도 1895년 발행을 중단하게 되었다.

제 3단계(1920~1964)는 경주베팅 황금시기로 연방정부의 금지로 복권판매에 따른 판매세 수입이 없어지자 이에 대체할 수입원으로 말이나 개 경주에 베팅하도록 하는 방안을 도입하였으며, 총매출액 중 발행비용과 세금 등을 제외한 액수를 참가자에게 상금으로 배당하는 방법도 개발하였는데, 1920년 캔터키주와 메릴랜드주에서 처음으로 경마에 베팅을 허용하였다. 1920년대에는 48개주 중 45개주에서 경주에 베팅하는 것을 합법화하였는데, 경주 특히 경마는 스포츠로 인식되었고, 여기에 도박을 결합시킨 것이 바로 경주베팅(*pari-mutuel betting*)으로 일간지는 물론, 〈타임〉(*Time*)이나 〈스포츠일러스트레티드〉(*Sports Illustrated*) 등 잡지도 경마 슈퍼스타를 커버스토리로 다루기도 하였다. 경주에 대한 베팅은 도박에 굶주린 미국인들에게 사회

개주에서 420종류의 복권이 발매되고 있었고 판매액은 당시 연방정부 예산의 5배로 대단한 액수였다.

적으로 덜 심각한 피난처 역할을 하게 되었다. 경주의 정통성과 정당성을 확보하는 관건은 '정직성'인데 미국의 거부 가문인 밴더빌트(Vandervilts), 휘트니(Whitneys), 록펠러(Rocketfellers) 등이 경주산업을 운영한 것이 정직성을 담보하고 경주산업의 성공을 이끈 원동력이 되었다. 기간중 경주는 가장 큰 스포츠였으며, 1830년대에 광업 쇠퇴에 따른 고육책으로 카지노를 도입한 네바다주를 제외한 전역에서 도박산업에서 독점적 지위를 유지하였다.

제 4단계(1964~1993)는 주가 직접 복권을 발행하는 시기로 1964년 뉴햄프셔주는 순전히 경제적 목적으로 주민투표를 통해 복권을 도입하였는데, 판매량의 90%가 주 밖의 거주자들로 나타났다. 이렇게 되자 그로부터 10년 이내에 북동부 주 전체가 '주민들이 도박하는데, 주정부가 세금을 못 거둬들일 이유가 없다, 주 돈이 타 주로 유출되지 않도록 하기 위해 복권을 도입해야 한다'는 명분을 내세워 복권을 도입하게 되었으며, 주의 하부기관들이 직접 복권제도를 운영하기에 이르렀다. 도박산업은 1980년~1990년 기간중에 가장 크게 성장하였는데, 이 기간중에 장외발매소에서의 베팅이 허용되었고 케노(*Keno*)나 비디오 포커 게임기도 바(*bar*)나 식당에 설치하게 되었다. 이 기간중 유타주와 하와이주를 제외한 미국 전역에서 하나 이상의 도박산업이 합법화되었으며, 종전까지 운하 · 수로 · 교량 · 고속도로 등 특정 사업수행 재원조달 목적으로 발행되었던 복권이 교육 · 의료 · 방재 등 공익목적으로 상시적으로 대규모 발행하게 되었다.

제 5단계(1993~현재)는 카지노 승리기로서 1993년 카지노 수입이 처음으로 복권수입을 추월하게 되었다. 1980년대부터 카지노의 도시였던 라스베이거스와 애틀랜틱시티는 오락 · 쇼핑 · 관광 등이 가능한 가족휴양지로의 변신을 시도하였고, 1989년에는 아이오와주가 선상카지노를 도입한 후 여러 주가 뒤따라 선상카지노를 도입하였다. 이

시기에는 배가 운항하는 도중(예 2시간)에만 게임을 즐길 수 있고 정박하면 하선하도록 되어 있어 비난을 덜 받았다. 뿐만 아니라 1988년 인디언게임규제법(*Indian Gaming Regulatory Act*)이 제정되어 554개 인디언부족들이 카지노를 운영할 수 있게 되었다(각 부족들이 단독으로 운영하거나, 여러 부족들이 협의하여 공동으로 운영하고 수익을 배분하는 경우도 있음). 1995년에는 인디언카지노에서의 수입이 복권수입을 초과하게 되었다.

1999년 미국의 카지노재벌 하라엔터테인먼트(Harrah's Entertainment)가 발표한 바에 따르면 미국 성인의 85~90%가 도박을 오락의 한 형태로 받아들일 수 있는 것으로 인식하고 있으며, 15~10%만이 불법화 또는 금지시켜야 한다고 주장하고 있을 뿐이다. 즉, 도박은 필요악이 아닌 중요한 오락산업으로 인식되고 있으며, 도박이라는 용어 대신에 게임이라는 단어가 일반화되었다. 단순한 언어유희나 말장난이 아닌 인식전환의 배경에는 미국인들의 도의관념도 한몫하는데, "각 개인은 타인에게 해를 끼치지 않는 어떤 행동도 할 수 있다"는 '관용의 도의'(*Ethics of Tolerance*)가 "공동선(*common good*)에 기여하지 못하는 행위는 행해서는 안 된다"는 '희생의 도의'(*Ethics of Sacrifice*)를 우선시하기 때문이라는 것이다. 이런 인식은 또한 카지노는 타인에게 해를 끼칠 수 있는 담배산업과는 다르다는 관념을 갖게 하였고, 도박 반대론자들의 범죄와 파산자 증가 주장도 명백한 증거를 제시하지 못해 미국의 게임산업은 번창하고 있다. 맥고완 교수는 도박이 게임이나 오락의 하나로 받아들여지는 가장 큰 이유는 미국인들이 정말 도박을 좋아하고, 노름꾼이라는 죄의식이나 부끄러움이 미국인들의 의식에서 사라져버렸기 때문이라고 한다.

재화나 부를 창출하지도 않고 비생산적이며 탐욕스런 행동인 도박이 미국사회에서 자연스럽게 수용되는 것은 "사회에서 행해지고 허용되는 게임은 그 사회에 널리 퍼져 있는 도덕관념을 반영한다"는 말처럼 미국인들의 기본적인 도덕관념을 반영하고 있다. 미국 게임산업이 직면하는 정책적 이슈는 게임중독(*addiction*) 문제, 승률(*odds*)과 배당금(*prize*)의 공정성 문제, 게임 자체의 정직성 문제로 요약되며, 각 주와 관련협회, 이익단체 등이 부단히 보완해 가고 있다.

라스베이거스, 환락의 도시에서 오락산업의 메카로

1821년 멕시코가 스페인으로부터 독립을 선언할 당시 라스베이거스 지역은 멕시코 영토였으나 멕시코-미국 전쟁의 결과로 1849년부터 미국 유타주에 속하게 되었으며, 1864년 네바다주가 미국의 36번째 주가 되면서 유타주에서 분리되었고, 1867년에 라스베이거스는 네바다주에 편입되었다. 1904년 골드필드(Goldfield)에서 금광이, 앨리(Ely)에서 은광이, 토노파(Tonopah)에서 은광과 동광이 발견되면서 원석채굴과 수송에 많은 사람이 필요하게 되었는데, 1905년 LA와 솔트레이크(Salt Lake)를 연결하는 철도가 개통되자 라스베이거스는 중간기착지가 되었으며, 1911년에는 인구 8백 명의 시가 되었다.

1869년 네바다주에서는 도박이 합법화되었고, 1877년 법령을 개정하여 가난한 사람의 돈을 따서는 안 된다, 도로에 접한 카지노는 외부에서 안이 보이지 않도록 2층 이상 높이로 해야 한다, 일요일에는 도박하지 않는다, 도박할 수 있는 연령을 21세 이상에 한하도록 하였다. 1909년 다른 지역과 함께 도박을 금지시켰다가 1931년 다시 합법화하였는데, 같은 해에 후버댐이 착공되어 많은 노동자들의 이주가 시작되었으며, 1933년 금주법이 폐지됨에 따라 라스베이거스는 술과 여자와 도박을 즐길 수 있는 유흥도시로 변모하기 시작하였다.

미국에서 최초로 합법화된 카지노는 1827년에 허가된 루이지애나

주 뉴올리언스의 드올리언스 극장(Theater D'Orleans)이나, 1931년 카지노가 합법화된 후 최초면허에서 라스베이거스 프레몬트스트리트(Fremont Street)의 실버클럽(Silver Club), 탱고클럽(Tango Club), 노던클럽(Northern Club) 3개소가 면허를 받았으며, 1개월 뒤에는 에어컨이 설치된 카지노 메도우클럽(Meadows Club)이 오픈했다. 샌프란시스코에 가까운 레이크 타호(Lake Tahoe) 지역이 아닌 라스베이거스가 카지노의 메카가 된 것은 후버댐 건설로 인한 노동자들의 증가와 이들의 도박애호 성향, 사막지역이지만 인근 댐으로부터의 전력공급에 따른 에어컨 설치의 용이성, 교통수단의 발달과 거대도시 LA에 인접한 지리적 위치(멀리 내동댕이쳐진 LA교외라고까지 불릴 정도로 40% 이상의 카지노 고객이 LA거주자) 등으로 분석하고 있다.

1936년 후버댐 공사가 끝나고 많은 노동자들이 빠져나갔으나 인근

후버댐 휴게소에서 저자

군 기지에서 제 2차 세계대전 전장으로 보내지기 위해 훈련받는 많은 군인들과 면회객, 후버댐 경비병들, 그리고 폭탄제조와 항공기 재료로 사용되는 거대한 마그네슘공장 근로자들이 빈자리를 채워주었고, 1950년대에는 네바다 사막에 핵 실험장을 건설하고 수십 차례에 걸친 핵실험을 하여 이래저래 라스베이거스 경제를 지탱해주었다.

오늘날과 같은 스트립(Las Vegas Strip)이 형성된 것은 1941년 엘란초베가스(El Rancho Vegas)가 개장한 뒤부터인데, 1948년까지 다운타운이 아닌 신시가지에 라스트프런티어(Last Frontier), 파뷸러스플라밍고(Fabulous Flamingo), 선더버드(Thunderbird) 등이, 1955년에는 듄스(Dunes), 하시엔다(Hacienda), 트로피카나(Tropicana), 스타더스트(Stardust) 등이 들어서 제 모습을 갖추게 되었다. 라스베이거스가 오늘날과 같은 스포츠, 음악, 예술, 회의, 관광, 쇼핑 등 엔터테인먼트의 수도, 오락산업의 메카로 발전하게 된 데에는, 밴저민 시걸(Benjamin Bugsy Siegel),[28] 하워드 휴즈(Howard Hughes), 스티브 윈(Stephen Wynn), 커크 커코리언(Kirk Kerkorian) 등 선견지명이 있는 개척자들이 있었기에 가능하였다.

뉴욕 마피아 출신인 시걸은 1944년 조직의 결정에 따라 라스베이거스에 진출하여 1년 만에 라스트프런티어, 몬테카를로, 엘란초베가

---

28) Larry Gragg는 네바다대학 게임연구소에서 운영하는 사이트에 기고한 글(http://gaming. unlv. edu)에서 벅시 시걸을 “뉴욕의 브루클린에서 러시아 이민자의 아들로 태어난 그는 학교를 그만두고 11살에 조직폭력배 집단에 들어가 1947년 6월 20일 10시 45분 LA의 베벌리힐스의 그의 저택에서 살해될 때까지 ‘가난뱅이에서 억만장자’(*rags-to-riches*)로 성장한 아메리칸드림을 실현한 의지의 인물이었다. 후버댐 노동자나 거쳐 가는 관광객들, 목장경영자들이나 광산업자들의 토요일 저녁 도박장에 불과하였던 카우보이들의 도시 라스베이거스를, 섹스와 로맨스, 돈과 모험의 상징도시이자 세계의 도박과 오락의 중심지로 탈바꿈시킨 선견지명이 있고 전지전능한 사람이었다”고 평하고 있다.

스, 골든너겟 등을 장악한 후 제 2차 세계대전의 와중인 1945년 플라밍고(Flamingo) 호텔 건설에 착수하는데, 그는 호텔이 단순한 도박장이 아닌 할리우드 명사들을 위한 사교장소로서의 기능을 하고 자신이 그 중심에 서고자 하는 야망을 불태웠으나 플라밍고라는 애칭을 가진 애인 버지니아 힐(Virginia Hill)이 파리를 여행하는 동안 LA 베벌리 힐스의 자택에서 총격으로 사망한다.

휴즈항공, TWA 등 항공우주산업계의 거물이자 영화 〈두 명의 아라비안나이트〉(*Two Arabian Knights*)를 제작, 1927년 아카데미 희극감독상도 수상하고 〈지옥의 천사들〉(*Hell's Angels*), 〈암흑가〉(*The Racket*) 등도 제작한 세계 최대의 부호였던 휴즈는 1967~1969년 사이 라스베이거스의 데저트인, 샌즈, 프론티어, 캐스터웨이즈, 랜드마크 등을 인수하면서 FBI도 못한 카지노나 호텔로부터 마피아를 몰아내 영웅으로 칭송받기도 하였으며, 뉴욕의 증권거래소보다도 오히려 신뢰도가 높다고 할 정도로 카지노업계 발전의 초석을 닦은 인물로 기억되고 있다.

또한 윈은 미라지호텔에 〈지그프리드앤드로이〉(*Siegfried & Roy*) 스테이지쇼 무대를 만들고, 호텔주변에서 실제와 같은 화산 쇼(*The Mirage Valcano*)를 무료로 즐길 수 있도록 하였으며, 트레저아일랜드(Treasure Island)에서는 해적선 쇼를, 벨라지오호텔(Bellagio Hotel) 건설시에는 인공호수를 만들고 분수 쇼를 연출하는 등 자신만의 이익보다는 도시 전체의 이익추구를 통해 시너지효과를 낼 수 있도록 한 미국 게임산업의 정신적 지주이자 카지노산업의 전도사였다.

아르메니아 이민자의 아들 커코리언은 제 2차 세계대전 후 1947년 LA와 라스베이거스를 오가는 도박꾼들을 수송하는 항공사 트랜스인터내셔널에어라인(Trans International Airlines)이라는 회사를 매수한 것이 카지노 관련 업계 진출의 시발점이 되었으며, 1962년에는 그의 땅에 시저스팰리스(Caesars Palace)가 착공되었고(1966년 완공, 1968년 부지매도), 1967년 인터내셔널호텔(International Hotel, 1,512실), 1973년 MGM그랜드호텔(MGM Grand Hotel, 2,100실), 1993년 동명의 MGM그랜드호텔(MGM Grand Hotel, 5,005실)을 건설하였는데, 건설 당시로는 세 호텔 모두 세계에서 가장 큰 호텔이었다. 그는 1969년 MGM을, 1981년에는 유나이티드아티스트(United Artists)를 매수하여 영화사업에 손을 대기도 하였는데, 호텔과 카지노 및 MGM/UA 등의 매매를 통해 거대한 부를 축적, 2008년에는 세계 41위의 부자반열에 오르기도 하였다.

오늘날 라스베이거스는 조폭들이 활개 치는 죄악과 술과 소란의 수도가 아니라 세계 도처의 특징적인 축조물들을 재건축한 이국적인 건

라스베이거스 뉴욕카지노의 자유의 여신상

축물들과 엄청난 돈을 들인 플란트 식재(*extravagant vegetation*), 현란한 조명 등 현세적이고 물질적인 메카의 심장으로 불리고 있으며, 세계엔터테인먼트의 수도, 미국 게임산업의 수도, 타 도시에서 생활이 어려워 재기를 위해 이주해 오는 사람들에게는 희망의 도시이자 두 번째 기회의 수도, 세계 결혼의 수도 등 다양한 별칭을 갖고 있다. 베네치안, 플래닛할리우드, 시저스팰리스, 미라지, 만달레이베이, 트레저아일랜드, 몬테카를로, 벨라지오 등 라스베이거스의 많은 호텔카지노들이 영화촬영 장소로 이용되었으며, 〈라스베가스법정〉(*Las Vegas Law*), 〈리얼월드〉(*The Real World, Las Vegas*), 〈심슨〉(*The Simpsons*), 〈영웅들〉(*Heroes*), 〈캅스〉(*Cops*), 〈변호사들〉(*Defenders*) 등 많은 TV프로그램들이 라스베이거스에서 제작되었다.

라스베이거스는 여러 가지의 '수도'와 메카답게 뉴욕과 LA의 객실수를 합한 것보다 많은 15만 개의 객실이 있으며, 연간 3천 9백만 명 이상이 방문하고 490만 명이 1만 9천 개 행사에 참석하며, 9만 명이 결혼증명서[29]를 교부받고 있다(Las Vegas Convention and Visitors Authority 2011년 통계). 라스베이거스는 남자들이 일상으로부터 탈출, 휴가를 즐기고 싶은 목적지인 남자들의 휴가 천국이자, 결혼이나 이혼을 위한 재충전이 필요한 여성들을 위한 관문으로서의 행선지가 되었다.[30]

29) 가장 많이 결혼증명서가 발급된 날은 2007년 7월 7일로 4,450쌍이 결혼(비용 60달러).

30) 이상의 내용은 다니오카 이치로 원저, 양형은 편역, 《라스베이거스 이야기》; Michelle Ferrari and Stephen Ives, *Las Vegas*; Stanley W. Paher, *Las Vegas, As it began-as it grew*를 읽고, 인터넷에서 라스베이거스 관련 사항을 검색한 후 보완하여 쓴 것임.

상업카지노 현황[31]

오늘날 미국의 상업카지노는 가장 투명하게 규제되며, 철저히 모니터되고 많은 세금을 납부하는 산업 중의 하나로 인식되고 있으며, 많은 카지노회사와 관련 장비제조사들은 뉴욕증시나 나스닥에 상장되어 있다. 게임세(*game tax*)는 각 주마다 상이한데 총매출액(*gross gaming revenue*-총수입에서 고객에게 지불한 돈을 제외한 금액)의 6.75%(네바다)에서 55%(펜실베이니아)까지 다양한데, 일리노이주는 매출액 규모에 따라 15~50%(입장세 2~3달러 별도), 아이오아주의 경우 선상카지노는 최대 매출액의 22%, 일반카지노는 최대 24%이며, 미시간주의 경우 디트로이트-디트로이트시는 10.9%, 기타지역은 8.1%, 펜실베이니아주는 주기금 34%, 경마산업기금 12%, 경제개발세 5%, 지방세 4%로 되어 있다. 카지노업계는 수익구조 다변화를 위해 스파, 골프장, 극장쇼, 쇼핑, 식당 등 부가적인 수입원 확충에 노력해왔는데, 2011년 22개 라스베이거스 스트립 카지노의 총수입은 128억 달러로, 그 중 게임수입은 38%인 49억 달러(그 중 49%가 슬롯머신, 47%가 테이블, 4%가 포커·스포츠베팅 매출)이며 나머지 62%가 호텔, 식음료, 공연, 쇼핑 등의 매출로 조사되었다.[32]

2011년 12월 31 현재 미국 전체에는 육지 및 선상카지노가 15개주에 445개소(네바다주 256개), 슬롯머신이 설치된 경마카지노(*racino*)가 13개주에 47개소, 인디언카지노(*tribal casino*)가 29개주에 459개소, 카드룸이 5개주에 517개소, 전자게임(*Electronic Gaming Device*, 슬롯, 비디오게임기)이 6개주 11,091개소에서 운영되고 있다. 미국게임협회는 2010년 기준으로 미국 상업카지노가 1,257억 달러의 소비

---

31) http://www.americangaming.org 참조.

32) http://gaming.unlv.edu

〈표 3-5〉 미국 사행산업 규모(2007년)

(단위: 백만 달러)

사행산업 총액	92,270
카드룸	1,180
상업카지노	34,410
자선게임/빙고	2,220
인디언카지노	26,020
복권	24,780
내기(*Pari-mutuel Wagering*)	3,500
사설경마(*booking*)	170

지출을 유발하고 있는데, 그 중 497억 달러는 직접 게임산업에, 나머지 760억 달러는 연관산업에 기인한 것으로, 82만 명을 직·간접적으로 고용, 4백억 달러의 보수를 지불하면서, 미국 GDP 14조 5천억 달러의 약 1%를 점하고 있다고 밝히고 있다.[33]

미국인의 도박이용유형(2011년)은 복권구매가 가장 일반적이고(44%), 다음이 카지노(27%), 스포츠베팅(23%), 포커게임(15%), 경마(8%), 인터넷도박(4%) 순이며, 게임별 선호도를 보면 슬롯머신이 53%,[34] 블랙잭 23%, 포커 7%, 크랩 3%, 룰렛 3%로 조사되고 있다. 카지노 방문객 84%가 방문시 게임 상한금액을 결정하고 입장한다고 하는데,[35] 하루 이용금액은 100달러 이내가 48%, 100~

33) http://www.americangaming.org/

34) 네바다주의 경우 슬롯머신 수입비중이 전체 수입의 63%로 테이블게임을 운영하는 13개주 중에서 가장 적은데, 콜로라도, 아이오와주의 경우에는 91% 이상이 슬롯머신 수입이다.

35) 강원랜드 입장객 대상 조사에서는 74.8%가 한도금액을 정하고 들어간다고

〈표 3-6〉 미국 상업카지노의 경제효과(2010)

(단위: 억 달러)

구분	게임	식음료	호텔	기타	합계
직접효과	346	65	51	35	497
간접효과	198	54	36	22	310
유발효과	308	64	46	32	449
합계	851	184	134	88	1,257

199달러가 23%, 200~299달러가 11%, 300달러 이상이 9%, 기타가 8%로 조사되고 있으며, 카지노 수용도 조사에서는 카지노가 사회에서 용인될 수 있다고 답한 사람이 81%이고, 60%의 응답자가 카지노산업이 관광산업에서 중요한 위치를 차지하고 있다고 응답하는데, 커뮤니티 지도자들은 카지노가 크게 기여하는 편익과 관련, 세수확대(70%), 오락기회 제공(65%), 관광진흥(58%), 고용창출(53%), 지역경제 활성화(52%), 지역사회 자선활동 기여(48%) 등을 들고 있다.

2011년 기준으로 보면 카지노업계는 34만 명을 고용하고 있으며(그 중 네바다 174,381명), 129억 달러의 임금을 지불하고 있고, 79억 달러의 게임세를 납부하고 있다. 총매출액은 356억 4천만 달러로서 2010년의 346억 달러보다 3%가 증가하였다. 상업카지노 매출액은 가전시장 매출액(*consumer electronics*, 1,864억 달러), 케이블TV 시장 매출액(976억 달러)보다는 적으나, 아웃도어장비 매출액(110억 달러), 영화관람료(102억 달러), 음악분야 매출액(70억 달러)보다는 많다. 카지노 방문자는 21세 이상 성인인구 2억 2천 백만 명의 27%인

응답〔강원대 산학협력단, 〈합법적 도박이 도박참여자에게 미치는 영향〉(사행산업통합감독위원회, 2008.10), p.208〕.

5,970만 명으로 추산되는데, 방문객 대상 부대시설 이용도 조사에서는 76%가 식당을 이용하였고, 62%가 공연을 관람하였으며, 51%가 바나 나이트클럽을 이용하였고, 46%가 쇼핑, 28%가 각종 편의시설을 이용한 것으로 나타났으며, 방문객 중 27%는 게임을 하지 않았거나 간혹 하기도 하였다고 응답하였다. 게임을 하지 않은 방문객들은 식사를 하거나(70%), 공연관람(40%), 바・나이트클럽 이용(14%), 쇼핑(11%), 회의참석 또는 전시회 참관(7%) 목적인 것으로 조사되고 있다. 카지노 소재지역의 선출직 공직자나 커뮤니티 지도자들의 83%가 카지노의 지역사회에 대한 역할을 긍정적으로 보고 있으며, 47%는 카지노 도입이 기대 이상의 효과를 보고 있고, 36%는 예상한 대로의 효과를 시현하고 있다고 응답하여 카지노의 지역사회에 대한 기여를 긍정적 시각에서 바라보고 있다. 시카고대학의 연구결과(1999년), 카지노 도입 후 실업수당, 고용보험 등으로 지출한 복지지출은 카지노 도입 전보다 12~17% 감소한 반면, 숙박업계 수입은 43% 증가한 것으로 나타났으며, 2005년 인디애나주의 선상카지노 도입 관련 조사에서도 비용보다 편익이 훨씬 더 큰 것으로 조사되었고, 디트로이트에서의 카지노 효과 조사에서는 카지노가 매력 있는 관광목적이고 고용과 정부세수를 창출하며 다른 지역의 관광산업발전에도 기여한 것으로 나타나는 등의 조사결과가 이를 뒷받침 한다고 볼 수 있다.[36]

한편 1990년과 2009년도의 개인소비지출 부문의 변동내역을 보면, 스포츠와 레크리에이션 지출비중이 23.6%에서 21.9%로, 박물관・공연장 등 관람지출이 15.8%에서 14.1%로, 잡지・신문・도서구입비가 15%에서 11.7%로 감소한 데 반해, 컴퓨터・비디오・오디오제

36) http://www.americangaming.org/

〈표 3-7〉 주별 카지노 매출액

(단위: 백만 달러)

주	2010	2011	증감(%)
콜로라도	760	750	-1.3
델라웨어	571	552	-3.3
플로리다	329	382	16.0
일리노이	1,370	1,480	8.0
인디애나	2,790	2,720	-2.5
아이오와	1,370	1,420	3.7
캔자스	38	48	28.3
루이지애나	2,370	2,370	-
메인	62	59	-3.6
메릴랜드	28	156	464.2
미시간	1,380	1,420	2.9
미시시피	2,390	2,240	-6.3
미주리	1,790	1,810	1.1
네바다	10,400	10,701	2.9
뉴저지	3,570	3,320	-7.0
뉴멕시코	247	249	0.6
뉴욕	1,090	1,260	15.6
오클라호마	100	106	6.4
펜실베이니아	2,490	3,020	21.3
로드아일랜드	477	513	7.5
사우스다코타	106	101	-5.0
웨스트버지니아	878	959	9.2

출처: State Gaming Regulatory Agencies.

〈표 3-8〉 네바다주 게임유형별, 종류별 매출액(2011)[37]

(단위: 백만 달러)

게임유형, 종류	설비 수	매출액
슬롯머신	164,343	6,738
테이블게임	5,459	3,831
블랙잭(*Twenty-one*)	2,801	1,044
크랩	397	395
룰렛	467	323
3카드포커	263	156
바카라	259	1,262
미니바카라	130	90
케노	104	32
빙고	38	7
캐러비언	8	4
렛잇라이드(*Let It Ride*)	103	47
빠이가우	37	13
빠이가우포커	285	108
레이스북(*Race Book*)	99	60
스포츠풀(*Sports Pool*)	183	141
기타게임	287	150
카드게임	872	132
총계		10,701[38]

37) http://gaming.nv.gov

38) 그 중 88억 7천 7백만 달러가 라스베이거스가 소재한 Clark카운티 매출임.

〈표 3-9〉 미국 20대 대도시 광역권(MSA)의 사행산업 허가현황[39]

도시명(County별)	카지노	기타 사행산업
로스앤젤레스	없음	card room 있음. 인디언카지노, 경마 등 없음
뉴욕	없음	Yonkers의 경마카지노(*racino*)
시카고	없음	Aurora, Elgin, Gary의 선상카지노
필라델피아	슬롯	Chester, Bensalem의 경마카지노
WDC	없음	West Virginia의 경마카지노
디트로이트	3개소	인디언카지노
휴스턴	없음	없음
애틀랜타	없음	없음
댈러스	없음	없음
보스턴	없음	Foxwoods, Mohegan Sun의 인디언카지노, RI의 경마카지노
리버사이드, 샌버나디노	없음	리버사이드카운티의 인디언카지노
피닉스	없음	Gila River, Harrah's Ak-Chin의 인디언카지노
미네아폴리스-세인트폴	없음	Mystic Lake의 인디언카지노
오렌지카운티	없음	San Diego, Riverside의 인디언카지노
샌디에이고	없음	인디언카지노
낫소-서포크(NY)	없음	경마카지노
세인트루이스	없음	선상카지노
볼티모어	없음	슬롯머신 제안 중
시애틀	없음	인디언카지노
탬파	있음	하드록카지노, 경마카지노

39) http://gaming.unlv.edu

품 지출이 25.8%에서 29.6%로, 게임지출이 7.5%에서 12.2%로, 애완동물 관련 지출이 6%에서 7.5%로 증가한 것으로 조사되었다.[40]

미국정신의학회(APA)는 병적 도박을 "자신이나 관련자들에게 해를 끼치는 도박행위를 끊는 시도가 지속적이고 반복적으로 실패하는 심신장애"로 정의하고 있으며, 중독자 수는 각종 연구결과 카지노의 증가에도 불구, 미국 성인인구의 1% 내외로 증가하지 않는 것으로 나타났다.

1997년 하버드의과대학 조사에서는 미국 및 캐나다 성인인구의 1.29%, 2005년 〈임상정신의학저널〉(*Journal of Clinical Psychiatry*, 5

〈표 3-10〉 10대 게임 도시 매출액(2011년)

(단위: 백만 달러)

도시명	매출액
1. 라스베이거스 스트립, 네바다	6,069
2. 애틀랜틱시티, 뉴저지	3,318
3. 시카고랜드, 일리노이/인디애나	1,934
4. 디트로이트, 미시간	1,424
5. 코네티컷	1,346
6. 세인트루이스, 미주리/일리노이	1,114
7. 필라델피아, 펜실베이니아	1,090
8. 빌럭시, 미시시피	825
9. 튜니카/루라, 미시시피	817
10. 보울더 스트립, 네바다	779

출처: The Innovation Group.

40) http://www.americangaming.org/

〈표 3-11〉 미국 각 주별 게임기 수(2011년)

주	상업카지노	인디언카지노	기타 장소	합계
앨라배마		3,270		3,270
알레스카		80		80
애리조나		14,488		14,488
아칸소	1,700			1,700
캘리포니아		67,601		67,601
콜로라도	14,566	1,450		16,015
코네티컷		12,424		12,424
델라웨어	6,846			6,846
플로리다	5,357	12,363		17,720
아이다호		3,865		3,865
일리노이	10,248			10,248
인디애나	22,709			22,709
아이오와	17,999	2,450		20,449
캔자스	1,905	3,561		5,466
루이지애나	20,568	6,350	14,500	41,418
메인	1,000			1,000
메릴랜드	2,300			2,300
미시간	9,540	21,617		31,157
미네소타		22,252		22,252
미시시피	32,786	3,364		36,150
미주리	19,143			19,143
몬태나		1,360	20,652	22,012
네브래스카		469		469
네바다	162,995	1,253	19,071	183,319
뉴멕시코	2,652	15,615		18,267
뉴저지	27,048			27,048
뉴욕	12,573	12,157		24,730
노스캐롤라이나		3,000		3,000
노스다코타		3,728		3,728
오클라호마	1,400	64,000		65,400
오리건		7,453	12,145	19,598
펜실베이니아	26,510			26,510
로드아일랜드	5,851			5,851
사우스다코타	3,737	2,124	9,136	14,997
텍사스		1,844		1,844
워싱턴		27,358		27,358
웨스트버지니아	9,181		7,940	17,121
위스콘신		18,061		18,061
와이오밍		1,500		1,500
합계	418,613	335,057	83,444	837,114

출처: The Innovation Group.

월호)의 18세 이상 미국인 4만 4천 명을 대상으로 한 조사결과에서는 병적 도박자 0.42%, 2008년 〈심리의학〉(*Psychological Medicine*)지에 의하면 병적 도박은 0.6%, 문제성 도박은 2.3%로 보고되고 있다.

미국 카지노업계는 도박중독 예방과 치유를 위해 다양한 노력을 경주해왔는데, 하라(Harrah's) 그룹은 1980년대 초부터 자체적으로 Operation Bet Smartⓒ와 Project 21ⓒ라는 프로그램을 통해 업계의 책임과 도박 건전화에 힘써왔으며, 이런 노력 덕분에 다른 많은 카지노 면허를 받을 수 있었다. 전 미국 책임있는 게임센터(NCRG)는 산하의 도박중독연구소(Institute for Research on Gambling Disorders)를 통해 2천 2백만 달러의 연구비를 지원하였는바, 예일대학과 미네소타대학의 도박연구소, 하버드의과대학 중독부를 지원하고 문제도

라스베이거스 베네치안카지노의 곤돌라

〈표 3-12〉 게임시설 현황(2011.12.31 현재)

주	카지노	경마	인디언카지노	포커룸	게임기*
앨라배마			3		
알래스카			2		
애리조나			25		
캘리포니아			70	89	
콜로라도	40		2		
코네티컷			2		
델라웨어		3			
플로리다		5	8	24	
아이다호			8		
일리노이	10				
인디애나	11	2			
아이오와	15	3	1		
캔자스	2		4		
루이지애나	14	4	3		2,159
메인		1			
메릴랜드	1	1			
미시간	3		24		
미네소타			38	2	
미시시피	30		3		
미주리	12		1		
몬태나			13	288	1,549
네브래스카			6		
네바다	256		3		2,010
뉴저지	11				
뉴멕시코		5	22		
뉴욕		9	7		
노스캐롤라이나			2		
노스다코타			10		
오클라호마		2	114		
오리건			9		2,323
펜실베이니아	4	6			
로드아일랜드		2			
사우스다코타	35		11		1,498
텍사스			1		
워싱턴			34	114	
웨스트버지니아	1	4			1,552
위스콘신			29		
와이오밍			4		
합계	445	47	459	517	11,091
주수	15	13	29	5	6

주: *는 카지노 외에 설치된 게임기 수.

〈표 3-13〉 주별 게임산업 고용인원

(단위: 명)

주	2010	2011	증감(%)
네바다	175,024	174,381	-0.4
뉴저지	34,145	32,823	-3.9
미시시피	24,707	23,721	-4.0
루이지애나	16,873	17,207	2.0
인디애나	14,144	14,079	-0.5
펜실베이니아	12,664	13,050	3.0
미주리	11,071	10,435	-5.7
아이오와	8,915	9,384	5.3
콜로라도	9,589	9,263	-3.4
일리노이	6,892	7,911	14.8
미시간	8,067	7,303	-9.5
뉴욕	3,465	5,082	46.7
웨스트버지니아	4,528	4,475	-1.2
델라웨어	3,245	2,730	-15.9
플로리다	2,533	2,601	2.7
사우스다코타	1,512	1,647	8.9
뉴멕시코	1,423	1,447	1.7
오클라호마	770	905	17.5
메인	385	364	-5.5
메릴랜드	309	290	-6.1
캔자스	303	N/A	N/A
로드아일랜드	N/A	N/A	N/A
합계	340,564	339,098	-0.4

박 관련 개별연구도 지원하였으며, 건전한 게임을 유도하기 위해 업계와 협회는 1998년 이래 매년 전국적으로 "책임있는 게임 교육캠페인주간 행사"(*Responsible Gaming Education Week-RGEW*)를 개최하는데, 8월 첫째 주에 종업원, 후원자, 일반인을 대상으로 다양한 활동

〈표 3-14〉 라스베이거스 스트립 카지노 부문별 매출액

(단위: 백만 달러)

연도	게임	숙박	음식	음료	기타	총계
2007	6,491	4,082	2,179	890	2,181	15,823
2008	6,266	4,070	2,321	826	2,311	15,794
2009	5,330	3,370	2,066	847	2,170	13,784
2010	5,167	3,106	2,013	910	2,061	13,258
2011	5,497	3,518	2,242	1,044	2,194	14,494

주: 백만 단위 이하 반올림.

〈표 3-15〉 네바다주 미회수 신용게임액(*Bad Debt Expense*)

(단위: 만 달러)

연도	주 전체	LV Strip
2007	12,291(1.0)	11,217(1.7)
2008	13,215(1.1)	11,627(1.9)
2009	19,766(1.9)	17,805(3.3)
2010	13,605(1.4)	12,825(2.5)
2011	13,293(1.3)	12,696(2.3)

주: ( )는 매출액 중 비중.

〈표 3-16〉 라스베이거스 스트립 카지노 주요 지출내역

(단위: 만 달러)

지출항목	2010(23개 카지노)	2011(22개 카지노)
총매출액	468,267	489,893
총지출액	326,872(69.8)	327,909(66.9)
악성채권	12,346(2.6)	12,407(2.5)
콤프	131,417(28.1)	127,093(25.9)
게임세	35,313(7.5)	36,621(7.5)
보수 등(*payroll*)	88,636(18.9)	88,974(18.2)

주: ( )는 총매출액 중 비중.

〈표 3-17〉 네바다주 주요 게임별 홀드율

(단위: %)

연도	블랙잭	크랩	룰렛	바카라
2007	12.40	13.56	17.92	12.74
2008	11.58	13.72	20.13	10.70
2009	11.31	11.55	18.76	11.30
2010	10.68	12.45	17.36	11.03
2011	11.41	12.44	16.37	12.48
평균	12.77	13.51	21.69	14.81
최고	14.45	14.50	24.28	21.92
최저	10.68	11.55	16.37	10.70
변동폭	3.77	2.95	7.91	11.22

주: 1. 평균, 최고, 최저는 1992~2011년간 홀드율을 기준한 것임.
2. 2011년 슬롯머신 홀드율은 6.26%, 테이블게임 홀드율은 12.37%.
3. 2011년 전체 드롭액은 1,386억 달러, 매출액은 107억 달러로 홀드율은 7.72%.

라스베이거스 스트립의 파리카지노와 플레닛할리우드카지노 야경

을 전개하고 있다. 게임미성년자(*underage*)[41]의 게임을 금지하고 게임의 폐해 등을 알리는 노력도 경주하고 있으며, 전국의 상업카지노들은 "자원봉사주간"(*National Volunteer Week*)을 정하여 회사와 종업원들이 비영리 단체에 기부나 봉사활동을 펼치고 있다.

인디언카지노 운영

미국에는 연방정부가 인정하는 558개 인디언부족(*Indian tribe*)이 있으며, 이들의 거주지역은 인디언부족령(*Indian Nation*, 184개)으로 주(*State*)의 행정력이 미치지 않는데, 유럽 이민자들이 정착하기 전부터 부족들은 자체적인 통치를 해왔고, 이민자들을 위해 땅을 내주면서 주나 연방정부와 자체적인 주권행사를 하도록 하는 약정(*treaties*)을 체결하여 오늘에 이르고 있다. 1831년 연방대법원이 인디언부족령은 부족 내부의 통치나 연방정부와의 교섭에서 완전한 법적 권리를 가진 국내적 국가(*domestic nation*)라고 판결한 이래, 부족주권(*tribal sovereignty*)이 있음을 지속적으로 인정하고 있다. 일반적으로 4분의 1 이상의 인디언 피가 흐르면 부족으로 인정하는데, 미국의 여러 연방법에서 인디언에 관한 특별규정을 두는 경우가 많아 혈통파악이 필요하기도 하다.

미국 연방헌법과 여러 가지 약정에서 연방정부가 인디언부족을 보

---

41) 대부분의 주에서 18세가 되면 투표권이 부여되고 군에 입대할 수 있으며, 담배를 살 수 있는 데 반해, 카지노를 허용하는 주는 반 정도에 불과하고, 라스베이거스와 애틀랜틱시티는 21세 이상이 되어야 게임할 수 있다. 플로리다주의 경우 2009년 3월 25일, 슬롯머신, 블랙잭, 바카라 등 class Ⅲ에 속하는 게임은 21세 이상이 되어야 가능하고, greyhounds, 경마, 포커는 18세 이상이 가능하도록 한 도박 관련 규정을, 18세 이상은 모든 게임을 할 수 있도록 개정(2009. 3. 25, *LA Times*).

호하도록 규정하고 있으며, 주 법령이 아닌 연방법령으로 각종 비즈니스를 규율하는데, "연방의회가 외국과의 상거래, 여러 주 사이의 상거래, 인디언부족들과의 상거래를 규율할 권한을 가진다"라는 헌법 규정에 따라 게임산업 역시 주 법령이 아닌 연방법률인 인디언게임규제법(IGRA: *Indian Gaming Regulatory Act*)에 근거하여 규제되고 있다. IGRA 제정의 직접적인 계기는 1987년 캘리포니아주 정부가 주의 빙고 관련법과 리버사이드카운티의 카드게임을 금지하는 조례를 카바존인디언보호구(*Cabazon and Morongo Indian Reservations*) 내에 적용하려는 것과 관련된 소송에서 연방대법원은 "도박에 대한 관할권은 주에 있는 것이 아니라 전적으로 연방정부 관할"이라고 판결한 캘리포니아 v. 카바존(*California v. Cabazon*) 사건 판결이다.

IGRA 제정 목적은 인디언부족 영토 내에서의 게임사업 운영을 통해 부족정부의 수입을 확보하도록 함으로써 ① 부족경제발전, ② 자급자족, ③ 강력한 부족정부를 도모하도록 하는 것이며, 게임을 ① 부족의 의식이나 축제의 부분으로 행해지거나 관련되는 소셜게임인 Class I 게임, ② 전자, 컴퓨터, 다른 기술이용을 불문하고 행해지는 우연의 게임인 빙고, 로또와 주가 인정하거나 주 형법상 금지되지 않은 카드게임인 Class II 게임, ③ Class Ⅰ, II가 아닌 모든 게임(일반적으로 카지노에서 행해지는 모든 게임)으로 구분하면서, Class II, III 게임에 대한 연방 차원의 최소기준을 정하고 감독하는 권한을 가진 인디언게임위원회(NIGC: National Indian Gaming Commission)를 설치하도록 규정하고 있다. 인디언 부족이 Class III 게임사업을 하려면 주정부와 게임운영과 관련된 기준과 규칙, 안전보호, 도로, 상하수도 등 기간시설, 주나 지방정부 재정부담, 게임시설 종사자의 신원조사 등과 관련, 협의한 후 공식적인 협약(*compact*)을 체결하여야 한다.

IGRA는 게임수익을 부족구성원 개개인에게 분배할 수 있도록 규정하고 있고, 최대 총수입의 40%까지를 관리운영비로 지출할 수 있으며, 최장 10년까지 면허를 부여할 수 있도록 규정하고 있다. NIGC는 부족정부의 게임 관련 업무를 지도감독하거나 운영이나 종사자에 대한 면허, 계약에 대한 승인권을 갖고 있으나 1차적인 권한은 부족정부가 행사한다. 즉, 직접적인 운영과 관리는 인디언부족이 맡되 NIGC는 기준을 정하도록 하여 인디언부족의 주권을 존중하고 있다.

2011년 3월 현재 게임사업을 운영하는 부족은 미국 전역에서 모두 198개 부족이고 421개 카지노가 운영중인데, 그들은 '돈방석에 앉았다'(*rolling in dough*)고 할 정도로 많은 수입을 올리고 있으며, 게임사업은 인디언부족의 빈곤해소를 위한 만병통치약(*panacea*)은 아니더라도 희망으로 부각되고 있다. 2009년 인디언카지노 매출액은 262억 달러이고, 호텔·식음료·골프 등 부대수입이 32억 달러, 62만 8천명을 고용하고 있다.[42]

온라인게임과 관련한 논란들[43]

합법성 문제

도박장, 특히 카지노에서 시행되는 게임에는 여러 가지 유형이 있다. 가장 일반적인 게임이 참가자가 따고 잃고를 반복, 실제 지불한

42) 관련정보: http://www.indiangaming.org; http://www.nigc.gov; http://www.indiangaming.org/ Indian Gaming Regulatory Act Amendments, Regulatory Activities of the National Indian Gaming Commission, National Gambling Impact and Policy Commission Act(미 의회자료, 국립중앙도서관 마이크로필름).

돈보다 베팅액수가 많은 승수효과(*multiplier effect*, 일반적으로 100만 원을 가지고 5백만 원, 즉 5배 정도의 베팅을 할 수 있음)가 있는 바카라·블랙잭·크랩·룰렛 등과 이런 승수효과가 없는 케노·슬롯머신·빙고, 숙련도가 게임에 영향을 미치는 포커·브리지·체스, 그리고 경마·경견 등 경주에 베팅하도록 하는 게임 등이 있다. 이런 게임들은 대부분 참가자들이 카지노 측을 상대로 즐기고 있으나, 혼자서 즐기는 슬롯머신, 또 참가자들끼리 즐길 수 있는 포커(물론 슬롯머신에서처럼 기계에서 혼자 즐길 수도 있음) 등으로 구분할 수도 있다. 이런 게임들은 기술발전으로 모두 온라인, 즉 인터넷으로 즐길 수 있음은 물론, 각종 스포츠게임의 승패를 맞추는 온라인게임, 비디오를 통해 복권을 구매하는 비디오복권 발매기(VLT: *Video Lottery Terminal*)[44] 등이 온라인으로 시행되고 있다. 논의의 편의상 온라인게임은 숙련도와 관련된 게임, 우연의 게임, 스포츠베팅 세 가지로 구분할 수 있겠다.

미국의 법률은 개별 주들과 연방정부가 각각 우연의 게임과 다른, 숙련도를 다투는 게임(포커·브리지·체스 등)을 규율하는 기준을 정할 수 있도록 되어 있다. 대부분의 미국 사법기관들은 그런 기준이

---

43) 이 글은 2010년 12월 10일 I. Nelson Rose 교수가 보내온 "But-Is It Gambling?" 2010년 12월 12일 David James의 "Is Online Sports Betting Legal in the US?" PokerStar.com의 글(http://www.playwinningpoker.com), "Is Online Poker Legal?" casinator.com의 글 "Which Poker Rooms Accept US Poker Players"(http://www.casinator.com), Wikipedia의 online gambling(http://en.wikipedia.org) 등을 취합 번역한 것임.

44) 비디오복권 발매기는 초기에는 난수생성기(*Random Number Generator*)가 없이 단순히 온라인으로 복권을 판매하는 중앙전산센터와 연결된 기기였으나, 이제는 복권판매시스템과 전혀 연동되지 않는 게임기도 있어 비디오게임기, 비디오게임터미널, 비디오슬롯머신으로 불리기도 한다. 슬롯머신보다 늦게 출시된 게임기로 보면 된다.

숙련도에 관한 것이라는 데 동의하지만, 몇몇 기관들은 결과가 완전히 우연에 의해 결정되는 게임뿐 아니라 모든 우연의 게임을 규율하거나 금지하려고 시도하고 있다. 모든 법원은 스포츠경기 결과를 예측하는 것을 도박으로 보고 있고, 재판관들은 스포츠경기의 전 시즌을 분석하는 데 요구되는 능력 또는 기술을 인정하지 않고 있다. 즉, 스포츠베팅도 우연의 게임인 도박으로 보고 있다.

일반적으로 도박이라 하면, 이기면 뭔가가 상(*prize*)으로 주어지고, 이기고 지는 것이 실력이나 숙련도가 아닌 우연(*chance*)에 의하며, 또 게임의 양 당사자 사이에 게임과 관련, 반대급부나 대가관계(*consideration*)가 있을 것 등 세 가지 요소를 충족시켜야 한다. 이런 기준에서 보면 포커, 체스 등은 상은 주어지지만 우연보다는 숙련도가 승패에 중요한 영향을 미치고, 참가자는 게임 참가에 따른 참가비 또는 입장료만을 업주에게 지불하고 게임 자체에는 돈을 걸지 않는 경우도 있어, 바카라·슬롯머신·빙고 등 다른 도박과는 성격이 다르다.

온라인도박을 규율하는 연방법률로는 불법인터넷도박금지법(UIGEA, 2006년 제정)과 유선통신법(*The Wire Act*, 1961년 제정)이 있는데, 두 법률 모두 온라인 게임에 대한 명확한 규정이 없어 혼란이 초래되고 있으며, 이런 사유로 온라인 또는 인터넷도박을 규율하는 새로운 법률을 제정하려는 움직임이 수차례 있었으나 실현되지 못하였다. 그러나 온라인도박이 불법화된 미국이 아니라 합법화된 유럽이나 카리브 국가들에 도박사이트 서버를 두고 영업하고 있는데, 이미 85개국에서 온라인도박을 합법화하였고, 2010년 6월 30일 현재 665개 회사가 2,679개 사이트를 운영하면서 연간 3백억 달러의 매출을 올리고 있으며 그 중 약 15%가 미국으로부터 발생[45]하는 것으로 추정되고 있을 만큼 법률규정 여부와 관계없이 온라인도박이 성행하고 있는데,

의외로 온라인도박과 관련한 재판은 거의 없다. 2009년 민주당 하원의원 버니 프랭크(Barney Frank)는 면허를 받은 사업자들이 온라인을 이용, 포커게임, 카지노, 복권, 내기경기나 빙고게임 등 스포츠베팅을 제외한 온라인 게임을 할 수 있도록 합법화하는 대신 게임 참가자들을 보호하고 사업자를 적절히 규제하며 세금을 징수하는 3개 법안[46]을 제출한 바 있는데, 이들 법안을 심의한 합동위원회에서는 온라인도박이 합법화되는 경우 향후 10년간 420억 달러의 수입 유발 효과가 있을 것이라고 전망하였다.[47] 이들 3개 법안 이외에도 포커 등 숙련도에 따라 결과가 달라질 수 있는 게임을 온라인으로 즐길 수 있도록 하는 법률이 제출되어 있거나,[48] 제안되고 있다.[49]

우선 UIGEA는 무엇이 불법인터넷도박인지에 대한 정의규정도 없이 도박사이트에서 결재할 때 은행이나 신용카드회사들이 도박장과 연결된 단말기에서 신용카드로 결재할 수 없도록 규제하고 있다. 즉, 인터넷도박 자체보다는 관련 금융기관을 통제하는 법률로서, 엄격히

---

45) http://www.americangaming.org/

46) Reasonable Prudence in Regulation Act : HR 2266, Internet Gambling Regulation, Consumer Protection, and Enforcement Act : 2267, Internet Gambling Regulation and Tax Enforcement Act : 2268.

47) 2011년 5월 4일 라스베이거스에서 개최된 인터넷도박컨퍼런스(iGaming North America)에서 게임컨설팅업체 Concept Development Group 사장 Mark Tenner는 "11년 전 인터넷 게임이용자는 25만 명에 불과했으나 오늘날은 6천5백만 명이 즐기고 있다"고 했으며, The Innovation Group 회장 Steve Rittvo는 "포커시장은 합법화 후 5년 내에 2배가 될 것"이라고 말했다(*Las Vegas Sun*, 2011. 5. 4).

48) Internet Poker and Games of Skill Regulation, Consumer Protection, Enforcement Act : S 1597, The Bipartisan Tax Fairness and Simplification Act : S 3018-온라인도박 세원활용에 관한 법률임.

49) Prohibition of Internet Gambling, Internet Poker Regulation and Strengthening of UIGEA Act.

말해 도박 사업주나 참가자를 규율하는 것은 아니다. 따라서 게임참가자들은 돈을 사전예치하거나 수표발행 또는 이체하는 방법 등으로 피해나가고 있다.

추가적으로 문제를 복잡하게 하는 것이 유선통신법(*The Wire Act*)으로, 심지어 도박이 주법으로 합법화되어 있어도 주 경계를 넘어 스포츠경기에 베팅하는 것을 금지하고 있다. 즉, 유선통신법은 "모든 스포츠경기나 콘테스트에 주간 또는 외국과의 상거래 형태로 베팅하거나 돈을 거는 데, 또는 정보를 전송하는 데 유선통신시설을, 그 정을 알면서, 베팅이나 돈내기를 하는 사업에 이용하는 자는 벌금, 2년 이하의 징역 또는 양벌에 처한다"라고 규정하고 있다.

이런 제약을 해결하기 위해 사업주들은 게임에서 도박적인 요소를 없애고 있다. 계약법에서 연유하는 반대급부 또는 대가라는 법적 용어는 어느 한 당사자에게는 손실을, 다른 당사자에게는 이익을 가져오는 것을 의미한다. 그런데 도박, 특히 스포츠베팅이나 내기에서 어느 팀이 이길까 등을 써 넣거나 장외발매소를 방문하는 데에는 돈이 요구되지 않는다. 또 대부분의 플레이어가 게임장에 들어가는 데 돈을 내더라도 게임에 참가하는 데 돈이 요구되지 않으면, 사법기관들은 그것을 반대급부로 보진 않는다. 예를 들어, 매번 햄버거를 구매할 때마다 경마 무료입장권을 주면 보다 많은 햄버거를 구매를 할 것이기 때문에 '입장권 구매가 필요 없는 경마'는 더욱 번성하게 된다. 게임참가자와 사업주 사이에는 게임과 관련되는 대가지불관계가 성립하지 않는다는 것이다.

상(*prize*) 문제도 이론상으로는 제외시키기가 쉬우나 실제로는 가장 어렵다. 즉, 게임에 이겨도 차후에 게임에 참가할 수 있는 우선권(*bragging right*)이나 멋진 아바타(*fancy avatars*) 등만 주어질 뿐 승자가 아무것도 갖지 못하는 사회적 게임들에 수백만 명이 몰려들고 있어 도박산업에 충격을 주고 있다. 다시 말하면 전통적인 도박과 달리 상을 안줘도 사람들은 '도박'을 즐기러 오고 있다.

유선통신법은 스포츠 베팅이나 내기만 규정하고 있을 뿐, 우연의 게임인 온라인 카지노나 포커 등은 유선통신법 적용대상이 아니며, 또 유선통신법은 경기를 하는 개인이 아닌 베팅이나 돈 걸기 하는 '사업'(*business*)에 연루된 자를 처벌한다고 규정하고 있을 뿐이다. 이렇게 볼 때 인터넷으로 각종 게임을 즐기는 것은 UIGEA나 연방통신법 어디에도 위반되지 않으며, 오히려 UIGEA는 안전한 피난처를 만들어준 셈이 되고 말았다. 더욱이 포커·브리지·체스 등 숙련도와 관련된 게임을 온라인으로 즐기는 것은, 베팅하거나 돈 걸기를 하는 것이 아니어서 유선통신법과는 전혀 관련이 없다. 다만, 1970년 연방조직범죄통제법(*Federal Organized Crime Control Act of 1970*)은 5인 이상이 30일 이상 하루 2천 달러를 초과하는 매출이 있는 주법상 불법인 도박비즈니스에 종사하는 것을 규제하는데, 온라인 카지노나 게임 등이 이 규정에 위반되지 않아야 한다. 따라서 개인 플레이어는 주법에서 도박을 불법으로 규정하고 있지 않는 한 얼마든지 인터넷이나 온라인으로 게임을 즐길 수 있다는 논리가 가능하다.

이러한 문제 때문에 2009년 5월 매사추세츠주 민주당 하원의원 프랭크(Barney Frank)는 "인터넷도박 규제, 소비자보호법"(*The Internet Gambling Regulation, Consumer Protection, and Enforcement Act*), 이른바 HR 2267호 법률안을 의회에 제출하였는데, 이 안은 인터넷도박을 합법화하는 법안으로 면허제도, 청소년·병적 도박자·자금세탁 문제, UIGEA와의 관계 등을 포괄적으로 규정하고 있으며, 2010년 7월 금융위원회에서 통과되었고, 2010년 11월 30일 예산·세금이 수반되는 법안, 즉 하원전체회의의안(*Union Calendar*)으로 본회의에 회부되었다. 연방정부의 온라인도박 합법화 움직임에 따라 뉴저지주

상원은 2010년 11월 22일 미국 내에서 최초로 주 내의 회사들에 의해 행해지는 온라인게임(스포츠베팅을 제외한 포커게임·카지노게임·슬롯머신)을 합법화하는 법안을 다수결(29 : 5)로 가결하였다. 앞으로 각 주는 온라인도박과 관련, 뉴저지주처럼 각 주 실정에 맞는 법령을 제정할 것으로 보이며, 네바다, 플로리다, 아이오와 등에서는 논의가 진행되고 있다.

2011년 5월 연방검찰청 뉴욕지검과 볼티모어지검이 여러 가지 법률위반 혐의로 인터넷포커사이트 관련자들을 기소하자, 7월 14일 상원의 다수당(53석)인 민주당 원내총무인 라이드(Harry Reid) 의원과 공화당 원내총무 킬(Jon Kyl)은 연명으로 검찰총장 홀더(Eric Holder)에게 서한을 보내,[50] "인터넷 포커사이트가 공개적이고 공공연하게 운영되는 것은 관계당국이 법집행에 대한 의지가 없어 인터넷포커나 도박이 미 연방법을 위반한 것이 아니거나 적어도 법무성은 인터넷도박을 단속하지 않을 것이란 생각이 확산된 결과"이며, "이로 인해 천7백 개 외국사이트가 미국인을 대상으로 인터넷도박사업을 하도록 확산되었다"고 지적하면서, "미국에서 불법적 인터넷도박 제공을 강력하고 지속적으로 단속하는 것이 중요하다"고 강조하고, "주간 인터넷도박의 합법화 노력이 확산되고 있고, 주 복권발행을 후원하는 기관들이 그런 노력의 중심에 있음을 우려한다"고 적고 있다.

두 상원의원은 "인터넷도박은 주 경계를 넘는 것으로 유선통신법에 저촉되어 여하한 형태의 인터넷도박도 불법이란 것이 법무성의 오래된 입장임을 믿는다"고 하면서 인터넷도박을 추진하는 측에서는 법무성의 침묵을 묵시적인 동의로 받아들이는 실정으로, 심지어 한 학술행사에서 "주 복권 관련 공무원들은 법무성의 반대가 없으면 추진할

50) I. Nelson Rose 교수가 저자에게 보낸 2011년 7월 19일 메일 및 첨부자료를 중심으로 쓴 글임.

것이란 편지를 보냈고 오랫동안 반대가 없었다는 것을, 동의를 받았다고 떠들어대는 것은 문제이며, 인터넷도박이 불법이란 것을 다시 한 번 강조하든가, 인터넷도박의 물꼬를 틀 새로운 입장을 정하기 전에 의회와 상의해줄 것"을 요구한 바 있다.

이러한 움직임에 대해, 위티어대학 로즈(I. Nelson Rose) 교수는 "온라인게임을 단속하는 시늉만 하지 말고 연방정부가 근본적인 대책을 내놓아야 한다"고 촉구하고 있다면서, 상업카지노가 번창한 네바다 출신인 라이드 의원과 인디언카지노가 성업중인 애리조나 출신 킬 의원의 선거구를 의식한 행동이라고 말한다. 킬 의원은 "24시간 집에서 도박할 수 있고, 참가자들에 대한 연령확인이 쉽지 않으며, 카드로 게임할 수 있도록 하는 것은 돈의 가치를 무디게 할 수 있고 중독, 파산, 범죄, 심지어 자살과 연관될 수 있다는 이유로 반대했었다"면서 숙련게임인 포커게임을 예외로 하는 문제를 검토하겠다고 말한다. 라이드 의원 역시 인터넷도박을 반대하다가 상업카지노가 회원인 미국게임협회(AGA)가 인터넷도박에 대한 입장을 바꾸자 반대입장에서 찬성으로 선회하였다. 즉, 두 의원은 인터넷도박이 주 복권운영자가 아닌 상업카지노나 인디언카지노 등 기존 카지노에 허용되어야 한다는 데 이해가 일치하여 연명으로 서한을 보낸 것이라고 설명하고 있다. 그러나 실제 인터넷도박 허용조치 여부와 관련, 로즈 교수는 라이드 의원은 중간선거 전 민주당 대통령에 민주당이 하원을 장악하고 상원에서 60석을 차지하고 있을 때에도 제대로 리더십을 발휘하지 못한 허약한 지도자이며, 공화당은 중간선거 후 종교적 견해를 강조하는 것 외에 정부정책에 늘 반대하고 오바마 대통령이 아무것도 성취하지 못해 2012년 선거에서 공화당이 승리하기만을 바라는 상황이라고 지적하고 있다.

로즈 교수는 민주당은 대통령에 상원 다수를 차지하고 있고, 공화당은 티파티에 좌지우지되고 모든 사안에 거부권을 행사할 수 있어 인터넷도박 허용을 낙관치 않고 있으면서도, 대규모 지상카지노들의 인터넷도박사업 참여를 시간문제로 보고 있다.[51)]

온라인도박 허용 관련 찬반론[52)]

연방통신법〔18 U. S. C. §1084(a)〕은 "스포츠이벤트나 경기에 돈을 걸거나 내기의 목적으로 주 경계를 넘는 상거래나 외국과의 상거래를 전송하거나, 돈 걸기나 내기에 도움을 주는 정보를 전송하는 데, 또는 돈 걸기나 내기의 결과 또는 도움을 주는 정보로 돈이나 크레디트를 받을 수 있도록 전송하는 데, 그 점을 알고 통신시설을 돈 걸기나 내기 비즈니스에 이용한 자는 이 장에 따라 벌금이 부과되거나 2년 이하의 징역 또는 양형이 병과될 수 있다"라고 규정하고 있다. 이 규정에서 통신시설이라 함은 "발신자와 수신자 사이에서의 문자, 사인, 사진, 소리 등의 전송에 이용되거나 유용한 모든 종류의 전선, 케이블 기타 연결수단"으로 정의하고 있어〔18 U. S. C. §1081

---

51) 2011년 7월 27일 I. Nelson Rose 교수가 저자에게 보낸 메일자료. 라스베이거스에 10여 개 이상의 대형 카지노를 소유하는 Caesars Entertainment(종전의 Harrah's그룹)는 2004년, World Series of Poker 명칭을 선점하기 위해 Binion's Horseshoe를 매수한 후, 포커대회를 개최하고 인터넷포커게임사업도 수행(미국으로부터 온라인 베팅은 받지 않음)하는 캐나다 몬트리올에 본사를 둔 Caesars Interactive Entertainment를 설립하였고, 2011년 초에는 인터넷도박업체인 888 Holdings와 인터넷도박이 합법화되는 경우 공동으로 온라인 포커사업을 하기로 약정하는 등 공격적으로 진출하려 하고 있다. Steve Wynn도 또 다른 온라인 도박업체 PokerStars와 공동으로 인터넷도박업체를 운영한다고 발표했으나 PokerStars사가 연방법무성에 의해 기소되자 계획을 취소한 바 있다.

52) Margaret Haerens, *Opposing Viewpoints Gambling*(Greenhaven Press, 2011)을 읽고 쓴 것임.

(2006)], 1961년 법 제정 당시의 전선(*wire*) 개념에서 현대적 의미의 통신수단으로까지 확장되어 해석, 적용되고 있다.

이 조항이 스포츠와 관련된 도박에만 적용되느냐에 대한 법원의 판단은 엇갈리고 있으나 미연방법무성(DoJ: Department of Justice)은 2011년 12월까지 스포츠뿐 아니라 카지노게임, 복권 등 모든 도박행위에 통신시설을 이용할 수 없는 것으로 해석하였으며, 그 해석은 공식적인 입장으로서, 선례가 되거나 통용 또는 강제되지 않는 사법적 견해인 법률적 의견(*memorandum opinion*이라고 함)이 되어왔다.[53] 뿐만 아니라 발신과 착신이 같은 주에 국한되더라도 통신과정에서 시설이 주 경계를 넘는 경우에도 법적으론 주간거래행위 요건을 충족하며, 따라서 주 내에서 발신과 착신이 이루어지는 인터넷을 이용한 돈걸기와 내기도 금지된다고 엄격히 해석하였다.[54][55]

53) http://en. wikipedia. org/

54) Memorandum Opinion for the Assistant Attorney General, Criminal Division, September 20, 2011, page 2(http://www. justice. gov).

55) 이런 규정에도 불구하고 대부분의 주들은 2000년 12월 신설된 주간경마법(*Interstate Horseracing Act*, 15 U. S. C. §§3001-3007)에 따라 사전에 베팅할 금액을 예치하고 주가 허가한 장외발매소에서 전화나 인터넷을 통해 원격베팅(ADW: *Advanced Deposit Wagering*)할 수 있도록 허용하고 있으며, 또한 불법인터넷도박금지법(UIGEA)상 인디언카지노의 경우에는 플레이어들이 인디언 영토에 있는 카지노에 있는 한 주 경계를 넘는 통신시설을 이용하여 인디언 종족간에 도박하는 것은 허용된다고 한다(I. Nelson Rose 교수의 2012년 2월 9일 미 상원 인디언문제위원회에서의 청문 모두발언 중에서, 이하 모두발언은 모두 Rose 교수가 2012년 2월 7일 저자에게 보낸 이메일 원문 중에서 참고).

스포츠베팅 관련 찬반양론

온라인도박 사이트가 등장한 것은 1995년 8월로, 현재는 2천 개 이상의 사이트에서 카지노게임, 포커, 복권, 스포츠베팅, 빙고게임 등을 온라인으로 서비스하고 있다.[56] 도박사이트가 우후죽순처럼 늘어날 조짐을 보이자 클린턴 행정부와 부시 행정부의 법무성은 ① 통신회선을 통한 도박을 금지하는 1961년 주간통신법(*Interstate Wire Act of 1961*)과, ② 네바다, 몬태나, 오리건, 델라웨어주 등 이미 온라인 스포츠베팅을 허용하던 주를 제외한 모든 주에서 스포츠경기를 대상으로 한 베팅을 금지하는 1992년 연방스포츠보호법(PASPA: *Professional and Amateur Sports Protection Act of 1992*)을 적용하여 인터넷도박을 규제하였다. 그러나 2002년 연방항소법원은 "카지노게임이 아닌 온라인 스포츠베팅은 주간통신법이 금지하고 있어 불법"이라는 하급심 판결은 잘못되었다고 판결하자, 2006년 불법인터넷도박금지법(UIGEA)을 제정하기에 이르렀다. 그러나 이 법은 어떤 행위가 불법이고 합법인지에 대한 명확한 규정은 두지 않고, 미국의 은행, 신용카드회사, 금융결제 관련 회사들이 인터넷도박 사이트와 대금결제를 하는 것을 불법화하여 결과적으로 미국 도박꾼들의 인터넷도박 사이트 접속을 차단하는 효과를 노렸다. 이런 법령상 허점을 노려 외국에

---

56) 호주 Southern Cross University의 Dr. Sally Gainsbury가 2011년 5월 23일 책임 있는 도박캠페인주간 포럼에서 발표한 자료에 따르면, 2011년 3월 현재 전 세계 인터넷도박 사이트 수는 2,319개로, 카지노사이트가 32%, 포커 21%, 스포츠베팅 18%, 빙고 17% 등이며, 서버설치 국가나 장소별로는 Malta 460, Netherlands Antilles 299, Gibraltar 291, Costa Rica 202, Kahnawake 183, United Kingdom 117, Alderney 104, Antigua & Barbuda 65, Cyprus 62, Italy 62, Isle of Man 44, Panama 38, Australia 32, United States 29 등이라고 밝힘.

서버를 둔 도박사이트들이 미국인들을 대상으로 변칙영업을 하는 회색지대가 발생하자 몇몇 주에서는 모든 인터넷도박을 금지하고 도박사이트를 운영하는 것을 금지하는 법을 제정하기도 하였다.[57)]

이런 추세에 대해 보수주의자들은 연방정부나 주정부는 약탈사업(*predatory business*)으로부터 주민을 보호할 의무가 있다고 주장하면서 인터넷도박 허용에 격렬히 반대하고, 인터넷도박은 도박중독자들, 그들의 가족과 지역사회 인근지역에 카지노가 설치되는 것보다 더 큰 해악을 끼친다고 역설한다. 2000년대 후반에 들어오면서 이러한 반도박(*anti-gambling*) 활동에 대한 반발이 강력해졌는데, 자유론자, 보수주의자, 자유주의자들은 온라인도박 금지는 시민의 자유를 침해하는 것으로 그 근저에는 개인은 그들이 좋아하는 곳에 자신의 돈을 쓸 권리가 있다는 믿음이 자리하고 있다. 프랭크(Barney Frank) 하원의원은 다른 사람에게 영향을 주지 않는 한 자신이 번 돈을 어떻게 쓰느냐를 스스로 선택할 수 있어야 한다고 하였고, 폴(Ron Poul) 하원의원도 선택의 자유는 자유사회에서 중요하며 개인의 행동을 개선하는 책임은 연방정부가 아닌 개인 자신, 가족, 교회, 지역사회에 주어져야 한다고 강조한 바 있다. 이런 분위기를 반영, 2010년 인터넷도박을 허용하는 법안이 의회에 제출되었으며, 현재 금융위원회에서 통과된 후 예산부수법안으로 의회에 계류되어 있다.

스포츠경기의 내기 허용과 관련한 찬반논쟁에서 찬성론자들은 내기 허용은 체육단체나 선수들, 지방자치단체의 주요 수입원이 되고 지역사회에 기여할 수 있다는 점을 들고 있는 데 반해, 반대론자들은 내기경기가 특정 베팅자에게 유리하도록, 즉 돈을 벌 수 있도록 경기의 승부를 조작하여 스포츠경기의 심각한 부패에 연루될 수 있다는

57) 이 부분은 Margaret Haerens의 앞의 책을 읽고 쓴 글임.

우려 때문으로 경기연맹들은 반대하고 있다. 허용 반대론자들은 정부가 새로운 부를 창출한다는 명목하에 기존의 부를 쥐어짜는 비즈니스인 약탈적인 도박산업에 초점을 맞추는 대신, 차라리 시민들에게 돈을 절약하라고 요구해야 한다고 주장한다. 반면 찬성론자들은 위험감수는 경제성장의 추동력이며, 주식시장, 벤처자본, 도박은 바로 그 증거들이라고 하면서, 공개적 경영을 하던 기업의 참여로 카지노산업이 정화되었고, 1988~1996년 통계를 보면 폭력, 청소년 범죄, 약물알코올범죄, 부패 등 화이트칼라 범죄와 관련된 체포자 수가 실제로 감소하였고, 영국에서도 온라인게임 합법화 후 문제도박자 수가 증가하지 않았다고 지적하면서, 불법활동 증가 주장은 단순한 도덕적 불안일 뿐이라고 일축한다. 즉, 개인들은 자신의 나쁜 습관이 초래하는 결과에 대해 스스로 책임져야 한다는 것이다.

라스베이거스가 도박뿐 아니라 회의, 엔터테인먼트, 쇼핑, 여행 등을 위한 목적지로 리조트화한 현재로선 도박이 더 이상 불경기를 모르는 산업으로 치부되진 않지만 재정적자에 허덕이는 미국의 지방자치단체들은 세금인상 없이 재정을 확충할 수 있는 가장 손쉽고 고통이 따르지 않는 방법의 하나로 도박산업에 대한 유혹을 떨쳐버리지 못하고 있다.

라스베이거스에 이은 미국 제2의 도박도시 애틀랜틱시티가 소재하는 뉴저지주는 2011년 11월 8일, 1992년 연방스포츠보호법은 주간 차별대우를 하는 것으로, 뉴저지주에도 스포츠베팅이 허용되어야 한다는 취지에서 위헌소송 제기와 주 헌법 개정을 위한 주민투표를 실시하였는데, 66%의 찬성을 얻어 통과되었으며,[58] 앞으로 연방법원에 위헌소송을 제기, 승소하는 경우 11개의 카지노와 4개의 경마장

58) 2011. 11. 8 투표결과는 http://www.pressofatlanticcity.com 기사 참조.

에서 스포츠경기에 내기를 걸 수 있게 되고 연간 8억 달러의 추가수입을 예상하고 있다. 투표 전 뉴저지주 내의 언론도 스포츠베팅 찬반 양론으로 나뉘어 있었는데, 〈트렌턴타임즈〉(*Times of Trenton*)는 "불법스포츠베팅액이 4천억 달러에 이름에도 불법단속에 속수무책인바 차라리 합법화하는 것이 낫다"고 하며, 〈애틀랜틱시티프레스〉(*The Press of Atlantic City*)는 "합법이든 불법이든 스포츠베팅이 만연하는데, 합법화에 양심의 가책을 느끼지 않는다"고 하면서 도입찬성 입장인 반면, 〈글로스터카운티타임즈〉(*Gloucester County Times*)는 "주간 차별은 확실하지만 연방법률 개정을 통해 해결할 문제"이고, 〈인콰이어러〉(*The Inquirer*)는 "이미 뉴저지주는 도박산업에 너무 많이 의존하고 있고, 더 많은 도박중독자 양산이 우려되며, 게임의 승부가 정정당당했는지에 대한 의문을 제기하는 불법베팅 스캔들에 신음하고 있다"면서 도입을 반대하고 있다.[59]

온라인도박은 카지노를 집안으로 옮긴 것으로 도박중독, 파산, 가족파괴, 범죄활동 연루 등 부작용을 우려하여 금지하고 있으며, 표면적으로는 청소년들이 쉽게 이용할 수 있고, 범죄자나 테러리스트들의 돈세탁에 이용될 수 있다는 점을 들고 있다.[60] 온라인도박은 ① 일반 카지노와 달리 24시간 언제든지 무제한 접속이 가능하여 반복적으로 노출될 위험이 있고, ② 어린 나이에 일찍 도박을 경험하면 도박중독이나 문제도박자가 될 가능성이 3~4배 높다는 연구결과도 있으며, ③ 젊은 병적 도박자는 정상생활에서 벗어나는 비율이 높고 마약에 손대거나 3명 중 1명이 자살을 시도하고 금전손실을 보충하기 위해 범죄를 저지르기 때문에 계속 금지해야 한다고 주장하고 있다. 즉, 금지 주창자들은 지나친 모든 행위는 불법화해야 한다는 논리를

59) http://ballotpedia.org/

60) 이 부분은 Margaret Haerens의 앞의 책을 읽고 쓴 것임.

내세우고 있다.

그러나 제3자에게 신체상 또는 재산상 피해를 주지는 않으나 실정법상 불법으로 규정된 희생자 없는 범죄인 도박이나, 마약과 같이 행위참가자가 동의하였음에도 범죄가 되는 이른바 합의에 의한 범죄(*consensual crime*)[61]의 경우에는 금지의 실효성이 없으며, 불법인터넷도박의 경우 사기치고 속이는 것을 모니터할 수 없게 만들고 판을 키우거나 지하화를 부추기는 등 부작용이 예상되는데, 이처럼 여러 사람들이 즐기는 행동을 불법화하면 새로운 유형의 범죄의 온상을 만들 뿐이라면서 금지를 철폐하여야 한다고 한다. 온라인도박은 실제 카지노도박장에서보다 속이는 것이 더 어렵다고 하는데, 실제 도박판에서는 표시된 카드사용, 딜러매수, 바꿔치기, 카드 옮기기, 병정고용, 짜고치기 등이 가능하지만 온라인도박에서는 소프트웨어를 바꿔야 가능해 더 힘들고, 쉽게 IP추적이 되며, 눈치 채지 않게 속이기가 무척 어렵다.

합법화 옹호론자들은 금지제도를 유지하는 것은 ① 경찰활동의 우선순위를 왜곡할 수 있고, ② 법의 실효성 확보, 즉 단속과정에서 시민의 프라이버시나 자유를 침해할 소지가 다분하고(금융계좌 조사나 지불정지, 게임사이트 접속차단, 고객의 인터넷 이용행태 조사, 온라인도

61) *Aint Nobody's Business If You Do*(1996년)의 저자 Peter McWilliams는 미국에는 이런 범죄로 35만 명이 수감되어 있고, 150만 명이 가석방 또는 보석 중에 있으며, 연간 4백만 명이 체포되고 단속을 위해 연간 5백억 달러의 예산을 쓰고 있으며, 합법화하는 경우 연간 천5백억 달러의 세수를 올릴 수 있다고 한다. 희생자 없는 범죄에는 약물금지, 안전벨트·헬멧착용, 속도제한, 운전면허, 자살방조금지 등 건강과 안전과 관련되는 죄, 청소년에 대한 통금, 학교에서의 복장제한, 알코올과 담배금지 등 청소년 보호를 위한 죄, 음란행위금지, 누드금지, 매춘금지, 낙태금지나 제한, 피임제한 등 섹스와 관련되는 죄 등이 있다(http://www.halexandria.org 참조).

박이 합법적인 국가에서의 회사와 개인에 대한 조사 등), ③ 단속과정에서 정보원에게 돈을 지불하거나 유인하기 위해 불법행위를 저지르는 등 법령을 위반하기도 하며, ④ 자신의 생활, 돈, 습관 등은 자신이 선택할 문제이고 여가시간을 소비하는 것 역시 개인의 자유영역이지 정부 본연의 업무는 아니라는 논리이다.

개인의 자유, 자유경제, 평화연구를 목적으로 하는 카토연구소(Cato Institute)의 정책분석가인 발코(Radley Balko) 역시 온라인도박을 금지하는 제도를 폐지해야 하는 이유로 ① 자신의 돈으로 자기시간을 내어 무엇을 하든 그것은 개인의 일일 뿐이며, 따라서 연방정부가 개인의 부도덕함이나 나쁜 습관을 규율하는 것은 타당하지 않고, ② 주 정부가 복권을 발행하면서 민간의 온라인 내기를 금지하는 것은 위선적이며, ③ 수요가 있는 한 법망을 피하는 기술과 방법이 개발되므로 금지나 규제의 실효성이 없다는 점을 들고 있다. 온라인도박이 금지되자 회사와 사이트가 해외로 이전되고 이로 인해 해외거래가 증가하고 있음에도 미국법령이 적용되지 않고 사기를 당하거나 돈을 떼이는 경우 법적인 보호를 받는 길이 없게 되는 결과를 초래한 바 있는데, 정치인들이 현실적인 접근보다는 도덕성 문제로 밀어붙인 결과이기도 하다.

또한 합법화를 주장하는 사람들은, 대부분의 사람들은 도박을 재미로 하지, 생업으로 하지 않는다면서 합법화하지 않으면 규제할 수 없기 때문에 합법화하되 현재처럼 돈이나 금융시스템을 통한 규제가 아닌 청소년이나 부모대상 교육, 사이트 운영자와 이용자와 관련된 정보관리 및 업체의 투명한 운영, 안전과 통제를 위한 인터넷 소프트웨어 공급 등 총체적으로 접근하여 적절하고 엄격하게 규제하자고 하면서, 금지론자들을 향해 안 듣고 안 보면 된다는 '못 본 척하는 접근법'이 해결책은 아니라고 한다.

통신시설 이용 도박금지규정은 스포츠베팅에 국한

2011년 12월 23일[62] 미 법무성은 "통신법상의 문맥과 관련된 입법자료 등을 살펴보았을 때 연방통신법상 통신시설을 이용한 도박금지규정은 오로지 스포츠와 관련된 주간 또는 외국과의 거래행위에 국한된다"면서, "스포츠이벤트나 경기와 관련되지 않는 통신의 주간 전송은 통신법의 적용에서 제외된다"는 공식적인 입장을 법률적 의견인 메모랜덤오피니언(*Memorandum Opinion*) 형태로 발표하여 종전의 입장을 번복하였다.[63]

이러한 입장을 밝히게 된 직접적인 배경은 일리노이주와 뉴욕주의 복권당국이 "인터넷과 주 경계를 넘는 전산거래프로세서를 이용, 주내에 거주하는 성인에게 복권을 파는 것이 연방통신법에 위반되느냐?"에 대한 질의에 회답하는 과정에서 나온 것으로 복권티켓판매는 당연히 스포츠이벤트나 경기와 관련이 없는 것으로 통신법의 금지대상이 아니라는 결론에 이르게 된다. 실제 동일지역에서 인터넷을 통해 거래가 이루어지더라도 거래 데이터들은 통제센터의 소재, 처리과정에 따라 주간 경계를 넘어 처리될 수 있으며, 뉴욕주의 복권거래데이터도 메릴랜드주와 네바다주에서 통제되는 네트워크를 통해 처리

---

62) 2011년 12월 22일, 네바다주 게임위원회(Nevada Gaming Commission)는 온라인 포커규칙을 승인하였는데, 법무성은 그 다음날 공식적인 입장을 발표함. 나중에 미 언론들은 중요한 사안을 언론의 관심이 덜한 금요일, 연휴에 들어가는 시기에 발표하였다면서 법무성이 의도적으로 발표시기를 택했다고 지적하고 있다.

63) I. Nelson Rose 교수는 "인터넷 포커를 규제하는 데 전보(*telegraph*) 통신시대에 제정된 1961년 통신법을 적용하는 것은 지극히 부자연스러우며, 뇌수술을 하는 데 석기시대 도구를 이용하는 것과 같다고 혹평한다(동 교수의 미 상원 인디언문제위원회 청문 모두발언 중에서).

되므로 법무성의 연방통신법상 해석에 위배될 소지가 있어 질의한 것이다.

이와는 별도로 2011년 7월 14일 미 상원 민주당 원내총무 라이드와 공화당 상원의원이자 원내대표인 킬이 워싱턴DC 복권당국이 인터넷도박을 도입한다고 밝히자, 인터넷도박과 관련한 법무성의 일관된 입장을 밝히고 인터넷도박의 수문이 열리기 전 새로운 입장정리에 앞서 연방의회와 상의하라고 요구한 바 있는데,[64] 이번 공식적인 견해는 양인에게도 2011년 12월 23일 발표일에 통보되었으며, 결과적으로 스포츠이벤트와 무관한 워싱턴DC의 인터넷도박 허용은 당연히 면죄부를 받은 셈이 되었다.

법무성이 입장을 번복하면서 그 이유로 1961년 통신시설을 이용한 도박금지조항을 신설할 당시의 상황을 들고 있는데, 첫째로, 의회가 동 조항을 삽입한 것은 스포츠도박, 특히 경마장 장외발매소에서의 베팅에 통신시설을 이용하는 것을 중단시키는 것이 주목적이었고, 야구, 배구, 축구, 복싱 등 다른 스포츠경기의 베팅에까지 통신시설이 이용될 수 있다는 우려를 반영하고 있다는 당시의 법사위 보고서를 들고 있다. 즉, 통신시설의 발달로 특정 스포츠이벤트 시작 일보 직전까지 전화서비스를 이용, 베팅하거나 정보를 교환할 수 있게 되었으며, 각 경주 출발 직후에 예상우승자, 우승번호, 상금 등의 정보를 사설불법경마업자나 그 고객들까지도 거의 동시에 접할 수 있게 된다는 것이다.

둘째로, 1961년 통신법조항 개정시 경마, 스포츠이벤트, 복권 3개 도박 모두를 규율하는 주간도박규제법(*Interstate Transportation of Wagering Paraphernalia Act*)이라는 별도의 법 조항도 개정하였는데,

64) I. Nelson Rose 교수의 미 상원 인디언문제위원회에서의 청문 모두발언 중에서.

이 조항에도 그 정을 알면서 도박 관련 주간 또는 외국과의 거래행위를 전달 또는 이송하는 경우 이 장에 따라 벌금이 부과되거나 5년 이하의 징역 또는 양형에 병과될 수 있다는 연방통신법과 유사한 내용이 규정되어 있으며, 여기에 스포츠이벤트를 다른 도박과 명백히 별도로 규정하고 있는바, 이는 연방통신법상 통신시설을 이용한 도박금지규정이 복권에는 적용되지 않고, 스포츠이벤트에 국한된 것으로 해석하여야 한다는 것이 입법취지라는 것이다.[65]

온라인 도박시장의 향후 전망[66]

연방통신법의 규정에 따라 모든 온라인도박이 금지된다는 법무성의 공식적인 입장이 번복됨으로써 당장 복권을 발행하는 8개주의 복권 판매액은 10~15% 증가할 것으로 전망되며, 반면에 복권을 판매하는 소매영업점들에게는 큰 타격이 될 것이다. 또 각 주는 추가세수를 최대한 확보할 수 있는 방안이 무엇인지를 중심으로 고통 없는 세

65) 1975년 이 조항은 주 발행 복권에는 적용을 제외한다고 개정되었으며, 연방통신법에는 적용제외규정이 추가되지 않았다(http://www.justice.gov).

66) 호주 Southern Cross University의 Dr. Sally Gainsbury가 2011년 5월 23일 책임 있는 도박캠페인주간 포럼에서 발표한 자료에 따르면, 인터넷도박은 전 세계 도박시장(2012년 미화 약 370억 달러)의 5~10%의 비중을 차지하고 있으며, 매년 10~20%로 성장할 것으로 예측하면서, 인터넷도박을 선택한 이유로 일반적인 평판(35%), 높은 환급률(33%), 도박자금예치 및 상금수령의 편리성(30%), 게임 보너스 및 인센티브 제공(13%), 합법성(13%)을, 이점으로는 집에서 게임가능(62%), 24시간 게임가능(54%), 복잡함을 피할 수 있음(35%), 프라이버시 보호와 익명성(33%), 기분 나쁜 사람 없음(33%), 신체적인 편안함(32%), 높은 환급률(27%) 등을, 단점으로는 지나친 편리함(38%), 돈을 쉽게 잃음(34%), 도박장 분위기를 느끼지 못함(사회성 부족, 20%), 높은 중독가능성(17%), 자금예치와 상금수령 등 돈 관리의 불안정성(13%)을 들고 있다.

금(*painless tax*)이자 자발적인 세금(*voluntary tax*)인 온라인도박과 관련한 법령정비에 나설 것으로 보이는데, 스포츠이벤트와 무관한 온라인도박에 대한 연방정부의 규제가 사라지게 되어 주 정부는 원하면 카지노게임, 복권, 포커, 빙고 등 스포츠이벤트와 무관한 다양한 인터넷도박을 합법화할 수 있는 길이 열렸다. 즉, 주 내에서의 온라인 도박과 관련한 연방정부의 법령은 없어졌으며, 심지어 도박꾼들을 불러들이기 위해 다른 주나 외국의 사업자들과 계약을 체결할 수도 있다. 다만 다른 주에 의해 면허를 받은 온라인 사업자의 인터넷도박에 자신의 주 거주자가 참여하는 문제를 어떻게 할 것인가의 과제를 해결해야 한다. 사업성이 있는 시장을 가진 주의 경우에는 현재 주정부와 인디언카지노가 맺은 공식적인 약정과 같은 협약을 맺고 적정한 이윤분배에 합의한다면 온라인 도박시장은 미국 전역으로 확대될 수 있을 것이며, 캐나다처럼 몇 개주가 공통으로 복권을 발행할 수도 있다. 또 외국에 본사를 두고 현재 미국인을 대상으로 영업하는 외국의 온라인사업자 문제를 어떻게 처리할 것인가도 해결해야 할 과제이다.

네바다주나 워싱턴DC처럼 온라인 포커가 합법화된 주도 있고, 네바다주나 뉴저지주 등 지상카지노(*brick and mortar casinos*) 업자들이 강력한 파워를 가진 주, 캘리포니아주처럼 주정부가 허가한 지상카지노는 없으나 카드클럽이 합법화된 지역 등 각 주마다 연방정부 법무성의 입장변경에 대한 대처방안은 다를 수밖에 없다. 신규 온라인 도박사업 면허와 관련, 네바다주나 뉴저지주는 기존 지상카지노사업자들에게, 캘리포니아주는 1개 면허는 인디언카지노나 그들 컨소시움, 1개 면허는 카드클럽, 1개 면허는 타 지역 지상카지노사업자에게, 플로리다주는 수십억 달러의 카지노리조트를 건설중인 말레이시아 겐팅그룹(Genting Group)에 우선권이 주어질 것으로 보인다.[67]

이러한 법무성의 공식적인 입장발표에도 불구하고, 주 정부가 허용한 도박 이외에는 여전히 불법이며,[68] 도박산업이 연방범죄와 관련이 있을 경우에는 소추할 수 있다는 불법도박사업금지법(*Illegal Gambling Business Act*, 18 U. S. C. §1955)은 여전히 유효하고, 따라서 도박산업이 조직폭력, 공갈, 돈세탁 등 연방범죄와 연관되거나 주 법률로 합법화되지 않는 도박의 경우 연방정부가 언제든지 개입할 수 있으며, 불법인터넷도박금지법(UIGEA)으로 규제되는 주간(*interstate*) 금융거래시스템의 도박사업 사용금지를 포함한 온라인도박에 대한 금융거래 규제문제를 풀어야 하는 과제도 안고 있다. 한편, 최근 수년간 온라인도박 규제완화와 관련한 다양한 입법시도의 일환으로 연방의회에 제출되었거나 계류중인 인터넷도박 소비자보호법안 등에 대한 의회의 처리방향도 지켜보아야 할 것이며, 의회가 미국 전역에서 공통적으로 온라인도박에 적용될 수 있는 통일적인 시스템과 관련한 기준을 정할 수도 있지만 개별 주들이 주 내에서 허용하는 온라인도박의 형태와 범위에 대한 권한은 여전히 주의 권한으로 남겨둘 것으로 전망된다.[69]

---

67) I. Nelson Rose 교수 메일자료 #184 참조.

68) 하와이와 유타주는 모든 도박을 금지하고 있으며, 일리노이, 루이지애나, 오리건, 사우스다코타, 인디애나, 워싱턴주는 인터넷도박을 금지하는 법률이 있고, 매사추세츠주는 전화선을 이용한 도박거래를 금지하는 법률이 있다〔Melissa J. Doak, *Gambling*(GALE, 2009), pp. 103~104〕.

69) http://www.mondaq.com

카지노업계의 주요 동향

오하이오주, 고용창출과 세수확대 위해 카지노 합법화

행운과 우연에 의존하는 도박은 근면, 개인의 노력, 저축 등 주류 가치에 반하는 저주스런 일, 비정상적 활동, 죄악스런 활동으로 인식되었다. 따라서 카지노를 쓸모없고 부도덕하며 비이성적인 활동으로 보아 금지하였으나, 1980～1990년대에 들어오면서 새로운 조세수입원, 고용창출, 자본투자유인책, 외화획득, 새로운 관광자원화 또는 재미의 추구라는 정책목표 달성을 위해 자유화하기 시작하여 오늘날에는 카지노가 상업적 오락, 레저, 관광산업의 주류의 한 부분이 되었다. 즉, 경제학적으로만 보면 카지노는 오락상품으로서, 재화 대신에 고객에게 놀이시간을 거래하는 것(Circus Annual Report, 1989)으로, 카지노에서 게임을 하는 사람들은 쾌락추구자, 도피주의자, 모험주의자와 같은 보통의 소비자일 뿐이다.

미국 오하이오주는 고용창출과 실업해소라는 경제정책의 수단으로 주민투표를 통해 카지노를 허용하는 법안을 통과시키면서 투자와 조세수입 사용에 대해서도 여러 가지 부대조건을 달고 있다.

2009년 11월 4일 의안 3호로 주민투표에 붙여진 카지노 합법화 안은 52.97%의 찬성을 얻어 2012년 주 내의 콜럼버스(Columbus), 톨레도(Toledo), 신시내티(Cincinnati), 클리블랜드(Cleveland)의 4개 지역에 카지노가 들어서게 된다. 전체 유권자 803만 명 중 40.29%인 324만 명이 투표에 참여하였는데, 함께 투표에 부의된 제대군인에 대한 보상안은 72.15%, 가축보호위원회 설치안은 63.66%의 찬성을 얻어 통과되었다.

그랜드카지노(Grand Casinos), 포커텍(PokerTek), LACO사(Lakes

Entertainment Inc.)에 투자한 포커(*Pocker*)선수 출신의 라일 버먼(Lyle Berman)은 2008년에도 오하이오주 클린턴(Clinton)카운티에서 카지노 독점영업권을 획득하기 위해 주민투표에 부치도록 청원하였으나 반대 63%로 부결되었는데, 2009년에는 다른 주에서 카지노를 운영하면서 2008년 주민투표에서 경쟁업체로 독점영업권 부여에 반대입장을 견지하였던 PENN(Penn National Gaming)사의 대표이자 클리블랜드에서 스포츠 팀을 운영하는 댄 길버트(Dan Gilbert)와 공동으로 카지노 도입을 청원하여 다섯 번 만에 통과되었다.

카지노 합법화 안이 통과된 것은 실업문제가 심각하자 반대입장을 견지했던 주지사 테드 스티클랜드(Ted Strickland)가 입장을 번복 찬성입장으로 돌아섰고, 반대입장에 있던 주 내의 일부 시장도 침묵을 지켜 통과되었는데, 언론은 3만 4천 명의 고용창출 효과가 예상되고 33%의 카지노세 부과를 통해 연간 6억 5천 100만 달러의 추가세수를 확보할 수 있기 때문으로 분석하고 있다. 다섯 번째 주민투표에서 통과된 데에는 33%의 세수를 배분하는 방법을 명확히 한 것도 한 요인인데, 클린턴카운티 등 과거 카지노 설치를 반대하였거나, 반대하는 데이턴(Dayton)카운티 등 카지노가 들어서지 않는 지역에도 총 세수의 51%를 인구비례에 따라 배분하고, 나머지 49% 중 34%를 교육사업에, 5%를 카지노 설치지역에, 3%를 주 카지노 관련 기구 운영예산으로, 3%를 경마진흥기금으로, 2%를 치안강화경비로, 2%를 도박중독증 대책기금으로 활용키로 정하고 있다.

카지노 설치 부대조건으로 각 지역의 카지노사업자는 5천만 달러의 직업훈련투자와 2억 5천만 달러의 시설투자를 하도록 조건이 부과되는데, 이는 카지노 도입이 고용창출과 실업해소를 위한 사업임을 명분으로 하고 있기 때문이다. 오하이오주는 육지 카지노(*commercial casinos*)가 설치되는 13번째 주가 되는데(Colorado, Illinois, Indiana,

Iowa, Louisiana, Michigan, Mississippi, Missouri, Nevada, New Jersey, Pennsylvania, South Dakota), 오하이오주에서는 지금까지 복권, 경마, 자선게임(*Charitable Gaming*)만 허용되었다.

모든 위법, 불법행위에 대한 최종책임은 카지노에 : 네바다주[70]
같은 시설 내 별도회사인 나이트클럽의 음란행위도 카지노 책임

도박 관련 법률분야에서 세계적으로 알려진 캘리포니아 휘티어(Whittier)법대 로즈(I. Nelson Rose) 교수에 따르면 2009년 7월 네바다게임통제국(Nevada Gaming Control Board)은 라스베이거스의 카지노업체 플래닛 할리우드(Planet Hollywood)에 대해 동일시설 내에 있는 프라이브(Prive) 나이트클럽에서 몇 번에 걸친 외설적이고 위법가능성이 있는 활동이 일어났다는 것을 '알고 있었거나 알고 있었어야 했다'는 이유로 50만 달러의 과태료를 부과하면서, 추후 동일한 사안이 발생하면 25만 달러의 과태료를 부과하겠다고 통보하였다고 한다.

경마에서는 '보증인 무한책임원칙'(*absolute insurer rule*)이라는 원칙이 있는데, 만일 말이 약물이 투여된 후 경주하는 경우 조련사에게 모든 책임이 있으며, 설사 조련사가 그 시각에 다른 지역에 있었더라도 책임을 지고 과태료를 내야 하는 제도다. 형사법에서는 천진난만함, 즉 '정을 모르고 한 행위를 벌하기보다는 죄를 벌하지 말라'는 말이 있는데, 이번의 경우처럼 '알고 있었어야 한다'는 기준은 태만이나 부주의 처벌에서는 일반적이며, 엄격한 법적 책임문제와 결부될 수 있다. 카지노의 행위가 합당했는지의 여부는 카지노 운영자가 아닌 규제기관이 궁극적으로 결정하는 사안으로 완전히 독립된 사업체인

70) 이 글은 로즈(Rose) 교수가 2009년 8월 3일에 저자에게 보내온 메일을 번역, 작성한 것임.

나이트클럽의 행위에 대해 카지노에 법적 책임을 지우고 있다.

2006년과 2009년 4월에 통제국은 8개의 카지노에 대해, 카지노리조트 내의 나이트클럽, 로비라운지, 수영장에서의 문제가 있는 부적절한 활동과 관련, 세이어(Randall E. Sayre) 위원이 서명한 경고서한을 발송한 바 있는데, 그 내용 중에는 다음과 같은 내용이 있다:

> 위에 언급한 장소에서 지난 수년간 다음과 같은 행위들이 표면화되었다: 지나친 음주추태, 마약판매나 복용, 폭력, 공공장소에서 공연한 성적 행동, 외설·음란·풍기문란행위, 게임미성년자 입장, 출입부적격자의 잘못된 처리, 데이트 강간, 서비스요금 강요 또는 부당부과, 법령에 의한 제한적 접근, 안전요원간의 협조부족, 매춘 등.

세이어 위원은 카지노와 클럽이 법적으로 별개임에도 "카지노 시설 경내에서 발생하는 모든 운용행위는 네바다주와 게임산업에 나쁜 영향을 주지 않도록 법령과 규칙 및 적절한 방법으로 이루어지도록 조치하는 것은 게임면허를 받은 사람의 책임"이라면서 누구에게 책임이 있는지를 분명히 밝히고 있다. 50만 달러의 과태료와 나이트클럽에 대한 주류면허 취소는 감독국이 카지노 업체가 경고를 무시하는 데 지쳐 있음을 보여주는 것으로, 그는 "더 이상 경고편지는 쓰지 않을 것이다"라고 밝혔다.

면허를 가진 모든 카지노사업자는 시설 내에서 일어나는 잘못된 일 중 심각한 모든 사안에 대한 궁극적 책임이 카지노에 있다는 사실을 알고 있거나 알고 있어야 함에도 PH카지노는 규제당국으로부터 경고서한을 받고도 이행하지 않았다. 즉, PH카지노는 클럽 내에서 일어나는 모든 일에 대해 법적 책임이 있음에도 나이트클럽과 계약시 카지노 안전요원은 클럽의 종업원과 동행하지 않고는 클럽에 들어갈 수 없다는 내용에 동의하는 잘못을 범했으며, 안에서 무슨 일이 발생하는지 감찰할 수 없었다. 나이트클럽의 실소유주가 '오피엄그룹'(Opium Group)으로 이름 자체(아편)만으로도 뭔가 잘못될 수도 있다는 판단을 할 수도 있었다. PH카지노 역시 클럽이 규제당국의 협조를 거부하고 있어 난처한 입장인데, 로즈 교수는 최근에 일어났던 것처럼 하버드대학 교수라도 경찰에게 고함을 지르면 집 밖을 나와 체포될 수 있고, 주소가 기재된 신분증명서 제시를 거부해도 체포될 수 있다는

라스베이거스 거리에서 배포되고 있는 매춘전단(25~200달러)

사실을 알아야 한다면서 규제기관의 권한에 대한 도전은 언제든 불이익을 당할 수 있다고 지적한다.

이번 결과는 카지노업계에 잠재적 악몽이 되었는데, 경고서한에서 밝힌 무시무시한 내용 외에, 감독당국은 2009년 7월 9일 9개 사항 77개 문장, 15쪽 분량의 장문의 불만사항을 적시하였고, 심지어 클라크(Clark) 카운티 소방국 응급센터와 라스베이거스 경찰국에 민원전화가 대폭 증가했음도 적시하고 있다. 응급센터의 의료보조요원이 지난 8개월 동안 모두 106건의 전화를 받았는데, '돈을 많이 잃었다/기분 나쁘다, 약물과다복용이나 주사, 정신적 충격, 의식불명, 강도/강간, 호흡곤란' 등의 내용이고, 경찰국에는 총기나 싸움과 관련된 전화가 배나 늘었으며, 마약은 5배나 증가했다고 밝혔다. 즉, 이런 행위는 카지노 영업이나 게이머들과 직접 관련되어 있고, 이 때문에 공적 서비스 증가가 초래된 것이므로 카지노 면허를 받은 사람에게 책임이 있다는 것이다.

PH카지노는 규제당국이 사형선고인 면허회수를 할 수도 있음을 알고 있으며, 최선의 방책은 우선 사과하고 규제당국이 원하는 대로 하는 것이란 판단에서 "적절히 감독하지 못했다"고 인정하고, 모든 지적사항에 동의한다고 서명하였다. 또 PH카지노는 클럽과 카지노 측이 클럽을 감독할 수 있도록 계약서를 다시 작성하였다고 밝혔다. 재미있는 사실은 캘리포니아 경마국이 경마에서는 "조련사가 말을 보호하기 위해 모든 합리적 노력을 하였음을 보여주는 경우 면책"되는 조항을 추가한 시점에, 카지노에서는 보증인 무한책임원칙이 적용되었다는 사실이다. 이 원칙은 실질적으로 카지노사업자가 지켜야 할 가장 기본적인 것으로, 시설임대차 계약시에 "카지노 대리인은 시설 내 모든 곳을, 언제든지, 자유롭게, 접근할 수 있도록" 해야 한다는 것을 의미하며, "어떤 분쟁에서도 카지노 측이 우선권을 가지며, 카지노 소유주, 규제기관 중 어느 한 곳에 대한 클럽의 협조 미이행은 즉시 계약이 종료되도록 하는 근거"를 마련하였다. 카지노에 있는 나이트클럽이 '온갖 성행위가 등장하는 영화 〈칼리귤라〉(*Caligula*)'의 장면처럼 보이지 않도록 확실히 하는 것은 카지노 소유주의 책임이기 때문이다.

매사추세츠주 하원, 카지노 도입안 가결

2011년 4월 14일 매사추세츠주 하원은 120 대 37의 압도적 다수로 주 내에 2개의 리조트형 카지노를 설치하고 2개 경주장(*racetrack*)에 각 750대까지의 슬롯머신을 설치하도록 하는 등 도합 3천 대의 슬롯머신을 설치할 수 있도록 하는 카지노 도입법안을 통과시켰다. 2008년에는 주 내에 3개의 카지노 도입안을 표결에 부쳐 108 대 46으로 부결된 바 있으나 이번에는 많은 반대의원들이 찬성으로 돌아서 거부권을 행사할 수 없는 압도적 다수로 가결되었다. 이로써 인접 주인 로드아일랜드와 코네티컷, 메인주의 경마장과 인디언카지노 등에서 베팅으로 지출한 약 11억 달러로 추정되는 금액이 주 내에서 돌게 되었다. 이 법 통과로 주 내에 1만 9천 개의 일자리가 창출되고, 2억 6천만 달러의 면허수입과 연간 3~5억 달러의 세수가 확보될 것으로 예상하고 있다. 이번 카지노 도입안은 1971년 주 내에 복권을 도입한 후 도박산업과 관련되는 가장 큰 변화로서, 찬성으로 돌아선 의원들은 "게임산업에 대한 공과에도 불구하고 카지노를 도입할 것이냐 말 것이냐의 문제가 아니라 언제 어떻게 도입하느냐의 문제일 뿐"이라고 도입의 당위성과 필요성을 역설하고 있으며, 〈보스턴글로브〉지가 법안통과 후 인터넷으로 실시한 카지노 도입의 경제적 효과와 관련해서는 참여자 1,165명 중 68.5%가 경기부양에 효과가 있을 것이라고 응답하고 있다.

도입 반대론자들은 도박중독 방지를 위해 하루에 잃을 수 있는 상한금액을 5백 달러, 자동베팅금지, 카지노마케팅 물건에 경고문 표시, 계속하여 12시간 이상 베팅하는 게이머에 대한 보건관계자의 개입허용 등의 내용을 추가하고자 하였으나 실효성 등의 이유로 반영되지 않았다. 주 수입 중 1억 달러까지는 카지노 및 경마장 등 설치지역 지원에 사용된다. 매사추세츠주의 카지노 도입으로 로드아일랜드 등 인근 주의 카지노는 직격탄을 맞을 것이며 오히려 카지노 주변의 인근 주의 주민들이 매사추세츠주에서 게임을 즐길 수도 있을 것으로 전망하고 있다.[71]

마카오 합작 카지노 지분소유자도 미국카지노 적격심사대상

뉴저지주 애틀랜틱시티에 소재하는 보가타(Borgata) 카지노 면허사업자인 MGM MIRAGE(지분 50% 보유, 나머지 50%는 Boyd Gaming Corp. 보유)는[72] 마카오의 그랜드파라다이스마카오(Grand Paradise Macau, Limited, 카지노 재벌 스탠리 호의 딸 팬시 호가 100% 지분소유)와 50 : 50으로 합작투자하여 2007년 12월 18일 마카오에 MGM

---

71) http://www.boston.com; http://wbztv.com; http://www.thebostonchannel.com 참조 작성.

72) MGM MIRAGE의 지주회사인 MGM Resorts International은 세계최대의 카지노 운영회사(네바다, 미시시피, 미시간, 마카오 등에서 카지노사업)로 연간 매출액은 190억 달러 이상으로 라스베이거스 카지노 시장의 40%(벨라지오, MGM Grand, ARIA, 만달레이베이, 미라지 등), 마카오 시장의 8%를 차지하고 있으며, 2012년 6월 15일에는 워싱턴DC 포토맥 강변의 National Harbor의 개발자로 선정되어 메릴랜드주(이미 5개의 카지노가 설립면허를 받았으며 그 중 2개소가 영업 중)에서도 카지노를 운영할 계획이다(http://www.baltimoresun.com).

그랜드마카오(MGM Grand Macau)를 개장하였다(면허유효기간은 2020년 3월 31일이며, 기간만료 후 모든 시설물은 마카오 정부에 귀속시키는 조건).

그런데 뉴저지주 카지노통제법(*Casino Control Act*)에 의하면, 면허를 받은 사업자는 설립조건으로 운영과정에서 훌륭한 성격과 정직성, 성실성을 유지해야 한다는 부담을 감수하여야 한다. 뿐만 아니라 사업자의 사업, 직업, 인적 파트너 역시 사업자의 적합성 평가에서 그에 상응하여야 한다고 규정하고 있고, 악명 높거나 불미한 사람 또는 사업자가 지녀야 할 훌륭한 특성과 정직성, 고결함이라는 덕목이 부족한 사람과 관련이 없다는 것을 증명하도록 요구하고 있다.

2009년 5월 18일 뉴저지주 검찰총장이 카지노통제위원회에 제출한 MGM MIRAGE의 카지노 면허사업자로서의 적합성과 관련한 특별조사보고서에서 ① 팬시 호(Pansy Ho)의 아버지인 스탠리 호(Stanley Ho)는 뉴저지주법에 의한 부적격 인물이고, ② 팬시 호 역시 뉴저지주법에 의한 부적격 인물이며, ③ 팬시 호는 아버지로부터 독립적이지 않음이 밝혀졌고, ④ MGM은 팬시 호와의 직·간접적인 사업적·재정적 연대를 해소하여야 하며, ⑤ MGM의 신의성실과 법령준수 노력은 뉴저지주법의 규정에 미치지 못함이 발견되는 등, MGM MIRAGE의 팬시 호와의 파트너십은 뉴저지주법이 정한 의무사항들을 만족시키지 못하고 있다면서, ⑥ 특별조사보고서와 관련된 공청회를 개최할 것 등을 건의하고 있다.

MGM MIRAGE는 1년 전에 이 보고서의 존재를 알고 있었으나 비밀에 붙여왔는데, 3월 17일 카지노 면허취소 여부에 관한 공청회 개최를 계기로 공개되었다. MGM은 마카오 시장을 지키기 위해 뉴저지주 검찰청 게임통제과(Division of Gaming Enforcement)와 보가타 카지노 지분 50% 처분을 위해 신탁하기로 공청회 개최 전에 합의한 바 있는데, 카지노통제위원회는 3월 17일 MGM MIRAGE의 뉴저지주에서의 사업철수를 승인하였다. 동 계획에 따르면 MGM MIRAGE는 향후 18개월 내에 보가타 주식과 카지노 인근 40에이커의 미개발 부동산을 처분하며, 처분하지 못하는 경우 수탁회사가 12개월 이내에 처분하도록 하되 모두 뉴저지주 카지노통제위원회의 승인을 얻도록 하고 있다.

당초 MGM은 스탠리 호와 사업파트너가 되길 원해 카지노통제위원회에 법규에 따라 그를 마카오 사업파트너로 적시, 제출하자 통제과는 조사를 벌였고 조사과정에서 MGM의 간부는 그가 파트너로 부적합하다는 것을 인정하기도 하였으며, 미국의 의회, 국무성 마약통제국, 법무성, 홍콩총영사관 등 정부기관 및 네바다 게임통제국 등 규제기관의 의견이나 기록에서도 그는 카지노 운영, 특히 VIP룸 운영과 관련 조직범죄단체를 용인하는 것을 포함 비합법적 기업운영과 관련되어 있으며, 부적합하다는 의견을 언급하고 있다. 즉, 카지노 독점체제하에서 카지노 운영은 조직폭력과 연관되었고, 그런 상황이 현재도 계속되는데 VIP룸 운영, 공갈, 고리대금업, 자금세탁, 매춘 등과 같은 활동이 게임산업과 밀접히 연계되어 있다고 지적한다. 그렇게 되자 MGM은 스탠리 호의 대리인으로 활동하던 딸을 사업파트너로 변경하여 마카오에 MGM그랜드마카오를 개장하였다.

검찰청 조사보고서에서는 그녀의 아버지와의 개인적, 재정적, 직업적 관계는 파트너로서의 적합성에 취약요인으로 작용할 수 있으며, 그녀는 그 이전에 게임사업 경험도 없고 최초합작투자자금 8천만 달러의 90% 이상도 아버지로부터 나온 만큼(담보제공) 뉴저지주의 면허사업자인 MGM의 파트너로는 부적합하다고 기술하고 있다. MGM 또한 마카오 시장진출을 위해 파트너가 조직범죄와 관련되었거나 그런 주장이 있다는 사실을 알고 있었고 그녀가 아버지로부터 충분히 독립적이지 않다는 사실을 규제기관에 알리지 않았으며, 협상내용을 성실하게 회사의 준법감사위원회에 전하지 않아 위원회의 역할과 효율성을 최소화하였다고 지적하고 있다. 그녀의 부는 아버지와 직·간접으로 관련이 있고 아버지 회사인 STDM의 대리인으로 일하고 있으며, 합작서명식도 스탠리 호의 사저에서 행하여졌고 그는 MGM그랜드마카오 착공식 및 개장식에 나타나는 등 합작투자에서 아버지의 잠재적 영향력과 통제로부터 독립성이 부족하다고 결론내리고 있다. 그 외에도 그녀 자신은 형사처벌이나 파산과 관련된 기록 등이 없으나 길버트 영(Gilbert Yeung), 알버트 영(Albert Yeung) 등의 조직폭력배와의 거래에 연루되어 있다고 적고 있다.

주식처분과 관련된 언론보도(*The Australian*)에 따르면, MGM MIRAGE는 마카오시장에 진출하기 위해 사설조사회사를 고용, 스탠리 호를 조사한 바, 그가 마카오의 2대 조직범죄단체인 삼합회와 신의안(新義安)과 깊이 연계되어 있고 러시아 범죄조직과 북한당국과도 연계된 것으로 결론내렸다고 한다. 경쟁사업자인 윈리조트(Wynn Resorts)와 라스베이거스샌즈(Las Vegas Sands)의 마카오 시장진출이 결정된 마당에 추가로 진출하기 위해서는 어떻게든 "와일드카드"인 스탠리 호와 손잡는 것이 "미친 짓이지만 한번 시도해보자"고 하여 제휴하게 되었다고 한다. MGM은 또한 팬시 호가 납부하기로 한 합작투자자금에 대한 자금출처도 충분히 조사하지 않았다.

외국게임사업자와의 사업관계가 네바다 게임사업에 해롭거나 주의 명성에 해가 되는지의 여부를 판단하도록 한 외국인게임법(*Foreign Gaming Act*)의 규정에 따라 네바다주 게임당국은 MGM이 스탠리 호와 사업파트너가 되는 것이 문제가 있다는 입장이었으며, 그의 조직범죄와의 연루, 마카오카지노에서의 고리대금업 및 채권회수, 미국내 다른 카지노 규제기관들과의 접촉사실 등에 대해 우려를 표명하였다. 네바다 카지노 당국의 우려표명과 관련, 2003년 8월 1일 마카오 정부는 경제재정장관이 서명한 서한에서 "SJM, 신덕(信德, Shun Tak) 두 회사를 조사한 바, 두 회사와 그 회사의 이사들 및 5% 이상 지분을 소유한 자들 모두 적절하다"고 언급하고 있다. 3년여의 검토를 거쳐 2007년 네바다게임통제국(NGCB)은 공개특별회의에서 MGM 관계자와 팬시 호 등의 증언을 청취한 후 만장일치로 적절성 판단을 위한 MGM의 신청을 승인하였고, 이후 네바다 게임위원회도 공청회를 거쳐 NGCB의 결정을 승인하였다. 이에 앞서 2005년 미시시피주 게임위원회는 MGM의 신청을 만장일치로 승인하였고 일리노이주와 미시간주는 그런 조사를 행하지 않았다.

조사보고서에 언급된 내용 중 특이사항은 스탠리 호와 북한 내 카지노와의 관련성으로, 북한 내 카지노는 표면상으로는 홍콩주식시장에 상장된 엠퍼러그룹(Emperor Group)이 통제하고 있으며, 폭력단 신의안의 간부로, 유죄판결을 받은 바 없는 알버트 영(Albert Yeung Sau Shing)의 소유로 되어 있다. 폭력단의 또 다른 간부로 2개의 VIP룸을 소유하고 있는 왕싱와(Wong Sing Wah)가 북한 카지노의 스탠리 호의 사업파트너로 알려져 있다고 지적하고 있다. 또 다른 보고서 역시 스탠리 호가 러시아의 조직폭력배, 북한 내 카지노와 관련되어 있고, 왕싱와와 관련성을 적시하면서 VIP룸을 운영하고 있는 그는 폭력단원으로 의심되고 북한과 개인적으로 연분을 갖고 있다고 한다. 그 보고서에는 2003년 1월 그가 러시아 총영사관의 고위관계자 및 스탠리 호와의 면담사실, 북한 고위당국자를 대리하고 있다는 주장, 북한에서의 사담 후세인과 그의 가족 및 고위층의 움직임을 도와주라는 요청을 받은 사실 등이 포함된 언론보도를 지적하고 있다.

이처럼 미국 각 주의 카지노 허가심사는 사업파트너의 적격성까지 심도 있는 조사를 거쳐 진행되고 있고, 타 주에서의 사례도 참고만

할 뿐 그대로 인용하지 않고 있다.

카지노업계와 선거, 투표[73)]

2010년 11월 2일 실시된 상하양원 의원 및 주지사 등 선거와 함께 미국 각 지역에서는 새로이 카지노를 설치하거나 면허유효기간 연장 등의 찬반을 묻는 투표가 동시에 실시되었다. 메릴랜드주의 앤 아룬델(Anne Arundel) 카운티 유권자들은 주에서 가장 큰 카지노를 설치하는 것에 동의하였고, 아이오와주의 17개 카운티는 주에서 면허를 내준 카지노의 면허유효기간을 8년 더 연장하는 데 동의하였다. 또 미주리주의 케이프 지라두(Cape Girardeau) 주민들은 동 시에 카지노를 허용하는 조치에 찬성하였고, 메인주에서는 옥스포드시에 소재하는 매출액 1억 6천 5백만 달러 카지노리조트에 슬롯머신뿐 아니라 테이블게임도 할 수 있도록 찬성하였다.

물론 성공하지 못한 경우도 있는데, 오리건주의 인디언카지노들은 주 내 최초의 사설카지노를 인정한 조치(*Measure 75*)를 철회하도록 하기 위해, 즉 인디언 부족들만 카지노를 운영할 수 있도록 하기 위해 수백만 달러를 쏟아 부었으나 성공하지 못하였고, 캘리포니아주 북부의 카지노들과 연계된 부족들은 리치몬드에 건설된 경쟁부족 카지노와의 경쟁관계를 완화하는 조치(*Measure U*, 경쟁이 격화되면 일부 부족운영 카지노가 파산할 수도 있기 때문에 이를 방지하기 위해 도입한 제도)를 없애는 데 실패하였다.

선거가 미국의 많은 합법도박의 기득권자들과 개발자(신규참여자)

---

73) I. Nelson Rose 교수가 2010년 11월 6일 미국 선거가 끝난 후 저자에게 메일로 보내온 "Voting For and Against Gambling"과 12월 23일 보내준 "The Growing Third Wave of Legal Gambling"을 번역한 글임.

들과의 경쟁에 이용되고 있음은 놀랄 일이 아니다. 예를 들어, 메릴랜드에는 이미 카지노가 합법화되어 있는데, 이번 선거는 아룬델 밀 쇼핑몰 옆에 4,750대의 슬롯머신을 갖춘 카지노를 세우려는 코디시(Cordish Cos.)라는 회사와 메릴랜드 경마클럽(Jockey Club) 간의 싸움으로, 이번 투표로 신규 카지노가 실제 경마경기가 없어질 로렐파크(Laurel Park)에는 들어서지 않으나 쇼핑몰 옆에 설치하게 되었다.

우파 종교·정치가 승리한 해에 유권자들은 게임을 도입·연장하는 데 동의하였다. 아이오와 각 카운티는 투표를 통해 매 8년마다 카지노면허를 갱신하였는데 2010년에도 그런 방식을 취했다. 인구 3만 5천 명의 아이오와 와펠로(Wapello)카운티 유권자들은 기존 카지노는 없애지 않으면서 신규 카지노 도입안을 부결시켰다(I. Nelson Rose 교수는 "정부 생각은 주민들이 어쨌든 도박을 해서는 안 된다는 것이겠지만 그들은 어떤 비용을 지불하고라도 내기를 계속할 것이다"라고 언급하고 있다).

합법적인 도박과 관련된 투표결과가 어떻게 나올지를 예측하는 것은 쉽지 않은데, 반대쪽이 승리하기도 한다. 1996년까지 유권자들은 적극적인 반대활동을 통해 고수익을 가져다주는 카지노를 허용하기 위한 주 헌법수정안에 동의하지 않았다. 애틀랜틱시티를 제외하고 미국 내 모든 고수익 카지노스타일 도박은 투표 없이 도입되었다. 심지어 네바다주의 유권자들도 카지노를 도입하자고 청원한 적이 없다. 잉글랜드정부가 식민지 경영을 위한 자금마련을 위한 복권제도를 도입하자, 미국 연방정부 구성 전인 1840년대 및 1850년대 미국 각 주는 주 헌법으로 복권도입을 금지하는 명문규정을 두게 되었고 이에 따라 복권도입은 주민투표를 통한 헌법개정이 있어야 가능하였으나, 네바다·미시시피·펜실베이니아주 등은 복권을 엄격히 문리해석하고 주민투표가 필요치 않은 주 법률로 카지노를 도입한 바 있다. 네바다주 헌법은 지금도 모든 복권금지를 명문화하고 있으며 경마나 경견장도 없고, 오리건주는 카지노, 주 발행 복권, 거의 모든 술집에서의 비디오포커게임기 설치, 경마 및 경견장, 인터넷을 이용한 경마, 경견에 대한 베팅을 허용하고 있으며, 자선빙고게임, 심지어 주 자체도 스포츠이벤트 베팅에 참가할 수 있는 등 모든 도박을 허용하고 있다.[74] 애틀랜틱시티의 카지노는 정치적인 일탈행위의 산물로서, 1976년 선거는 카지노 도입을 겨냥한 것은 아니었다. 2년 전 60%의 지지로 카지노 도입을 패퇴시켰던 전례도 있어 도입 반대자들은 자신만만해 애틀랜틱시티의 제안에 반대캠페인을 벌이지 않았다. 카지노도입반대위원회는 23,230달러의 기금조차 다 쓰지 않았는데, 도입찬성론자들은 캠페인 경비로 그 50배가 넘는 1,330,615달러를 써 전세를 역전시켰다.

1996년 전에는 카지노 합법화를 위한 시도가 몇 번 성공한 적이 있는데, 그것들은 모두 수익이 많이 나지 않는 게임과 관련된 것이었다. 실제로 투표에서 이기는 유일한 방법은 노름꾼들이 너무 많이 잃지 않도록 제한규정을 두고, 산골짜기나 물로 둘러싸인 고립된 지역에서의 게임임을 유권자들에게 약속하는 것이었다. 아이오와 유권자들은 선상보트에서 최대 5달러만 베팅할 수 있는 카지노를 도입토록 하였고, 콜로라도와 사우스다코타 유권자들은 조그만 산골마을에서 5달러로 베팅금액을 제한한 카지노를 도입토록 하였다. 미주리 유권자들은 선상카지노를 도입하면서 누구든지 5백 달러 이상은 잃을 수 없도록 하는 비현실적인 룰까지 도입하기도 하였다.

1996년 선거는 합법적인 도박 특히 카지노게임과 관련하여서는 가장 큰 성공이었는데, 적극적인 반대활동에도 불구하고 미국 역사상

---

74) 로즈 교수가 저자에게 보내온 다른 글 “The Growing Third Wave of Legal Gambling” 참조.

처음으로 2개 주의 시민들은 새롭고 고수익이 보장되는 카지노 도입안을 통과시켰다. 미시간주와 애리조나주 주민들은 내기액수에 제한을 두지 않고 선상이든 산골이든 지역에 제한을 두지 않는 새로운 카지노 도입에 동의하였다. 루이지애나의 6개 지역은 선상카지노가 영업중이었고, 올리언스 지역에는 육상카지노가 있었는데 7개 지역 모두 큰 표 차로 카지노를 유지토록 하였다. 상업적인 도박은 곳곳에서, 심지어 가장 보수적인 주에서도 도입하였는데, 루이지애나의 23개 지역에는 새로이 선상카지노가 도입되었고, 웨스트버지니아의 제퍼슨(Jefferson) 카운티는 찰스타운(Charles Town) 경마장에 천 대의 전자게임기(VLT)를 설치하는 데 동의하였다. 미시간주는 정치모금을 위한 빙고를 금지시키는 안을 부결시켰으며, 인디애나주의 마리온(Marion) 카운티는 인디애나폴리스 외곽에 경마장을 건설하는 안에 찬성하였다.

그 이후 과거로 회귀하는 일은 없었다. 1950년대까지만 하더라도 합법적인 게임을 도입하거나 확장하는 대부분의 제안들은 부결되었으며, 유권자들은 주가 운영하는 복권마저도 인정하지 않았다. 합법적인 도박이 네바다에 국한되고 경마와 카드클럽뿐이었을 당시 게임과 관련성은 공직후보자들에게는 정치적인 사망선고와 다름없었다. 그런 사정이 1998년에 바뀌었는데, 그해 선거에서 공화당이 휩쓸었다. 1996년에 민주당 빌 클린턴이 대통령에 당선되었으나 1998년 중간선거에서 경제가 나빠 거의 모든 지역에서 의석을 잃었으며, 당시 공화당 주지사들은 2명을 제외하고 모두 재선되었다. 그 두 지역이 앨라배마와 사우스캐롤라이나였는데, 두 지역 민주당 후보자가 우세하였고, 교육비 예산확보를 위해 주 복권을 도입하는 공약을 내세운 반면에 현직인 공화당 지사후보자는 모든 도박에 강경일변도였으며, 결국 낙선했다. 정치적인 경쟁에서는 다양한 이슈들이 복잡하게 결부되는데, 민주당후보자가 주 복권에 호의적이어서 이겼다고 말할 수는 없으나, 적어도 합법적인 도박과 관련되었다고 하여 더 이상 정치적인 타격을 입는 것은 아니라는 점이 밝혀진 첫 번째 선거였다.

합법적인 게임에 반대하는 것으로 비춰지는 것은 후보자에게 해가 되기도 한다. 네바다 카지노업계는 정치모금행사에서 반도박활동가들의 지원을 받고 있는 것이 밝혀진 후보에 대응하여 우호적인 후보의 재선을 도왔음은 주지의 사실이며, 경주카지노(*racino*, 실제의 경주장이 폐쇄되지 않고 있는 것은 장외발매소에서의 베팅이나 경마장에서의 경주카지노 덕분임) 문제는 2010년 미네소타 상하원선거에서 결정적인 변수의 하나였는데, 우호적인 후보가 비판적인 후보들에게 승리하였다. 일리노이주에서는 극우공화당 주지사후보 브래디(Bill Brady)는 선거 5일전에 "비디오포커는 일리노이의 골칫거리"라고 공개적으로 말했는데, 이로 인해 현역인 민주당 지사후보는 마지못해 주 세입증대를 위해 바람직스럽지 않지만 합법적인 도박이 필요하다고 방어하게 되었다. 공화당 바람이 분 선거였지만 브래디는 낙선하였는데, 그에 반대한 수천 표는 주 예산확보를 위해 합법적인 도박이 필요하다는 사람의 표이거나 비디오 포커게임[75]을 하는 사람들 표일 수도 있다.

75) 로즈 교수는 이용가능성과 기술발전은 수요를 창출한다면서, 2011년 가장 인기 있는 도박 중의 하나가 비디오포커게임기라고 언급하고 있다.

금연이 카지노 매출에 미치는 영향[76)]

카지노의 본고장인 네바다주에서는 실내공기정화법(*Clean Indoor Air Act of 2006*)에 따라 거의 대부분의 공공장소에서는 금연이 시행되고 있으나, 오직 카지노에서만이 흡연이 허용되고 있다. 콜로라도주에 본부를 둔 담배 없는 게임연대(Smoke-Free Gaming Coalition)는 미국 전역 카지노에서 담배를 추방하는 운동을 펼치고 있는데, 2009년 9월 네바다주의 카슨시티(Carson City)의 판당고카지노(Casino Fandango) 앞에서 회원들이 시위를 벌였으며, 2010년에는 라스베이거스 스트립, 르노, 레이크타회, 카슨시티 등에서 항의집회를 가진 바 있다. 네바다주에서는 아직까지 금연을 제안하는 주의원들은 없는데, 네바다주 게임업계는 흡연이 금지되면 카지노는 내리막길을 걸을 것이 뻔하며, 고객도 금연을 받아들일 준비가 되어 있지 않고 업계 역시 흡연고객들을 잃고 싶지 않다고 말하면서 언젠가는 금연이 실시되겠지만 자진해서 금연을 시행하지는 않을 것이라고 말한다. "현재까지 카지노는 흡연의 마지막 요새이며 마지막 수호자인 셈"이라고 네바다대학 르노캠퍼스의 이딩턴(William Eadington) 교수는 말한다.

금연과 카지노 매출액과의 상관관계를 연구한 결과를 보면 2009년 세인트루이스연방준비은행(Federal Reserve Bank of St. Louis)의 연구에서는 일리노이주가 금연을 실시한 후 카지노 매출액이 20%(4억 달러) 감소한 것으로 나타났고, 2008년 펜실베이니아주 연구에서는 7개 카지노에서 흡연가능지역에 설치된 슬롯머신 매출이 금연지역 슬

76) 이 글은 Ray Hagar가 운영하는 rgj.com에 2010년 4월 11일 올린 글 "Is smoking ban in casinos inevitable?"을 요약 번역한 것임. 강원랜드의 경우는 별도로 설치된 흡연실에서만 흡연가능. 외국인카지노에서는 흡연가능.

롯머신 매출액보다 60~185% 많은 것으로 나타났다. 또 2006년 루이스빌대학과 켄터키대학의 연구결과에서는 델라웨어주의 경마카지노 슬롯머신의 매출액이 금연을 시행한 후 10~19% 감소한 것으로 나타났다. 네바다주에서 금연을 실시하는 경우 카지노업계는 흡연이 인정되는 캘리포니아주의 인디언카지노 때문에 훨씬 더 큰 타격을 받을 것이라고 우려한다. 인디언카지노는 주법이나 연방법이 적용되지 않으며 인디언부족의 주권이 인정되는데, 캘리포니아에 있는 70개의 인디언카지노의 98%가 흡연을 허용하고 있다. 업계관계자들은 "인디언카지노에 금연이 시행되면 우리도 금연을 시행할 수 있다"고 할 정도로 금연조치를 심각하게 받아들이고 있으며 금연이 시행되면 많은 고객들이 경쟁업체인 캘리포니아의 인디언카지노로 옮겨갈 것이라고 우려하고 있다. 실제로 코네티컷주에서 인디언카지노인 폭스우드(Foxwoods)와 모헤건선(Mohegan Sun) 카지노에서의 금연법 제정을 추진한 바 있으나 마샨터켓피쿼(Mashantucket Pequot)족과 모헤건족 주권문제와 맞물려 폐안된 바 있다.

라스베이거스에 2009년 12월 개장한 85억 달러짜리 시티센터(CityCenter)[77]에서는 유일한 카지노가 들어선 아리아(Aria) 호텔의 카지노 층에서만 흡연이 인정되고 있다. 일부 전문가들은 환기시스템 개선을 통해 금연규제를 피할 수 있을 것으로 전망하고 있는데, 시티

77) MGM Mirage(MGM Resorts International로 명칭변경)와 Dubai World가 110억 달러를 투자하여 건립한 호텔, 콘도, 상업, 오락시설로 미국 내에서 민자로 건설된 최대의 프로젝트이며, 2009년 12월 19일 Vdara, Aria, Mandarin Oriental, The Crystal은 개관하였고, Veers Towers, Harmon Hotel은 2010년 말 개관. Aria는 호텔(4,004개 객실)과 카지노, Vdara는 호텔형 콘도(1,495실), Mandarin은 호텔(392실)과 콘도(225실), Veers는 쌍둥이 빌딩의 콘도(674실), Harmon은 호텔(400실)과 스파, Crystal은 상업오락시설이다.

센터에서는 바닥에서 천정으로 공기를 밀어 올리는 환기시스템을 선보였으며, 아리아카지노에서는 딜러와 플레이어 사이에 공기차단막을 설치하기도 하였다. 시카고의 한 변호사는 규제를 피하기 위해서는 금연과 흡연 테이블 및 구역을 구분하는 방법이 있다고 말한다.

카지노의 금융거래 보고제도[78] — 통화거래내역 보고와 범죄의심활동 보고제도

어느 나라든지 조세당국은 세금을 한 푼이라도 더 걷기 위해 온갖 제도를 도입하고 있는데, 카지노와 관련된 금전거래도 예외는 아니며, 특히 상시적으로 현금거래가 많은 사업에는 범죄활동에 연루될 가능성이 많아 여러 가지 감시방안을 도입, 시행하고 있다. 카지노나 경마장, 빙고홀, 카드클럽, 주 복권당국은 법령에 의거 연방정부에 각종 보고를 하도록 요구받고 있다. 미국에는 유럽 여러 나라들처럼, 곤경에 처한 사람을 구해주지 않는 행위를 처벌하는 착한 사마리아법(*good Samaritan law*)이 시행된 적이 없었으며, 카지노영업에서도 고객이 불법자금으로 게임하고 있음을 알고 있더라도 범죄행위를 방조하지 않는 이상 관련기관에 보고할 의무는 없었다. 그러나 세금탈루를 추적하고 마약거래나 테러 등 범죄와 연관된 자금의 카지노에서 사용 또는 세탁을 방지, 추적하고자 특정한 거래를 보고하도록 의무화하였다.

1970년 연방 은행비밀법(*Bank Secrecy Act*)에 따라 은행은 정부가 100달러 이상의 수표를 추적할 수 있도록 수표사본을 보관하도록 의

78) 2011년 3월 3일 미국의 I. Nelson Rose 교수가 저자에게 보내온 메일을 토대로 쓴 글이며, 2010년 10월 26일 FinCEN은 새로운 금융거래 보고규칙을 공포한 바 있다〔31CFR Chapter X(75FR 65806)〕.

무화하고 있으며, 금융기관은 1만 달러 이상의 현금거래는 15일 이내에 국세청에 보고하도록 의무화하고 있다. 1985년 레이건 행정부는 연간 매출액이 100만 달러 이상의 카지노를 보고대상 금융기관에 포함시켜 대부분의 카지노가 이 규칙의 적용을 받게 되었으며, 1만 달러 이상을 거래하는 경우에는 매번 게임하는 사람들의 성명, 주소, 직업, 사회보장번호(SSN)를 국세청에 보고해 오고 있다. 즉, 카지노 통화거래내역 보고제도(CTRCs: *Currency Transaction Reports Casinos*)에 따라 1만 달러 이상의 칩을 사거나, 현금을 예치하거나, 돈을 따거나, 내기를 크게 하거나, 심지어 잭팟이 터진 경우 보고가 의무화되어 있다.[79] 1988년 미국 재무부가 추계한 바에 따르면 미국 내의 2백여 개 카지노가 연간 150여 건이 보고될 것으로 예상하였으나, 로즈 교수가 네바다주, 애틀랜틱시티, 푸에르토리코 지역을 대상으로 한 비밀조사에서는 대형 카지노는 한 달에 75건을 보고한 곳도 있는 것으로 나타났다.

뿐만 아니라 연방금융범죄통제네트워크(FinCEN: Federal Financial Crime Enforcement Network)에 따라 카지노는 단순 의심이 가는 거래까지 보고토록 강제하고 있다. CTRCs는 1만 달러 이상 거래를 보고토록 하고 있으나 FinCEN에 의해 보고되는 카지노의 범죄의심활동보고(SARCs: *Suspicious Activities Report by Casinos*)는 5천 달러 이상으로 거래자금이 불법활동에 기인한 것임을 알거나 의심이 가거나 의심되는 이유가 있을 때에는 보고하도록 요구하고 있다. 임원이 의심거래를 보고하지 않으면 카지노는 벌금을 물게 되는데, 30일 이내

79) 우리나라의 경우에는 '특정금융거래정보의 보고 및 이용 등에 관한 법률'에 따라 금융기관은 5천 달러 이상의 외화거래, 천만 원 이상의 금융거래, 2천만 원 이상의 현금거래는 30일 이내에 금융정보분석원에 보고하도록 규정하고 있다(제 4조, 제 4조의 2).

에 보고하도록 규정되어 있으나 2011년 초 국세청은 카지노 종사자들과의 면담에서 의심거래를 안 시점에 자발적으로 보고해 주도록 요청한 바 있다. 카지노 측으로서는 VIP고객의 거래내역을 보고하는 것이 내키지 않는 일이지만 본의 아니게 비밀경찰, 연방정부기관의 하수인 노릇을 하고 있다. 9 · 11 이후 미국의회는 '테러자금의 돈줄과 원천을 파악하여 붕괴, 와해시키기 위해' 애국법(*2002 Patriot Act*)으로 불리는 국가안전법(*Homeland Security Act of 2002*)을 제정하였으며, 재무부는 이 법령에 따라 IRS, FBI, ATF, DOJ, 관세청(*Customs*), 비밀수사국(*Secret Service*), 우정성(*Post Office*), 해군범죄수사대(*Naval Criminal Investigative Service*), FinCEN 등의 대표들로 특별조사팀(Green Quest)을 구성, 활동하고 있다. 막강한 기관들이 합동으로 테러자금뿐 아니라 도박자금을 속속들이 들여다보는 셈이다. 또 딴 돈에 대한 세금부과를 위해 카지노는 1,199달러 이상을 딴 사람에게 상금자진신고서를 교부하도록 되어 있다.

3232 ☐ CORRECTED

PAYER'S name	1 Gross winnings	2 Federal income tax withheld	OMB No. 1545-0238
Street address	3 Type of wager	4 Date won	2011 Form W-2G
City, state, and ZIP code	5 Transaction	6 Race	Certain Gambling Winnings
Federal identification number Telephone number	7 Winnings from identical wagers	8 Cashier	
WINNER'S name	9 Winner's taxpayer identification no.	10 Window	For Privacy Act and Paperwork Reduction Act Notice, see the 2011 General Instructions for Certain Information Returns.
Street address (including apt. no.)	11 First I.D.	12 Second I.D.	
City, state, and ZIP code	13 State/Payer's state identification no.	14 State income tax withheld	File with Form 1096.
Under penalties of perjury, I declare that, to the best of my knowledge and belief, the name, address, and taxpayer identification number that I have furnished correctly identify me as the recipient of this payment and any payments from identical wagers, and that no other person is entitled to any part of these payments. Signature ▶ Date ▶			Copy A For Internal Revenue Service Center

Form **W-2G** Cat. No. 10138V Department of the Treasury - Internal Revenue Service

카지노 상금신고서 양식

미국 게임협회 제안 10대 규제개혁 과제

미국게임협회(American Gaming Association)는 2011년 10월, 게임산업에 대한 주 정부나 규제기관의 면허·보고제도·내부운용규칙·게임기 인증제도 등 규제사항 중 규제목적이 타당하지 않거나 불필요하거나 실효성이 없는 10개 분야에 대한 개혁이 필요하다는 백서를 발표하였는데,[80] 카지노 관리·운용에 엄격한 잣대를 적용하고 있음을 엿볼 수 있다.

① 면허기간 연장: 인디애나와 미시간주는 매년(면허갱신조사는 매 3년), 미주리와 미시시피주는 매 2년, 펜실베이니아주는 매 3년, 일리노이주는 매 4년, 루이지애나주는 매 5년마다 면허를 갱신하고 있으며, 뉴저지와 네바다주는 면허갱신시 재조사제도는 물론 면허갱신제도 자체를 폐지한 바 있는데, 카지노는 항시 면허시의 적합성(*suitability*)을 유지해야 함은 물론, 각종 재정상황, 인적 구성원의 변동보고 등 엄격한 통제하에 운영되고 있으며, 규제기관은 조사·시정명령 등을 발할 수 있고 위반시 면허를 취소할 수 있는 만큼 면허기간을 특정할 필요가 없다고 판단되나 최소한 5년으로 연장되는 것이 바람직하다(2010년 22개 주 정부규제기관에서 게임운영자, 장비공급업자, 관련사업자 등에게 9백 건 이상의 면허를 갱신).

② 면허신청형식의 통일: 22개 규제기관이 요구하는 면허신청형식이 상이하며, 특히 외국을 포함한 여러 지역에서 카지노 사업을 영위

---

80) White Paper, Improving Gaming Regulation : 10 Recommendations for Streamlining Processes While Maintaining Integrity: http://www.americangaming.org/

하는 경우 면허신청양식을 통일할 필요가 있는데, 국제게임규제기구협회(IAGR: International Association of Gaming Regulators)가 제안한 양식을 사용하는 것이 편리하다. 여러 지역에서 카지노사업을 하는 경우에는 신청자의 부담을 줄일 수 있고 개인뿐 아니라 기관의 경우에도 동일한 양식을 사용할 수 있다. 동 양식은 신청자와 관련한 일흔여섯 가지의 정보를 기록하도록 하고 있는데, 과거 15년간의 거주기록, 형제자매·배우자의 거소와 직업, 20년간의 고용기록, 본인이나 가족의 2만 5천 달러 이상의 대출기록 등이 포함되어 있다. 타 주에서 면허를 받은 경우에는 중복되는 사항에 대한 조사를 면제할 수도 있어 면허심사기간을 단축할 수도 있다.

③ 25% 미만 주식을 보유한 기관투자가 등에 대한 면허·등록 면제: 대체로 경영에 참여하지 않는 주식·지분을 25% 미만 보유한 기관투자자·각종 기금·해지펀드·제도권 금융기관 등에 대해서는 면허나 등록절차를 면제하는 것이 타당하다. 현재 미시시피와 인디애나주는 소유지분 15% 미만, 미주리주는 소유지분 10% 미만(위원회 사무총장 재량) 또는 20% 미만(위원회 결정), 미시간주는 15%까지 면허나 등록을 면제해 주고 있으며, 일리노이주는 기관투자가가 10% 이상 투자시 등록토록 하고 있고, 펜실베이니아주는 기관투자가가 게임장비업체의 소유지분을 5~15% 취득하거나 게임업체의 소유지분 5~10%를 취득한 경우 보고하도록 규정하고 있다.

④ 대출약정이나 공모를 통한 자금 조달시 승인제도 폐지: 네바다, 미시시피, 루이지애나주에서는 대출이나 공모를 통한 자금조달에 규제기관의 사전승인이 필요한 바, 시간이 걸리고 또 유리한 조건의 대출이나 자금조달에 지장을 받을 수도 있다. 지불능력이 증명되는 경우 자체적으로 조달할 수 있도록 허용할 필요가 있다.

⑤ 사외이사 등록제도 폐지: 금융, 마케팅, 정보기술분야 전문가

를 사외이사로 선임하여 경영관리나 기업성장에 활용할 필요가 있으나 비상임임에도 세밀한 배경이나 적합성 조사를 받는 것을 꺼려하여 영입하지 못하고 있으므로 외부 전문가를 사외이사로 선임할 수 있도록 필요한 경우 사외이사 자격요건을 정하고 심사대상에서는 제외할 필요가 있다.

⑥ 불필요한 보고제도 폐지: 규제기관은 소유지분, 관리, 재무상황 등에 대한 분기별 또는 연간보고를 받고 있으나 특별한 사후조치를 취하는 것이 없는 통상적인 보고인바 폐지할 필요가 있다. 또 네바다주와 미시시피주는 타 주의 면허를 받는 경우 보완심사를 받도록 규정되어 있고, 네바다주의 경우 외국을 포함한 타 주 면허를 취득한 때에는 소유지분 변동, 연봉 12만 5천 달러 이상을 수령하는 주요 간부의 변동, 게임관련 불만·분쟁과 대응조치, 게임 관련 종업원의 체포 사실, 주요 간부들의 경범죄나 주요 위반사항 등을 분기 및 연간으로 보고하도록 규정하고 있는 바 이를 폐지할 필요가 있다(네바다주에는 18개 상장회사가 68개 카지노를 운영하고 있으며, 연간 100여 건의 불필요한 보고를 시행하고 있음). 미시시피와 네바다주는 대출계약이나 기존 신용에 변경사항이 있을 경우에는 이를 보고토록 규정하고 있는바, 대부분의 회사가 상장회사인 만큼 이 제도는 불필요하다. 상장회사는 증권거래소에 분기별로 온라인으로 보고토록 되어 있으므로 별도 보고가 불필요하다. 일리노이, 인디애나, 루이지애나주에서 시행하는 주요 주주와 그들의 소유지분(일리노이는 5%, 인디애나와 루이지애나는 1% 이상 보유) 변동보고 역시 주요 종업원이나 법인의 이사는 면허시 심사를 받을 뿐 아니라 변동시 통보하도록 규정되어 있으므로 분기별 보고는 불필요하다. 미시간주의 연간 25만 달러 이상 모든 서면계약과 5만 5천 달러 이상의 구두계약을 매년 보고토록 한 제도, 인디애나주의 12개월 동안 5만 달러 이상의 서면계약이나 2

만 5천 달러 이상의 구두계약 분기별 보고제도, 일리노이주의 관련당사자간의 5만 달러를 초과하는 계약에 대한 분기 및 연간보고제도, 미시시피주의 관련당사자와의 50만 달러 이상 계약보고제도 등은 폐지하고 내부준법감사위원회(*internal compliance committee*)에 일임할 필요가 있다.

⑦ 면허절차와 관행 개선: 면허갱신시 종업원에 대한 신용조회를 정기적으로 실시할 경우, 해당자의 신용한도를 낮추게 되므로 고용관계 조회로 바꾸어야 하며, 주 내의 타 기관에서 지문을 찍도록 하는 제도는 불편하므로 폐지하고, 정기적인 인터뷰에 출석토록 하는 대신에 비디오인터뷰를 활용할 수 있도록 하며, 갱신시에는 이를 생략토록 하고, 미시간이나 펜실베이니아같이 호텔, 식음료부, 오락담당부서 직원까지 면허 또는 등록을 받도록 하는 제도를 폐지하되 필요한 경우 직원명단만 통보하도록 하고 이것도 전자방식을 활용하는 것이 바람직하다.

⑧ 최소한의 내부통제기준 폐지: 카지노의 직종, 직역설명, 조직구조나 자질구레한 내부통제 규정, 예를 들어 칩은 투명용기에 보관하고 외부에서 보이는 장소에 보관할 것(미주리주), 팁박스(*tip box*)는 잠가둬야 하며, 기록을 유지해야 한다(일리노이주)는 등의 규정들은 과감히 정비할 필요가 있다. 너무 세세하게 규정하는 경우 새로운 기술이나 방식의 발전·등장을 어렵게 할 수도 있다.

⑨ 전자게임기 선적 사전통지 및 승인제도 폐지: 전자게임기 제조사는 게임기를 선적하기 전에 규제기관에 사전에 서면으로 통지하거나 승인받도록 규제하는데, 메릴랜드주는 선적 14일 전에, 인디애나주는 10일 전에, 미주리와 미시시피주는 5일 전에 사전 통보하고, 델라웨어주는 서면승인을 받도록 규정하고 있으며, 네바다주는 주 밖으로 이동하는 경우 통보하도록 규제하는데, 보고 또는 승인받은 후

특별한 후속조치도 없는 만큼 이를 폐지하여야 한다(2011년 1개의 대형 기기제조사는 5천 건 이상 서면통지 시행).

⑩ 전자게임기 사전승인기준 축소: 전자게임기의 핵심부분인 난수생성기(*random number generator*), 게임환급률(*mathematical payouts in the game*), 고객에게 제공되는 정보와 게임설명, 안전기준 등은 사전승인을 받을 필요가 있으나 외관이나 음향장치, 경미한 사양변경이나 편리성 향상 등 게임의 공정한 운영, 기기의 신뢰도, 게임운영에 대한 고객들의 이해에 지장을 주지 않는 경우에는 현장점검제도를 도입하는 등 사전승인사항을 축소할 필요가 있다(연간 1만 8천 건의 사전승인이 신청되고 있으나 외관 고치는 것이 대략 4분의 1 정도를 차지).

게임산업 관련 법규

게임 관련 주법과 규칙

돈세탁 방지 등 금융 관련 연방법은 게임산업에도 적용되나 게임장의 면허, 운영, 마케팅, 안전 등 대부분의 사항은 주법과 규칙에 의거 통제하고 있고 그 내용도 주마다 상이하다. 그 중 주요 카지노 시장인 네바다주의 주법 중 관련부분은 아래와 같다.

네바다주법(*Statutes*)
-기금출연, 수익의 사용(발췌)

Title 40-공중보건과 안전
Chapter 458A-문제도박의 방지와 치유

NRS 458A.090 신설: 행정, 계좌에서의 금전사용, 주어진 지원금과 계약과 관련된 연차보고

1. 문제도박의 방지와 치유목적 프로그램을 지원하기 위한 특별계정을 주 일반기금에 창설하며, 국장이 관리한다.

2. 이 조에 특별히 규정된 경우를 제외하고 계정의 돈은 문제도박의 방지와 치유프로그램을 운영하거나 관련 데이터 개발, 수요평가, 평가나 기술지원 등을 제공하는 주정부기관, 주의 다른 하부조직 또는 단체나 교육기관의 서비스를 위한 지원금이나 계약금 지불용도로만 사용되어야 한다. 국장은 계정자금의 10% 이내에서 계정관리를 위해 사용할 수 있다.

3. 계정의 설치로 인해 주정부기관, 주의 다른 하부조직 또는 단체나 교육기관이 계정으로부터의 지원금을 받을 권리가 발생되는 것은 아니다.

4. 매년 1월 31일 이전에 국장은 전년도의 지원금과 서비스계약과 관련된 서면보고서를 주법제국장에게 제출하여야 한다.

Title 41-게임, 경마, 스포츠이벤트

Chapter 463-게임면허와 통제

NRS 463.320 면허수수료와 과태료 징수 및 처리

1. 모든 게임면허 수수료는 이 조의 규정에 따라 징수, 처리한다.

2. 모든 주 게임면허 수수료와 과태료는 위원회에 의해 징수되고 즉시 주재정국에 이체되고 다음과 같이 처리한다.

(b) 주 게임면허수수료는 각 카운티에 균등하게 배분된다.

*게임 수에 따른 연간 면허수수료(NRS 463.380)

1개-100달러, 2개-2백 달러, 3개-4백 달러, 4개-750달러, 5개

-1,750달러, 6~7개-3천 달러, 8~10개-6천 달러, 11~13개-650달러×게임수, 14~16개-천 달러×게임수, 16개 이상-1만 6천 달러+2백 달러×16개 이상 추가 게임수.

(e) 위원회는 슬롯머신 1대당 2달러에 상당하는 액수로 창설되고 위원회에 의해 징수된 문제도박방지치유프로그램 계정에 분기별로 예치한다.

네바다주 규정(*Regulations*)

Regulation 5

게임관련기관들의 운영

5.170 문제도박 대처를 위한 프로그램

1. 이 조에서 면허를 받은 자라 함은 제한적으로 또는 제한 없이 게임을 영위하도록 면허를 받은 사람을 의미한다.

2. (경고표시, Help 라인, 광고) 면허를 받은 자는 게임이나 케이지 구역 또는 게임구역 내에 있는 현금인출기 인근 눈에 잘 띄는 곳에 문제도박의 본질과 증상, 문제도박전국협의회 또는 위원장이 인정한 문제도박 정보 및 관련서비스를 제공하는 유사기관의 무료전화번호를 서면으로 작성하여 붙이거나 제공하여야 한다.

3. (훈련과 교육) 면허를 받은 사람은 절차와 게임구역에서 게임하는 사람들과 접촉하는 모든 종업원들의 훈련을 이행하여야 한다. 최소한 훈련에는 문제도박행위의 본질이나 증상에 관한 정보, 문제도박 프로그램에 관한 정보를 얻는 데 게임자들이 도움을 받을 수 있는 내용으로 구성되어야 한다. 이 조항은 종업원이 문제도박자를 가려내야 한다는 것으로 해석되지 않는다. 면허를 받은 사람은 프로그램을 담당하거나 그러한 훈련과 절차들의 유형이나 빈도에 대처하는 데 책임 있는 사람을 지정하여야 한다. 문제도박네바다협의회가 시행하

거나 인정한 훈련프로그램은 협의회가 인정한 기간 동안 적합한 훈련을 제공하는 것으로 간주한다.

4. (자진퇴출, *self exclusion*) 크레디트 제공, 현금체크, 메일을 이용한 직접마케팅에 종사하는 사람은 아래에 기술하는 요소, 즉 적절한 조처로서 게임하는 사람들이 크레디트 공여, 현금체크, 메일마케팅에 접근하는 것을 스스로 제한할 수 있도록 하는 요소들이 포함된 프로그램을 이수하여야 한다. 적절한 프로그램에는 최소한 아래 사항이 포함되어야 한다.

(a) 게임하는 사람들에게 프로그램을 설명, 확산시키기 위한 서면의 개발
(b) 게임하는 사람들이 프로그램에 참가하는 것을 허용하는 서면양식의 개발
(c) 게임하는 사람들이 현금체크, 크레디트 공여, 메일마케팅에의 참가에 접근하는 것을 막을 수 있는 기준과 절차
(d) 게임하는 사람이 면허받은 자가 관리하는 메일리스트나 다른 마케팅 리스트에서 제외되는 것을 허용하는 기준과 절차
(e) 게임하는 사람이 프로그램에 명시된 게임우선권, 상품이나 사은품을 받는 경우 10일 이내에 면허받은 사람이 지정하는 사무소에 통보하는 절차나 형태

5. 위원장은 면허를 받은 사람에게 검토목적으로 2항 내지 4항에 규정된 프로그램의 요소들 중 어느 것이든 제출을 요구할 수 있다. 만일 위원장이 면허받은 자가 운영하는 프로그램이 2항 내지 4항에서 규정하는 기준에 부합하지 않는다는 행정적 결정을 하면, 미흡한 부분을 찾아내고 그런 미흡함이 치유되어야 하는 기간을 특정하는 결정을 내릴 수 있다. 행정결정에 의해 영향을 받은 면허사업자는 다른

규정이 정한 바에 따라 이의를 제기할 수 있다.

6. 면허받은 사람이 2항 내지 4항에서 규정한 프로그램의 설치나 5항에 의거 밝혀진 미흡함의 치유에 실패할 경우에는 부절절한 방법의 운영을 야기하고 징벌할 수 있는 행위의 근거가 된다.

7. 이 규칙 1, 2, 5, 6과 7은 1999년 1월 1일부터 효력이 발생하며, 3은 1999년 3월 31일부터 효력이 발생한다.

게임협회 제정 책임게임 행동준칙(*Code of Conduct for Responsible Gaming*)

종업원에 대한 다짐

- AGA회원들은 신규고용 직원들에게 책임 있는 게임에 관한 교육을 시킨다.
- AGA카지노회사들은 게임플로어 직원들에게 책임 있는 게임에 관한 훈련을 시키고 정기적 재훈련 기회를 제공한다.
- AGA회원들은 책임 있는 게임 및 관련정책과 절차에 대한 이해증진을 위한 종업원 대상 커뮤니케이션 프로그램을 실시한다.
- AGA회원들은 책임 있는 게임을 설명하고 어디서 도움을 받을 수 있는지를 설명하는 브로슈어를 신규직원에게 배포한다. 회사는 종업원들이 가져갈 수 있도록 여분의 브로슈어를 준비한다.
- AGA회원들은 종업원들이 모이는 여러 장소에 무료도우미 전화번호가 포함된 책임 있는 게임 인지표식을 부착한다.

고객에 대한 다짐

책임 있는 게임의 확산을 위해

- AGA회원들은 고객들이 책임 있는 게임과 어디서 도움을 받을

수 있는지를 설명하는 브로슈어를 이용할 수 있도록 준비한다. 이 자료는 게임구역이나 현금인출기에서 가져갈 수 있게 보이도록 비치한다.

- AGA회원들은 고객들이 웹(*Web*)에서 책임 있는 게임과 어디서 도움을 받을 수 있는지를 설명하는 정보를 이용할 수 있도록 조치한다.
- AGA회원들은 게임구역과 현금인출기에서 무료도우미 전화번호가 포함된 표식을 쉽게 읽을 수 있도록 게시한다.
- AGA회원들은 게임하는 고객과 종업원들에게 카지노에서 행해지는 여러 종류의 게임에서 따고 잃을 가능성을 일반적으로 설명하는 정보를 제공한다.
- 개별 AGA회사들은 고객들에게 판촉메일을 보내지 않도록 서면으로 요구하거나 카지노 발행 포인트카드, 우대고객카드, 현장 현금인출 등 특별 카지노서비스 이용특권을 포기할 수 있는 기회를 제공한다. 부가하여 개별 카지노회사들은 시설 내에서 게임행위를 하는 사람들이 '공공연하게 판촉활동을 하지 말아 달라'는 서면요청에 대응하는 합리적 노력을 경주한다.
- AGA카지노회사들은 고객들의 요구가 없어도 고객들을 게임으로부터 배제시키는 권리를 보유한다.

게임미성년자들의 도박방지와 게임을 하지 않는 소수자들을 위해

- AGA카지노회사들은 게임미성년자 개개인들이 카지노의 게임구역을 배회하는 것을 방지하기 위하여 끊임없이 노력한다.
- AGA카지노회사들은 적절한 안내표시나 브로슈어를 통해 법적으로 게임할 수 있는 연령을 알린다.
- 게임관련구역에서 일하는 종업원들은 게임하지 않는 어린이, 게

임미성년자의 도박, 이들에 의한 알코올과 담배의 구입이나 소비에 적절하게 대처하는 훈련을 받는다.

- 보호자를 동반하지 않은 어린이가 나타나거나 이들이 해당지역의 통행금지시간이나 다른 법령을 위반하는 경우 안전요원이나 해당 직원은, 책임 있는 담당직원이 부모나 책임 있는 성인의 소재를 파악하거나 전화연락이 될 때까지 어린이들과 함께 있으면서 연락이 유지되도록 한다. 그런 노력이 성공적이지 못할 경우 안전요원은 경찰서나 청소년 서비스기관 등 적절한 제3의 기관을 접촉하고 게임하지 않는 어린이들을 이들 보호기관에 인계한다.

책임 있게 주류를 서비스하기 위해

- AGA회원사들은 책임 있는 음료서비스를 제공하는 주의를 기울이며 다음 사항에 유의한다.

  · 카지노는 공공연하게 (게임하지 않는) 게임미성년자들에게 주류서비스를 하지 않는다.
  · 카지노는 공공연하게 현저하게 술 취한 고객에게는 주류를 서비스하지 않는다.
  · 카지노는 술 취한 고객이 게임하지 않도록 부단한 노력을 경주한다.
  · AGA카지노회사들은 종업원들에게 적절한 방법으로 회사의 책임 있는 주류서비스 방침을 훈련시키며 정기적으로 재교육시킨다.

책임 있게 알리기 위해

이 준칙은 AGA회원사들의 카지노게임 광고와 마케팅에 적용된다. 이 준칙은 종종 카지노와 연계되거나 공동으로 또는 함께 홍보되는 호텔, 식당과 엔터테인먼트를 겨냥한 광고나 마케팅과는 관련이 없다. 이 준칙은 회사 밖으로 내보내는 라디오나 TV광고, 인쇄물,

DM, 간판과 인터넷광고 및 마케팅에 적용된다.

▪ **카지노 광고와 마케팅은**

· 책임 있는 게임과 관련된 메시지와 실질적으로 이용할 수 있는 무료도우미 전화번호를 포함한다.

· 일반적으로 현대적인 기준에서 훌륭하다고 받아들여지는 것을 반영한다.

· 허위와 오해를 유발하지 않도록 하는 주와 연방의 모든 기준을 엄격히 준수한다.

▪ **카지노 광고와 마케팅 자료들은**

· 특별하게 어린이나 게임미성년자들을 겨냥한 카툰의 인물, 심벌, 인기인이나 연예인의 지지나 그런 언어가 포함되지 않도록 한다.

· 현재 대학생인 선수들은 다루지 않는다.

· 게임에 참가하는 법적 연령에 미달하는 어느 누구도 다루지 않으며 미달한 연령층을 겨냥하는 것도 다루지 않는다.

· 게임활동이 개개인의 사회적, 재정적 또는 개인적 성공을 보장한다는 주장이나 표현들은 포함하지 않는다.

· 시청자나 구독자의 대부분이 게임활동에 참가하는 법적 연령 아래인 것으로 합당하다고 여겨지는 미디어에는 노출하지 않는다.

· 모든 종류의 어떠한 불법적 활동도 암시하거나 부추기지 않는다.

· 특별히 어린이나 게임미성년자를 위한 미디어에는 노출하지 않는다.

· AGA회원에 의해 통제되는 범위 내에서 우상이나 젊은 인물을 가까이에서 또는 밀접한 유사성에 호소하지 않는다.

· 관중 대부분이 게임활동에 참가하는 법적 연령층 아래로 통상적으로 생각되는 어떤 장소에도 노출하지 않는다.

공중에 대한 다짐

연구기금의 계속을 위해

- AGA회원은 도박과 건강에 관한 과학적 조사연구와 정보분야에서 지도적 역할을 하는 전미 책임 있는 게임센터(NCRG)에 대한 자금지원을 계속한다.
- AGA회원은 이런 자료들이 책임 있는 게임을 확산시키는 최선의 방책을 찾아내는 데 활용되도록 한다.
- AGA회원은 게임하는 사람, 종업원, 정책담당자들과 소통하고 교육시키기 위해 도박과 건강에 관한 과학적 조사연구를 둘러싼 대화방법을 지속적으로 개발한다.

감독과 리뷰를 제공하기 위해

- 이 행동준칙 채택 후 1년 이내에 각 AGA회원사는 이 준칙을 시행하고 이 준칙에 따랐는지를 매년 평가한다.

AGA의 행동준칙의 모든 내용은 지방, 주, 연방법규에 따른다.
AGA이사회에 의해 2003년 9월 15일 효력발생.

캐나다(마니토바주)의 도박규제제도

캐나다는 1969년 연방형법을 개정하여 도박을 합법화하였는데, 현행 형법 제7장 '풍기문란 영업장, 게임과 베팅'에서 도박과 매춘에 관한 사항을 규정하고 있다. 풍기문란 영업장을 매춘이 행해지는 갈보집(*common bawdy-house*), 경마·싸움·경기·스포츠이벤트 등 경기장이나 장외발매소 등 베팅장, 주사위·카드·슬롯머신 등 게임이 행해지는 게임장 모두를 포괄하는 개념으로 정의하고 있으며(제197조(1)), 풍기문란 영업장 의제규정(제198조), 영장발부 및 치안담당자의 수색·압수·몰수(제199조), 불법으로 베팅장이나 게임장을 운영하거나(제201조) 시설·장소 등 또는 부품이나 기구 등을 제공한 자나 베팅이나 게임 관련 정보 등을 송수신·전달한 자(제202조), 타인을 위해 베팅이나 게임을 한 자(제203조), 불법으로 제비·카드·티켓·우연에 좌우되는 모든 형태의 것을 제조·인쇄·광고·출판·판매 등을 한 자(제206조), 규정된 내용과 달리(불법으로) 우연 또는 우연이나 기술 둘 모두에 영향을 받는 게임을 한 자(제207조), 사기게임을 한 자(제209조)는 즉결심판(*summary conviction*)이나 2년 이하의 징역에 처하며, 상습범에 대해서는 처벌하한(14일 이상, 3개월 이상 등)을 규정하는 등 한국이나 일본 형법상 도박 관련 규정보다 월등히 많은 분량의 상세한 규정을 두고 있다. 물론 장소제공자에게 돈이 분배되지 않거나 게임참가에 비용을 지불하지 않는 게임, 10인 이내 참가자들 사이의 베팅이나 영업목적이 아닌 사인간의 베팅, 다른 나라 항구에도 기항하는 크루즈선박에서의 게임 등은 허용된다.

중부캐나다 마니토바주의 게임통제법(*The Gaming Control Act*)은 형법의 특별법 성격을 갖는 법으로 형법(제207조)에서 규정하는 공공오락장에서 행해지는 모든 합법적인 우연의 게임을 규율하고 있다. 동법에 따르면 게임활동이 정직하고 성실하게 공공의 이익에 부합되게 운용될 수 있도록 하기 위해 게임통제위원회(Gaming Control Commission)를 설치하며, 자선·종교·전시행사에서의 게임활동[81]을 포함하여 모든 오락장 운영자는 위원회의 면허(유효기간 3년, *Gaming Control Regulation*: GCR 제10조 제1항)를 받도록 규정하고 있는데, 면허신청자나 그 대표자가 정직하고 성실하며, 부의 축적과정이 만족스러워야 하고 신청자가 조직체나 기업인 경우 재정계획이 적합하여야 함은 물론, 게임활동에 제공되는 부동산이 적합하고 그 소유자나 점유자가 정직하고 성실해야만 면허가 발부된다(법 제12조). 게임운영자, 비디오게임기(VLT) 설치자, 복권판매업자, 비디오게임기·슬롯머신·복권판매기·게임테이블·카드·칩·감시장비 등 공급업자뿐 아니라 게임업무를 담당하는 오락장 종사자들이나 기관들도 위원회에 등록(유효기간 5년, GCR 제10조 제2항)하도록 규정하고 있으며,[82] 이들 역시 정직하고 성실하며 부의 축적과정에 문제는 없는지 심사를 받게 되고(법 제14조), 등록되지 않은 사람은 고용할 수 없도록 규정하고 있다(법 제20조). 또 모든 게임운영자는 책임 있는 게임 관련 정책을 채택하고 보완하며,[83] 오락장 운영자는 모든

81) 2010/11회계연도에 1,130개 자선단체의 1,785개 행사에 게임면허발급(총매출액 7,790만 달러)〔이하 통계는 마니토바게임통제위원회(MGCC)의 2010/11연차보고서에서 인용〕.

82) 2011년 3월 31일 현재 등록자는 4,143임(마니토바복권공사 직원 2,138, 복권판매업자 865, Aseneskak Casino 및 South Beach Casino 2개 카지노 직원 553-개업준비중인 Spirit Sands Casino는 제외, VLT운영자 530, 게임장비 등 공급업자 54, 게임운영자 3 등임).

83) 2010년 마니토바 성인의 85%가 합법적인 도박활동에 참가한 경험이 있는 것으로 조사되었으며(그 중 62%가 자선행사에서의 추첨 등 참여), 게임참가자의 81%가 사전에 게임한도를 정하고 게임(2004년 51%). 게임 1회당

게임에서 위원회가 정한 기술기준에 적합하도록 운용하고[84] 위원회가 면허시에 정한 요구사항이나 조건을 준수하여야 함은 물론, 검사·조사·감사와 관련된 사항을 기록하고 필요시 위원회에 제공하여야 한다. 경찰관이나 증명서를 소지한 검사관은 영업장이나 서류, 기구 등을 검사할 수 있으며, 관련증거물을 압류하거나 영장집행을 위해 필요한 경우 공권력을 행사할 수 있다. 게임에서 불법행위가 의심되는 경우 발생일로부터 30일 이내에 위원회 사무총장에게 조사와 분쟁조정을 신청할 수 있도록 하는 제도를 도입하고 있는데(제 6장), 불법행위가 일어난 경우 적절한 금액으로 보상하도록 규정하고 있으며, 중재가 성립되지 않으면 항소할 수 있는 제도를 명문화하는 것이 독특하다.[85] 위원회 사무총장은 서부캐나다복권공사나 마니토바복권공사 또는 면허소지자가 법령, 책임게임정책, 기술기준, 면허조건 등을 위반한 경우 기간을 정하여 시정을 명할 수 있으며, 면허 없이 영업하거나 허위정보를 제출하여 면허를 받거나 등록한 경우 등에는 25만 달러 이하의 벌금에 처하도록 규정하고 있다(법 제 53조 제 3항). 총매출액이 5천 달러 이상인 면허업자는 총수입의 1.5%를 면허수수료로 납부하여야 하며(GCR 제 20조 제 1항), 게임운영자는 5천 달러, 게임면허소지자는 150달러, VLT·전자게임기·감시장비 공급자 5천

평균한도는 56달러였으며, 게임참가자의 28%가 슬롯머신이나 비디오게임기의 승률이 변한다는 잘못된 사실을 믿고 있는 것으로 조사됨(2004년 36%). 마니토바복권공사는 2010/11회계연도에 4천 2백만 달러를 문제도박 대책비로 마니토바중독재단에 지원. 14%가 포커·카지노게임 등 온라인게임을 즐기나 돈을 걸고 하는 온라인도박에 참가한 사람은 2.3%로 나타남.

84) 2011년 3월 31일 현재 승인된 기술기준은 슬롯머신 신모델, VLT소프트웨어 등 399건이며, 잠정 승인한 것은 50건임.

85) 2007년 5월에는 위니팩경찰과 MGCC가 공동으로 불법포커게임 운영자를 조사, 기소한 바 있음.

달러, 게임업체종사자 50달러의 등록수수료를 납부하여야 한다(GCR 제21조 별표).

마니토바주에서 운영되는 카지노는 아세네스칵카지노(Aseneskak Casino) 및 사우스비치카지노(South Beach Casino) 2개소로 마니토바 복권공사(MLC: Manitoba Lottery Corporation)에 의해 운영되는데, 당초 카지노는 마니토바주 거주 64개 캐나다 원주민(*First Nations*)의 경제적 복지증진을 목적으로 제안되고 추진되어 오늘에 이르고 있으며, 2011년 제3의 카지노인 스피릿샌즈카지노(Spirit Sands Casino) 설치안이 주정부, 의회 및 원주민들 간에 합의되어 건설중에 있다. 마니토바 주정부는 카지노 매출액 전액과 비디오게임기(VLT)에서 발생하는 매출액 중 MLC 관리비 10%를 제외한 전액을 원주민이나 지역주민들의 복지에 사용토록 하고 있다. MLC의 2010/11회계연도 총매출액은 8억 1,106만 달러(비디오로또 3억 3,048만 달러, 카지노 2억 3,540만 달러, 복권 2억 4,518만 달러)로 그 중 판매관리비, VLT운영자 수수료, 문제도박 대책비, 비영리단체 사업지원, 일반관리비를 제외한 3억 3,210만 달러를 공익사업에 재투자하였다. 그 중 2억 5,990만 달러를 교육·건강분야 등의 사업에 지원하였고, VLT 수입의 약 10%인 1,650만 달러를 각 지방자치단체 사업지원에, 약 25%인 4,730만 달러를 지역개발사업에, 840만 달러를 경찰업무지원비로 사용하였다.[86] 580만 달러는 각종 비영리단체 사업지원에 사용하였다.[87] MLC는 서부캐나다복권공사(WCLC: Western Canada Lottery Corporation)가 발매하는 각종 복권의 판매대행업무도 수행하고 있다. 위니팩에 본사를 둔 서부캐나다복권공사는 마니토바주를 포함한 캐나다 서부 연방 3개 주(BC 제외)가 공동으로 운영하는 회사로 각

86) http://www.manitobalotteries.com/

87) http://www.manitobalotteries.com/

주에서 2인씩 이사진을 파견하고 있으며, 북서부 3개 지역이 의결권 없는 회원으로 참여하고 있고, 여러 종류의 복권을 발매하고 있다.

한편 캐나다에서는 일정시간 또는 일정횟수의 게임을 하는 제도, 예를 들어 30분간만 또는 50회만 게임하는 등 고정가격게임제도(*Fixed Price Gaming*)를 도입하는 문제에 대해 업계와 규제기관에서 논의하고 있다.[88]

호주(빅토리아주)의 도박규제제도

연방제를 채택하고 있는 호주에는 도박을 규율하는 연방법률이 없는데,[89] 2012년 1월 연방정부는 도박관련제도를 개혁하기로 하고 2월에 도박제도개혁법(*National Gambling Reform Bill 2012*) 초안을 공표한 바 있다. 법안에는 2013년까지 호주에서 생산·수입되는 모든 게임기에 적용되는 사전게임한도설정제도 도입, 소규모 영업장에서는 각 주와 연계된 사전게임한도설정이나 역동적인 경고제도, 그리고 운용비용 추산을 위해 2016년 말까지 보완운용기간을 준다는 내용, 2013년 1월까지 카지노를 제외한 게임장에 설치된 현금인출기에서 1일 카드 1매당 250달러까지만 인출할 수 있도록 한도를 정하는 것 등이 포함되어 있으며, 법안에 대한 업계·기기제조사·지역인사·지방정부 등의 자문을 구하고 있다.[90]

---

88) 캐나다에서 도입이 검토되고 있는 몇 가지 신기술에 대해서는 http://www.mgcc.mb.ca 참조.

89) 호주 전역에는 수많은 게임기 설치업소가 있으나 슬롯머신, 테이블게임, 전자복권발매기(VLT: *Video Lottery Terminal*) 등 카지노 게임과 베팅이 함께 시행되는 카지노는 13개소에 불과하다.

90) 빅토리아주 정부는 연방정부의 게임한도설정제도 도입에 반대, www.

2009/10년 호주 내 도박산업 규모는 15,263 면허사업자에 1,527억 달러로, 그 중 게임기 매출액이 전체 매출액의 71%인 1,090억 달러(면허사업자수: 5,691), 내기경기(*wagering: racing & sporting betting*) 매출이 198.5억 달러(4,572), 카지노 매출액이 185억 달러(13), 복권 44억 달러(4,987), 기타 9.5억 달러이다.[91]

빅토리아주에서는 법무성 산하의 게임경주본부에서 도박업무를 관장하고 있으며, 게임담당장관과 경주담당장관이 별도로 임명되어 있다. 도박에 관한 법률로는 기본법인 도박규제법(*Gambling Regulation Act*)이 있고, 특별법으로 카지노통제법(*Casino Control Act*)과 멜버른의 오락복합단지 관리약정을 법제화한 카지노관리약정법(*Casino Management Agreement Act*)이 있다. 도박규제법은 카지노는 물론, 복권, 게임기,[92] 빙고·행운권추첨 등 자선게임, 케노(*Keno*)클럽, 경마·경견 등 각종 경주, 양방향게임, 선상도박 등 모든 도박과 이와 관련되는 도구·행위·면허·규제기구(VCGR: Victorian Commission for Gambling Regulation) 설치 등을 구체적으로 규정하고 있는데, 게임규제법에서 정한 것을 제외한 게임·내기계약이나 약정은 문서화 여부에 관계없이 무효라고 선언하고 있다.[93]

---

justice.vic.gov.au/

91) http://www.austgamingcouncil.org.au/

92) 법률에는 오락기로 규정하고 있어 카지노에 설치된 슬롯머신보다 확장된 개념으로 볼 수 있으며, 빅토리아주에는 모두 511개소에 26,778대의 전자게임기가 설치되어 있고, 2010-11기간 중 매출액은 26억 5천만 호주달러이다. 한 장소당 설치할 수 있는 게임기 상한선을 규제하는 주와 규제하지 않는 주로 구분되며, 빅토리아주는 한 장소당 최대 105대의 게임기를 설치할 수 있도록 규제. 크라운 카지노는 2천5백 대 게임기 설치(http://www.austgamingcouncil.org.au).

93) §2.4.1, Except as provided in section 2.4.2, a gaming or wagering contract or agreement (whether written or not) is void.

도박규제법은 ① 문제도박으로 초래되는 해악을 최소화하며,[94] 도박하는 사람이나 다른 사람에 손해를 끼치지 않으면서 도박하는 사람들을 수용할 수 있는 책임 있는 도박풍토를 조성하고, ② 18세 미만의 청소년도박을 부추기거나 하도록 허용하지 않으면서, ③ 도박기구나 장비, 허용된 도박이 정직하게 운영되고 범죄의 영향이나 불법행위로부터 단절될 수 있도록 하며, ④ 주의 관광, 고용, 경제발전을 증진시키는 것을 목적으로 하고 있다(§1. 1). 도박규제법은 모든 내기와 걸기, 게임은 면허를 받도록 규정하고 있는데(*Chapter 4 Wagering and Betting*), 내기면허와 게임면허로 구분하면서 신청인이나 협력자(*associate*)[95]가 내기나 게임사업의 관리나 운영에 적합한 사람인지의 여부를 심사하도록 규정하고 있다(§4. 3. 6). 신청인이나 협력자가 ① 성격, 정직성, 성실성과 관련하여 평판이 좋은지, ② 재정상태가 양호한지, ③ 내기나 게임사업의 특성인 재정상태의 변동가능성에 적절히 대응할 수 있으며 충분한 경험이 있는지, ④ 사업수완이 있는지를 검토하고, 집행간부도 적절한 인물인지를 심사한 후 면허를 발급토록 규정하고 있다(§4. 3. 8). 면허신청이 공공의 이익에 부합할 때 면허를 부여하도록 규정하고 있으며〔§4. 3A. 7(2)〕,[96] 면허 관련 로비활동 금지도 명문화하고 있다(§4. 3A. 7B). 면허유효기간은 12년

---

94) 호주 수도특별주(Australian Capital Territory)는 2011년 게임기법 개정을 통해 게임기 총매출액의 0.6%를 문제도박지원기금으로 사용토록 의무화하였다(2012년 4월 3일 주정부감사관의 문제도박 관련 의회보고서 참조, http://www.audit.act.gov.au).

95) 협력자는 도박사업에 의미 있는 재정적 이해관계를 가지고 있거나, 의미 있는 권한을 행사하거나, 도박사업 관리나 운영에 상당한 영향력을 행사하는 사람, 회사의 집행간부나 신청인의 친인척으로 규정하고 있다(§1. 4).

96) 카지노통제법(§51)에는 신청인이 법인인 경우 소유지분, 지배구조 등이 만족스러워야 한다는 내용이 추가되어 있다.

(§4. 3A. 11) 이며, 책임 있는 도박영업준칙(*Responsible Gambling Codes of Conduct*)을 준수해야 한다는 것이 면허부대조건이다(§4. 3A. 10A).[97]

카지노통제법에는 도박규제법을 인용하거나 면허절차와 면허부대조건, 장관지침발동권 등 게임규제법과 대동소이한 내용도 포함되어 있으나 카지노 운영과 관련된 감독, 통제, 조사, 변경사항이나 주요계약체결사항에 대한 위원회 통보제도 등 엄격한 관리를 위한 내용을 추가로 규정하고 있다. 특히 동법에는 카지노를 관리·감독하는 관리직, 게임을 관리하거나 현금이나 칩을 이동·관리하는 직원, 장비를 관리하는 직원, 회계담당직원, 안전이나 감시업무를 담당하는 직원 등 특수직원(*special employee*)은 10년 유효기간인 면허를 소지한 자로 충원토록 규정하고 있으며(§38), 이들을 위한 특별교육과정을 설치하여 특별교육과 보수교육을 실시하도록 명문화하고 있다(§58, §58A). 또한 이들 특수직원들은 도박할 수 없으며(§79), 고객으로부터 사례·팁·금전적 이득을 취할 수 없도록 명문화하고 있다(§79A). 카지노통제법에는 위원회, 카지노 운영자, 현장책임자 또는 경찰위원장이 자신의 판단이나 고객의 자발적 요청에 의거, 구두 또는 서면으로 특정인의 카지노 출입을 금지하거나 떠나지 못하도록 명령할 수 있는 퇴출명령제도(*exclusion orders*)를 도입하고 있으며(§72, §74), 이 명령은 14일간 유효한데, 도박금지자 명단은 매일 정리되어, 조사관에게 제공되지만(§76), 명단의 대외공개는 금지하고 있다(§78A). 카지노 내에서는 음란행위나 폭력, 말다툼 등이 있어서는 안 되며, 이런 행위가 발생한 경우에는 1만 2천 달러의 벌금[98]에 처

---

97) 카지노통제법 제8조 제3항에도 면허가 부여되면 같은 내용의 영업준칙을 제출하도록 명문화하고 있다.

98) 빅토리아주법은 수수료와 벌금 액수를 현실에 부합하도록 하기 위해 물가상승률 등에 연동되도록 재정단위법(*Monetary Unit Act*)에서 1unit의 금액을

하도록 규정하고 있다(§153C).

현금인출한도와 관련하여 카지노통제법은 카지노 입구로부터 50m 이내에 한 번에 한 장의 카드로 2백 달러 이상의 현금을 서비스 받을 수 있는 현금서비스 설비를 제공하여서는 안 되고(§81AA, 위반시 50penalty units), 카지노 안이나 입구로부터 50m 이내에 한 장의 카드로 24시간 이내에 4백 달러를 초과하여 인출할 수 있는 현금자동인출기(ATM)를 설치하거나 허용하여서는 안 되도록 규정하고 있으며(§81AAA), 도박이나 베팅에 중독된 사람의 도박을 금지하도록 명문화하고 있다(§81AAC, 위반시 40penalty units). 카지노에 대한 주세(*State tax*)는 총베팅액의 21.25%이며(§81 J),[99] 이외에도 지역사회를 위한 복지·건강기금 등을 납부하도록 명문화하고 있다(§114).[100]

호주의 도박중독예방 관련 조치들

일반적으로 책임 있는 도박이라 함은 도박으로 인해 일상생활이 파탄나지 않고, 허용되는 시간과 돈의 범위 안에서, 도박하는 사람에 의해 적절히 통제되고 있으며, 도박에 쓰는 돈을 다른 오락활동에 쓰는 돈과 같게 생각하고 잃은 돈을 되찾을 생각을 하지 않는 활동을 말한다.

정하고 있는데, 2011-2012년의 경우 수수료 1unit는 12.22달러이고 벌금 1unit는 122.14달러이다.

99) 멜버른 오락단지 내의 게임기에 대한 주세는 총베팅액의 22.97%이다.

100) 게임기에 대한 세금은 설치된 장소에 따라 다른데, Pub에 설치된 경우 게임기의 월평균수입이 1만 2천5백 달러 미만이면 50.83%, 이상이면 58.33%이고, Club에 설치된 경우 1만 2천5백 달러 미만이면 42.5%, 이상이면 50%다(§3.6.6A, 3.6. 6B).

문제도박을 예방하기 위하여 게임담당장관 자문기구로 업계·학계·지방정부 관계자·지역유지들로 구성된 책임도박장관자문위원회(Responsible Gambling Ministerial Advisory Council)를 두고 있으며, 도박규제법 내에 자진하여 도박활동을 중지하는 자진퇴출프로그램[101]과 적절한 한도 내에서 도박하도록 하는 책임도박 영업준칙, 그리고 구체적인 사항에 대한 기준과 요구사항, 가이드라인, 필요한 경우 장관이 지시할 수 있는 지침발동권을 명문화하고 있다(Chapter 10, Part 6).

자진퇴출프로그램에는 도박하는 사람이 스스로 어떻게 하면 도박을 중지할 수 있는지, 어떤 프로그램을 선택할지, 게임기의 특성은 무엇인지, 도박장운영자가 어떻게 효과적으로 고객들이 도박을 중단하도록 도울 수 있을 것인지, 보다 효과적인 퇴출방안에 대한 수시평가 등에 대한 구체적인 내용이 포함되어야 하고(§10.6.2), 도박영업준칙에는 도박장 운영자·게임운영자·면허권자 등 관계자들이 책임있는 도박풍토 조성을 위한 약속을 어떻게 구현할 것인지, 게임의 성격과 형태에 따라 관계자들이 도움을 줄 수 있는 일은 무엇인지, 책임 있는 도박을 위한 보다 효과적인 방안은 무엇인지 등에 대한 내용을 포함하도록 규정하고 있으며(§10.6.7), 이러한 내용들은 위원회의 승인을 받아야 한다.

도박규제법에는 또 18세 미만 청소년의 도박금지와 관련된 규정을 두고 있는데(Chapter 10, Part 7), 청소년에게 마권·복권·클럽티켓 등을 팔거나 주는 행위, 카지노를 포함한 게임장에 출입하거나 베팅

101) 미주리주 게임위원회는 2012년 문제도박자들 보호를 위한 안전핀 역할을 해왔던 도박장 자진 및 강제퇴출프로그램을 폐지한바 카지노 출입금지자 1만 6천 명 중 출입금지조치 후 5년이 경과한 1만 천 명이 다시 카지노에 입장할 수 있게 되었다(네브래스카주 강박도박평의회 사무총장 Jerry Bauerkemper가 2012년 6월 7일 캔자스에서 개최된 문제도박물질남용 제9차 학술회의에서 발표한 최신 도박연구동향 자료 참조).

하게 하는 행위는 할 수 없으며, 도박하게 하거나 도박장에 출입시킨 경우 등에는 약 1만 5천 호주달러(120penalty units), 나이를 속이거나 게임장에 무단출입한 경우 등에는 약 천2백 달러(10penalty units)의 벌금을 납부하도록 규정하고 있다. 카지노통제법에는 무면허 종업원을 특정 직위에 보임하는 경우에는 약 6천 달러(50penalty units), 불합격 장비사용은 1만 2천 달러(100penalty units)의 벌금을 부과하도록 규정하고 있다(CCA §38).

멜버른 오락단지를 관리하는 크라운멜버른사(CML: Crown Melbourne Limited)[102]는 책임 있는 노름꾼을 ① 도박을 절제할 수 있고, ② 도박을 직업이 아닌 오락으로 여기며, ③ 심각하게 다루지 않고, ④ 생계에 필수적이지 않은 오락부문에 배정된 돈만으로 도박하고, ⑤ 도박자금을 절대로 빌리지 않으며, ⑥ 도박자금과 시간을 정해놓고, ⑦ 시간과 금액한도를 지키고 넘으면 도박장을 떠나며, ⑧ 잃은 돈에 연연하지 않고, ⑨ 자주 휴식을 취하는 사람으로 설명하는데, 그 어떤 정의보다도 구체적이다.[103] 또 빅토리아주 전역에서 도박중독 예방활동을 펴고 있는 연합단체인 프라이머리케어파트너십(Primary Care Partnerships)은 책임 있는 도박활동, 즉 도박에 중독되지 않기 위해서는 ① 한도를 정하고 준수하되 잃어도 괜찮을 만큼의 현금만 소지하라, ② 도박하러 갈 때에는 카드를 소지하지 마라, ③ 혼자 가지 말고 친구와 함께 가라, ④ 도박장에서 회원에 가입하지 마라, ⑤ 적어도 30분에 한 번씩 게임장을 왔다갔다하라, ⑥ 공짜 점심은 없음을 명심하라는 등의 아이디어를 제시하고 있다.

CML사의 영업준칙은 법령에서 정한 자진퇴출프로그램이나 책임

102) 빅토리아주의 유일한 카지노 Crown Casino를 운영하고 있으며, 2032년까지 독점운영권이 보장되어 있음(http://www.austgamingcouncil.org.au).

103) http://www.crownmelbourne.com.au/

있는 도박영업준칙을 구체화하고 있음은 물론, 기도 · 조언 · 심리상담 등 이용가능한 서비스, 외부지원기관과 서비스 등에 관한 사항을 소개하고, 노름꾼이 스스로 게임 전에 하루(06:00am~익일 06:00)에 게임할 수 있는 시간과 금액한도를 정하여 카지노 담당자에게 알려주면 게임기나 테이블(FATGs: *Fully Automated Table Games*)의 플레이어용 화면(PID: *Player Information Displays*)에 사전에 입력한 게임시간과 한도, 잃고 딴 돈 등이 표시되는 게임안전한도제도(*Play Safe Limit*)를 도입하고 있는데, 가입한 카지노 회원에 한하여 이용할 수 있으며, 한도에 이르면 구두경고가 발령되고 메시지가 표시되며, 다음날 오전 6시까지 더 이상 게임할 수 없다. 한도를 줄이는 것은 즉시 가능하나, 늘리는 것은 24시간 이후부터 가능하고 세 번 방문할 때까지 카지노로부터 인정받아야 하며, 인정받지 못할 경우 종전 한도가 그대로 적용된다. CML사의 영업준칙은 문제도박을 "도박하는 고객이나 친구, 가족들의 안전이나 행복에 위험을 가져다주거나 보다 광범위한 지역사회에 부정적인 영향을 초래할 도박활동"으로 정의하고 있는데, 책임도박 영업준칙 관련 장관 지시사항에는 책임도박담당 카지노 직원이 ① 매일 도박하거나 도박을 끊는 데 어려움을 겪고 있는 고객, ② 3시간 이상 계속 도박하거나, ③ 도박에만 열중하고 주위 움직임에 반응하지 않는 사람, ④ 도박하는 동안 공격적 · 반사회적 · 감정적 행동을 하거나 장비나 직원을 힐난하거나 장비를 발로 차거나 돈을 잃고 우는 사람, ⑤ 다른 고객이나 직원에게 돈을 빌려달라고 하는 사람 등 몇 가지 행동징후가 있는 고객을 인지하고 그들에게 응대하는 훈련이 잘되어 있는지를 확인하도록 요구하고 있다.[104)]

---

104) Ministerial Direction, Responsible gambling Codes of Conduct (9. Interaction with customers). 강원랜드도 2012년 9월 6일 카지노에서 도박중독에 빠질 가능성이 있는 고객들을 사전에 감지해 상담센터 연

CML사는 회원들에게 신용카드 사용내역과 같은 게임활동 내역서(*Player Activity Statements*)를 제공하고, 책임 있는 도박과 관련된 메시지로는 "절제하라"(*Stay in control*)는 구호를 사용하고 있다. 카지노에서는 호주 영주권자에게 크레디트를 제공하지 않으며, 2천 달러 이상은 수표로 지불한다는 카지노통제법 규정을 인용(CCA §81AAB)하고 있고. 게임기는 야외에 설치하지 않으며, 말이나 행동으로 보아 고객이 술에 취했다고 판단될 때에는 주류를 서비스하지 않는다고 명시하고 있다. 영업준칙은 영어 외에도 중국어, 베트남어, 이탈리아어, 힌두어, 캄보디아어, 아랍어, 그리스어 등으로도 제공되고 있다.

빅토리아주의 빅토리아클럽(Clubs Victoria)의 자진퇴출프로그램을 보면, 회사에서 지명된 자진퇴출업무 담당직원(SEO: *Self-Exclusion Officer*)은 문제도박상담사 입회하에 자발적으로 게임장을 출입하거나 도박하지 않겠다는 희망자와 인터뷰를 시행한 후 자진퇴출약정을 맺는데, 이 약정(*deed*)은 양 당사자간의 계약이 아닌 사인간의 약속일 뿐 법적 의무는 아니다. 약정에는 출입과 게임금지뿐 아니라 직원이 출입을 중단시키거나 퇴거시킬 수 있으며, 게임장과 게임으로부터의 효과적인 퇴출을 위해 신상정보를 확보하고 전파할 수 있다는 내용, 출입금지기간은 최소 6개월에서 최대 24개월이며, 출입이 금지되는 장소 등을 명기하도록 정하고 있다. 약정자는 퇴출기간 도래 전에 이의가 있으면 기간을 단축하거나 출입금지장소 변경 등을 요구할 수 있고 담당직원은 출입금지자로 의심되는 사람을 확인하거나 확인된 금지자에게 퇴거·귀가·휴식·음료제공·상담원 면담 등을 제안할 수 있다는 내용도 포함하고 있다. 뿐만 아니라 사업자들은 퇴출자들의 사생활과 존엄성을 해하지 않도록 하여야 하며 약정위반 사실을

결 등의 조치를 하는 '건전지킴이'(*Trainer Field Mediator*) 발대식을 가진 바 있다(보도자료).

기록하여 보고하고 담당자들을 교육하도록 하는 내용도 포함되어 있다. 한편, 게임업체는 관련직원들이 책임도박 영업준칙이나 자진퇴출프로그램을 익히 알고 있으며, 어디에서 정보를 얻고 상담을 받을 수 있는지, 어려움은 무엇인지, 가능한 효과적인 방안은 무엇인지, 보완방법은 없는지 등을 알 수 있도록 직원들을 교육하고 훈련시킬 것, 불만처리제도나 데이터관리 등에 관한 내용을 수시로 검토하도록 요구하고 있다.

빅토리아주 정부는 2010년 도박규제법을 개정하면서 2015년 12월 1일부터는 게임을 시작하기 전에 게임하는 사람이 스스로 게임시간과 잃을 돈의 한도를 정하는 것이 가능한 게임기만을 사용할 수 있도록 하는 사전게임한도설정제도(*pre-commitment*)를 도입하기로 한 바 있는데, 이 제도를 도입하면 게임한도 설정이 가능할 뿐만 아니라 자신의 도박활동기록을 파악할 수 있다. 이 제도는 도박의 해악을 최소화하고 소비자인 고객을 보호하기 위한 조치의 일환으로, 내용상 다소 차이가 있으나 퀸즐랜드주, 사우스오스트레일리아주, 캐나다의 노바스코티아주 등에서 시험적으로 도입한 바 있고, 노르웨이에서는 정부가 정한 한도가 표시된 카드를 이용하도록 강제하는 제도를 시행중에 있다. 한도를 줄이는 경우에는 즉시 시행하지만 늘리는 경우에는 냉각기제도(신청 후 24시간 이후부터 적용)를 두고 있다. 이 제도를 도입하는 경우, 인적사항이 수록된 전자카드를 이용하므로 현금 없이도 게임할 수 있어 결과적으로 도박에 투자하는 시간과 돈이 증가할 수 있다는 우려도 제기되고 있다.[105)]

105) www.justice.vic.gov.au/Pre-Commitment Discussion Paper, 2011.11 참조.

아시아의 도박오락산업

중국 도박의 역사[1)]

사회문화현상의 하나인 도박은 진나라(B. C. 221~206) 시대 이전의 전적(典籍) 에서도 등장하는데, 당시에는 박(博), 박(簙), 박희(博戱) 등으로 기록되고 있어 원시시대부터 널리 행해져왔음을 알 수 있다. 도박(賭博) 이란 단어가 등장하는 것은 당(A. D. 618~907) 송(A. D. 960~1279) 시기의 《당률소의》(唐律疏議) 가운데 '박희도재물'(博戱賭財物) 조(條) 에 처음으로 박(博) 자와 함께 도(賭) 자가 나오며 어순이 바뀐 도박(賭博) 이란 단어가 여러 곳에 나타난다. 그후 북송 소식(蘇軾) 의 〈동파집〉(東坡集), 안수(晏殊) 의 〈주옥가〉(珠玉詞) 에도 도박이란 단어가 등장하는데, 도박의 정의와 관련 "일종의 부정당한 오락으로 여러 가지 형식이 있다"(一種不正當的娛樂, 有投牌 擲骰子等各種形式 …, 《辭海》), "승부를 다투는 놀이로 승부에 따라 재물을 주고받으며 형법에는 도박죄가 있고 영리를 목적으로 한다"(以能分勝負之遊戲, 視勝負而授受財物者爲賭博, 刑法上有賭博罪, 凡意圖營利 …, 《중문대사전》) 등으로 설명하고 있다.

---

1) 이 글은 1996년 타이완 문진출판사 발행 《중국도박사》를 읽고 쓴 글임.

도박에는 행위자인 노름꾼(賭博者), 도박도구(賭具), 도박의 승패에 따라 주어지는 가치 있는 것(有價値-賭彩)이 필요하며 도박죄의 경우에는 이러한 것들에 대한 처분(징역, 벌금, 몰수 등)을 규정하고 있다. 또 도박의 특성과 관련하여서는 "도박에는 모험이 따르며, 기대와 희망이 개재되어 있고 결과가 우연에 따라 결정되는 행위"(在意識到冒險和希望獲利的情況下, 以某些有價値的東西作爲賭注所進行的競賽, 其結果全憑機會決定 …, 《大英不列顚百科全書》)로 설명하고 있다.

진나라 이전 시대에는 나무막대기를 이용한 육박(陸博), 장기나 바둑과 같은 위기(圍棋), 투계(鬪鷄), 격구(擊球), 주마(走馬), 축국(蹴鞠) 등이 내기에 이용되었다고 한다. "군자는 도박하지 말라고 들었는데, 왜냐?"고 물으니(吾聞君子不博, 有諸?), 공자는 "악도가 따르기 때문이다"라고(有之 謂兼行惡道也) 답하여 도박을 악도로 간주하고 있으며(〈孔子家語〉), 맹자도 다섯 가지 불효 중 하나로 "도박과 음주로 부모를 돌보지 않는 것은 두 번째 불효다"(博奕好飮酒, 不顧父母之養, 二不孝也)라고 하였다. 전국시대의 법전 법경(法經)은 모두 도법(盜法), 적법(賊法), 수법(囚法), 포법(捕法), 잡법(雜法), 구법(具法)의 6편으로 되어 있는데, 도박은 잡법에서 다루어지고 있으며, 6개의 금지행위 중 하나로 규정하고 있다(嬉禁). 진한(秦漢, B. C. 206～A. D. 9) 시대에도 육박, 투희(鬪戱) 외에 젓가락처럼 생긴 대나무막대기놀이, 격오(格五), 공놀이 등 새로운 형태의 도박이 등장하였고 《후한서》(後漢書)에는 노름을 업으로 삼는 노름꾼(博徒)이 출현하였다고 기록하고 있다. 또 《서경잡기》(西京雜記), 《한서》(漢書), 《사기》(史記)에는 닭, 거위, 기러기, 공작 등 조류의 싸움과 말, 개 등의 경주에 대한 기록이 있으며, 수당시대에 들어오면서 문학작품(시)에도 도박이 등장하였다. 당나라시대에는 쌍륙(雙六)이 가장 성행했으며, 이 시기에는 전업 기박사(棋博士)가 출현하였고

《당률소의》 박희도재물 조에는 '박희재물자는 각 장 일백'(杖一百)이라고 규정하고 있다. 이후 송(宋, 960~1279), 요(堯, 916~1125), 원(元, 1279~1368), 명(明, 1368~1644) 시대에는 쌍륙도 여러 형태로 변형되었고, 이청조(李淸照)란 여류시인은 〈타마도경〉(打馬圖經)에서 "노름을 좋아하는 이른바 도박자는 주야에 걸쳐 침식을 잊는다"(予性喜博, 凡所謂博者, 皆耽之晝夜, 每忘寢食) 라고 적고 있다.

송나라의 태조, 태종, 휘종은 모두 도박(博戲)을 좋아했고, 6명이 하는 축구 그림을 남기기도 하였다. 외국사신들을 초청한 연회에서도 축구를 하였으며, 군신이 함께 공치기(打球)를 즐겼다는 기록도 있다. 명나라의 선종은 촉직(促織)이라는 벌레싸움을 좋아하여 관리들이 앞 다투어 벌레를 진상하였는데, 당시 동물싸움인 투희가 성행하여 '가혹함을 좋아하며 즐기고, 매번 승부도박을 하여 수백금을 잃고 파산하는 집도 있다'고 기록할 정도였다. 청나라(1644~1911) 시대에는 마궁(馬弓), 골패(骨牌), 채선(彩選), 산표(算表) 등이나 쌍륙, 바둑, 장기 등 종전부터 내려오던 게임을 즐기다가 1840년대 서양세력이 들어오면서 경마나 포커 등 서양도박이 조차지를 중심으로 유입되기 시작하였다. 청대에는 마장(麻將), 마장(馬將), 세칭 마작패(麻雀牌)가 특히 성행하였고 도박을 잡범으로 취급하여 장(杖) 80대를 치도록 규정하고 있었는데, '도박을 익히면 필시 본업을 방해하거나 폐하게 되고 가정의 자산을 소모하며 나아가 도적(匪人)이 된다'(習於賭博, 必至妨廢本業, 耗敗家資, 此之匪人, 人於敗類) 는 이유에서였다. 도박을 한 사람은 물론 도박장을 개장한 사람, 도박도구의 제조유통에 관여한 사람도 벌하고, 다른 사람이 사용할 수 없도록 버렸다(舍賭更無他用) 고 한다. 서양세력의 진출과 정부장악력 약화, 사회분위기 이완 등으로 도박이 성행하자 도박을 자제하자는 계도문(戒賭文) 을 발표하였는데, '풍속을 피폐하게 하고 천하의 나쁜 짓인 도박을 해서는 안 된다'(風俗之弊, 天下之惡, 莫過於賭), '도박은 사업과 업무를 폐기하고 염치없도록 만든다'(廢事棄業, 廉恥之意弛)는 내용 등이며, 심지어 〈신보〉(申報)라는 언론도 1875년 도박은 '시간을 좀먹고 일을 못하게 하며 인격을 욕되게 하고 가산을 탕진한다'(玩時廢業, 辱品蕩家)라는 계도부(戒賭賦)를 게재하기도 하였다. 1911년 청 말기의 잠행신형률(暫行新刑律)에는 ① 잠시 오락이 아닌 도박을 행한 자는 1등급인 1천 원 이하의 벌금에 처하고 도박기구와 범인소유 돈과 재산은 몰수, ② 상습도박자는 3등급(징역 3~5년) 또는 5등급(징역 1개월~1년)의 유기징역에 처하고 공민권 박탈, ③ 도박장 개설자는 3등급 및 5등급의 유기징역에 처하고 5백 원 이하의 벌금과 공민권 박탈, ④ 복권의 발행 또는 구매자는 4등급(징역 1~3년) 유기징역에 처하고 1천 원 이하의 벌금을 부과, ⑤ 각 죄의 미수범도 처벌하는 것으로 규정하고 있었다.

19세기 말 청나라 〈만국공보〉(萬國公報)에 '도박을 멀리해야 하는 이유'로 계도 10조(戒賭十條): ① 괴심술(壞心術, 마음을 망침), ② 상품행(喪品行, 품행을 잃음), ③ 상성명(傷性命, 성품손상), ④ 점조종(玷祖宗, 조상을 욕보임), ⑤ 실가교(失家敎, 집안교육이 안 됨), ⑥ 탕가산(蕩家産, 가산탕진), ⑦ 생사태(生事態, 여러 문제 발생), ⑧ 이골육(離骨肉, 건강해침), ⑨ 범국법(犯國法, 범죄자), ⑩ 조천견(遭天譴, 하늘의 비난)을 들고 있다.

타이완, 중국 본토 코앞에 카지노 건설추진

2012년 7월 7일 중국 복건성 복주시 연안 19㎞ 지점에 위치하고 현재는 타이완이 실효지배하고 있는 마조열도(馬祖列島, Matsu Tao)에 카지노를 건설하기 위한 주민투표가 실시되었는데, 유권자 7,762명 중 40.7%인 3,162명이 투표에 참가, 찬성 1,795표(56%), 반대 1,341표(42%), 무효 28표로 카지노 건설을 추진할 수 있게 되었다. 마조열도는 중국과 타이완 간에 긴장이 고조되었을 때는 5만여 명의 타이완 군대가 주둔하였고 현재는 3천여 명이 주둔하고 있으며, 주민은 1만여 명 정도이고 대부분이 군사보호구역이고 정부소유다.

현재 타이완에는 카지노를 규제하는 도박법이 의회에 제출되어 있는 상태이고, 의회 다수를 차지하는 여당이 카지노 건설에 호의적이어서 통과될 가능성이 있으나, 실제 카지노 건설에는 3~5년이 걸릴

타이완 지도

것으로 내다보고 있다. 중국 본토 관광객을 겨냥하고 있으나 중국 타이완 간의 관계 진전여부가 카지노 성패에 결정적인 영향을 미칠 것이며, 접근성 측면에서 마카오보다 불리해 타이완 노름꾼들에게도 크게 어필하기는 힘들 것으로 보고 있다.[2] 2009년에는 남중국해의 팽호도(澎湖島, Penghu Tao)에 카지노를 설치하는 주민투표를 실시하였으나 부결된 바 있는데, 당시 규정은 유권자의 50% 이상이 투표에 참여하여야만 유효하였으나 주민투표법이 개정되어 이번의 투표 자체는 유효하다.

마카오의 도박산업[3]

역 사

동방의 몬테카를로 또는 동양의 라스베이거스로 불리는 마카오에서의 도박의 역사는 16세기까지 거슬러 올라가는데, 당시 중국 본토에서 건너온 건설노동자들 사이에 도박이 성행하였다고 한다. 그후 1842년 홍콩의 주권이 영국에 이양되어 무역항으로서의 자리를 홍콩에 넘겨주게 되자 1847년 마카오의 포르투갈 당국은 도박을 합법화하였는데, 1850년대에는 번탄(番攤, Fantan)이라는 도박장 2백여 개가 영업중이었고, 19세기 말에는 게임세를 부과하기 시작하였다. 이

2) 2011년 한국의 외국인카지노의 고객 중 타이완인은 75,115명으로 전체 이용객의 3.6%를 차지하고 있다.

3) 마카오 카지노산업 관련 통계자료는 마카오특별행정구정부 박채감찰협조국(Gaming Inspection and Coordination Bureau)의 웹사이트에 등재된 내용임(http://www.dicj.gov.mo).

마카오의 윈카지노

후 마카오는 지중해 해변의 카지노 도박의 도시인 몬테카를로를 본떠 동방의 몬테카를로라는 명성을 얻게 되며, 1930년 호우행공사〔豪興公司〕는 모든 종류의 게임을 할 수 있는 독점권을 부여받게 된다. 1937년 마카오 포르투갈 정부는 모든 게임을 총괄하는 법령을 제정하고 타이행공사〔泰興公司〕에 독점권을 부여하여 1961년까지 영업하였다. 1961년 2월에는 행정장관이 마카오를 항구적 게임지구로 지정하고 주력경제활동인 게임과 관광에 낮은 세금을 부과하기로 하면서 '행운게임(*games of fortune*)을 결과를 예측할 수 없고 멋대로 발생하며, 운에 따라 승패가 갈리는 모든 게임'으로 정의하였다. 1961년 7월에는 그해 12월 31일 독점권이 만료되는 게임사업자 선정에 공개경쟁입찰제도를 도입하는 법을 제정하였고, 하홍신(何鴻燊, Stanely

스탠리 호 소유의 리스보아카지노

Ho Hon San) 등으로 구성된 신설회사에 독점권이 부여되었으며, 이후 40년간 독점운영하였다.

1842년에는 경마가 처음 등장하였고, 1927년에는 정기적으로 경마가 시행되었으며, 1932년에는 경견이 시행되었으나 제 2차 세계대전의 영향으로 1942년부터 중단되었다. 1963년에는 경견이 다시 시행되었고, 1998년에는 파친코와 축구경기에 대한 베팅이 승인을 얻었다.

한편 마카오정부는 주권이양 후 게임산업의 자유화가 필요하다는 판단에 따라 여러 차례의 논의와 연구를 진행했으며, 1986년 입법회의는 최대 3개의 사업자를 허가한다는 법을 제정하였다. 마카오정부 출범 다음 날 행정장관 하후화(何厚鏵, Edmund Ho Hau Wah)는 마카오 게임산업의 장래에 관한 연구를 수행할 저명한 게임컨설턴트회사 초빙계획을 발표하였으며, 2000년에는 마카오게임위원회를 구성하여 아더 앤더슨 월드와이드(Arthur Andersen Worldwide)를 자문사로 선정하였다. 2001년 8월 입법원은 카지노 게임법을 제정하였고 3개 사업자를 허가하기로 한 바 있으며, 10월 30일 8인으로 구성된 카지노허가위원회를 구성한 바 있다.

21개 사업자가 제출한 제안서를 검토한 후 2002년 2월 8일 SJM(Sociedade de Jogos de Macau), 갤럭시카지노(Galaxy Casino), 윈리조트(Wynn Resorts, Macao) 등 3개 사업자에 카지노사업 면허를 부여하였다. 2002년 12월 마카오행정부는 갤럭시의 하위계약자로 베네치아(Venetians)를 승인하였고, 2005년 4월에는 SJM의 하위계약자로 MGM을, 2006년 9월에는 윈 하위계약자로 멜코(Melco) PBL이 선정되었다. 신규허가를 내준 후 2004년 5월에 베네치아(Venetian)와 샌즈카지노(Casino Sands)가 개장하였는데, 이들 카지노는 첫 번째 미국게임회사의 아시아투자였다. 2009년 6월 1일에는 MCJ(Melco Crown Jogos) 계열의 드림시티(City of Dreams)가 개장하였고, 9월

21에는 SJM계열의 라크마카오(L'Arc Macau)가 개장하여, 2011년 12월 말 현재 마카오에는 모두 34개의 카지노가 영업중에 있다. 2006년에는 마카오의 카지노 수입규모가 라스베이거스를 추월, 세계최대의 게임도시가 되었으며, 2007년 카지노 세수는 마카오특별행정구 총 세수의 70% 이상을 차지하는데, '적절한 감독, 모니터링과 통제, 그리고 건전한 성장'이라는 정책목표 아래 건전하고 지속적인 게임산업의 성장을 추구하고 있다.

산업현황[4]

마카오 사행산업 총매출액은 〈표 4-1〉, 허가받은 사업자별 카지노 수는 〈표 4-2〉, 마카오와 미국 카지노의 매출액 비교는 〈표 4-3〉,

〈표 4-1〉 사행산업 총매출액

(단위: 백만 파타카-MOP)

종류	2007년	2008년	2009년	2010년	2011년
카지노	83,022	108,772	119,369	188,343	267,867
경견	98	186	327	340	297
경마	403	501	333	439	440
중국식 복권	6	6	6	6	6
즉석복권	0.02	0.003	0.0024	0.0023	0.0036
축구복권	273	304	279	380	362
야구복권	44	57	69	79	86
합계	83,847	109,826	120,383	189,588	269,058

주: 1홍콩달러(1HKD)=1.03파타카(1.03MOP)

4) http://www.dicj.gov.mo/

〈표 4-2〉 허가받은 사업자별 카지노 수

사업자	2007년	2008년	2009년	2010년	2011년
S. J. M	18	19	20	20	20
Galaxy Casino, S. A.	5	5	5	5	6
Venetian Macau, S. A.	2	3	3	3	3
Wynn Resorts (Macau) S. A.	1	1	1	1	1
Melco Crown Jogos (Macau) S. A.	1	2	3	3	3
MGM Grand Paradise, S. A.	1	1	1	1	1
합계	28	31	33	33	34

〈표 4-3〉 마카오와 미국 카지노 매출액 비교(USD 기준)5)

연도	마카오매출액 (백만 파타카)	마카오매출액 (백만 USD)	네바다주 전체 (백만 USD)	라스베이거스 스트립 (백만 USD)	애틀랜틱시티 (백만 USD)
2005	46, 047	5, 756	11, 649	6, 034	5, 018
2006	56, 623	7, 078	12, 622	6, 689	5, 218
2007	83, 022	10, 378	12, 849	6, 828	4, 921
2008	108, 772	13, 597	11, 599	6, 126	4, 545
2009	119, 369	14, 921	10, 393	5, 550	3, 943
2010	188, 343	23, 543	10, 405	5, 777	3, 565
2011	267, 867	33, 483	10, 701	6, 069	3, 318

주: 2006년부터 마카오 매출액이 LVS를 추월, 2011년은 5.5배. 2011년 매출액 중 슬롯머신 매출액은 마카오 14억 2천 8백만 달러 (4.3%), 네바다주는 67억 3천 8백만 달러 (63%), LV Strip은 28억 8천 9백만 달러 (47.6%), AC는 23억 4천 3백만 달러 (70.6%) 임.

5) http://gaming.unlv.edu/

〈표 4-4〉 카지노 게임유형별 매출액

(단위: 백만 파타카)

게임유형	2007년	2008년	2009년	2010년	2011년
룰렛	371	693	694	672	783
블랙잭	1,917	2,247	1,903	2,290	2,712
VIP 바카라	55,762	73,772	79,834	135,648	196,126
바카라	16,515	21,264	25,498	34,917	48,669
판탄	164	190	174	183	211
쿠섹(Cussec)	2,755	3,043	2,826	3,555	4,774
빠이가우	77	54	44	86	114
마작	-	9	27	34	70
슬롯머신	3,594	5,653	6,503	8,618	11,425
마작빠이가우	3	2	0.4	-	-
Makccarat	9	16	8	4	4
3카드포커	114	73	94	131	190
Fish-Prawn-Crab	654	264	152	93	51
3카드바카라	231	209	184	219	281
크랩	9	89	92	163	151
텍사스홀뎀포커	-	54	146	216	277
톰볼라	2.0	1.8	1.8	1.7	1.4
Lucky Wheel	17	21	25	32	35
Live Multi Game	-	-	-	153	311
스터드포커	750	925	938	1,060	1,309
Q 포커	20	7	5	1	-
카지노워	61	185	164	157	225
Fortune 3 Card Poker	-	-	55	109	141
Fortune 8	-	-	2.5	-	-
용봉	-	-	-	-0.04	5

〈표 4-5〉 카지노 시설현황

종류	2007년	2008년	2009년	2010년	2011년
테이블	4,375	4,017	4,770	4,791	5,302
슬롯머신	13,267	11,856	14,363	14,050	16,056

카지노 게임종류별 매출액은 〈표 4-4〉, 카지노 시설현황은 〈표 4-5〉와 같다.

일본의 도박산업

도박의 역사6)

일본 역사기록에서 도박이 처음 나타나는 것은 천무왕(天武天皇) 14년(A. D. 685) 대안전(大安殿)에서 박희(博戱)를 개최하고 이긴 자에게는 옷(衣袴皮類)을 하사하였다는 기록이 있는데, 박희는 쌍륙이나 저포(樗蒲, 백제 때에 있었던 놀이의 하나로 주사위 같은 것을 나무로 만들어 던져 그 끗수로 승부를 겨루는 놀이로, 윷놀이와 비슷)로 해석된다고 한다. 그에 앞서 《고사기》(古事記)에는 '우레즈쿠'라는 도박(賭事)의 신화가 보이고, 《파마풍토기》(播磨風土記)에도 대혈모지신(大穴牟遲神)과 석언명신(夕彦名神)이 도박하였다는 이야기도 등장하는 것으로 보아 개국 이전인 원시시대부터 도박이 행해졌던 것으로 보인다.

---

6) 이 글은 宮武外骨, 《賭博史》(牛狂堂, 1924)와 尾佐竹猛, 《掏模賭博》(犯罪科學書刊行會, 1934); 中村義正, 《賭博》(東京, 1937)을 참조하여 쓴 글임.

도박은 스쿠, 태타태, 우쓰, 가케고토, 우레즈쿠, 탱고, 태나구사미 등 여러 용어가 사용되었는데, 나라시대(奈良朝時代) 이전부터 박희란 명칭으로 사용되다가 도쿠가와〔德川〕시대 초기부터 바쿠우치〔博奕打ち〕의 약자인 바쿠치〔博奕〕란 단어로 통용되고 있다. 도박을 "미정미지의 사항에 관해 사전에 서로 재물을 걸고 우연의 승패를 다투는 사행적 행위로 합의의 약탈쟁투"[7]라고 하며, 모든 악의 근원으로 강도와 같다라는 속담도 있다.

하층사회의 세 가지 즐거움(三道樂)을 먹는 것, 노름하는 것, 물건 사는 것이라고 하면서 바쿠우치와 같은 의미인 도박, 즉 '우츠'를 삼락에 포함시키고 있다. 그럼에도 불구하고 서양과 달리, 일본에서는 도박을 엄격히 규제하였는데, 그만큼 일본인들이 심하게 도박을 했다는 것을 의미하며, 가마쿠라〔鎌倉〕시대에는 외국에서 유입된 놀이나 노름이 행해졌고 중류 이상 계급에서는 차모임(茶會), 노래모임(連歌會) 등의 이름으로 모여 도박을 즐겼으며, 도쿠가와시대에는 일본 고유의 여러 가지 도박들이 행해졌다. 특히 쇼토쿠연간(正德年間, 1711~1715)에는 일본역사상 도박이 가장 성행했던 시기로 알려지고 있는데, 이때는 여러 가지 복권(富籤)이 발행되었고 가짜까지 나돌았다고 한다. 일본인들이 도박을 좋아하는 것과 관련, 일본인은 건곤일척의 쾌거를 쫓는 성격을 가지고 있으며, 모방성이 강해서 그렇다는 설이 있다고 한다.

지통왕(持統天皇) 3년(689) '금단쌍륙령'(禁斷雙六令), 문무왕(文武天皇) 원년(697)의 '도박금지와 도박장 주인 처벌'(禁博戲手之徒 其居停主人與同罪), 천평승보(天平勝寶) 6년(754)의 '임의 쌍륙을 하면 장 1백 대', 연희식목(延喜式目, 967년부터 시행)의 '지위고하를 불문

7) 宮武外骨, 《賭博史》(牛狂堂, 1924).

한 쌍륙자 처벌'(雙六者不論高下 一切禁斷), 경장(慶長) 7년(1602)의 '도박·쌍륙 등을 이용한 승부금지'(ばくち, ほう引, 雙六 此外 諸 勝負禁制之事) 등 각 시대마다 여러 가지 규제정책을 써왔으나 도박은 사라지지 않았다. 징역이나 태형 또는 몰수형 등 일반형벌 외에 하사했던 영지 등을 되물리든가(停廢封戶) 관직을 박탈(沒官)하기도 하고 초·재범은 손가락 절단, 3범은 주택을 몰수하고 먼 섬으로 유배를 보내기도 하였다. 에도시대 초기에는 상습도박범을 참수형에 처하기도 하였으며, 메이지유신 초기에는 도박범죄자의 얼굴에 먹물문신을 하기도 하였는데, 금전뿐 아니라 전답을 걸고 노름을 하고 심지어 감옥에서 음식물을 걸고 노름을 하여 진 사람은 하루 종일 쫄쫄 굶는 사례도 있었다 한다. 에도시대에는 협객(俠客)이라는 노름꾼이 횡행하던 때도 있었는데, 이들은 축제일이나 장터에서 공공연히 도박판을 벌였다고 한다.

도박은 ① 주사위나 나무막대 등을 이용한 채(采: 賽, 骰, 骸子, 角子, 投子, 骨子 등으로도 쓰이기도 함), ② 카드를 이용한 도박인 패골(牌骨), ③ 제비 도박(御神籤·御籤·御御籤), ④ 동물을 이용한 도박인 경마, 투견, 투우, 투계, 벌레싸움, 꾀꼬리내기(방안에 매화분재를 가져다 놓고 기르는 꾀꼬리를 풀어 분재에 가장 먼저 앉는 새가 이김), ⑤ 기타 도궁(賭弓, 활쏘기 도박), 후키야(입으로 화살을 불어 목표물 맞히는 도박), 동전던지기, 구슬치기 등으로 구분한다.

노름을 좋아하는 민족답게 외국에서 전래된 쌍륙, 주사위 등도 있지만 일본화시킨 도박이 많은데, 그 대표적인 것이 카드 놀음이다. 카드는 덴쇼연간(天正年間, 1573~1592)에 네덜란드 사람이 나가사키를 통해 전했는데, 막부에서 수입산 카드놀이를 금지하자 모조품이 등장하였으며, 그 중 하나가 75매짜리 '운순가루다'다. 카드에는 북, 구슬, 술잔, 칼, 꽃, 신, 서양인, 무사, 말을 탄 사람 등이 그려져 있다. 우리에게 잘 알려진 화투(花鬪), 즉 하나가루다도 바로 이런 일본화한 카드놀이 중의 하나이며, 노래나 시, 인물이나 명승지, 속담 등이 그려지거나 쓰여진 카드도 있었고 게임방식, 지역에 따라 다양한 카드놀이가 행해졌다.

노름할 돈을 마련하기 위해 100회 이상 도둑질한 네즈미 고조우(鼠小僧: 1795~1832)란 사람의 묘를 노름꾼들이 참배하거나,[8] 허리춤

네즈미 고조우 묘비석: 回向院 홈페이지에서

---

8) 그는 탐관오리나 악덕상인의 돈을 훔쳐 가난한 사람들에게 나누어 주는 의적이라는 전설이 있는데, 실제 여부는 확인할 수 없으나 도박자금 마련을 위해 남의 돈을 훔치다가 체포되어 처형되었으며, 그의 묘는 도쿄도 스미다구의 에고우인〔回向院〕에 있다. 그의 묘비석을 갉아 가루를 가지고 가면 돈을 딴다든가 합격 등 소원이 이루어진다는 속설 때문에 비석이 마모되자 원 묘비석 앞에 새로 묘비석을 세웠다. 계명은 教覺速善居士다. 요즈음은 합격기원에 효험이 있는 것으로 잘 알려져 있다(〈아사히신문〉, 2011.6.3).

을 묶는 요대에 화투그림을 그려 넣기도 하고, 새로 새운 묘비석을 깨 왼손에 쥐고 왼쪽 소매주머니에 넣고 도박장에 들어가면 이긴다든가, 밝은 쪽에서 들어가고 밝은 쪽을 향해 앉으면 이긴다는 속설 등 도박과 관련된 일화도 많다. 소화 8년(1908) 범죄통계를 보면, 범죄자 수는 모두 71,669명이고 그 중 도박범이 14,312명으로 약 20%를 차지하고 있으며, 연령별로는 25~35세가 7,931명으로 55%를 차지하고 공사판 인부, 공장근로자, 상인들이 많은 것으로 나타났다.

일본형법 제2편 제23장에서는 '도박 및 복권에 관한 죄'를 규정하고 있는데, 도박한 자는 50만 엔 이하의 벌금 또는 과료에 처하도록 하면서 일시오락 목적으로 물건을 건 정도는 벌하지 않도록 규정하고(제185조) 상습도박자는 3년 이하의 징역, 도박장을 개장하거나 노름꾼을 모아 이익을 도모한 자는 3월 이상 5년 이하의 징역에 처하며(제186조) 복권을 발매한 자는 2년 이하의 징역 또는 150만 엔 이하의 벌금에 처하고 복권발매를 중개한 자는 1년 이하의 징역 또는 100만 엔 이하의 벌금에 처하며, 복권을 수수한 자는 20만 엔 이하의 벌금 또는 과료에 처하도록(제187조) 규정하고 있다.

그러면서 특별법인 경마법에 의한 경마(농림수산성), 모터보트경주법에 의한 경정(국토교통성), 자전차경기법에 의한 경륜(경제산업성), 소형자동차경주법에 의한 자동차경주(경제산업성), 스포츠진흥투표의 실시 등에 관한 법률에 의한 스포츠진흥복권(문부과학성), 당첨금부증표법에 의한 복권(총무성), 풍속영업 등의 규제 및 업무의 적정화 등에 관한 법률에 의한 파친코(Pachinko, 공안위원회) 등 합법적인 도박도 영위되고 있다. 그 이외에 환금할 수 없고 놀이목적으로 카지노칩을 이용하는 카지노바, 게임을 하고 이기면 8백 엔 이하의 물품을 주는 게임센터가 있으나 종종 오락이나 게임수준을 넘겨 경찰의 단속대상이 되기도 한다.

2010년 기준으로 일본의 도박산업은 경마법[9]에 의해 일본중앙경마회가 주관(10개 경마장)하는 중앙경마 매출액이 2조 4,280억 엔, 지방자치단체가 주관(16개 경마장)하는 지방경마 매출액이 3,480억 엔, 경정(24개소) 매출액이 8,970억 엔, 경륜(45개소) 매출액 6,790억 엔, 자동차경주(6개소) 매출액이 920억 엔 등 이른바 공영경기 매출액이 4조 4,440억 엔, 복권(약 1만 6천 개 판매소) 매출액이 9,190억 엔, 스포츠진흥복권 매출액 848억 엔, 파친코(11,576개 점포) 매출액이 19조 3천 8백억 엔으로 조사되고 있다.

도박관련산업의 매출액은 매년 감소하고 있는데, 버블경제 붕괴 이후 불황의 장기화와 소득향상 지체로 일반대중들의 사행성오락 기피, 공영경기시설의 과잉과 공공기관으로서의 타성과 적폐, 레저의 다양화와 젊은 층의 취향변화, 도박은 아니지만 고위험 고수익 투자수단인 주식·선물·외환거래 등과의 경합 등이 수익악화의 원인으로 지적되고 있으며, 2011년 3월 동일본 대지진 발생[10]으로 경마장 등 경기장에 직접적인 피해가 있었을 뿐 아니라 국민들의 소득감소와 소비심리의 위축, 사행산업체들의 고객유치를 위한 자발적 자숙과 절전동참 등의 영향으로 매출액은 격감하였을 것으로 추정된다.

---

9) 1906년부터 경마가 실시되어 오다가 제1차 세계대전 후 군대의 기동성 향상 목적으로 1923년 육군이 말산업 장려목적으로 경마를 주관하면서 전국각지에 수많은 경마장이 건설되었으나, 패전 후인 1948년부터 수년간 수많은 지방경마장이 폐쇄되고 현재는 중앙경마와의 상권중첩, 시설노후화, 경마애호층의 고령화 등으로 인한 고객이탈 등으로 지방경마장의 폐쇄문제가 현안이 되고 있다.

10) 1999~2001년간 고베지진 복구를 위한 특별복권 발매와 같이 2012년에는 지진피해 복구지원을 위한 특별복권을 발매중에 있음.

지진피해 복구재원 확보를 위한 카지노 설치 논란

2011년 3월 11일 일본 후쿠시마현, 미야기현 등 동북지방에서 발생한 동일본대진재(東日本大震災) 이후 일본에서 카지노 합법화를 추진하는 초당파 의원연맹인 '국제관광산업진흥의원연맹'(일명 카지노의련)이 부흥계획의 일환으로 카지노를 도입, 수익금을 부흥재원으로 활용할 방침이라는 보도가 있었다(2011년 6월 17일, MSN産経뉴스). 동 보도에 따르면 "종전까지는 오키나와와 도쿄의 오다이바에 설치하는 것이 유력하였으나 지진복구를 위해 미야기현 센다이시를 후보지로 하는 안이 급부상하고 있으며, 의원연맹총회를 개최하여 의원입법으로 법안을 제출할 예정이다. 또 지진 이후 외국관광객이 급감하고 있어 관광객 회복을 위해서도 카지노를 조기에 합법화할 필요가 있으며 설치지역과 관련 1차로 2개소, 최대 10개소로 단계적으로 추진한다는 방침이었는데, 우선 지진으로 동북지방에 설치해야 한다는 의견이 강하게 대두하고 있고, 카지노 유치를 희망하였던 센다이공항 부근의 공업단지계획지가 후보지로 급부상하고 있다"는 내용이다.

《카지노 해금은 일본을 망하게 한다》[11]의 저자 와카미야 켄〔若宮健〕은 "방사능에 민감한 외국인이 방사능이 유출된 후쿠시마 인근의 센다이에 도박하러 오는 사람이 있을까?, 외국인 방문객이 급감하는데 카지노 경영이 가능할까?"라는 의문을 가지고 현청과 시청, 상공회의소, 지역신문사, 지역의 파친코, 의원연맹 등에 확인하였으나 모두 들은 바 없다고 확인해 주었단다. 다만 지진발생 전인 2010년 9월 미야기현 의회에서 유치특별위원회설치안이 상정된 바 있는데, 산케이가 카지노 도입을 바라는 누군가의 의견을 바탕으로 보도한 오보일 뿐이라는 회답을 얻었다고 한다.

11) 若宮 健, 《カジノ解禁が日本を亡ぼす》(祥伝社, 2011).

저자는 한국이 2006년 바다이야기 사태 이후 게임사업에 대한 강력한 규제를 시행한 내용을 바탕으로 《왜 한국은 파친코를 전폐했는가》[12] 란 저서를 출판한 바 있으며, 이번 책에서도 한국의 사례, 특히 강원랜드를 두 차례 방문하고 사행산업통합감독위원회도 방문, 사행산업 전반에 대한 내용을 저서에 포함시키고 있다. 저자는 자살자 발생(35명), 카지노 앵벌이, 병정, 개장시간 10시 전 대기인원(천 명), 카지노홈리스(2천 명), 전당포, 홈리스 귀가로 인한 지역경제의 어려움, 출입제한이나 베팅제한규정 위반사실 묵인 등 변칙영업으로 인한 소송 등 부정적인 면을 들면서 서울에서 2시간 반이 걸리는 고립된 산간지역에 설치된 카지노도 이 지경인데, 도시인근에 설치하면 외국관광객이 아닌 서민의 주머니를 터는 격이 된다면서, 자신과 카지노 도입에 반대하는 사람들의 여러 가지 사유를 들고 있다.

2006년부터 마카오의 카지노 매출액이 라스베이거스를 추월하였고 2010년 매출액은 235억 달러(LV는 58억 달러)로 엔으로 환산하면 1조 9천억 엔이 조금 못되는데, 일본 파친코산업 매출액은 19조 3천 8백억 엔으로 마카오의 10배가 넘으며, 최대 파친코회사 마루한의 2010년 4월~2011년 3월 회계연도 매출액이 2조 398억 엔이고 경마·경륜·경정·자동차경주·복권 매출액만 5조 3,640억 엔으로 이미 도박대국을 넘어 도박초대국이 되었고 갬블공화국인데, "파친코는 도박이 아니다"는 궤변을 늘어놓을 것이 아니라[13] 전면 폐지한 후 카지노

12) 若宮 健, 《なぜ韓國は、パチンコを全廢できたのか》(祥伝社, 2010).

13) 아사다 지로는 "파친코를 카지노가 아니라고 주장하는 것은 자위대가 군대가 아니라고 우기는 것과 똑같다. 자위대가 법적으로 따지면 군대가 아니지만, 객관적으로는 아무리 보아도 군대다. 따라서 파친코를 일본 고유의 카지노가 아니라고 주장하기 위해서는 눈앞에 있는 호랑이를 가리키며 고양이라고 우길 만한 배짱이 필요하다. … 이제 와서 파친코산업을 제쳐 놓고 카지노를 만든다는 것은 현재의 자위대 이외에 새로운 군대를 창설하는 것이나

를 도입해야 하며, 파친코를 그대로 둔 채 추가로 카지노를 도입해서는 안 된다는 것이 가장 큰 이유이다. 또 도박은 구조적으로 패자의 희생을 바탕으로 영위되는 사업으로 도덕적으로도 문제가 있으며, 파친코보다 도박성이 강한 카지노의 도입으로 더 많은 의존증환자(도박중독자)가 발생하게 될 것이라면서, 꼭 세수증대가 필요하다면 현재 현금화할 수 없도록 하고 있는 파친코에서 합법적으로 현금교환이 가능토록 제도화하면서 세금을 징수하면 문제는 간단히 해결될 것이라고 주장한다. 그는 카지노 도입으로 덕을 보는 사람은 폭력단 등 검은 조직과 일부 정치가들뿐이라면서 카지노에 관한 지식도 없고 해보지도 않았으면서 부작용도 알지 못하는 사람들이 도입을 주장한다면서, 카지노 도입이 세수증대, 고용창출, 외국관광객 유치, 이를 통한 종합적 경제효과, 그리고 일본인이 해외에서 지출하는 도박자금의 국내소비, 국내 위법도박의 감소 등 장점보다는 도박의존증 환자의 증가, 돈세탁 온상화, 범죄증가와 치안악화, 정치권·경찰과의 유착, 폭력단 개입차단의 어려움 등 부작용과 단점을 열거하면서 일본에 카지노를 도입해서는 안 된다고 역설하고 있다. 즉, 카지노의 도입은 사람을 찾으러 간 사람이 돌아오지 않고 도리어 찾는 대상이 되듯이, 상대를 설득하려던 사람이 오히려 설득당하여 상대의 의견에 동의해버리듯이, 미라 도굴꾼이 미라가 되듯, 이익을 쫓다 사회적 병폐의 함정에 빠질 것이라고 경고한다. 그는 파친코 종업원 중에 파친코 중독자가 많으며, 딜러 중 젊은 사람이 도박중독자가 많고 다른 업종보다도 수입이 많음에도 돈이 궁한 예가 많다는 것을 예로 들고 있다. 도박은 사람을 행복하게 하는 것이 아니라 서민을 불행에 빠뜨린다는 것을 보아왔듯이, 지진피해지역에서 카지노를 합법화하는 것

마찬가지다"라면서 카지노 설립은 파친코 처리문제와 함께 처리되어야 한다고 한다. 황현탁, 《도박의 사회학》(나남, 2010), p. 203.

은 추가피해의 발생을 조장하고 사회적 황폐화를 초래할 우려가 있는 만큼 그보다는 사회적 유대관계(絆, 기즈나)를 회복하는 것이 우선이라고 말한다. 즉, 불난 집에서 도둑질하는 발상(火事場泥棒)이라면서 "해 보고 문제 있으면 그만두면 된다"는 생각은 국민의 세금을 집행하는 정치행정가들이 해서는 안 된다면서 도입을 주장하는 오사카부 지사, 도쿄도 지사 등을 비판한다.

우리나라 카지노 고객 중 일본인의 비중이 매년 줄어들기는 하나 2011년의 경우, 전체 입장객의 40%인 약 84만 명이 일본고객이었다. 만일 일본에 카지노가 합법화되는 경우, 우리나라의 외국인카지노는 특단의 조치 없이는 살아남기 어려울 것이기 때문에 일본의 동향은 한국 카지노업계의 가장 중요한 관심사다. 카지노를 도입하기 위해서는 특별법 제정이 필요하며 2010년 4월 '카지노 합법화를 통해 관광산업의 진흥을 도모함과 동시에 파친코의 환금합법화를 목적으로 하는' 국제관광산업진흥의원연맹(일명 IR-Integrated Resort 議連, 2012년 현재 135명의 의원이 가입)이 구성되어 활동중에 있다. 그러나 카지노 설치를 위한 특별법 제정은 양원제·내각책임제를 택하고 있는 일본 정치구조 속에서 현재는 중의원은 여당이, 참의원은 야당이 다수여서 여야 합의 없이는 정책추진이 어려운 구조로 되어 있고, 여러 행정부서(내각총리실, 국토교통성, 경제산업성, 총무성, 법무성, 경찰청 등)와 관련되어 있어 이해관계 조정이 쉽지 않으며, 법제정을 뒷받침하는 주요 지지세력과 주도자가 없다는 점(추진하는 의원들이나 지자체들은 재정수입확충, 관광진흥, 고용창출, 서비스산업 육성, 기기산업 진흥 등 다양한 목적 제시), 그리고 오키나와, 홋카이도, 나가사키, 도쿄, 치바, 최근에는 후쿠시마 등 각 지역이 서로 유치경쟁을 하고 있고, 카지노 도입의 명분인 복합리조트 건설을 위해서는 상당한 부지가 필요하고 재원이 소요되나 이의 조달이 여의치 않으며, 무엇보다도 카지노와 경쟁관계에 있는 파친코 영업에 대한 향후의 처리문제에 대한 컨센서스가 형성되어 있지 않아 도입추진에는 상당한 시일이 필요할 것으로 전망된다.

파친코산업 현황[14)]

파친코(*pachinko*)란 돈이나 선불카드를 파친코 기계에 넣고 손잡이를 당기거나 버튼을 누르면, 기계 안에 들어 있는 직경 11㎜, 무게 5g의 구슬이 복잡한 회로를 따라 돌다가 상금이 지불되는 '야쿠모노'〔役物〕라는 입상구(入賞口)를 통해 들어가는 경우 작은 구슬이 정한 배수에 따라 나오고 이를 상품으로 교환하는 영업행위로 "풍속영업

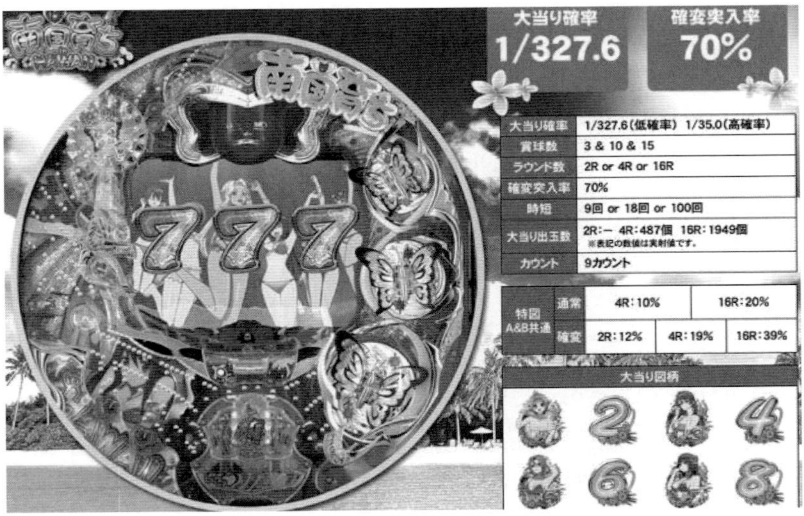

제일동포 소유 파친코기기제조사 헤이와〔平和〕의 2012년 출시 '하와이에서 남국출신 미녀들' 기기 사양

14) 일본어 위키피디아 내용을 요약한 것임(http://ja.wikipedia.org).

등의 규제 및 업무의 적정화 등에 관한 법률” 제 2조 제 1항 제 7호에서 “설비를 설치하고 고객에게 사행심을 부추기는 유기를 하게 하는 영업”으로 규정하고 있으며, 파친코 영업장 입구에는 18세 미만자는 입장이 금지된다는 뜻을 게시하여야 하고, 법률로 이들의 입장을 금지하고 있다(제 18조 및 제 22조).

파친코 기계는 1925년에 발명되었으나 1930년 나고야에서 제 1호 파친코 영업점이 허가를 받아 문을 열었으며, 1937년 전시특별법에 의해 신규점포에 대한 허가가 금지되어 오다가 1942년 제 2차 세계대전으로 인한 전시체제 돌입으로 영업이 중단되었고, 1946년에 다시 영업을 재개하게 되었다. 1953년 제 1전성기에는 점포수가 387,664개소에 이르렀고 (소규모) 기기메이커도 6백 개사에 이르렀으며, 1960년 제 2의 전성기를 거쳐 1965년에는 점포수가 1만 개를 넘게 되었다.

1979년에는 11월 14일을 ‘파친코의 날’로 제정했으며, 1990년대에는 어린이를 차 안에 둔 채로 부모들이 게임에 열중하여 어린이들이 사망하는 사고가 수시로 발생하고, 파친코의존증, 즉 병적 도박문제, 허가기관인 경찰과의 유착, 현금영업으로 인한 탈세, 불법영업 등이 사회문제가 되어 규제가 엄격해졌으며, 젊은 층의 여가문화 패턴도 변화하여 파친코는 점점 사양길로 접어들게 되었다. 그러나 아직도 사행산업 중 가장 큰 비중을 차지하는데, 2007년 일본의 파친코 이용자는 총인구 1억 2,777만 명의 10%를 초과하는 1,450만 명, 매출액은 22조 9천 8백억 엔에 이르며, 점포는 1만 3천여 개소에 이르는 것으로 나타났다.

유기요금, 즉 1회 사용할 수 있는 구슬 1개의 요금은 국가공안위원회 규칙으로 정하도록 규정하는데, 구슬 1개의 가격을 4엔 이하로 하도록 규정하고 있어, 100엔을 지불하면 25회 게임할 수 있다. 70~

90%의 파친코가 직·간접적으로 재일한국인이나 조총련이 운영하는 것으로 알려지고 있다.[15)]

싱가포르와 말레이시아 카지노산업

말레이시아와 싱가포르 양국은 제2차 세계대전 중 일본이 점령통치한 기간(1942~1945)을 제외하고는 1824년부터 영국의 식민지였는데, 1957년 말레이시아(인구분포: 말레이계 58%, 중국계 25%, 인도계 7%, 기타 10%)[16)]가 영국으로부터 독립하였고, 싱가포르(인구분포: 중국계 74.7%, 말레이계 13.6%, 인도계 8.9%, 기타 2.8%)[17)] 역시 외교국방을 제외한 국내 자치권을 인정받았다. 1963년에는 브루나이를 제외한 보르네오 섬 북부의 2개 주와 싱가포르, 말레이반도의 11개 주들이 말레이연방을 구성하였으나 1965년 싱가포르는 연방에서 탈퇴, 오늘에 이르고 있다. 말레이시아에는 1971년 개장한 유일한 카지노인 겐팅(Genting, 매 분기마다 면허갱신)이 있고, 싱가포르의 리조트월드센토사(RWS)와 마리나베이샌즈(MBS)는 2010년 개장(매 3년마다 면허갱신)하였는데, 양국 카지노 정책에 대한 정보공개가 미

15) 경남 삼천포 출신의 재일교포 한창우(韓昌祐)는 마루한〔丸韓〕이란 일본 최대의 파친코체인을 운영하는데, 2012년 매출액은 2조 791억 엔, 종업원 12,427명이고, 273개 파친코 점과 볼링장, 극장 등 레저 점포 12개를 운영하고 있으며, 2002년 미국 〈포브스〉(*Forbes*) 선정 일본 국내 부호 22위에 랭크된 바 있다(http://www.maruhan.co.jp). 그는 인천 영종도에 1조 1,180억 원을 투자해 2018년까지 골프장, 워터파크, 특급호텔 등을 갖춘 관광레저단지를 조성하는 민간투자제안서를 한국 정부에 제출한 바 있다(2012년 9월 18일, 조선일보 인터넷판).

16) 주말레이시아 한국대사관 자료(http://mys.mofat.go.kr).

17) 주싱가포르 한국대사관 자료(http://sgp.mofat.go.kr).

흡하여 충분한 자료와 정보를 얻기가 용이하지 않다.

공식적으로는 카지노드겐팅(Casino de Genting)[18]으로 불리는 말레이시아의 겐팅하일랜드(Genting Highlands) 카지노는 호텔 착공식에 갑작스레 참석한 당시 수상(초대) 압둘라만(Tunku Abdul Rahman)이 리조트월드버하드(Resort World Berhad) 그룹 창업주인 림고통(Lim Goh Tong, 林梧桐, 1937년 19세 때 중국 복건성에서 말레이시아로 이주)의 오지개발 노력에 감동[19]받고 그에게 "겐팅이 오지의 관광개발에 진력하면 겐팅의 카지노 면허신청을 호의적으로 검토하겠음"을 밝혔고 신청한 당일인 1969년 4월 28일 면허가 발급되었다고 한다. 면허신청 전후 마카오의 스탠리 호(Stanley Ho)에게 협조를 요청했으나 여의치 않자 2년 뒤 카지노 개장 전후 한국의 파라다이스카지노 전락원 회장과 3년간 운영협력계약을 체결하였고, 상호합의로 9개월 후에 계약을 종료, 자체적으로 운영하기 시작하였다.[20] 카지노 개장 전인 1970년 재무장관이 면허료를 면허발급 전 또는 면허갱신 전에 사전 납부할 것을 요청하자 면허기간이 길어 엄청난 부담이 된다고 하였고, 이에 대해 장관이 유효기간을 3개월로 하자고 다시 제안, 자동갱신해주겠다는 약속을 받고 그 제안을 받아들여 현재도 매 3개월마다 면허를 갱신하고 있다(리조트 내의 은행, 백화점, 음식점 등 다른 사업면허는 1년 단위).[21] 당시 내각회의에서 내무장관은 합법적 카지노 도입은 불법도박을 줄일 수 있고 관광산업 발전을 촉진하며, 산

---

18) Genting은 카지노가 위치한 지역의 지명이며, 카지노 측은 한자로 雲頂(*cloud top*)으로 표기.

19) 산 정상의 리조트 건설계획에 대해 당초 사람들은 농담으로 사람들을 놀리는, 삽으로 산을 옮기겠다는 소문난 무모한 영감쟁이라고 조롱〔창업주 회고록 *My Story LIM GOH TONG*(Pelanduk Publications, 2008), p. 72〕.

20) *My Story LIM GOH TONG*, p. 88.

21) 위의 책, p. 89.

정상이라는 카지노 위치도 안전확보에 용이하다고 주장하였다고 한다.[22] 카지노는 1971년 리조트 준공과 함께 개장하였는데, 말레이시아 회교도(무슬림)는 입장이 허용되지 않는다. 1937년 중국 복건성 안시에서 말레이시아로 건너와 광산업, 건설업, 중장비매매업 등에 종사한 그는 부동산개발업, 팜오일사업, 선박운수업 등으로 사업영역을 확대하였으며, 1980년대에는 바하마와 호주에서 카지노사업에 손을 댔고(나중에 일본기업에 매각), 1990년대에는 코네티컷주의 인디언카지노 폭스우드(Foxwood Casino)에, 2002년에는 나이아가라폭포 주변의 인디언카지노 세네카(Seneca Nation of Indian Casino)에 투자하였다.[23] 2009년에는 필리핀 마닐라에 투자한 리조트월드마닐라(RWM: Resorts World Manila)를 개장하였고, 2010년에는 싱가포르에 RWS를 개장하였다. 또한 2010년부터는 영국 런던의 유서 깊은 카지노 크록포드(Crockfords), 민트(Mint) 등 46개 카지노를 인수, 운영하고 있고, 역시 2010년 뉴욕의 애퀴덕트 경마장(Aqueduct Racetrack)의 비디오경마사업 개발자 및 운영자로 선정되어 2011년 카지노사업에 본격 나섰다(2011년 말까지 4천5백 대의 VLT 설치).[24] 2010년 겐팅하일랜드를 찾은 사람은 1,990만 명이며, 그 중 약 10% 정도인 2백만 명이 카지노를 방문했다고 한다. 카지노 고객은 초보자들이 들어갈 수 있는 구역과 일정 수준 이상의 고객만이 입장할 수 있는 구역이 구분되어 있는데, 고객을 리조트시설 이용실적에 따라 그린카드(*Green Card*), 실버카드(*Silver Card*), 골드카드(*Gold Card*), 플래티넘카드(*Platinum Card*), 맥심플래티넘카드(*Maxim Platinum Card*) 등으로 구분하고 있으며, 카지노영업장 국제존(*International Zone*)에

22) 위의 책, p. 87.

23) 위의 책, pp. 171~173.

24) 겐팅그룹 영문보도자료(2011년 4월 15일 방문시 입수).

는 초청고객만 들어갈 수 있다. 겐팅은 종합리조트시설로 셀랑고르(Selangor) 주와 파항(Pahang) 주 경계지점에 소재한 고산지대(해발 1,772m)의 1만 에이커(여의도의 약 4천 7백 배)의 산림지대에 약 4% 정도의 면적(안내인은 5% 이상을 개발하지 않겠다고 연방정부에 약속하였다 함)을 개발하여 테마파크, 회의시설, 카지노, 공연장, 쇼핑센터 등을 갖추어 놓았고, 6,118개의 세계최대의 객실을 갖춘 퍼스트월드 호텔(First World Hotel)을 비롯 6개 호텔이 1만 개 이상의 객실을 갖추고 있다. 중턱에는 그의 이름을 딴 고통자야(Gohtong Jaya)라는 휴양지와 아와나(Awana) 골프리조트, 그리고 그가 세운 청수암묘(淸水岩廟, Chin Swee Temple)가 있다. 정상의 리조트는 말레이시아의 수도 쿠알라룸푸르에서 1시간 거리에 위치해 있고 산 중턱에서 케이블카로 오를 수도 있는데, 그 길이가 3,380m(소요시간 12분)로 동남아시아에서는 가장 길다고 하며, 지대가 높아 일기변화가 심해 전망이 좋지 않은 날이 많다. 2011년에는 한국의 원더걸스도 그곳에서 공연하였다고 하며, 한국인도 겐팅을 방문하나 골프장을 주로 이용한다는 설명이었는데, 카지노를 제외한 놀이기구나 상점 등은 한국인들의 취향과는 다소 차이가 있어 보이고 평일임에도 전체적으로 혼잡하여 도떼기시장 같다는 인상을 받았다. 안내인의 설명에 따르면 회원은 무인체크인 기계에서 손쉽게 호텔 체크인을 할 수 있으나 일반인의 경우에는 체크인에 3~4시간이 소요되어 대기시간 동안 카지노나 탈 것, 쇼핑이나 먹거리에 시간을 소비할 수밖에 없다고 한다. 공중시설 구역 내 화장실은 회교식인 곳이 많아 화장실 칸막이 안에는 종이가 없고 비데가 아닌 수도꼭지로 씻도록 되어 있다.

싱가포르에서는 독립 후 현재까지 집권여당인 인민행동당(People's Action Party) 일당집권이 지속되고 있는데, PAP의 대표이자 총리실 장관인 림분행(Lim Boon Heng)은 2011년 4월 11일 5월 총선[25]에 출마할 신진후보를 소개하는 과정에서 "내각회의에서 반대의견 없는 일방적 · 집단적 의사결정으로 어려움에 직면한 적은 없었는지?"라는 기자 질문에 2005년 2개 카지노 허용 결정시의 예를 들면서 자신도 도박을 산업으로 또 소득증대 방편으로 도입하는 데 반대하였고 내각의 견도 양분되었음에도 3만 5천 개의 일자리 창출을 위해 수용한 아주 어려운 과정이었음을 눈물을 훔치면서 답변하기도 하였다. 또 그는 민감한 사안을 공개적으로 논의 토론하기보다는, 배경이 다르고 주장이 강하며 건전한 사고를 하는 사람들을 정당에 영입하고 내부적인 논의를 거치는 것이 가장 좋은 방안일 수 있다고 한 바 있는데, 언론보도에 따르면 2011년 5월 총선거에서 4분의 1 이상의 PAP후보자를 정치신인으로 공천하였다고 한다. 카지노 도입 후 1년 정도 지난 시점에서는 도입당시 명분이었던 실업문제는 이슈가 되지 않았으나 도박으로 재산을 탕진하고 가족이 어려움을 겪는 등 도박의 사회적 비용이 문제가 되고 있는데, 그는 '내각이 정책을 결정한 이상 집단적으로 책임을 져야 하며 지불해야 할 대가'라고 주장한다.[26] 한편 2011년 4월 12일 TV 토론프로그램에 출연한 리셴룽(Lee Hsien Loong) 수상 역시 '정부가 다른 의견을 존중하지 않고 일방적으로 밀어붙인 것은 아닌지?'라는 질문에 대해 '그랬다면 오랫동안 집권하지 못했을 것'이라며, '국민들의 동의를 얻고 국민들의 이익을 위해 나라를 이끌어야 한다'면서 '종합리조트 관련, 열띤 토론이 있었으며 도입에 반대했던 림분행을 우리가 이겼다'고 답변하면서 '몇 가지 사안은 공개적인 토론을 할 수 있고 향후 공개토론 사안이 증가하겠지만 공개하는

25) 2011년 5월 7일 실시된 선거결과, 총 87석 중 81석을 획득하여 절대다수 여당지위는 유지하였으나, 야권에 6석을 내주고 지지율도 2006년 67%에서 60%로 하락(〈조선일보〉, 2011. 5. 9, A2).

26) *The Straits Times*, 2011. 4. 12, A5.

것이 모두 좋다고는 할 수 없으며, 문제해결을 어렵게 할 수 있다'면서 때로는 비공개적 정부정책결정이 바람직할 수도 있다고 강조한 바 있다.[27]

싱가포르는 지금까지 집권여당과 내각에서 이른바 '밀어붙이기식 집단적 결정'을 통해 카지노정책을 추진해 온 것으로 알려졌는데, 2006년 1월 16일 13장(*part*) 202조 및 시행일정(*The Schedule*)으로 된 카지노통제법(*Casino Control Act*, 2006. 6. 1, 발효)을 제정한 후 2008년 4월 2일 내무부산하에 카지노규제청(Casino Regulatory Authority)을 설치하고, 2008년 4월 10일에는 경찰 출신의 사무총장 라자쿠마르(T. Raja Kumar)를 임명하였으며, 2009년 9월부터 2010년 2월 10일 사이에는 15개의 카지노 관련 규칙[28]을 제정 공포한 후 2010년 2월 6일에는 RWS에, 4월 10일에는 MBS에 면허를 교부하였고(향후 10년간은 2개 카지노로 제한, 제41조), 2010년 1월부터 4월 10일까지 6천 명의 카지노종사자에 대한 면허(SELs: *Special Employee Licences*, 유효기간 3년)를 교부하였다.[29] 카지노 내에서는 매춘이나 음란행위를 부추기거나, 불법 도박자금 대출, 술 취하거나 난잡하거나 난폭한 행동이 금지되며(제129조), 경찰이나 카지노규제청은 출입하여 검사할 수 있고 카지노 측은 출입금지자나 규칙위반자를 퇴거시켜야 한

---

27) *The Straits Times*, 2011. 4. 13, 6면.

28) 카지노규제청이 내무부장관의 승인을 얻어 제·개정. ① Advertising, ② Casino Contracts, ③ Casino Licence(유효기간 3년) and Fees, ④ Casino Layout, ⑤ Composition of Offences, ⑥ Conduct of Gaming, ⑦ Credit, ⑧ Entry Levy(외국인은 무료, 싱가포르인이나 싱가포르 영주권자는 1일당 100싱가포르달러, 1년간 2천 달러), ⑨ Gaming Equipment, ⑩ Junkets, ⑪ Licensing of Special Employees, ⑫ Patron Dispute Resolution, ⑬ Prescribed Offences, ⑭ Prevention of Money Laundering and Terrorism Financing, ⑮ Surveillance 등.

29) www. cra. gov. sg 중 연차보고서 등 참조.

다. 카지노규제청이나 경찰은 특정인의 카지노출입을 금지시킬 수 있으며(법 제121조, 제122조) 그 명단을 카지노에 통보하는데, 범죄로부터 자유로운 게임환경을 조성하기 위해 2010년 2월 5일 마약, 불법사채운용, 매춘, 조직폭력 등과 관련되는 범죄전력이 있는 3천5백 명과, 파산 후 복권되지 아니하였거나 정부로부터 공적 지원을 받는 2만 8천 명을 출입금지자로 통보하였다.

MBS 국제개발본부장(Managing Director of Global Development) 타나시제비치(George Tanasijevich)에 따르면 날짜에 따라 차이는 있으나 MBS 입장객 중 싱가포르 국민은 30~38% 정도이며, 한국인은 4~5% 정도 된다고 한다. 센토사보다 지리적으로 도심에 더 가깝고 인근에 식물원이 개장하면 관광객 유인요인이 확장되어 RWS보다 더 많은 고객을 확보할 수 있을 것이라고 자신하면서 한국어 안내자료까지 건네주었다. 회원은 식당, 카지노, 쇼핑, 위락시설 등 이용에 따른 적립 포인트에 따라 프리미어(*Premier*, 포인트 무관), 프리미어골드(*Premier Gold*, 12개월간 388포인트 적립시), 프리미어플래티넘(*Premier Platinum*, 12개월간 888포인트 적립), 프리미어다이아몬드(*Premier Diamond*, 12개월간 1,888포인트 적립)로 구분하여 각종 편익을 제공하고 있다. 싱가포르의 경우에는 카지노 입장객은 '자발적'으로 손실한도를 정할 수 있으며, 다른 카지노와 같이 자신이나 가족 또는 제3자가 카지노 입장을 금지해 주도록 요청할 수 있는 제도도 도입되어 있다. 카지노 운영자는 프리미엄 회원(10만 달러 예치고객)으로부터 발생한 수익의 5%, 일반고객으로부터 발생한 수익의 15%를 카지노세로 납부하여야 하는데, 프리미엄 고객확보와 유지에는 상당한 비용이 드는 것을 감안, 세율을 낮게 책정하고 있으며 15년간은 세율을 인상하지 않는다고 명시하고 있다(제146조). 카지노규제청은 내무부 소속이나, 의장과 7인 이상 19인 이내의 전문가들로 구성된 게임중독방지위원회(NCPG: National Council on Problem Gambling)는 지역개발청년체육부(Ministry for Community Development, Youth and Sports) 산하에 설치되어 게임중독위험 홍보, 중독방지, 치료, 재활, 상담 등 업무와 각종 프로그램의 평가, 카지노 출입금지 신청 심사 등의 업무를 수행하고 있다. 두 곳의 종합리조트 개장 덕분에 2010년 싱가포르를 찾은 관광객도 과거 최고를 기록했던 2007년의 1,030만 명을 넘어 1,160만 명이었다고 한다. 카지노 입장객에 대한 정확한 숫자는 밝히지 않고 있으나, 주 고객은 인도네시아, 중국, 호주, 말레이시아, 인도로부터의 방문객인 것으로 알려지고 있다. 전문가들은 2012년 싱가포르 카지노 매출액을 2010년의 라스베이거스 스트립의 매출액 약 58억 달러를 초과하는 65억 달러가 될 것으로 전망하고, 2014년에는 83억 달러에 이를 것으로 추정하고 있다.

MBS Mr. Tanasijevich와 함께 호텔 카페테리아에서

싱가포르나 말레이시아 모두 미국이나 마카오와 같이 입장객 수나 내외국인 비율과 국적, 게임별 또는 VIP 및 일반고객대상 매출액, 문제도박 대책 등에 관한 통계나 자료를 공개하지 않고 있어 관계자 면담 중에도 밝히지 않거나 모르는 경우도 있었는데, 〈스트레이트타임즈〉(*Straits Times*) 보도(2011. 4. 13, B5)에 따르면 2010년 RWS의 VIP대상 매출액 비중은 74.4%였으며 2013년까지 일반매출액보다 많은 61.3%를 유지할 것이라고 하며, 2010년 4/4분기 총매출액 중 VIP매출액은 RWS가 60%, MBS가 45%였다고 한다. 싱가포르 카지노규제법 제2조의 정의규정에 따르면 정킷(*junket*)을 '카지노로부터 커미션이나 대가를 받고 개인이나 단체고객을 카지노에 소개해주는 일을 하는 것'으로 규정하는데, 이들은 보통 카지노로부터 고객의 칩 구매액의 0.6~1.8%를 커미션으로 받고 있다. 카지노사업자는 플레이어에 대한 신용제공, 대출금 회수 등을 정킷사업자에게 의존하는데, 싱가포르 정부는 카지노 개장 후 1년이 경과한 시점에서도 정킷사업자 면허(유효기간 3년)를 발급하지 않고 있으며,[30] 전문가들은 이들이 면허를 받고 활동하게 되면 매출액이 20% 정도 늘어날 것으로 전망하고 있다. 싱가포르의 경우 외국인에 대한 신용제공에는 제한이 없으나 싱가포르 국민이나 영주권자의 경우에는 최소 10만 싱가포르달러 이상을 카지노에 예치한 경우에 한하여 신용을 제공할 수 있는데, 3백만 달러 또는 5백만 달러까지 신용이 제공되는 경우도 있다고 한다. 예치금을 모두 인출한 후 추가신용으로 게임을 한 경우 10만 달러 이상을 예치한 사람에게만 신용을 제공할 수 있도록 한 규칙(신용제공규칙 제3조) 위반인지의 여부와, 칩이 떨어질 때쯤 카지노 마케팅담당자가 추가로 제공한 신용으로 빌린 도박 빚이 게임에

30) 정킷사업자는 카지노 운영자의 보증이 있어야 하는데, RWS사는 20개 사업자의 면허신청을 보증하였다 함.

취약한 사람들을 보호하려는 도박규제법 취지와 요청 없는 신용을 금지하는 규칙(신용제공규칙 제6조) 위반인지와 관련한 소송이 싱가포르 고등법원에서 진행중에 있다(전자는 입법미비, 후자는 규정위반 여부가 쟁점).[31] 2010년 RWS를 방문한 사람은 천5백만 명이었고, 카지노를 포함한 RWS 리조트 전체 매출액은 28억 달러로 2009년 매출액 4,950만 달러보다 무려 56배가 증가, 2009년 2억 7,760만 달러 적자에서 3,770만 달러 이익을 내게 되었는데, 이런 성과로 말레이시아 겐팅그룹 회장(2003.12.31 취임)이자 싱가포르 RWS 회장인 창업주 둘째아들 림콕타이(Lim Kok Thay)의 보수도 150~2백만 달러에서 625~650만 달러로 인상되었다(스톡옵션, 성과급 등 포함).[32] RWS는 경내에 유니버설 스튜디오가 자리하고 있어 전체 입장객 중 카지노 고객의 비율은 낮은 편이며 말레이시아 투자기업이기도 하여 말레이시아에서 온 관광객이 많다고 한다.

싱가포르에는 네바다대학의 분교(University of Nevada Las Vegas The William F. Harrah College of Hotel Administration)가 국립도서관 건물을 빌려 운영되고 있는데, 2009년 마카오에서 개최된 G2E에서 만난 동 대학 학장(Dean) 나자레척 박사(Dr. Andy Nazarechuk)를 만나 학교시설을 견학하였다. 동 대학에는 150여 명의 학생이 재학중이고 한국학생도 있었으며, 교재로 사용되는 자료를 구입할 의도로 들렀으나 구내서점도 없고 주로 현업중심교육이어서 마땅한 자료도 없어 구하지 못했다.

싱가포르 교민사회에서는 한국인들의 카지노 방문과 관련, 카지노 개장 후 1년이 경과했으나 도박자금 대여, 거액탕진, 불법체류 등 마

---

31) MBS사가 한 고객을 상대로 원금 240,868싱가포르달러와 이자지급을 청구하는 소송을 제기(*Business Times*, 2011.4.12, 4면).

32) *Straits Times*, 2011.4.13, B19.

카오나 필리핀처럼 카지노 출입으로 인한 문제가 표면화된 적은 없다고 하는데, 싱가포르 사회 자체가 매우 엄격하고 외국인들이라고 하여 특별한 관용이 베풀어지는 곳이 아니기 때문이란 생각이 들었다. 싱가포르 MBS의 푸드코트에는 한식코너가 있으며, 다른 사람들도 많이 찾고 있었고 겐팅하일랜드에도 한국기념품을 파는 부스도 있었는데, 한국사람들이 많이 찾기 때문인 것으로 생각된다.[33]

싱가포르 2개 카지노, 1.5% GDP 성장에 기여

2012년 2월 도박업무를 관장하는 싱가포르 지역개발청년체육부는 파산자나 공적 지원수당을 수령하는 사람 외에 제3자에 의한 도박장 출입금지 명령제도를 확대할 계획임을 밝히면서,[34] 정부의 사회부조를 받는 자까지 출입금지 대상자를 확대하고, 네덜란드와 호주, 오스트리아에서 전문가들을 배치하여 문제도박자들의 출입과 베팅을 제한하는 출입차단제도[35]를 도입하는 문제 등을 검토하고 있다면서,

33) http://www.cra.gov.sg; http://statutes.agc.gov.sg; http://www.straitstimes.com; http://www.rwgenting.com; http://www.rwgenting.com을 참조하였음.

34) 2012년 5월 31일 현재 카지노 출입금지자는 93,029명으로 스스로 입장금지를 신청(*self-exclusion*)한 사람이 64,046명(싱가포르인 13%, 외국인 87%), 제3자가 요청한 사람이 27,882명임. 2009년 4월 가족요청퇴출제도 시행 후 가족의 요청으로 게임중독방지위원회(NCPG)가 퇴출명령을 발한 건수는 모두 1,083건임(http://app.knowtheline.sg 참조).

35) 호주 Victoria주는 각 카지노사업자는 문제도박 관련 업무를 담당하는 직원을 지명하고 출입금지자 관련 업무를 담당하는 직원(SEO: *Self Exclusion Officer*)을 배치하도록 의무화하고 있으며, 담당직원들이 게임참가자들의 행동을 주의 깊게 살펴 그들의 행동이 문제도박의 여지가 있는 경우 상담하고 치유조치를 받을 수 있도록 하는 등의 내용을 포함한 사업자 행동준칙, 출입금지자 프로그램을 갖추도록 하고, 이와 관련된 일반적인 지침성격인 지

이런 제도 도입이 카지노업체 입장에서도 고객 중에 병적 도박자를 없애는 데 기여하고 책임 있는 게임운영 차원에서도 도움이 될 것으로 판단하고 있다. 이런 조치를 도입하는 배경과 관련, 정부는 소득이 낮은 도박자가 더 많은 액수의 베팅을 하고, 도박장을 자주 찾는 사람과 스스로 출입을 자제하지 못하는 사람이 더 자주 도박한다는 게임중독방지위원회(NCPG)의 조사결과를 들고 있다. 월수입이 2천 싱가포르달러 이하인 저소득층 중 월 평균 천 달러 이상을 베팅하는 도박자 비율은 2008년 0.8%에서 2011년 2%로 높아졌고, 1인당 평균 베팅금액이 100달러에서 40달러로 낮아졌음에도 저소득 도박자의 베팅금액은 176달러에서 212달러로 증가한 것으로 조사되었다. 도박장 출입자의 43%가 주 1회 도박장을 출입하는 데 반해 잠재적 병적 도박자(PPG: *Probable Pathological Gamblers*)의 68%가 주 1회 이상 도박장을 드나든 것으로 나타났고, 더 많은 금액을 베팅하며 더 자주 방문하고, 더 많은 시간을 도박장에서 소비하는 것으로 조사되었다. 조사대상은 경마, 온라인도박 및 카지노 도박자로, 2008년 18세 이상 싱가포르 성인의 54%가 도박을 경험한 것으로 조사되었으나 2011년에는 47%만이 도박한 것으로 나타나 경험자 비율은 전체적으로 감소하였다. 병적 도박자의 비율(DSM-Ⅳ)은 2008년 1.2%에서 2011년 1.4%로 증가하였고, 문제도박자는 1.7%에서 1.2%로 오히려 감소한 것으로 조사되었다.[36)]

2010년 개장한 마리나베이샌즈 카지노에 입장한 싱가포르인 및 영주권자는 2010년 150,691명에서 2011년에는 137,259명으로 감소하였고, 또 다른 카지노인 리조트월드센토사 입장자 역시 199,783명에서 136,434명으로 줄어든 것으로 나타났다. 2011년 2개소 카지노 방

시를 공표하고 있다(http://www.vcgr.vic.gov.au).

36) 조사결과는 http://app.knowtheline.sg 참조.

문객 273,693명 중 약 30%가 2개소 모두에 출입한 것으로 추정되어, 카지노를 출입한 싱가포르인 및 영주권자는 전체적으로 약 20만 명으로 추산된다는 보도도 있으며,[37] 어느 분석기사[38]는 약 27만 명에 이르는 싱가포르인과 영주권자가 연평균 4~5회 입장하는 경우 이를 합산하면 108만~125만 회가 되고 이들이 매회 입장시 5백 싱가포르달러를 기여한다고 가정할 경우 최소한 6억 2천 5백만 싱가포르달러를 지출하는 것이 되어 2개 카지노 수입의 상당부분을 차지할 것으로 추산하고 있다. 병적 도박자 문제에 대한 적절한 대책수립을 위해서는 입장자 중 싱가포르인과 영주권자를 구분한 통계가 작성되고, 여러 차례 방문한 사람의 비율이 얼마나 되는지에 대한 정확한 통계를 작성할 필요가 있다는 의견도 대두되고 있다. 싱가포르 카지노는 '잃을 돈 상한액'(*loss limits*) 제도를 도입하고 있어 상한액을 넘어서면 더 이상 베팅할 수 없으며, 싱가포르인과 영주권자는 입장료 100달러(연 이용권은 2천 달러)를 납부하도록 정하고 있는데, 입장료 인상은 병적 도박자에 대한 근본적 해결책이 될 수 없다고 판단하고 있으며, 인상하는 경우 오히려 통제가 더 어려운 온라인도박으로 몰릴 우려도 있고,[39] 한번 입장하면 더 오래 게임장에 머물 수도 있다는 판단에서 대책에 고심하고 있다.

책임 있는 게임운영은 게임업체뿐 아니라 정부, 지역사회 모두에게 중요한 과제로서 문제점의 일부는 규칙이나 새로운 법령, 규정으로 해결할 수 있으나 지역사회단체나 이익단체의 활동도 필요하며, 사회적 병폐를 최소화하기 위해서는 경제적인 관점에서뿐 아니라 안전이나 범죄, 사회적 관점에서 종합적으로 검토해야 할 것이라고 수

37) www.tremeritus.com, 2012. 3. 9.

38) www.WordPress.com 2012. 2. 26.

39) 이상은 www.Channel NewsAsia, 2012. 2. 23 참조.

상실 이스와란(Mr. S. Iswaran) 장관이 밝힌 바 있다. 그는 경제적 관점에서는 2개의 복합리조트가 싱가포르 GDP의 1.5%까지 기여, 성공적이라고 말하면서 2012년 하반기에 카지노통제법(*Casino Control Act*)에 대한 검토를 진행할 것이라고 밝힌 바 있으며,[40] 2개의 복합리조트는 싱가포르에 직접일자리 2만 개, 간접일자리 4만 개를 창출한 것으로 보도하고 있다.[41]

싱가포르 정부가 검토하는 카지노통제법의 검토사항은 구체적으로 ① 입장자에게 제공하는 콤프의 횟수와 금액제한, ② 소득수준에 따른 연간 최대 입장허용 횟수 제한,[42] ③ 향후 5년간 허용할 카지노별 정킷사업자 수, ④ 카지노 시설 내에서 신용을 제공할 수 없도록 한 제도의 엄격한 시행 — 적절히 통제되지 않는 경우 25~30%의 추가베팅이 이루어질 수 있음, ⑤ 연간 입장료를 2천 달러에서 5천 달러로 인상하는 방안 — 카지노 측은 연간입장권을 구입한 사람에게 인센티브를 줄 수 없음, ⑥ 제3자에 의한 출입금지제도의 확대 등이다.[43]

싱가포르카지노규제청(CRA)은 2012년 3월 리조트월드센토사 카지노의 외국인고객 담당사업자(IMA: *International Market Agents*)인 정킷사업자로 말레이시아 담당사업자 2인에게 1년간 유효한 면허를 발급하였으며, 12개 신청자에 대해서는 면허발급을 거부하였다. 정킷사업자는 싱가포르인을 상대로 영업활동을 할 수 없으며, 카지노사업자는 자신들이 이용하는 IMA에 대해 모든 책임을 감수하여야 함은 물론, 성실한 보고의무를 지게 된다. 경쟁사업자인 MBS카지노는 면

---

40) www.Channel NewsAsia, 2012.2.26.

41) www.asiaone.com, 2012.2.27.

42) channelnewsasia.com 2012년 7월 7일자 보도에 따르면 카지노 출입제한조치를 받게 될 재정적으로 취약한 사람들의 숫자는 4천~6천 명 정도로 추산된다고 함.

43) www.WordPress.com, 2012.2.26.

허받지 않은 사업자와의 사이에 카지노 부채 상환문제로 분쟁중에 있고, 또 다른 무면허 정킷사업자와 소송중에 있어 정킷사업자 면허를 신청하지 않았으며, 세일즈팀 활동을 강화하여 직접 고객을 유치하겠다고 밝히고 있다.[44]

RWS의 매출액은 US달러 기준으로 2010년 17억 3,734만 달러, 2011년 21억 4,434만 달러이고, MBS의 매출액은 2010년 10억 6,239만 달러, 2011년 23억 6,492만 달러이다.

싱가포르가 말레이시아로부터 분리된 후인 1968년 재무부 산하에 복권업무를 담당하는 싱가포르풀(Singapore Pools)이라는 회사를 설립, 토토를 발행하기 시작하였으며, 현재는 토토, 4D, 싱가포르스윕(Singapore Sweep) 등 3종의 복권을 발행하고 있고, 1999년부터는 싱가포르 내 축구경기에 대한 내기인 스코어(SCORE), 2002년부터는 국제축구경기를 대상으로 한 스트라이크(STRIKE!)도 발매하고 있다(2012년 8월 1일 개최된 경남 대 수원, 포항 대 전북 경기 등 한국 K리그 경기를 대상으로 한 투표권도 발매). 2개의 카지노를 포함한 시내에 설치된 4개소의 경마·자동차경주 실시간 중계장소에서 베팅이 가능할 뿐만 아니라 사전에 구좌를 개설하고 전화로도 베팅할 수 있다.

필리핀 카지노업계 현황

PAGCOR과 RWM

필리핀오락게임공사(PAGCOR: Philippine Amusement and Gaming Corp.)는 ① 우연게임인 도박 특히 카지노 규제업무를 관장하고, ②

44) www.calvinayre.com, 2012. 3. 22.

정부의 사회시민 국가개발계획을 지원하는 기금을 조성하며, ③ 관광산업진흥을 목적으로 1977년에 설립되었다. 종업원은 1만 2천여 명이고 필리핀 국세청, 관세청 다음 세 번째로 정부세입을 많이 거두어들이는 기관으로 2008년 296억 페소의 매출에 128억 페소의 비용을 제외한 169억 페소가 세금 또는 정부재정지원자금으로 납입되었다(2012년 6월 환율 US 1달러는 약 41페소).

PAGCOR헌장(*Charter*)에 따라 매출액의 5%는 세금, 세금을 제외한 95% 가운데 50%는 국고에 납입, 세금과 국고납입금을 제외한 금액 중 5%는 필리핀체육위원회에 할당, 순매출액의 1%는 착오로 인한 구금·기소에 따른 희생자 보상기금으로 법무성에 납부, 카지노 소재 지방자치단체에는 일정액을 배분, 지원하도록 규정되어 있으며 나머지 재원은 대통령의 사회복지기금으로 납입토록 규정되어 있다. 그 외에도 특별법에 따라 영아보호개발프로그램에 연간 4억 페소 5년간 20억 페소, 스포츠인센티브기금에 1억 페소, 주유소 훈련대출기금에 3억 페소, 박물관기금 2억 5천만 페소, 아동TV보호법 기금 3천만 페소 등 법령 제·개정시 기금 또는 재원을 카지노수입으로부터 충당하도록 규정하고 있다.

PAGCOR는 메트로마닐라 지역의 4개소를 포함, 앙헬레스, 세부, 다바오, 라오악, 미모사, 올롱가포, 타가이타이, 바콜로드, 라푸라푸 등에 13개의 카지노 영업장을 운영하고 있으며, 민간과 수입배분계약(*revenue sharing agreement*, 민간은 시설을 제공하고 판촉을 담당하며 매출액의 60%를 배당받고, PAGCOR는 회계업무를 담당하면서 40% 배당)을 체결하고 주로 슬롯머신만으로 영업하는 PAGCOR 클럽은 메트로마닐라 지역의 14개소를 포함 전국적으로 25개소의 클럽이 운영되고 있다. 또한 PAGCOR는 1999년부터 민간에 온라인도박 면허를 부여하면서, 스스로 필웹코퍼레이션(Philweb Corporation)이란 온라인 도박회사를 설립하여 2백 개의 이-게임카페(*PAGCOR e-Game Station:* PEGS) 중 13개소를 운영하는 필리핀 최대의 온라인 카지노 업체이기도 하다.

PAGCOR는 싱가포르리조트 구상단계에 계획을 확정한 경제개발 프로젝트인 바공나용프로젝트(Bagong Nayong Pilipino Project)를 추진해왔으나, 싱가포르리조트가 오픈한 뒤에도 건설이 이루어지지 않고 지지부진한 상태이다. 해안 매립지 120헥타에 4개의 카지노를 포함한 메가리조트를 건설하는 엔터테인먼트시티(Entertainment City) 프로젝트에는 일본계의 아루제(Aruze)사, 필리핀의 최대 쇼핑몰체인인 SM사(필리핀 내 2대 갑부), 말레이시아 겐팅그룹 등 3개사의 참여가 확정되었으며, 제 4의 참여자로서는 호주의 크라운카지노(Crown

필리핀오락게임공사(PAGCOR)가 운영하는 카지노

Casinos)와 마카오 스탠리 호의 아들 로렌스 호(Lawrence Ho)의 합작회사 멜코크라운엔터테인먼트(Melco Crown Entertainment, 마카오 City of Dreams 카지노 등 운영),[45] MGM 미라지(Mirage), 하라 엔터테인먼트가 관심을 표명한 바 있으나 경기침체와 불확실한 사업전망 때문에 최종결정을 미루고 있다. 동 프로젝트의 완공까지는 150억 달러 투자, 4만 명의 종업원 고용을 예상하고 있으며, 전체적으로 약 25만 명의 고용창출 효과를 기대하고 있다. 이 프로젝트는 당초 2010년 1차 준공예정이었으나 세계적인 경기후퇴, 싱가포르 카지노 개장 등으로 계속 연기되고 있다.

PAGCOR에 자신의 호텔을 영업장으로 임대하고 있으며, 시내소재 PAGCOR 클럽의 실제 운영자이고 메트로마닐라 지역의 시장으로 재직하고 있는 지인은, 2010년 마닐라에서 개최된 제5회 아시아게임오락레저엑스포(Asia's GEM: *Asia's Gaming Entertainment + Leisure Expo Manila*)에 참석한 저자에게 "1억 달러 예치, 최소 10억 달러 투자조건(사업개시 2년 이내 40% 투자)을 내걸고 추진중인 바공나용프로젝트(면허기간 25년, 종업원 보수 미국 달러화 기준 지급, PAGCOR 수수료: 정킷 운영 테이블-매출액의 15%, 비정킷 운영-하이롤러 매출액의 15%, 비하이롤러 테이블과 슬롯머신 25%, 테이블게임 매출액의 2%는 문화재복구기금으로 납부, 식음료·쇼핑·공연 등 비게임 매출액, 호

---

45) 2012년 7월 6일 홍콩발 AP보도에 따르면 Melco Crown Entertainment사는 필리핀 2대재벌 오너인 Henry Sy의 지주회사 SM Investments Corp. 등과 10억 달러 규모(Melco사는 5억 8천만 달러 투자)의 카지노와 쇼핑센터, 호텔, 오락시설을 갖춘 리조트를 건설하는 계약에 서명하였으며, 이미 잠정면허가 발급된 상태임. 필리핀은 한국, 타이완, 일본, 중국 관광객들의 인기 있는 여행지로 관광레저산업의 성장가능성이 예상되는데, Pricewaterhouse Coopers사는 2010년 필리핀 카지노 매출액은 5억 5천8백만 달러였으나 2015년에는 12억 달러로 예상하고 있음(http://news.yahoo.com).

텔 내의 테마파크·박물관 등 매출액에 대한 5% 수수료 납부)는 필리핀의 카지노 시장규모, 싱가포르·말레이시아 카지노업계와의 경쟁 등을 고려할 때 성사될 수 없을 것"이라고 전망하였다.

리조트월드마닐라는 말레이시아 겐팅그룹 산하의 스타크루즈(Star Cruises)사와 필리핀에서 식음료, 부동산개발 등을 영위하는 네 번째 재벌 얼라이언스글로벌(Alliance Global)의 합작법인인 트래블러스인터내셔널호텔그룹(Travellers International Hotel Group)이 7억 달러를 투자하여 설립한 카지노로 테이블 3백 개, 슬롯머신 천 대를 갖춘 넓이 3만㎡의 필리핀 최대 카지노로 2009년 8월 28일 개장하였으며, PAGCOR 이외의 제3자인 민간회사가 면허를 받은 최초의 사례다. 카지노 시설 중앙에는 라이브음악이나 공연을 즐길 수 있는 바인 바(Bar) 360이 있어 러시아, 유럽, 캐나다 등에서 초청한 공연단과 곡

리조트월드마닐라 전경

예단의 공연도 관람할 수 있다. 2010년 1월 매출액은 10억 페소(미화 2천100만 달러 상당)였다.

리조트 내에는 서로 연결된 맥심(Maxims) 호텔(집사가 딸린 172개의 스위트, 540㎡ 내외 넓이의 3개 Royal Villas, 652㎡의 Presidential Suite로 2010년 4월 개장)과 매리어트(Marriot) 호텔(342개 객실, 1,200㎡의 볼룸, 다목적 회의실, 식당가, 라이브밴드나 소규모 공연을 감상할 수 있는 바 등), 객실 천여 개의 레밍턴(Remington) 호텔, 4개 복합상영관(좌석수 천2백 석), 1,030석 규모의 다목적 공연장, 3만㎡의 쇼핑몰 등이 운용되고 있다. 겐팅그룹은 말레이시아에서 겐팅하일랜드라는 카지노를 운용하고 있고, 싱가포르의 리조트월드센토사에도 투자하였다.

도박의 자발적 통제

사람들이 경마, 경륜, 카지노, 복권 등 도박에 참가 또는 몰입하는 것은 사교, 유희, 금전, 흥분, 회피 등 다양한 이유와 필요 때문이기도 하며, 과도하게 몰입하는 사람들은 스스로가 '이길 능력과 기술이 있다'는 '통제의 환상'에서 벗어나지 못하고, '우연의 결과를 대체하여 이길 수 있는 전능한 손(*hot hand*)을 가졌다'고 믿는다. 도박하는 사람들은 '이기고 지는 것은 지금까지의 결과와는 독립적이며 상호관련성이 없는 우연의 결과임에도 이젠 이길 때가 되었다'고 생각하는 오류에 빠지며, '돈을 따면 내가 잘했기 때문이고 잃으면 내가 통제할 수 없는 일'이라고 믿는 귀속이론(*attribution theory*) 신봉자들로서, '지적, 인지적 방법보다는 감정적, 정서적으로 도박판에 임하고 있다'.

반면, 도박장을 운영하는 사업자는 도박으로 인한 전체 수익 중 관리비 형태로 일정률을 공제하고(발매수득금) 나머지 금액을 참가한 사람들에게 배분하든(경마, 경정, 경륜 등), 플레이어보다 이점이 있는 게임을 운영하든(일부 카지노 게임), 일정한 비율의 환급률이 정해진 게임을 실시하든(슬롯머신, 복권, 체육진흥투표권) 손해 보는 장사는 하지 않는다. 일시적·단기적으로는 손해 볼 수 있으나 오래하게 되면 도박에 참가하는 사람이 잃게 마련이며, 되돌려주고 남은 돈으로 회사를 운영함은 물론 도박허용의 명분인 공익사업 재원으로 활용하고 있다. 그래서 도박장 운영자들은 보다 많은 사람들을,[1] 더 자주 끌어들이고 더 오랜 시간을 도박장에서 머물게 하며, 더 여러 번, 더 큰 액수의 금액을 베팅하도록 여러 가지 묘안을 내게 된다. 카지노에 거울·시계·창문이 없는 이유도 바로 고객들이 밤인지 낮인지 몰골이 어떤지 얼마나 시간이 지났는지 상관하지 않고 도박에 몰두하게끔 하는 상술의 일환이며, 경마장에 카지노시설을 설치하거나, 대박을 터트릴 수 있도록 여러 대의 슬롯머신을 연동시키고, 도박만을 위한 시설이 아니라 회의·쇼핑·공연·오락·식도락 등을 함께 즐길 수 있는 복합리조트를 건설하며, 각종 회원제도나 콤프(*complimentary*)를 활용하여 고객들을 유인·유혹하고 있다.

도박을 허용한 정부기관은 도박으로 인한 폐해나 부작용의 최소화, 개인적·의학적 문제에 직면한 노름꾼들의 예방이나 치유를 위한 여러 가지 제도적 장치를 도입하고 있으나, 가장 기본적이고 근원적인 문제해결책은 도박행위에 참가하는 개인의 자발적 통제력, 즉 절제에 달렸다. 따라서 이 장에서는 도박의 심리와 자발적 통제에 관한 내용들을 살펴본다.

---

1) 미국이나 호주, 캐나다 카지노의 경우에는 불경 《현우경》(賢愚經)에서 말하는 빈자 한 등(貧者一燈)이나 《마가복음》 12장 41절~44절에서 언급된 과부의 기부(*widow's mite*)처럼 소수의 고액 베팅자보다는 다수의 소액 베팅자를 대상으로 한 마케팅에 초점을 맞추고 있으며 매출액 중 슬롯머신의 비중이 높다.

카지노의 어드벤티지와 승률2)

카지노는 다른 산업에 비해 투자비가 많지 않으며, 그것도 초기투자만 많을 뿐 지속적 투자나 재료비가 필요한 것은 아니다. 따라서 사회적 비용을 고려하지 않으면 경제적 수익성이 높아 많은 이익이 발생하는데, 그 이익을 세금이나 기금 등으로 환수하여 공익목적에 사용하거나 공적 기관이 운영하기도 한다. 만일 카지노 측이 유리하지 않다면, 즉 이점이 없다면 카지노는 운영될 수가 없는 것은 당연한 이치로, 이익이 발생하는 것은 바로 카지노에서 행해지는 게임에서 고객보다는 카지노 측이 유리하도록 고안되어 있기 때문이다. 게임종류마다, 또 고객의 숙련도나 전략에 따라 손해 볼 수도 있으나 평균적·전체적·장기적으로 보아 카지노가 유리하다는 얘기다. 이를 하우스 어드벤티지라 하며 〈표 5-1〉에서 보는 바와 같다.

2008. 7. 1~2009. 6. 30 회계연도의 미국 네바다주 카지노의 총 드롭액(*drop*)을 기준으로 하고, 고객이 따고 잃고를 반복, 실제 구매한 액수보다 베팅한 액수가 많은 승수효과(*multiplier effect*)가 없는 케노(*keno*), 빙고, 슬롯머신 등을 제외한 다른 게임의 승수효과를 5로 계산했을 때 카지노의 승률은 〈표 5-2〉와 같다. 1982년 애틀랜틱시티에서의 룰렛테이블 연구결과에 따르면, 전체 드롭액은 실제 고객이 카지노에 지불한 돈의 5배 정도라는 것이다. 2009년 강원랜드의 드롭액 역시 고객이 지불한 돈의 5.66배로 나타났다. 그러므로 카지노 측 입장에서 보면 게임당 그 5분의 1 정도의 이점이 있다고 볼 수 있다.

여러 가지 테이블게임 중에서 숙련도에 따라 승률이 달라질 수 있

---

2) 이 글은 Steve Bourie(ed.), *2010 American Casino Guide*(Casino Vacation Press, 2009) 중 필요한 부분을 발췌, 요약한 것임.

는 게임은 블랙잭뿐이며, 나머지는 확률보다는 운 또는 흐름에 좌우된다. 또 빙고의 경우 카지노의 승률은 중간 정도이나 네바다주에서는 카지노 측의 손실률이 가장 높은 게임인데, 이는 카지노가 손님들을 유인하기 위해 손실까지 감내하고 있다는 얘기다. 즉, 빙고손님이 빙고만 즐기는 것이 아니라 다른 게임도 하기 때문에 평균적으로

〈표 5-1〉 게임종류별 하우스 어드벤티지[3]

게임종류	하우스 어드벤티지(%)
룰렛(*double-zero*)	5.3
크랩(*pass/come*)	1.4
크랩(*pass/come with double odds*)	0.6
블랙잭(*average player*)	2.0
블랙잭(*6 decks, basic strategy*)*	0.5
블랙잭(*single deck, basic strategy*)*	0.0
바카라(*no tie bets*)	1.2
캐러비언 스터드*	5.2
렛잇라이드*	3.5
3카드포커*	3.4
빠이가우포커(*ante/play*)*	2.5
슬롯머신	5~10
비디오포커*	0.5~3
케노(*average*)	27

*참가자가 고수인 경우의 어드벤티지(*optimal strategy*)

3) http://gaming.unlv.edu 참조.

2.81%일 뿐이지 카지노 측이 실제로 빙고에서 돈을 잃는 경우가 많다는 것이다. 또한 미국 대부분의 카지노는 한 번 게임할 때 3시간 이상 지속하는 고객에 대하여는 베팅액의 10~40%를 콤프(*comp*, *complimentary*의 약자) 형태로 고객에게 되돌려주고 있다.

블랙잭의 경우 딜러는 카드 숫자의 합이 17이 되지 않으면 무조건 카드를 받아야 하는데, 그 경우 다음에 오는 카드 숫자가 무엇이냐에 따라 버스트(*bust*), 즉 질 확률이 2, 3, 4, 5, 6 카드가 올 경우가 7, 8, 9, 10이나 그림카드가 올 경우보다 높다. 컴퓨터가 계산한 버스트 확률은 〈표 5-3〉과 같다.

바카라는 0(*zero*)을 뜻하는 이탈리아어에서 전래하였는데, 플레이

〈표 5-2〉 게임유형별 승률

게임종류	단순승률(%)	조정 후 승률(%)
케노	27.65	27.65
슬롯머신	6.09	6.09
캐러비언 스터드포커	25.90	5.18
3카드포커	25.83	5.17
룰렛	19.59	3.92
빠이가우	16.10	3.22
빙고	2.81	2.81
크랩	13.10	2.62
블랙잭	11.60	2.32
미니바카라	10.62	2.12
바카라	10.20	2.04

〈표 5-3〉 컴퓨터가 계산한 버스트 확률

카드숫자	버스트 확률(%)	카드숫자	버스트 확률(%)
2	35	7	26
3	38	8	24
4	40	9	23
5	43	10	21
6	42	Ace	11

어 입장에서는 카지노의 이점이 상대적으로 적고, (초보자도) 게임하기가 쉽다는 점에서 좋은 게임으로 인식하고 있으며, 한국이나 마카오에서는 바카라의 매출액 비중이 가장 높다. 카지노의 입장에서 보면, 고객이 플레이어에 베팅할 때는 1.36%의 이점이 있고, 뱅커에 베팅할 때에는 이겼을 경우 5%의 수수료를 포함하여 1.17%의 이점이 있다고 한다. 전체적으로는 〈표 5-2〉에서 보듯 2.12% 또는 2.04%의 이점이 있다.

네바다주 카지노의 2008년도 총매출액은 116억 달러로 집계되는데, 그 중 약 62%인 72억 1천만 달러가 슬롯머신 수입이다. 이는 2008년 우리나라의 경우 슬롯머신 수입이 강원랜드는 21%, 외국인전용 카지노는 5.8%이고 외국인 카지노 중에는 세븐럭힐튼점이 8.9%로 가장 높으며, 마카오는 4.3%인데 비해 월등히 많은 비중을 차지하고 있다. 네바다주의 카지노 법령에 따르면 슬롯머신의 경우 카지노는 최소한 75% 이상의 수입을 고객에게 되돌려주도록 규정하는데(뉴저지주는 83%), 〈표 5-2〉에서 보듯 카지노 측의 승률은 6.09%(뉴저지는 약 8%)로 규정보다 훨씬 더 많이 되돌려 주는 셈이다. 쉽게 얘기하면, 네바다주에서 1달러를 슬롯머신에 넣고 게임하는 경우 1회당 평균 6센트를 잃으며, 뉴저지주에서는 8센트를 잃는 셈이다.

따라서 다른 게임도 마찬가지이지만 슬롯머신 역시 오래하면 할수록 더 많이 잃게 되는데, 이기기 위해서는 돈을 관리하는 전략이 필요하다. 즉, 돈을 땄을 때 숨고르기를 하라는 것이다. 얼마만큼 땄을 때 숨고르기(잠시휴식, 식사, 쇼 구경, 산책, 음료 등)로 들어가느냐로서 현실적 목표는 도박자금의 25% 정도로 정하고, 그 정도 땄을 경우 일단 중지하는 것이 돈을 따는 길이란 것이다. 목표를 높게 잡으면 달성하기도 그만큼 어려울 수밖에 없기 때문에 밑천의 25% 정도로 잡는다. 모든 슬롯머신에는 되돌려주는 환급률(*payback*)과 관련된 난수발생기(RNG: *Random Number Generator*)가 있는데 제조회사마다, 기종마다 차이가 있고 대체로 85%~98%이며, 우리나라의 경우

세븐럭 카지노

에는 카지노 준칙에서 75% 이상으로 규정하고 있으나 업체마다 슬롯게임의 비중, 영업전략에 따라 환급률이 다르다. 슬롯머신 대당 가격은 기종에 따라 다르나 5천만 원 정도로 알려지고 있다.

적게 잃고 오래 게임하는 법 : 《카지노 시크릿》

확률게임이지만 우연에 의해 결과가 좌우되고 '기술이 통하지 않는' 바카라에서 '단 한 사람의 승자'로 불리며, '바카라 진'으로 통하는 《카지노 시크릿》(*Casino Secret*)의 저자 진 킴은 바카라는 민간에서 유행하다가 카지노에서 채택된 블랙잭 등 다른 게임들과는 달리 처음부터 카지노용으로 만들어졌기 때문에 게임의 결과는 반드시 카지노가 이기게 되어 있다고 설명한다. 게임의 방식 역시 손님들에게 너무나 쉽고 꼭 이길 것 같은 환상을 심어주고 있으나, 이론적으로는 '아무도 이길 수 없는 게임'이며, 항간에 '죽이고 싶은 인물이 있으면 그에게 바카라를 알게 하라'는 말이 있을 정도로 알면 빠져나올 수 없고 끝내는 파멸하고 마는 심리게임으로 '세상에서 제일 위험한 게임'이다. 슬롯머신, 블랙잭, 룰렛, 크랩, 포커, 빠이가우, 빅휠 등으로 파탄에 이르는 사람은 거의 없는 데 반해, 바카라는 보통사람의 경우 더 이상 돈이 없을 때까지 자신의 힘으로 헤어나지 못하는 게임으로 "어떻게 이기느냐의 게임이 아니라 어떻게 돈을 관리하느냐의 게임"으로 생각해야만 파멸에서 벗어날 수 있다고 그는 강조한다.

그는 《카지노 시크릿》을 강원랜드[4]에서 무모하게 게임하여 파탄

---

4) 카지노 이용객들 대상 조사에서 돈을 잃었다는 응답은 3분의 2 이상이었고 잃은 금액이 2백만 원을 넘는다는 응답은 62.1%로 조사되었으며 도박으로 인한 손실이 5천만 원이 넘는 고액손실자도 40% 정도에 이르는 것으로 나

에 이르는 사람을 보고 집필하였는데, 책을 통해 돈을 따는 법, 보다 정확히는 돈을 적게 잃고 오래 게임할 수 있는 자세와 방법을 알려주고 있다. 그는 돈을 따는 방법보다는 카지노 또는 도박에 임하는 자의 자세가 더욱 중요하다고 하면서 "도박의 근본은 사람들이 생각하듯이 운에 있지 않다. 운에 자신과 가족의 인생을 맡긴다면 그것은 결코 해서는 안될 일이다. 도박하려면 사업답게 하라고 말하고 싶다" 고 가르치는데, 카지노는 '테이블에서 돈을 따는 기술로는 절대로 정복되지 않는 게임'이므로 테이블 위에서의 테크닉보다도 카지노 밖에서 결심한 사항이나 세운 전략이 훨씬 더 중요하다고 말한다.

"카지노에 들어가기 전에, 편안한 마음으로 카지노에만 몰두할 수 있도록 업무나 일정 등 주변정리를 해야 하며, 얼마 동안 얼마를 밑천으로 얼마를 어떤 방식으로 따겠다는 목표를 정한 후, 들어가서도 절대로 밖에서 결심한 것을 바꾸지 말 것. 카지노에 들어서는 순간부터 과거의 승패를 잊고, 서두르지 말며, 다른 사람들과 친하지 말고, 다른 사람과 돈을 보태 베팅하는 동패를 하지 말 것. 적은 돈으로 큰 돈을 이기려고 하는 것은 무모함이며 저급한 욕심의 발로이므로 사업처럼, 도박답지 않게, 많은 돈을 가지고 적은 돈을 따려는 자세, 즉 가진 돈의 30% 정도를 따겠다는 목표를 정할 것. 패배를 승리와 마찬가지로 필수적 요소로 받아들이며, 이겼을 때는 일단 하고 싶은 것을 하는 데 돈을 써버리고, 급전을 빌려 쓰지 마라"고 가르친다. 사람은 돈은 잃더라도 인간의 품격은 잃어서는 안 되는 만큼 모든 것을 망가뜨리는 첩경인 급한 돈이나 꽁짓돈은 쓰지 말란다.

테이블에서 게임에 임할 때에는 "목표액을 한 번에 따겠다고 하지

타남. 돈을 딴 금액이 2백만 원이 넘는다는 응답은 25.8%에 불과한 것으로 나타남〔〈합법적 도박이 도박참여자에게 미치는 영향〉(사행산업통합감독위원회, 2008.10), p.1〕.

말고 귀찮을 정도로 잘게 쪼개되 이기고 나면 잠깐 게임을 접을 것. 가진 돈을 모두 테이블 위에 꺼내놓고 게임하고, 마음이 불안하면 게임도 흔들리므로 본전을 지키는 데 최선을 다할 것. 바카라의 카드 패는 어떤 조짐도 없이 갑자기 변하고 따라서 베팅의 패턴도 바꿔야 하나 그렇게 하기 어려우므로 자리를 자주 떠날 것이며, 고도의 심리 게임인 도박에서 평상심에서 벗어나면 나쁜 방향으로 작용하므로 남의 관심과 칭찬을 받지 말며 받았을 경우에는 즉각 자리를 뜰 것. 배가 부른 상태에서 게임하지 말며, 사람의 성질을 급하게 만드는 술이나 탄산음료를 마시지 말고 차고 맑은 물을 마실 것, 체력과 정신력의 뒷받침 없이는 승리할 수 없으므로 세수, 샤워, 사우나를 자주 하고 잠도 충분히 자 두어야 한다"고 강조한다.

저자 진 킴이 말하는 요령을 위에서 전부 나열한 것은 아니지만, 그가 지적한 카지노 밖에서든 안에서든 취해야 할 것들의 대부분이 노름의 테크닉보다는 자세나 태도에 관련된 것들이다. 그러면서 그는 "카지노와 승부하러 갈 때에는 처와 자식을 먼저 베고 황산벌로 나간 계백 장군과 같은 단호함으로 자신을 무장해야 한다"면서, "분노도, 사랑도, 결의도 시간이 지남에 따라 자꾸 흐트러지고 희석된다. 단호한 마음으로 테이블에 앉았지만, 시간이 지남에 따라 그 단호함도 점점 흐트러지게 되므로 장시간 게임하지 말라"면서 딜링, 셔플에 속임수가 있다고 의심되는 경우에는 아예 카지노를 찾아서는 안 된다고 말한다.

카지노에서 '가장 빨리 돈을 잃는 사람은 수학자이고, 다음은 과학자, 그 다음은 박사'라는 식으로 가방끈이 긴 순서로 빨리 잃는데, 그 이유는 바로 그 얄팍한 확률이라는 수학지식 때문이란다. 도박의 기본은 확률임이 틀림없으며 바카라에서 단 한 판을 보면 뱅커와 플레이어가 나올 확률은 50% 대 50%다. 무수히 많은 게임을 수행했을 경우 뱅커가 나올 확률이 플레이어가 나올 확률보다 1.2% 많으나 뱅커에 베팅해서 이겼을 경우 카지노 측에서 5%의 커미션을 가져간다. 따라서 실제보다 뱅커가 월등히 유리하다는 착각을 하게 한다. 그리하여 일부 고수들은 오히려 5%의 수수료가 없는 플레이어에만 베팅하기도 한다. 또 바카라는 불과 몇 초 사이에 승패가 나오는 게임으로 돈의 흐름이 가장 빠른데, 라스베이거스 카지노에서는 바카라 테이블 하나의 수입이 블랙잭 100대의 수입보다 낫다고 할 정도이다. 플레이어로서 가장 안전한 고전적인 베팅은 아무런 확신이나 근거는 없지만 '그림의 흐름, 그 다음에 그림의 모양, 그 다음 다른 사람들의 감, 마지막으로 자신의 감, 이 4개가 모두 일치할 때에 베팅하는 것'이다.

그는 "도박을 운 좋으면 이기고 나쁘면 지는 것으로 본다면 그런 도박은 절대로 해서는 안 된다. 그거야말로 자신을 망치고 주변을 망치며 나아가서는 사회에 전혀 도움이 안 되는 것이다. 마치 도를 닦듯이 경건한 마음가짐으로 자신의 생각 하나하나, 동작 하나하나에 진심과 진지함과 엄숙함을 담고 항상 위험을 경계하고 돌다리도 백 번 두드려보는 자세야말로 인생이나 도박이나 똑같이 필요한 것이다. 인생이나 도박이나 요행을 바라는 사람은 받아들이지 않는 것이다"라면서 사업을 하듯 신중한 자세로 임하라고 충고한다.

카지노 본래의 의미인 사교장으로서의 기능이 온존하는 유럽의 카지노는 베팅한도, 게임시간(운영시간), 출입자격이나 복장 등에 있어 사생결단식으로 운영되지 않을 뿐 아니라, 플레이어 역시 교양과 매너를 갖춘 부자들 중심이어서 가산탕진이나 패가망신, 인격파탄 등과는 거리가 있다. 카지노의 대명사인 라스베이거스 카지노는 깡패나 폭력배들이 얼씬도 하지 못하고 손님들도 상대를 배려하면서 게임하며, 카지노 측도 최대한의 친절과 예의를 베풀며 '사람 위주로 운

영'되는데, 그들은 서비스와 기존고객의 중요성을 마케팅의 기본으로 하고 있다.5)

즉, 서비스가 양호하다고 느끼는 플레이어는 40%가 다시 찾고, 훌륭하다고 느낀 사람은 90%가 다시 찾은 것으로 조사되고 있으며, 신규고객 확보에는 기존고객 유지보다 4~7배의 비용이 소요되고, 기존고객으로부터 5%의 추가수입은 추가비용 부담 없이 25~125% 수익확보에 기여하고 있다고 한다. 또한 불만을 표시하는 고객이 사업성공에 결정적이며, 단골고객일수록 불만이 많다는 판단에서 불만을 표시하는 고객을 세상에서 가장 중요한 고객으로 모신다고 하는데, 그들은 "플레이어가 카지노 마케팅의 전부이며, 고객과 관계를 맺는 카지노가 승리한다"는 원칙에 따라 플레이어를 대한다고 한다. 이에 반해, 도박 이외의 다른 즐길거리가 없고 오로지 도박에만 몰두하고 그 중에서도 바카라가 대종을 이루는 마카오의 카지노는 '돈의 승부를 하는 곳'으로 진 킴이 지적하듯이 카지노의 서비스나 고객관리 태도에 대한 기대보다는 플레이어 스스로 자기관리가 더더욱 중요하다. 2005년에는 미국의 카지노가 진출하여 라스베이거스식을 닮아가고 있으나 최저 베팅액과 최고 베팅액 사이의 간격인 '디퍼런스'가 라스베이거스(4백 배, 바카라는 6백 배)보다 적어(대략 100배) 확률에 근거한 다양하고 기술적인 베팅을 할 수 없다는 단점이 있다. 즉, 플레이어는 풀 베팅을 하기 쉬워 게임의 안전도가 낮다.

한국사람들의 도박심리와 관련, 전문가들은 한국인들은 "전부를 건다, 끝장을 본다, 오기를 부린다, 열을 잘 받는다"는 특성 때문에 카지노가 더 위험할 수 있다고 지적한다. 1978년 미국의 포커챔피언이었던 바디 볼드윈(Body Baldwin)은 "나는 신이 아니기에 다음 카드가

---

5) Randy Zinkil, 〈University of Nevada, Las Vegas, 카지노아카데미 결과보고서 강의자료〉(한국카지노업관광협회, 2009).

무엇인지 알 수 없다"라고 하였으며, 미국 포커의 전당에 최초로 등재된 포커왕 닉 더 그리크(Nick The Greek)도 "하우스 패를 들었다고 해서 이기는 것이 아니라는 것을 명심하라. 패는 단지 자기 스스로를 이길 수 있도록 하는 기회를 제공할 뿐이다"라고 갈파하였듯이, 카지노는 다음을 알 수 없고 매번 이길 수 있는 게임이 아니라는 것을 알아야만 오락으로 즐길 수 있을 것이다.

노름판의 돈 관리법: 밀리언셀러 저자 존 골레혼

영어에서 게임이란 용어는 도박이란 단어보다도 더 넓은 뜻을 가졌는데, 게임(*gaming*)은 색슨어(*Saxon word*)의 Gamen에서 연유한 것으로 기쁨, 즐거움, 스포츠란 의미를 지니고 있으며, 도박(*gamble*)은 돈을 물 쓰듯 하며 노는 것을 의미한다고 한다.[6] 찰스 코튼(Charles Cotton)의 《게임의 달인》(*Compleat Gamester*)에 따르면, 게임은 게으름과 탐욕 사이에서 혼을 빼놓는 마법과 같은 것으로 독거미에 물린 사람들이 죽도록 웃을 때 머리를 긁어대는 가려움증과 같은 것이며, 도박은 숙련도보다 우연에 좌우되며 금전동기가 증가하고, 승패에 우연이 보다 중요한 특성을 가진 게임이나 운동에 푹 빠지는 행동으로 정의하고 있다. 한마디로 정의하면 도박이란 요행수가 승패를 좌우하는 돈이 개입된 게임이다.

이런 돈 놀이판에서 이기고 진다는 것은 바로 돈을 따느냐, 잃느냐를 의미하는 것으로, 직업적인 노름꾼들도 노름판에서 항상 먹느냐 먹히느냐를 노리면서 이긴다는 자신감을 갖기 위해 노력한다. 전문

6) John Ashton, *The History of Gambling in England*(Duckworth & Co, 1898), General Books LLC Reprint, 2012, p. 1.

도박사로 30년 이상을 활동하며 수십 권의 도박 관련 책을 저술한 골레혼(John Gollehon)은 이런 자신감의 바탕에 ① 게임 자체는 물론 다른 도박고수들은 어떻게 게임하는지를 현장경험을 통해 배우며, ② 정신적, 육체적인 조건이 견실할 때만 노름판에 뛰어들고, ③ 상황이 여의치 않을 때에는 게임하지 않는 자제력을 발휘하는 세 가지 특성이 자리하고 있다면서, ㉮ 피곤하거나 우울하거나 실망스럽거나 잡념이 많을 때, ㉯ 이길 수 있다는 기대치가 최고조일 때, ㉰ 소란스럽거나 복작대거나 게임여건이 좋지 않아 거북함을 느낄 때, ㉱ 승리에 대한 부정적인 생각이 마음속에 자리할 때, ㉲ 잃는 것을 중단하는 데 자신이 없을 때 등 자신의 능력이나 심리적 상태, 상식적인 판단에 부정적인 요소가 있는 경우에는 게임하지 않는다는 것이 자제력의 근본이라고 한다.[7)]

골레혼은 카지노를 이길 수 있는 비결로 ① 게임할 때를 알라, ② 떠날 때를 알라, ③ 이기면 떠나라, ④ 성급하게 대들지 말고 기회를 포착하라, ⑤ 돈을 잃도록 유인하는 미끼인 콤프로 게임하지 마라, ⑥ 노름판에서 나대지 말라는 여섯 가지를 들면서, 보통의 노름꾼들이 범하는 다섯 가지 실수로 ① 게임과 카지노에 대해 제대로 알지도 못하면서 게임한다, ② 잘 나갈 때 중단하지 않는다, ③ 잃은 돈에 연연하여 무모하게 대든다, ④ 배짱이 없으면 영광도 없다는 말이 있듯이 달아 오른 판에도 적게 베팅한다, ⑤ 터무니없이 절제력이 부족하고, 조금 땄으니 더 크게 딸 수 있다고 생각한다는 다섯 가지를 열거한다.[8)]

그 밖에 골레혼이 열거하는 노름판에서 돈을 잃지 않는 팁으로 열

---

7) John Gollehon, *What Casinos don't Want You to Know* (Cardoza Publishing, 2012), pp. 107~111.

8) 위의 책, pp. 81~89.

거한 것들에는 다음과 같은 내용들이 포함되어 있다.[9)]

① 노름꾼의 첫 번째 목표는 돈을 잃지 않는 것이므로 조그만 승리도 기뻐하라. 그것은 돈을 잃을 노름판에서 따는 것인 만큼 더 많이 따겠다는 욕심을 버려라. 잃는다고 생각하면 잃게 되고, 따는 데 너무 집착해도 잃게 된다. 느긋하게 생각하라.

② 행운을 기대한다면 가진 한도 내에서 게임하라. 너무 적게 돈을 챙겨 가면 너무 보수적으로 베팅하고 너무 많이 가져가면 쓸데없이 공격적으로 베팅할 수 있으므로 과거의 경험에 비추어 적절한 돈만 가져가라. 가진 돈을 게임할 날자 수에 따라, 하루 게임할 횟수에 따라 균등분할한 후에 게임에 임하라.

③ 테이블은 떠날 때를 알려주지 않는다. 짧고 즐겁게 게임하며 자주 휴식을 취하라. 절대로 마라톤을 하듯이 게임하지 말라.

④ 단기간에 더 많이 베팅하면, 잃을 확률은 커진다. 빠르고 격하게 베팅한 뒤에는 성급한 베팅유혹을 물리치라. 딸 때는 상한선을 안 지켜도 되지만 잃을 때는 반드시 한도를 지켜라.

⑤ 무턱대고 큰 액수로 베팅한다고 승률이 오르는 것은 아니다. 적게 시작하되, 딸 때는 베팅액수를 늘리고 잃을 때는 줄이거나 게임을 중단하라.

⑥ 모험 없인 흥분도, 설렘도 없다. 온갖 미신과 충고들을 떨쳐버리고 직감으로 승부하라.

⑦ 무모한 베팅은 금전적 손실을 가져다줌은 물론, 자존심까지 잃게 한다. 블랙잭, 포커, 스포츠베팅, 경주 같은 게임을 할 때는 게임에 관해 연구하고 기민하게 대처하라. 크랩, 바카라, 룰렛, 케노, 슬롯머신 등 랜덤게임은 치우침이 없고 통제할 수 없으며 결과를 예상치 못하나, 실제로는 게임환경이나 여건, 노름꾼의 상태에 따라 얼마든지 결과가 달라질 수 있는 게임임을 기억하라.

---

9) 위의 책, pp. 157~158.

⑧ 노름판에서는 기회를 만들 수 없으며, 오로지 오기를 기다릴 뿐이다. 불쑥 게임장을 찾지 말며, 복잡한 시기를 피해 주중에 게임하라. 판세의 흐름에 거역하여 베팅하지 말며, 열심히 일해야 돈을 벌 수 있는 만큼 베팅할 때도 신중하라.
⑨ 영리한 노름꾼은 판이 달았다고 한 번에 가진 돈을 몽땅 걸지 않고 한 단위씩 올려가면서 베팅한다. 돈이 많다는 것은 결코 크게 베팅하라는 이유가 되지 못한다.
⑩ 카지노가 내가 하기를 원하는 것은 결코 나의 최선의 이익일 수 없다. 카지노가 돈을 우려내려고 주는 콤프로 게임하는 것은 돈딸 기회를 감소시키거나 잃을 확률을 높이는 가장 효과적인 방법이다.
⑪ 잃고자 하는 데 잃는 사람, 따고자 하는 데 잃는 사람, 잃고자 하는 데 따는 사람은 많아도 따고자 하는 데 따는 사람은 극소수다.
⑫ 도박의 성패는 우연의 신의 자비에 의존한다.[10] 딜러에 대한 팁은 게임을 끝낸 후 그가 정중하고 도움이 되었으며, 자격이 있다고 생각할 때 건네라.

전문도박사들 중 일부는 돈을 따면 써버리기 전에 가족이나 가까운 사람들을 위한 물건을 산다고도 하는데, 골레혼은 딴 돈의 일부를 운나쁜 사람들에게 나누어주어 분위기를 전환하였다면서 그렇게 해보라고 권하고 있다. 많은 돈을 잃어 노름판의 재미마저 앗아가버리지 않도록, 한도는 넘지 않도록 해야 한다는 것이 25개의 팁 중 마지막이다.

---

10) 캐나다 마니토바주 게임통제위원회의 교육자료에 따르면 노름꾼이 통제할 수 있는 것으로 게임할 돈, 게임속도, 베팅액수, 오락으로 즐길 것인지 돈딸 목적인지 여부, 게임한도 설정, 잃은 돈에 연연하지 말 것, 자주 휴식을 취할 것, 능력한도 내 게임, 게임기록 유지 등을 들고 있다(http://www.mgcc.mb.ca).

노름꾼의 십계명 : 소설가 성석제의 철칙 아홉 가지[11)]

그는 "적어도 노름에 대해 조금 아는 사람은 노름에는 최고라는 말이 없는 줄 안다. 평생을 하루 저녁에 잃을 수도 있고 하루 만에 최고에서 최하로 굴러 떨어질 수도 있다. 영원한 승자도 영원한 패자도 없다". "노름하면 보통 사회의 독버섯이나 잡초로 생각하는데, 어떤 사람이 노름을 어떻게 하느냐에 따라 독버섯이 영지버섯도 되고 잡초가 산삼도 되는 거다"라면서, 정치라는 것은 노름보다도 수준이 낮은 게임이라고 주장하는데, "정치는 노름의 좋지 않은 면만 따라가면서 철저히 출세를 도모하는 게임이기 때문"이란다. 또한 "진정한 노름꾼은 남이 놀 때 같이 놀고 남이 칼을 갈 때 같이 칼을 갈아 준다"면서 노름은 "세상에 리듬을 맞추며", 그래서 "노름은 진정하게 노는 것이고 아름답게 사는 것"이란다. 즉, "노름에도 도가 있고 아름다움이 있고 드라마가 있다"고 한다. 비록 소설 속이긴 하지만 그는 "요즘 정치가들, 사업가들, 마피아들은 너무 놀 줄 모른다"고 힐난한다.[12)]

노름은 "계속 잃다가도 언젠가는 운이 돌아온다. 운이 돌아왔을 때 잃은 걸 복구하고 집에 가져갈 걸 따는 게 기술"이라며, "수억 개의 정자 가운데 하나가 난자로 가서 수정하는 과정 자체가 엄청난 확률을 뚫는 노름"이라면서 "인생은 노름으로 시작한다"고 한다. 즉, 아버

11) 이 글은 성석재의 소설집 《홀림》 중 〈꽃피우는 인간-노름하는 인간〉을 읽고 쓴 것임.

12) 여가경영학자인 김정운은 생산적 여가문화의 부재가 (한국이) 1만 달러의 덫에 걸린 가장 큰 원인으로 보인다면서, 제대로 놀지 못하기 때문에, 즉 놀면 불안해지는 병 때문에 국민소득 2만 달러 시대에 진입하지 못하고 있다면서, 노동시간 단축으로 늘어난 여가시간을 경영하라고 역설한다. 김정운, 《노는 만큼 성공한다》(21세기북스, 2005), p. 26.

지들은 비록 노름의 기술은 배우지 않았지만 이미 노름꾼인 것이다.

그는 노름꾼[13]이 알아야 할 십계명이라면서 "노름꾼의 철칙" 가운데 세 번째를 적지 않고 있다. 아마 그의 십계명 아니 9계명도 최고라는 자만심으로 비치는 것을 우려했거나 그것 자체가 하찮은 궤변으로 '굴러 떨어지는 것을 우려'했기 때문인지도 모른다.

① 걸면 안 되는 것(식구, 집, 쌀, 조국 등)을 걸지 마라. 노름은 즐기는 거다. 이성과 지식, 계획, 목적이 개재되어 있어야 한다. 따지도 잃지도 않고 유유자적 인생을 즐기며 사는 게 노름꾼으로서는 최고의 경지다.

② 기다려라. 운이 돌아올 때까지. 노름은 확률의 게임이다. 노름에는 오르막과 내리막, 즉 스트리크가 있는데, 이 현상을 잘 이용해야 한다. 즉, 딸 때는 베팅을 크게 하고 잃을 때는 줄여야 한다. 그러면서 그는 가장 빨리 따고 빨리 잃는 사람은 한국인, 가장 까다로운 플레이어는 중국인, 가장 천천히 따고 잃는 민족은 일본인이라고 부연하고 있다.

④ 사전준비를 철저히 해라. 게임의 규칙, 확률, 운영법을 잘 알고 전략을 배워라. 대든 이상 꼭 따겠다는 생각을 가져라. 노름판은 심리학, 철학, 역사, 통계, 확률의 용광로 같은 곳이기도 하다.

⑤ 목표를 정하되 과욕하지 마라. 도박에서 목표를 정하지 않으면 인생의 내일은 없다. 목표를 미리 정해두고 도달하면 뒤도 돌아보지 말고 도망가라.

---

13) 조혜자는 《어둠의 저편》이란 소설에서 도박자들의 공통점 여덟 가지로 ① 착하다, ② 책임감이 희박하고 우유부단하다, ③ 거짓말의 명수다, ④ 이성적이지 못하고 감성적이다, ⑤ 허례허식을 좋아한다, ⑥ 내성적이고 고립적이며 외로움을 잘 탄다, ⑦ 일관성이 없고 승부욕이 유난히 강하다, ⑧ 이기적이고 무책임하다는 것을 들고 있고, 일본의 작가 아사다 지로는 "천재 갬블러는 온화하고 성실하며, 금전문제에 정확하고, 명랑 쾌활한 멋진 사람"이라고 한다. 황현탁, 《도박의 사회학》(나남, 2010), pp. 182, 202.

⑥ 너무 오래 하지 마라. 오래 끌어서는 어느 누구도 확률의 신을 이길 수 없다. 최후에 웃는 것은 카지노 운영자, 하우스 주인장, 세월의 주인이신 조물주다.
⑦ 술과 여자를 조심하라. 바로 자기 자신을 조심하라는 거다. 공짜를 조심하라. 슬롯머신은 술을 마시거나 말거나 잃지만 크랩, 블랙잭, 바카라는 술을 마시지 않으면 딸 확률이 제법 높다(?). 홧김에 노름하지 말고, 여자 끼고 노름하지 말며, 사람 잃고 노름하지 마라. 정 하고 싶으면 잃어줘도 좋은 친구들하고 노름해서 인심이나 팍팍 써라.
⑧ 노름에는 왕도가 없다. 백발백중의 비결은 없다. 모든 건 결국 자기 책임이다.
⑨ 언제든 튈 준비를 하라. 노름판은 인간이 좋아하는 한 한시도 쉬지 않고 돌아간다. 행운을 잡거든 만족할 줄 알라. 그리고 벼룩처럼 튀어 달아나라.
⑩ 노름은 자기 책임이다.

그는 K라는 시에서 개최된 '세계 최고의 도박사 피스톨 송 초청강연회'에 우연히 친구 대신 참석하여 녹음한 내용을 정리한 형식으로 노름꾼의 계명을 전하는데, 그것이 진실이든 타당하든 도박장 주변에서 회자되는 얘기들로서 전부는 아니더라도 몇 가지만이라도 지킨다면 요즈음 사회적으로 문제가 되는 '병적 도박환자'들은 많이 줄어들 것이며 사라질지도 모른다. 도박이 정치보다 낫다는 그의 직설은 현실을 빗댄 것은 아니지만, 규칙을 존중하고 예의를 지켜야 하는 도박장의 매너를 따르듯이 그의 9계명을 따른다면 행운은 찾아줄지도 모른다.

《한국의 도박사들》의 저자인 이규승은 "운동에는 1, 2, 3등이 있지만 도박에는 없다. 고수는 고스톱에서처럼 기본 3점은 미련 없이 주고 승산이 보일 때는 판을 키운다. 포커게임의 진정한 고수는 땄을

사기도박꾼들의 십계명

'사기를 치다'는 영어로는 'bilk, cheat, commit fraud, con, defraud, hustle, scam, swindle' 등 여러 가지 단어가 있으며, 사기꾼을 지칭하는 단어도 'con artist, con man, confidence men, grifter, hustler, rip-off (take-off) artist, scam artist, swindler' 등 다양하다. 몇몇 복합단어에서는 사기도박꾼을 기술자가 아닌 예술가로 지칭하는 것이 특이한데, 내기당구를 주제로 한 영화 〈The Color of Money〉에도 "몇몇 도박꾼들에게 행운은 바로 숙련된 기술이자 예술이다"라는 표현도 등장한다.

1940년대 미국 사기도박판에서의 사기행각을 기술한 명저로 알려진 모러(David W. Maurer)의 *The Big Con*은 우리나라에도 《빅콘게임》(고수미 역, 마고북스, 2004)이란 타이틀로 번역 출판되었는데, 큰 도박판을 운영하는 사기도박꾼들이 취하는 행동요령 열 가지를 적고 있다. 이는 비단 도박판뿐 아니라 일반 사기꾼들도 그런 단계를 거쳐 사기행각을 벌이고 있는 것 같아 번역, 소개한다.

1. 잘 넘어갈 것 같은 봉을 물색한다.
2. 봉의 신뢰를 얻는다
3. 봉이 도박판 운영자를 만나도록 하여 도박판에 들어오도록 꼬드긴다.
4. 운영자는 봉에게 돈을 벌 수 있는 길이 있다고 부추긴다.
5. 봉이 상당한 돈을 따도록 해준다.
6. 봉이 얼마나 쓸지를 결심하게 한다.
7. 봉이 자금을 마련하도록 도박판을 잠시 떠날 수 있도록 한다.
8. 봉의 돈을 털어낸다.
9. 되도록 빨리 봉을 떼어낸다.
10. 봉이 말썽을 일으키지 못하도록 법적 선제조치를 취한다(횡령, 불법 도박 등 신고).

※네바다주법은 도박장에서 기계장치 등을 이용하는 것은 불법이지만 사기도박꾼을 주 형사법으로 처벌한다는 근거규정은 없으며 캘리포니아주 카드룸에서의 사기도박꾼도 '불법으로 돈을 획득할 목적으로 건물에 들어갔다'는 명목으로 주거침입죄(*burglary*)로 체포하고 있다. Walter T. Champion, Jr., I. Nelson Rose, *Gaming Law*(West, 2012), pp. 371~372.

때 일어날 줄 안다. 더 무서운 고수는 돈을 잃고서도 일어날 줄 안다"고 하면서 물러날 때를 알고 떠나야 한다는 것이다.[14] 그가 "잃지 않는 고스톱 비법"으로 모두 스물세 가지를 제시하는데, 그 중 몇 개만 소개한다.

① 뒤를 돌아다보라(남의 판도 살피라).
② 진수성찬은 먹을 게 없다(편식을 하라).
③ 천적은 피해가라. 아니면 오른쪽 자리를 잡아라.
④ 한번 돌린 초출은 끝까지 돌려라(설사가능성 다분).
⑤ 많이 얻어맞기보다 독박을 쓰라.
⑥ 상대가 패를 손에 어떻게 펼치는지 관찰하라.
⑦ 초반 실험을 막아라(초반에 잘 안 풀린다고 이리저리 시험하지 마라).
⑧ 첫 단추를 제 구멍에 끼워라(뚜렷한 목표를 세우고 쳐라).
⑨ 설사는 냄새를 피운다(중반 이후 초출 조심).
⑩ 누가 뭐래도 소신껏 하라.

14) 이규승, 《한국의 도박사들》(서음출판사, 1999), p. 308.

문제도박과 제도적 · 의학적 통제

도박과 쾌락의 추구[1]

쾌락(*pleasure*)[2]은 삶의 핵심적인 추동력이며, 생존과 종족보존을 위해 필요한 음식물, 물, 섹스와 같은 것들을 찾으려는 노력의 중심에 있는데, 에피쿠로스(B. C. 341~271)는 "쾌락은 행복한 삶을 형성하는 알파요 오메가다. 쾌락을 추구하고 고통을 피하는 것이 인생의 목적이고 선(善)은 바로 고통 없는 쾌락의 삶"이라고까지 말한다. 쾌락의 추구는 법적, 종교적, 교육적 제약을 받게 되는데, 그 단적인 예가 섹스, 약물, 음식, 술, 도박 등과 관련된 규칙과 관습들이 확립되어 있으며, 따라서 정해지거나 확립된 방식과 달리 쾌락을 추구하는 경우에는 처벌을 받기도 한다. 쾌락과 관련되는 관념이나 행태는

---

1) 이 부분은 존스홉킨스대학의 린든(David J. Linden) 교수의 2011년 저서 *The Compass of Pleasure*를 읽고 쓴 것임.

2) 중국 한나라시대의 선비들은 쾌락을 ① 욕구를 즉각적으로 만족시키는 것, ② 사람이나 재산을 소유하면서 생기는 오만함을 즐기는 것, ③ 자신이 경험한 즐거움을 인지하고 철학적 사고를 하면서 가지게 되는 쾌감의 세 가지로 구분하였음. 로베르 뮈샹블레 저, 노영란 옮김, 《쾌락의 역사》(지식을 만드는 지식, 2008), p. 13.

개인이나 집단이 속한 문화에 깊은 영향을 받는다.

우리의 뇌 중간 앞부분에 쾌락에 반응하는 회로가 있는데, 음식물을 섭취하거나 약물복용, 섹스, 도박 등의 행위가 가져다주는 즐거움이 감지되면 도파민이 분비되고 쾌감을 느끼게 된다. 쾌락은 적정한 수준에서 추구되어야 하고, 직접 얻어져야 하며, 자연스럽게 성취되어야 하고, 일시적인 것으로, 쾌락의 부정을 통해 정신적인 성장을 도모할 수도 있다. 그런데 스트레스가 쌓이게 되면 쾌락반응회로를 활성화할 수 있는 알코올, 헤로인, 니코틴, 코카인, 암페타민(*amphetamine*)과 같은 약물복용 충동이 일어나며, 중독증상이 억제되고 있는 기간에 재발욕구가 일어나게 되면 스트레스는 약물복용 욕구와 직결된다.

쾌락의 부정적 측면이 바로 중독문제인데, 거의 모든 즐거운 활동은 중독가능성이 있다. 중독은 오래 지속되는 변화로, 여기에는 더 많이 강력한 것을 받아들이려는 내성, 하고 싶다는 갈망, 뭔가를 하지 않으면 참을 수 없는 금단현상, 반복적 계속적인 행위의 연속인 재발이라는 중독의 무시무시한 부작용이 내재하고 있다. 경험이나 학습으로 인한 변화는 뇌의 다른 부분에 기억되며, 강박적인 행동을 유발하게 된다. 중독은 인간생활에 많은 영향을 주며, 21세기의 유행어가 되었는데, 도박, 비디오게임, 쇼핑 등 행동중독(*behavioral addiction*)과 음식, 약물, 알코올 등 물질중독(*substance addiction*)으로 구분할 수 있다. 뇌기능의 생물학적 차원에서는 두 가지 중독을 같게 볼 수도 있으나, 도박중독, 게임중독자들의 3분의 1이 외부도움 없이 1년 이내에 중독과 결별하였는데, 약물중독에서는 이런 일이 일어나기 어려운 반면, 신체적으로는 물질중독이 더 파괴적일 수 있다는 점에서 분명한 차이가 존재한다.

또 쾌락추구가 병적으로 되기까지에는 개인차가 존재한다. 도박중독은 빚을 동반하게 되고, 때로는 범죄와 연관되고 가족을 파멸시키기도 하여 약물중독보다 더 많은 사람에게 더 오래 고통을 줄 수도 있다. 도박중독은 여자보다 남자에게 일어날 가능성이 높으며 가까운 친척 중에 중독자가 있으면 중독위험이 증가한다는 연구결과도 있고, 남자 쌍둥이의 도박행태의 경우 유전적 요인이 35~55%에 달한다는 연구결과도 있어 유전적 요인도 도박중독에 영향을 미친다고 한다.

도박중독과 관련되는 후천적 요인으로는 여러 가지를 들고 있는데, 도박중독자의 알코올중독 비율은 일반인들에 비해 10배, 흡연율은 6배가 높은 것으로 조사되고 있으며, 합법적 도박에 쉽게 접근할 수 있으면 도박중독에 노출될 가능성이 높고, 사회적 제약이 없고 중단하라는 요구가 없는 온라인도박은 도박중독을 부추길 수 있다. 도박중독자들에게서 발견되는 위험감내(*risk-taking*) · 열성 · 일에 대한 집착 등은 직장에서는 누군가에 의해 잘 관리되어 성공적이고 생산적이며 창의적인 사람으로 인정받는 요인이 되며, 그런 사람은 자신을 자제할 줄 알고 절박한 상황에서도 남의 도움받기를 꺼려하는 성격의 소유자다. 비정상적인 스트레스 상황(이혼, 사건사고 목격 등)은 도박중독을 악화시킬 수 있다. 단도박모임(*Gamblers Anonymous*)에 참여하였던 중독자들의 8%만이 1년 동안 모임에 참가하였고(스코틀랜드), 도박중독자들의 자살시도율은 20%에 이른다, 우연의 게임에서 복권을 구입하거나 주사위를 던지거나 카드를 돌리는 등 게임과정에 참가하여도 승률에는 변동이 없음에도 자신의 역할이 있는 경우 더 많은 액수로, 더 오래 도박한다, 아주 아슬아슬하게 빗맞은 경우 뇌의 쾌락반응회로가 활발하게 움직여 덜 즐겁지만 계속하고 싶은 욕망 때문에 게임을 지속한다는 것 등을 예시하고 있다.

사랑의 반대가 증오가 아닌 무관심이듯 쾌락의 반대가 고통은 아니다. 쾌락의 반대는 고통이 아닌 마음과 체험에 대한 관심부족인 권태

(*ennui*) 다. 쾌락과 고통은 두드러진 현상을 의미할 뿐이다. 물질적이거나 정신적인 일상의 쾌락을 행복과 동일시하는 철학의 경향을 쾌락주의라고 하는데, 행복을 증진시키는 것이 쾌락이며, 행복을 감소시키는 것이 고통, 즉 불쾌함이라고 한다. 모든 쾌락이 바람직한 것은 아니며, 이롭지 않은 쾌락을 추구하지 말라는 것이 바로 합리적 쾌락주의이다.

도박은 쾌락추구활동의 한 형태로서 때로는 고통과 문제를 동반하기도 하여 합리적 쾌락주의자들의 입장에서는 사회적으로 용인할 수 없는 활동 중의 하나일 수도 있다. 도박은[3] 뇌에게 사람들의 기대를 충족시켜 주는 코카인, 음식, 섹스 같은 것이기도 하지만 문젯거리의 즐거움(*questionable pleasure*) 이고, 시장경제가 작동하지 않으며 사회적 비용이 들어가는, 즉 다른 부문에 부정적인 영향을 미치는 외부불경제(*negative externality*) 중의 대표적인 활동의 하나임에 틀림없다. 우연의 게임에 관한 최초의 기록 중의 하나로 B. C. 1000년경 산스크리트어로 쓰여진 〈도박꾼의 회한〉(*Lament of the Gambler*) 에서 "도박에 집착하여 행복한 가정생활을 파괴하고 사랑하는 아내를 쫓아버리는 결과를 낳았다는 노름꾼의 독백"이란 표현이 등장하는 것으로 보아 그 옛날부터 도박의 폐해를 경계해왔음은 기록으로도 확인되고 있으며, 도스토예프스키도 소설 《노름꾼》에서 "탕진한 돈을 찾으려는 희망이 점점 더 파멸의 구렁텅이로 몰아넣었다"고 하고 있고, 아담 스미스도 《국부론》에서 복권을 사는 것은 헛된 희망이라고까지 지적하는데, 카지노가 들어선 후 도움을 요청하는 노름꾼이 기하급수적으로 늘었다든지, 반경 50마일 이내에 카지노가 있는 경우 문제 또는 병적 도박자들의 발생가능성이 약 2배라는 연구결과 등은 도박이 사

3) Earl L. Grinols, *Gambling in America* (Cambridge University Press, 2004), pp. 18, 21, 25, 185 등.

회적 비용을 수반한 쾌락추구란 사실을 입증하고 있다.

문제도박을 위한 예방조치들4)

도박이란 단어에 건전성이나 책임을 결부시키는 것은 한국적 사고로는 이해하기 힘들지 모르나 미국에서는 책임 있는 게임, 책임 있는 도박이란 용어를 사용하면서, 업계나 관련단체가 참가자들의 지나치거나 과도한 도박습관을 교육이나 제도를 통해 줄여나가는 노력을 기울이고 있다. 게임이나 도박을 하는 참가자가 도박에 쓸 돈과 시간의 한도를 정하고 이를 지키며, 감정이나 심리상태, 사회적 · 재정적 여건, 신체에 부정적 영향을 주는 행동이나 상황을 피하면서 레크리에이션의 일환으로 도박하는 것이 바로 "책임 있는 도박"일 것이다.

사람들이 도박하는 동기로는 흥분과 자극, 일상으로부터의 일탈, 타인과의 사회화, 돈을 따기 위한 것 등을 들 수 있으며, 학자들은 도박행위를 환경과 교호작용을 하면서 스스로 결정하고 권한을 행사하려는 욕구의 시현인 '자기결정론'(*Self-Determination Theory*)으로 설명하고 있다. 사람들이 도박하는 것은 흥분, 도전, 즐거움, 성취 등 도박 자체가 주는 고유하고 본질적인 동기뿐만 아니라 도박행동 자체

4) 이 글은 2009년 11월 21일 강원랜드가 교수 및 전문가 그룹을 위해 주최한 "도박중독의 예방과 치유를 위한 국제컨퍼런스"에서 발표된 내용 중, 미국 휴스턴대학 백기준이 발표한 "도박의 동기, 행태, 감정: 오락적 도박자와 병적 도박자"(*Gambling Motivation, Passion, and Emotion: Recreational Vs Pathological Gamblers*)와 캐나다 앨버타주 레스브릿지대학 로버트 윌리엄스(Robert Williams) 교수가 발표한 "문제도박의 예방: 각종 조치 개관 및 권장사항"(*Prevention of Problem Gambling: A comprehensive review of the evidence & recommended best practices*)을 중심으로 정리한 것임.

가 주는 만족감과는 분리된 다른 결과를 얻기 위한 외부적, 부대적 동기에서도 참가한다.

도박에 몰입하는 데에도 자신이 스스로 선택하여 몰두하는 균형잡힌 몰입이 있는가 하면, 스스로 내재적 압력에 떠밀려 몰두하는 강압적 몰입도 있는데, 전자가 자율적 내재화라 한다면 후자는 타인이나 환경적 요인과 관련이 있고, 전자는 도박 자체의 즐거움과 후자는 외부적 동기와 긍정적으로 관련되어 있다. 강압적 몰입의 경우에는 근심·걱정, 분노, 죄의식 등 부정적 결과와 긍정적 상호관련성이 있고, 균형 잡힌 몰입은 일반적으로 즐거움, 재미, 긍정적 감정과 관련이 있다는 연구결과가 있다.

문제도박은 약물남용, 인간관계에서의 문제, 정신건강 문제, 반사회적 행동, 직장/학교에서의 문제, 운동부족 등 여러 가지 문제와 결부된다. 이런 문제발생을 예방하기 위해 정책담당자들은 여러 가지 교육적·제도적·정책적 고려를 하고 있다.[5]

교육적 방법들

가족간의 유대를 강화하고, 어린이들이 잘 사회화된 집단에 노출되도록 하며, 좋은 학교교육을 제공하는 등 어릴 때부터 문제도박에 접하지 않도록 하는 것이 가장 좋은 방법이다. 또한 캠페인을 통해 "한도를 정해,[6] 건전한 도박에 한해, 순전히 확률게임이고, 허황된

---

5) 카지노 입장객의 정신적, 신체적 영향과 관련한 국내의 연구결과에 따르면, 의욕상실, 외로움, 불면증, 우울증, 삶에 대한 절망감 등 정신적 영향이 심각하다는 응답이 21.1%, 약간 영향이 있다는 응답이 14.9%였으며, 두통, 복통, 손 떨림, 메스꺼움, 심장 떨림 등 신체적 영향은 심각하다가 14.1%, 약간 영향이 있다가 18.0%로 나타남. 〈합법적 도박이 도박참여자에게 미치는 영향〉(사행산업통합감독위원회, 2008) 중에서.

꿈을 버려라, 상담전화나 병적 도박의 증상고지" 등을 홍보하거나 학교에서 직 · 간접적으로 도박의 가치, 확률, 수학적 원리 등을 가르치는 방법을 사용하는데, 홍보효과는 검증된 것이 없고, 부정적 결과를 초래하기도 한다. 사우스오스트레일리아, 퀸즐랜드, 미네소타, 온타리오, 앨버타에서는 "내기를 하지 마라, 도박: 건강위험은 최소화, 어린이들은 도박하지 않고 베팅을 원치 않는다, 청년들은 선택한다, 사기도박" 등 구호를 활용하여 도박과 관련된 통계적 지식, 도박의 환상, 중독증상, 사회적 문제해결방법 등 도박중독예방을 위한 심화교육을 하기도 하는데, 지식전달에는 신뢰할 영향이 있었으나, 행동

서초구 교대역 인근 경마 장외발매소, 건립반대로 무산

---

6) 카지노 방문객 중 미국인은 89%가, 한국인은 74.7%가 입장할 때 게임할 한도금액을 정하고 한다고 응답.

변화에는 결과가 일정치 않으며 흡연이나 약물사용 관련 교육처럼 영향이 일정치 않은 것으로 나타났다.

정책적 대안들

미국, 뉴질랜드, 캐나다에서 도박장 수 제한은 지역의 병적 도박자 비율과 긍정적 상관관계가 있었으며, 슬롯머신, 테이블게임, 인터넷도박 등 도박의 종류를 규제하는 방안도 있을 수 있는데, 1인당 소득 비례 슬롯머신 대수와 병적 도박자 비율 사이에도 강력한 관련이 있었고, 사우스다코타와 사우스캐롤라이나에서의 슬롯머신 철거로 병적 도박자가 감소하였다는 연구결과도 있다. 또 실증적 증거는 없으나 플레이할 수 있는 도박게임의 수를 제한하는 것도 병적 도박과 관련이 있으며, 도박장에서 도박기회를 제한할 수도 있는데, 이론적으로 민감하고 실증적 지지도 부족하다. 그리고 도박장의 소재지를 관광지 등 특정지역으로 제한할 수도 있는데,[7] 캐나다에서는 원주민 인구비율과 해당지역의 병적 도박자 비율은 강한 상관관계가 있었다. 몇 나라에서 시행하는 것과 같은 도박장 개장시간 제한도 가능하나 얼마나 제한할 것인가의 강도가 문제다.[8]

---

7) 2006년 12월 29일 러시아의 푸틴 대통령은 클린이미지를 심고, 대도시에서 운영되는 카지노의 조폭과의 연계차단, 도박중독자 양산차단, 지역개발이라는 명분으로 사행행위규제법을 개정하여 사행행위가 가능한 지역, 즉 카지노를 설치할 수 있는 지역을 알타이 변방주, 연해주 변방주, 킬리닌그라드주, 글라스노다르스크주와 로스토프주 등 4개 지역으로 국한하고, 대도시의 천여 개 카지노를 2009년 6월 30일까지 폐쇄토록 조치(http://www.worldcasinodirectory.com).

8) 아이오와에서는 선상카지노에서 4시간 이상 도박할 수 없도록 규정하였으나 종료시간이 임박해지자 병정을 동원해 베팅하는 등 온갖 행동으로 도박을 감행해 실효성이 없게 되자 제한을 폐지(로즈 교수의 2010년 1월 4일 메일

위에 언급한 것들이 도박의 참가기회를 제한하는 것이라면, 도박하는 행위자를 정책적으로 제한할 수도 있는데, 예를 들어 일정한 연령(나라마다, 도박의 종류에 따라 16~21세) 이하 사람들의 도박을 금지하거나, 거주자 여부나 사회경제적 신분에 따라 입장이나 도박을 제한하는 것 등이다. 영국이나 북구3국 등 청년에게 도박을 허용하는 입장인 나라에서의 성인 병적 도박자 비율이 다른 나라에 비해 낮으며, (강원랜드처럼) 지역주민과 타지 사람들의 출입횟수를 제한하는 것이 이론적으로는 그럴 듯하나 효과가 있다는 증거는 없고, 영국처럼 복장을 규제하거나 파나마처럼 일정소득 이상인 자에 한한 입장허용, 파푸아뉴기니처럼 입장료를 비싸게 징수하는 방법 등이 있는데, 모두 효과는 미지수다.

그리고 도박서비스 제공과 관련된 규제로서, 종업원에게 병적 도박에 관한 사전지식을 교육하거나, 슬롯머신의 속도, 게임방법(카드, 버튼, 액수, 최대상금, 최대손실액 — 노르웨이 1일 80달러) 제한,[9] 하우스의 크레디트 제공금지(유럽, 호주, 캐나다), 현금자동인출기 설치제한(병적 도박자의 ATM 이용률이 높다), 술과 담배제한(담배금지가 도박수입 감소 초래), 위험도박자(*At-Risk Gambler*)에 대한 출입제한(네덜란드는 3개월에 60회 이상 카지노 방문시 출입제한을 해도 좋다고 약정한 자진퇴출자는 출입이 제한됨), 고액 베팅자에 대한 보상프로그램 폐지와 책임 있는 도박에 대한 보상, 병적 도박자에게 충동을 부추긴

송부자료).

9) 미주리주는 2008년 11월 5일 대통령선거와 함께 실시된 주민투표를 통해 1992년 카지노 합법화 당시 도입한 2시간에 1인이 잃을 수 있는 상한액 5백달러를 폐지한 바, 4시간 동안 카지노를 즐긴 사람들의 평균손실액 66.67달러가 더 높아질 것으로 전망됨(http://www.casino news.jp). 동 제도를 폐지한 것은 한도를 넘기는 경우 다른 도박자들로부터 칩을 사서 도박을 계속, 제도의 실효성이 없었기 때문임.

다고 보고되는 광고나 프로모션의 제한, 카지노 개발업자와 도박자 모두에게 도박을 부추기는 라스베이거스 스타일의 도박장 디자인, 책임 있는 도박 관련 조치와 같은 수입확대와 관련된 정책에서의 이해상충 등 규제적 접근(알코올의 경우 독점이나 정부개입이 덜 해롭다) 등이 정책적 대안일 수 있다. 문제가 없는 도박자에게 불편을 느끼지 않도록 하거나 수입이 줄어들지 않는 효과적 예방정책은 비현실적 희망사항일 뿐이며, 해악의 최소화도 수입확대만큼 중요하다는 인식이 필요하다. 어느 한 가지 예방정책이나 방안을 시행하여 문제도박을 예방하기는 충분하지 않으며, 여러 가지 방안들을 동시에 취해야만 시너지효과를 낼 수 있다.

카지노 수나 설비를 감축하는 것, 취약계층이 도박장에 접근할 수 없도록 하는 조치, 도박기회의 제한, 도박형태의 제한, 운용시간 제한, 거주자에 대한 도박제한, 도박장에서의 술과 담배제한, 위험도가 높은 게임의 제한이나 금지, 크레디트를 제공하지 않거나 ATM 기계이용을 용이하지 않도록 하는 것, 도박허용연령 상향조정, 위험도박자에 대한 조기개입, 어린이들에 대한 관심과 가족관계의 강화, 문제도박으로의 진행을 막을 수 있는 지식·태도·대처능력(도박의존, 조절장애의 징후나 증상, 병적 도박의 부정적 결과, 도박에서의 확률, 도박환상에 대한 교정, 도박자금 대여금지, 도박에서의 적정한 시간과 자금, 문제가 안 될 정도의 제한이나 가이드라인 등)을 공유하는 것 등이 모두 문제도박의 예방과 관련된 것들이며, 사람들의 행동변화에는 오랜 시간이 걸리는 만큼 이런 정책들도 다년간 시행하여야 효과를 볼 수 있다. 미국 펜실베이니아주가 매월 카지노에서 도박한 시간, 따고 잃은 금액 등을 신용카드 사용명세서처럼 송부해주는 법안을 부활하려는 움직임과 관련, 게임관련법 전문가인 로즈 교수는 실효성도 없을 뿐 아니라 가정 내 분란만 일으키고 심지어 폭력이 증가할 수도 있다고 우려하고 있다.[10] 뛰는 놈 위에 나는 놈이 있고, 뛰는 놈이 진화하면 나는 놈도 가만히 있지 않고 기하급수적으로 진화한다는 우스개처럼 신종수법들이 등장하기 마련이다.

호주의 뉴사우스웨일스주는 ① 정보에 근거한 정책을 권장하기, ② 도박자들이 위험한 행동을 하는 것으로부터, 그리고 문제도박의 발생과 부정적 결과들을 감소시키도록 보호하기, ③ 문제도박자들과 그들의 가족, 친구들에게 도박행동의 부정적 영향을 감소시킬 수 있도록 카운슬링서비스 제공하기라는 세 가지 원칙에 입각, 책임 있는 도박정책을 수립하고 서비스를 제공하고 있다.[11]

영국의 광고 관련 독립위원회인 CAP(The Committee of Advertising Practice)와 BCAP(The Broadcast Committee of Advertising Practice)는 2008년 10월 도박광고와 관련된 새로운 기준을 제정 발표하였는데, 도박광고는 여하한 경우에도 고독이나 우울과 같은 개인적, 직업적, 교육적 문제로부터 도피가 될 수 있음을 암시해서는 안 되며, 혼자서 도박하는 것이 여러 사람과 함께하는 도박보다 바람직하다든가 도박이나 행운과 관련된 문화적 믿음이나 전통을 추구하는 것을 암시해서도 안 된다는 내용을 포함하고 있다. 이 기준은 비록 혼자서 하는 온라인도박의 광고를 금지하는 것은 아니지만, 도박으로 허송세월하는 성인, 일터를 기피하는 것, 개인적 환상에 빠지거나 몰래 도박하는 것 등을 묘사한 광고는 기준에 위반되며, "무책임할 뿐 아니라 재정적 · 사회적 · 심정적인 해악에 이를 수도 있는 도박행위를 묘사하거나 용인하거나 부추겨서는 안 된다"고 규정하고 있다. 2007년 9월과 10월의 784건의 도박광고를 이 기준에 따라 점검해본 결과, 99%

---

10) 로즈 교수의 2010년 1월 4일자 메일송부자료.

11) 강원대 산학협력단, 〈합법적 도박이 도박참여자에게 미치는 영향〉(사행산업통합감독위원회, 2008), p. 4.

는 이 기준을 충족하고 있었으며 7건만이 기준에 위반되는 것으로 조사되었다. 레저활동의 일환으로서 게임을 프로모션하는 것은 허용되나 도박을 용인한다거나 부추기는 것은 안 된다는 것이다.[12]

책임도박의 제도화 : 호주 빅토리아주[13]

도박의 부정적 영향을 언급할 경우 문제도박, 병적 도박, 강박도박, 도박중독, 위험도박, 잠재적 병적 도박 등 여러 가지 용어가 혼용되고 있으며, 현재는 문제도박이란 용어가 가장 보편적으로 사용되는데, 미국정신의학회(APA)는 병적 도박이란 용어가 도박문제를 과장되게 표현하고 있다는 판단에서 도박장애(*gambling disorder*)란 용어를 사용토록 제안하고 있다. 문제도박 모두에 정신의학회가 정한 병적 도박에 해당하는 의학적 치료가 필요한 증상이 있다는 의미는 아니며,[14] 문제도박 행동을 판별하는 지수에도 SOGS, DSM-IV 등[15]

12) http://www.asab.org.uk

13) http://www.austgamingcouncil.org.au

14) http://blog.ncrg.org

15) SOGS(*South Oaks Gambling Screen*), GA-20(*Gamblers Anonymous 20 Questions*), DIGS(*Diagnostic Interview for Gambling Schedule*), DSM-IV(*Diagnostic and Statistical Manual of Mental Disorders*, 4th Edition), GAMTOMS(*Gambling Treatment Outcome Monitoring System*), NODS or NORCDSMIV(*National Opinion Research Center DSM-IV Screen for Gambling Problems*), Lie/Bet, CPGI(*Canadian Problem Gambling Index*), GBI(*Gambling Behaviour Interview*), SCIP(*Structured Clinical Interview for Pathological Gambling*), VGS(*Victorian Gambling Screen*), G-MAP(*The Maroondah Assessment Profile for Problem Gambling*), DIS(*Diagnostic Interview Schedule*), HARM, Gambling Symptoms Assessment Screen,

여러 가지가 있는데, 호주게임평의회(Australiasian Gaming Council)가 2007년 발표한 문제도박자들의 행동판별요령에 따르면, 게임장에서 ① 매일, 최소한 15분 이상 쉬지 않고 3시간 이상 계속하여, 이곳저곳 돌아다니며 게임하는 행동, ② 영업종료시간에 게임을 중단하지 못하거나, 특정기계에서 꼭 이길 것이라고 집착하거나, 식사시간 중에도 도박하는 행동, ③ 종업원에게 게임장에 있음을 알리지 말아달라고 부탁하거나, 거친 행동을 하거나, 다른 사람과의 접촉 · 소통을 기피하거나, 동반자가 떠난 후에도 계속 도박장에 남아 있는 경우, ④ 돈을 빌리거나, 크레디트를 요청하는 행동, 또는 두 번 이상 현금을 인출하는 행동, ⑤ 몸을 떨거나, 땀을 흘리거나, 울거나, 신경질을 내거나 안절부절 못하거나, 소리나 몸짓으로 분노를 표시하는 행동, ⑥ 게임 후에 과음하는 행동, ⑦ 게임도중 돈을 잃었을 때 기계나 장소 · 종업원을 탓하거나 기계를 내리치는 행동을 하는 사람은 문제도박자일 가능성이 있는 징표라고 정리하고 있다. 2010년 호주의 생산성위원회(Productivity Commission)가 발표한 바에 따르면 호주 성인의 0.5~1.0%에 이르는 8만~16만 명이 도박으로 인한 심각한 문제로 고통받고 있으며,[16] 1.4~2.1%인 23만~35만 명이 문제도박에 빠질 위험이 있는 것으로 나타나고 있다.

2004년 미국, 캐나다, 호주의 행동과학자, 도박전문가들이 미국 르노(Reno)에 모여 문제도박으로 인한 사고를 줄이는 예방활동과 문제도박 유병률을 줄이는 치유활동이 도박의 폐해를 최소화하고 책임

Gambling Severity Index.

16) 2012년 6월 7일 캔자스에서 개최된 문제도박물질남용 제 9차 학술회의에서 발표된 아이오와 주민대상 도박태도경험조사(University of Northern Iowa, 2011년 시행) 결과를 보면, 응답자의 64%가 도박은 가족생활에 위험하며, 51%가 위험을 초래하는 오락으로 여기고 있고, 1인의 문제도박자는 10인의 주위사람들에게 부정적 영향을 끼치는 것으로 나타났다.

있는 도박활동환경을 조성하는 길이라는 원칙을 담은 르노모델(*The Reno Model*)을 정하고 관련업계와 단체, 소비자, 정부기관 등에 제안한 바 있는데, 호주의 각 주 정부들도 ① 청소년의 게임장 접근제한, ② 문제도박자에 대한 정보와 조력제공, ③ 게임장 영업시간·흡연·음주제한, ④ 광고·판촉·권유활동 규제, ⑤ 게임장의 조명·시간표시·안내표지 기준설정, ⑥ 게임의 성격·승률·문제도박 행동 등에 관한 정보와 조력제공과 같은 문제도박에 대한 대응책 또는 책임있는 도박활동과 관련된 여러 가지 조치들을 법령이나 면허부대조건인 영업준칙, 또는 담당장관 지시사항 등에 반영하여 시행하고 있다.

시대에 따라 도박이 성행했던 때도 있었고, 또 즐겨했던 도박도 국가에 따라 그 종류가 다양한데, 도박은 유사 이래로 인간의 사회생활과 함께 하였음은 발견되는 유물이나 역사적 기록들로부터 증명되고 있다. 이는 재미 때문이든 돈 때문이든 도박에 대한 유혹은 끊기 힘들다는 말이기도 한데, 끊을 수 없다면 폐해를 최소화하는 것이 최선의 방책으로 이를 위해서는 무엇보다도 도박하는 사람들이 문제에 직면하지 않도록 스스로의 책임성을 키워주며, 직면했을 경우 해결할 수 있도록 도와주고, 주변의 환경을 문제가 없도록 정비할 필요가 있다. 이런 차원에서 호주의 생산성위원회가 제시하는 도박정책의 세 가지 정책방향은[17] ① 도박하는 시간과 금액의 상한을 사전에 약정하는 사전게임한도설정제도, 자진퇴출제도, 게임비용에 관한 경고·교육·정보제공, 게임기의 플레이어용 화면에 경고문구나 도박금액·시간 등을 표시하는 경고제도, 문제도박자에 대한 상담과 치유 등 개인의 책임성을 향상시키는 정책, ② 베팅액수 제한, 현금인출기

17) 호주의 생산성위원회 의장 뱅크스(Gary Banks)가 2011년 3월 30일 기업세미나에서 발표한 〈증거와 사회정책: 도박의 경우〉(*Evidence and social policy: the case of gambling*)를 요약한 것임(http://www.pc.gov.au).

인출상한액·횟수제한과 설치지역 제한, 일정액 이상의 상금을 현금 대신 수표로 지불토록 한 제도, 영업시간 제한, 영업장 직원에 대한 훈련과 업무지침 등 게임의 위험도와 강도를 줄이는 제도의 도입시행, ③ 규제의 독립성 유지와 효과적인 제도시행 및 불만처리, 일관성 있고 지속적인 조사와 연구 등 제도적인 뒷받침이다.

위원회의 제안 중 가장 논란이 많으면서 중요한 폐해최소화 방안이 게임기에서의 1회당 최대베팅액수를 줄인 것과 사전게임한도설정제도이다. 1회당 게임기 최대베팅액수는 주마다 차이가 있으나 5달러 또는 10달러였는데, 이를 1달러로 낮추도록 제안하였다. 호주 빅토리아주는 게임기 1회 회전속도를 2.14초 이상으로 하도록 규제하고 있는데, 게임기를 보고 손을 움직이는 시간을 고려하여 1회 베팅소요시간을 5초로 계상할 경우를 가상하면 분당 12회, 시간당 720회 베팅이 가능하며, 잃고 따고를 반복한다 하더라도 1시간당 100달러 이상을 잃게 된다는 계산이 나온다.[18] 그래도 결코 적은 액수가 아니라는 것이다.

도박의 비용편익을 주기적으로 분석하는 호주의 생산성위원회는 문제도박자들의 90%가 도박을 끊기가 어렵다고 말하고 있으며, 소일거리로 도박하는 사람들 중 상당수도 게임시간, 베팅규모, 임의로 정한 상한액을 지키기 어렵다는 조사결과를 바탕으로 도박하기 전에 일정기간 동안 즐길 수 있는 게임시간이나 액수를 정하도록 하고 그 상한은 일정기간 동안 바꿀 수 없도록 하는 사전게임한도설정제도를 도입하여 도박의 유혹으로부터 벗어날 수 있도록 제안하였다. 호메

---

18) 문화체육관광부 고시인 '카지노 영업준칙' 제45조에는 머신기구를 검사받도록 규정하고 있으며, 이 조항에 따라 제정된 '카지노기구 검사업무규정' 제9조의 검사기준 및 방법, 별표 1에 규정된 1. 슬롯머신, 바. 배당률은 75% 이상으로 규정.

로스의 대서사시 《오디세이아》(*Odysseia*)에 나오는 주인공 율리시스(Ulysses, 주인공 Odysseus의 라틴어 이름)가 밀랍으로 선원들의 귀를 막고 자신을 돛대에 묶도록 하여 천상의 목소리를 가진 사이렌들의 유혹을 벗어나 그녀들이 사는 섬을 지나올 수 있었다는 내용이 나오는데, 사전게임한도설정제도는 도박의 유혹을 이겨낼 수 있는 방안이란 의미에서 율리시스약정(*Ulysses contracts*)으로 불리기도 하였다. 그러나 이 제도는 현재 호주 각 주에서 자발적 제도로 시행되는데, 실효성을 확보하기 위해서는 도입이 강제되어야 한다면서 현재의 제도는 "칼을 들려주고 율리시스를 묶어 놓는 것과 같다"고 비판한다. 도박과 관련한 각종 규제제도는 적용할 수 있고 융통성이 있으며 효과적이어야 한다면서 기술발전과 기기교체에 따른 막대한 비용 등을 고려, 점진적으로 의무화할 것을 제안하고 있다. 책임도박 구현을 위해 빅토리아주 정부가 시행하는 구체적인 대응책에는 다음과 같은 것들이 있다.

① 1989년 캐나다의 마니토바주(Manitoba)에서 처음 시행된 자진퇴출제도의 도입(법제화, 6~24개월, 출입금지장소 선택가능).
② 미디어나 불특정인을 대상으로 한 메일을 이용한 광고·판촉활동을 할 수 없으며, 게임장 운영자는 외부에 일체의 게임 관련 표시를 설치할 수 없음.
③ 게임기에서 1회당 베팅할 수 있는 최대금액은 5달러이고, 게임기 회전속도는 2.14초 이상이어야 함.
④ 주 내에는 3만 대 이상의 게임기를 설치할 수 없으며, 20% 이상은 멜버른시 이외 지역에 설치되어야 함. 한 영업장당 최대 105대의 게임기를 설치할 수 있으며, 성인인구 천 명당 10대 이상의 게임기를 설치할 수 없음.[19]

---

19) 수도특별주(Australian Capital Territory)에는 2011년 12월 31일 현재

⑤ 24시간 주류면허를 소지한 멤버른 시내 호텔/클럽영업장에서는 24시간 게임을 운영할 수 있으며, 지방이나 시골지역에서는 24시간 영업을 할 수 없음(20시간 영업 후에 4시간 휴장해야 함).

⑥ 18세 미만의 청소년은 게임장에 출입하거나 머무를 수 없으며, 출입구에 청소년출입이 금지된다는 표식을 설치해야 함.

⑦ 게임장 내와 게임장 출입구로부터 50m 이내에는 현금자동인출기(ATM)를 설치할 수 없고, 카드 1매 1회당 2백 달러, 1일당 합계 4백 달러 이상을 인출할 수 없음. 호텔이나 클럽은 고객이 게임할 수 있도록 대출해주거나 신용을 제공할 수 없으며, 게임장 운영자는 고객에게 수표를 받고 현금이나 게임토큰을 교환할 수 없음.

⑧ 2천 달러 이상의 상금과 천 달러 이상의 게임가능금액은 반드시 수표로 지불해야 하며, 일부는 수표, 일부는 현금으로 지불할 수 없음.

⑨ 게임기에서 지폐를 이용할 수 있으나 50달러짜리까지만 허용됨(100달러는 이용불가, 대부분의 주에서는 지폐이용불가).

⑩ 승률 · 게임특성 · 경고 · 문제도박서비스 등 관련정보를 포함한 인쇄물을 항시 비치 · 제공해야 하며, 게임기의 플레이어용 화면(PID)에 잃고 딴 돈, 게임시간, 남은 금액, 승률조합 등을 표시해야 함.

⑪ 모든 게임기에는 계속하여 시각이 표시되어야 하고, 시각이 표시되지 않는 게임기는 사용할 수 없음. 게임장의 창문은 적정한 실내온도 유지나 직사광선을 피하기 위한 경우를 제외하고는 폐쇄하거나 철거할 수 없으며, 게임장 내 빛의 밝기도 기준에 적합해야 함.

5,024대의 게임기가 설치되어 있는데(법상 최대설치한도는 5천2백 대, 인구 천 명당 게임기 설치대수는 18.9대로 각 주 중 최고임. 빅토리아주는 7대), 이를 4천 대로 줄이는 것을 목표로 하고 있다(2012.4.3, 주정부 감사관의 문제도박 보고서 11쪽).

⑫ 사전에 게임시간과 금액한도를 설정하지 않는 고객이나 게임활동 내역서 수령에 동의하지 않는 고객에게는 고객우대프로그램을 시행할 수 없음.
⑬ 공공장소와 게임장 내 정해진 구역 밖에서의 흡연은 금지되며, 게임장에서 취한 사람에게 술을 제공하여서는 안 됨.
⑭ 게임장 운영자는 종업원 채용 후 6개월 이내에 책임 있는 도박과 문제도박에 관한 현장대응에 관한 훈련을 받도록 하여야 하며, 매 3년마다 재교육을 실시하여야 하고 종업원의 교육이수증명서를 보관하여야 함.
⑮ 2015년부터는 모든 게임장에서 고객의 희망에 따라 사전게임한도 설정제도를 도입 · 시행함.

병적 도박과 충동조절장애[20]

“부정적 결과에 대한 고려 없이 내외적 자극에 대해 급하고 무계획적으로 반응하는 사전 경향성”을 충동성(*impulsivity*)으로 정의하고 있으며, 병적 도박도 충동조절장애(*Impulse Control Disorders*)의 범주에 속한다. 충동조절장애는 ① 부정적 결과가 있음에도 반복적이고 강박적으로 문제행동을 하며, ② 문제행동에 대한 통제력이 감소하였고, ③ 문제행동을 하기 전에 강한 충동이나 갈망상태를 보이며, ④ 문제행동을 하는 동안 쾌감을 느끼는 특징을 지니는데, 병적 도벽(盜癖), 병적 방화, 강박적 구매, 강박적 인터넷 사용, 폭식, 수집행동 등도 유사한 특징을 보인다.

20) 이 글은 2009년 9월 사행산업통합감독위원회가 주최한 도박중독 국제세미나에서 주제발표를 한 그랜트(Jon E. Grant)의 저서 《충동조절장애》(김교헌 외 역, 학지사, 2009)를 읽고 쓴 글임.

충동조절장애로서의 병적 도박은 약물중독과 다른 '행동중독'이며, 강박관념 때문이 아니라 자신이 하고 싶어서 하는 면이 강한데, '니코틴 의존과는 70%, 알코올남용이나 의존과는 50~75%, 약물사용과는 40%에 육박하는 공존율을 보이며, 주요 우울증 유병률은 50%'로 조사되고 있다. 캐나다인 대상 역학조사에서는 병적 도박자의 알코올 사용장애의 상대적 위험도가 그렇지 않은 사람보다 3.8배나 높은 것으로 조사되었고, 미국인 대상연구에서는 3.3~23.1배에 이른 것으로 조사되었다.[21)]

병적 도박의 기준은 도박에 몰두하여 다른 일에 관심을 쏟지 못하고 사회적, 직업적으로 중요한 생활기능영역의 손상, 동일한 만족을 얻기 위해서 점차 더 많은 돈을 걸게 되는 내성, 성마름이나 초조함 같은 금단현상, 도박을 줄이거나 끊으려는 시도의 지속적 실패 등인데, 빈번하게 알코올을 음용하는 도박자가 그렇지 않은 도박자에 비해 도박의 심각도가 높고 더 많은 사회적 문제를 일으키며, 매일 흡연하는 문제성 도박자는 더 많은 알코올이나 약물사용문제를 보이는 경향이 있다는 연구결과가 있다.

《정신질환 진단 및 통계편람》(DSM: *Diagnostic and Statistical Manual of Mental Disorders*)은 미국정신의학회(American Psychiatric Association)가 출판하는 서적으로, 정신질환의 진단에서 가장 널리 사용되고 있으며, DSM은 처음 출판된 뒤 II, III, III-R, IV, IV-TR판 등으로 다섯 차례 개정되었다. 미국정신의학회가 도박중독진단으로 삼는 것은 다음 10개 항목 중 5개 이상에 해당될 경우 도박중독으로

---

21) 강원랜드 입장객 대상 조사에서는 도박시작 후 지난 1년간 음주량과 횟수가 줄었다는 응답이 39.1%, 늘었다가 17.5%, 그대로란 응답이 43.4%로 음주량이나 횟수는 오히려 줄어든 것으로 나타남. 〈합법적 도박이 도박참여자에게 미치는 영향〉(사행산업통합감독위원회, 2008).

진단하고 있다.

▪ 도박중독 진단기준 DSM-Ⅳ

1. 도박에의 집착: 과거 도박할 때 느꼈었던 위로나 안도감에 집착하며, 다음 도전에서의 승률을 예상해 보거나 계획을 세우고, 도박자금을 어떻게 마련할 것인지를 궁리한다.
2. 도박할 때 더 많은 흥분을 맛보기 위해 판돈을 올릴 필요성을 느낀다.
3. 도박을 조절해 보거나 끊어보거나 중단하려고 여러 차례 노력해 보았지만 반복해서 실패한다.
4. 도박을 끊거나 중단하려고 시도할 때 안절부절못하고 초조해진다.
5. 문제로부터 도피하거나 기분 나쁜 상태(무력감, 죄의식, 불안, 우울 등)에서 벗어나기 위해 도박한다.
6. 도박에서 돈을 잃은 이후 다음 날 잃은 것을 만회하기 위해 다시 도박하러 간다(잃은 돈을 만회하려 함).
7. 가족이나 치료자 및 다른 사람들에게 도박하는 것을 숨긴다.
8. 도박자금 마련을 위해서라면 위조, 사기, 절도, 횡령 등 불법적 행위를 저지른다.
9. 도박으로 인해 중요한 관계나 직업, 교육기회, 경력 등이 위태로워지거나 잃게 된다.
10. 도박으로 인한 절망적 경제상황을 완화하기 위해 다른 사람(가족, 친구, 동료 등)에 의존한다.

병적 도박자 중에서 여성은 슬롯머신이나 빙고 같은 비전략적 게임을 더 많이 하지만, 남성은 스포츠게임이나 카드게임과 같은 전략적 게임에 더 몰두한다. 병적 도박자들은 도박을 계속하기 위한 자금마련이나 잃은 돈을 보충하기 위해 절도, 횡령, 사기, 부도수표 사용, 갈취 등의 불법행위를 저지르게 되는데, 범죄유병률은 20~80%로 추정되며, 도박문제로 남성의 18~28%, 여성의 8%가 파산을 신청하였다는 연구결과가 있다.

병적 도박을 포함한 충동조절장애의 치료에 대해 공식적으로 승인된 약물은 없으나, 알코올 사용장애의 음주량과 빈도를 줄이는 데 효과적인 것으로 알려진 아편수용 길항제(날트렉손과 날메펜)가 도박빈도를 줄이거나 도박증상을 개선하는 데 효과가 있다는 연구결과가 있는데, 둘 다 음주나 도박 갈망을 줄이는 것을 목표로 한다는 점에서 충동조절장애 치료에 긍정적 효과를 가져 오는 것으로 보고 있다. 그 밖에 충동행동과 관련이 있는 세로토닌 재흡수 억제제인 항우울제, 신경안정제인 리튬도 효과가 있다는 연구결과가 있다(변비, 체중증가, 두통, 성 기능부전, 입마름 등 부작용 유발가능성 있음).

문제성 도박을 하는 사람들은 ① 자신에게 행운을 주는 사건이나 물건을 믿는 것, 즉 도박판에서는 특정한 옷을 입거나 특정한 테이블이나 기계에서만 하는 미신적 믿음,[22] ② 돈을 따는 것은 능력, 잃는 것은 운, 다음에는 딸 확률이 높다는 해석적 편향, ③ 다른 사람에 비해 더 빨리 돈을 딸 수 있을 것이라는 기대인 시간적 망원경(*temporal telescoping*), ④ 돈을 잃은 기억은 무시하고 딴 것만 기억하는 선택적 기억, ⑤ 돈을 잃고 딴 것과는 상관없는 우연한 일이 자신의 도박결과와 관련이 있다고 믿는 착각적 상관(*illusory correlation*) 등의 인지적 오류에 빠져 있다는 연구결과들이 많다. 병적 도박자들은 지금까지 투자했던 돈이나 시간 때문에 발을 빼지 못하고 이를 만회하기 위해 다시 도박하며, 큰 게임의 최종순간에 지금까지 잃은 돈

22) 이러한 믿음은 플레이어뿐 아니라 경영자에게도 징크스로 작용하는데, 국내의 한 카지노 최고경영자도 본인이 매출액을 점검하는 날, 특정한 색깔의 넥타이를 착용하는 날 등은 영업실적이 좋지 않고, 새 구두를 신는 날이나 자신의 손을 얹은 테이블에서는 실적이 좋다고 언급한 바 있다.

을 단숨에 만회할 수 있다고 믿는다. 즉, 투자된 비용효과 때문에 도박에서 빠져나오기가 어렵다.

병적 도박이나 도벽, 강박적 구매나 성행동 등은 가족간의 신뢰관계, 집안의 경제사정, 법적 문제 등에 부정적 영향을 미치며, 충동조절장애 환자의 가족들은 장애가 있는 당사자보다 더 많은 도움이 필요하다. 병적 도박자의 경우 자녀, 부모, 형제 등 최소한 8~10명의 삶에 직접적 영향을 미치며, 도박하는 부모와 함께 사는 아동은 심각한 정서적 영향을 받고, 배우자는 문제도박자로부터 신체적, 언어적 학대를 당하거나 두통과 복통, 우울증을 경험했다는 연구결과도 있으며, 가족구성원들은 음주나 가출, 혼외정사 등 건강하지 못한 행동에 의존하는 일도 있음이 보고되고 있다. 가족구성원이 병적 도박환자에게 돈을 대주거나 빚을 갚아주는 것은 충동행동을 강화시키는 것으로 해서는 안 되며 문제행동, 즉 도박은 수용될 수 없는 것이란 사실을 학습하도록 일관성 있는 반응을 보이는 것이 중요하다고 한다. 문제행동의 치유를 위해서는 가족도 문제행동에 대한 교육을 받아야 하며, 그것은 스스로 스트레스를 경감할 수 있고 장애환자에게 더 많은 지원을 제공할 수 있게 된다.

병적 도박, 물질사용 및 중독장애

미국정신의학회는 통제할 수 없는 도박행동인 병적 도박을 DSM-Ⅳ에서 간헐적 폭발성 장애(발작적 난폭행동), 병적 도벽(盜癖), 병적 방화벽, 발모벽(머리카락 뽑기) 등과 함께 충동조절장애로 분류하였으나, 정신질환 진단 및 통제편람 다음 개정판 DSM-5에서는 충동조절장애가 아닌 물질사용 및 중독장애(*Substance Use and Addictive*

Disorders)로 분류하기로 하였는데, 네브래스카주 강박도박평의회 사무총장 바우어켐퍼(Jerry Bauerkemper)가 2012년 6월 7일 캔자스에서 개최된 문제도박물질남용 제9차 학술회의에서 발표한 자료에 따르면, 장애의 특성과 치유방법이 알코올이나 약물중독과 유사하기 때문이라고 한다.[23] 또 2012년 6월 23일 게임문화재단이 주최한 서울국제 인터넷 온라인게임 심포지엄에 참석한 오리건보건과학대학의 블록(Jerald J. Block)의 발표자료에 따르면, 앞으로 발표될 DSM-5에서는 병적 도박을 물질사용장애(*Substance Use Disorder*)로 다루되, 물질남용(*Substance Abuse*)[24]이나 물질의존(*Substance Dependence*)이란 용어는 사용하지 않고 의존이란 용어는 약리학적 의미로만 사용키로 제안하고 있다. 물질사용과 관련된 금단현상에 대마와 카페인을 추가키로 하여 물질사용 및 중독장애는 알코올 · 카페인 · 대마 · 환각제 · 흡입제 · 아편 · 진정/수면제 · 자극제 · 담배 · 원인미상물질장애와 함께 도박장애(*gambling disorder*)가 초안에 들어가 있다. 또 행동중독에 도박뿐 아니라 수집행동(*hoarding*), 머리카락 쥐어뜯기, 살갗 꼬집기 등도 추가키로 제안되었으나, 인터넷사용장애에 대해서는 워킹그룹 편수위원들조차도 증상, 테스트방법, 정의, 유병률, 국가별 연구상황, 연령층별 연구결과 등이 미흡 · 부족하다는 등의 이유를 들면서 더 많은 연구와 의견수렴이 필요하다고 지적하고 있다.

2013년으로 예정된 DSM-5에서 언급될 물질사용장애는 DSM-Ⅳ에서 의존증의 특성으로 규정한 7개 요소, 즉 ① 내성, ② 금단현상,

---

23) http://888betsoff.org/

24) 물질이란 의학적 이유로 인체에 투여하기 위해 제조된 것과 그렇지 않은 것, 인간이 합성한 것과 자연산물 모두를 포함, 사용시 정신기능에 영향을 미치는 것을 의미하므로 약(*drug*)이 아닌 물질(*substance*)이란 용어를 사용(이정균 외, 위의 책, p. 191).

③ 더 많은 양의 물질사용, ④ 사용중단노력 실패, ⑤ 물질구득에 지나친 시간소비, ⑥ 물질사용으로 인해 행하지 못한 활동존재, ⑦ 부정적 결과에 불구한 사용에, ⑧ 물질사용갈망을 추가하고 있다. DSM-Ⅳ와 DSM-5 진단기준의 차이점은 Ⅳ의 기준 중 여덟 번째 법적 기준항목인 '도박중독증 환자는 위조, 사기, 절도, 횡령 등 불법행위를 감행한다'는 항목이 삭제되어 모두 9개 항목이 되었고, 첫 번째 항목 중 '도박에 대한 집착'이 '도박에 대한 잦은 집착'으로, 다섯 번째 항목인 도박하는 동기의 표현이 '괴롭다고 느낄 때 자주 도박한다'로 바뀌면서(종전에는 '문제로부터의 도피수단 또는 불쾌한 기분으로부터 벗어나고자 도박한다'였음) 전체 9개 항목 중 12개월 이내에 4개 이상의 증상이 나타날 때 문제도박 행동으로 진단하는 것을 제안하고 있다. 도박중독의 심각성 정도와 관련하여서는 9개 항목 중 4~5개에 해당할 때에는 경증(輕症, *mild*), 6~7개는 중증(中症, *moderate*), 모두 또는 거의 모두 해당할 때에는 중증(重症, *severe*)으로 분류할 것을 제안하고 있으며, 도박중독증상의 경과특성들(*course specifiers*)로 간헐적, 만성적, 증상완화(*remission*, 관해)의 세 가지를 들고 있다. 앞으로 이 제안내용은 전문가들의 자문이나 의견수렴을 거치고, 더 많은 논의를 거쳐 2013년 5월 확정할 예정이라 한다(www. dsm5. org).

행동중독은 대상에 대한 강박적 충동(*compulsion*), 대상물 또는 과정에 대한 통제능력의 상실(*loss of Control*), 해로운 결과에도 불구하고 계속되는 사용(*Continuous use*)/행동의 세 가지 특징(3C)을 가지므로 도박중독의 예방·치료·재활을 위해서는 생리적 치료를 강조하는 의료적 모델뿐만 아니라, 치료에 뒤이은 직업적·사회적 기능의 향상을 준비하기 위한 재활모델, 도박중독으로 인한 폐해감소를 위해 할 수 있는 것부터 우선적으로 바꾸어 나가도록 하는 폐해감소모델,

치료와 재활을 위해 문제도박자들의 강점과 긍정적인 부분 및 기능과 자원을 최대한 활용하는 강점모델 등 다양한 접근방법들을 통한 통합적 접근이 필요하며, 격리수용이 아닌 지역사회 내에서의 서비스 제공, 개인의 특성에 따른 근거중심적 접근이 강조되고 있다.[25]

하버드대의 문제도박 자발적 치유프로그램[26]

사람들은 기분전환이나 오락을 즐길 목적 또는 당면한 문제로부터의 도피를 목적으로 도박하는데, 앞의 경우에는 어느 정도 통제가 가능하나 뒤의 경우에는 심각한 개인적 문제에 직면할 수도 있다. 대부분의 사람들은 도박하지 않거나 하는 경우에도 여러 가지 여가활동 중의 하나인 것처럼 즐길 뿐, 도박으로 인해 고통 받고 있지는 않은데, 도박행동을 통제하지 못하는 일부 사람들 때문에 도박은 현실도피주의자들의 오락으로 치부된다. 바로 이런 현실도피 목적의 도박자들은 잃은 돈에 미친 듯이 연연해하고 점점 더 도박에 빠져들어 자신과 주변에 피해를 주고 정상생활을 영위할 수 없게 된다. 즉, 도박은 노름꾼들을 절망과 가난의 나락으로 떨어뜨리고 윤택한 재산을 허비하게 만드는 파멸적인 오락인 것이다. 이러한 문제도박은 유전적 요인, 잘못된 사고패턴, 충동조절장애, 가난, 인생경험 등 다양한 잠재적 요인에 기인하는데, 병적 도박자들에게 전형적으로 나타나는

---

25) 신성만, “도박중독예방 및 치유서비스의 접근성 및 전문성 제고방안,” 도박중독예방 · 치유 · 재활시스템 체계마련을 위한 세미나(사행산업통합감독위원회, 2012. 6. 26) 발표문, pp. 43~53.

26) 이하의 글은 Howard Shaffer et al., *Change Your Gambling, Change Your Life*(Harvard Health Publication, JOSSY-BASS, 2012)를 읽고 쓴 것이다.

우울증·정서불안 등 정신장애나 약물·알코올 등 물질사용장애로 고통 받을 확률은 도박문제가 없는 사람들보다 약 17배나 높은 것으로 나타났다.[27]

대부분의 전문가들은 병적 도박은 합법적 도박의 기회가 늘어난 데 기인한다고 예상하고 있으나 복권, 카지노, 인터넷도박 등에 접할 수 있는 기회가 엄청나게 증가했음에도 불구하고 성인들의 병적 도박 유병률은 지난 35년간 일정수준을 유지하고 있으며, 청소년들의 도박 참가자 비율은 오히려 감소한 것으로 나타나고 있다. 즉, 도박에 대한 노출이 도박중독행동에 크게 영향을 미치는 것으로 추정하고 있으나 실제로 그런 증거는 없으며, 단기적으로 병적 행동이 증가할 뿐이다. 2003년에 발표된 통계에 따르면 미국 성인인구의 1.6%가 문제도박자로 추정된다고 하는데,[28] 도박영향연구위원회의 조사결과를 보면 전 생애에서 병적 도박을 경험한 사람들 중 직전 1년 동안에 도박과 관련된 문제가 없었던 사람은 36~39%에 이르는 것으로 나타났고 그 중 5.5%만이 전문적인 치료를 받았으며 7.3%가 도박중독자갱생회인 단도박(斷賭博) 모임(GA)이 주관하는 모임에 참석했을 뿐이고, 다른 정신장애질환자의 반수가 치료를 받은 데 반해 병적 도박증상이 있는 2개 이상 공존질환자(*Comorbidity*) 조사에 응답한 사람 중에는 어느 누구도 도박문제에 대한 치료를 받은 적이 없는 것으로 나타났다.[29] 즉, 문제도박자들 중 특별한 치유책을 쓰지 않았는데

---

27) 호주의 젊은 성년도박자(18~24세)들은 비도박자들보다 더 많이 담배를 피우고 술을 마시며, 불법약물을 복용하고 더 외향적인 행동을 보이는 것으로 나타났다(*Australian and New Zealand Journal of Public Health*, Volume 36, Issue 2, pages 160~166, April 2012).

28) http://en.wikipedia.org

29) Howard Shaffer et al., *Change Your Gambling, Change Your Life* (Harvard Health Publication, JOSSY-BASS, 2012), p.xii.

도, 병적 도박증상이 재발되지 않은 사람이 더 많았다는 것이다.[30]

이렇게 전문적인 치료를 받은 사람이 적은 원인으로는 도움을 망설이거나 부끄럽게 생각하는 경우, 도움 받을 곳을 모르거나 치료 관련 보험이나 돈이 없는 경우, 스스로 극복하고자 노력하는 경우 등 여러 가지 원인이 있을 수 있는데, 문제도박자들 중 일부는 전문상담사, 치료사, 심리학자, 정신의학자, 전문가 단체나 가족, 친구들의 도움을 받기도 하며, 일부 단도박모임 참가자들 중 참가를 중단한 사람들은 모임에서의 경험공유는 무의미한 것으로 여기는 것으로 나타났다.

1957년에 결성된 미국 도박중독자갱생모임의 12단계 정상생활 복귀프로그램은 다음과 같으며,[31] 우리나라의 도박중독자갱생회도 같은 프로그램을 활용하고 있다.

1단계: 무력함 시인
2단계: 회복 믿음 갖기
3단계: 의지로 치유결단
4단계: 도덕적 · 재정적 문제점 검토
5단계: 잘못한 점 시인하기
6단계: 잘못된 점 제거준비
7단계: 결점제거 간청
8단계: 손해 본 사람 명단작성과 보상
9단계: 보상으로 상처받을 사람을 제외한 사람들에 대한 직접보상

---

30) 외국의 연구결과를 보아도 문제도박자 중 자연치유 비율이 높다(Slutske, 2006: 2,417표본 중 0.9%인 21인이 문제도박자, 그 중 43%인 9인이 도박증상이 없었고 1인은 치료를 받았으나 8인은 자연치유; Hodgins & el-Guebaly, 2000: 문제도박자 106인 중 43인이 치유, 그 중 23인이 특별한 치료 없이 회복, 2009년 강원랜드 주최 제4회 도박중독의 예방과 치유를 위한 국제컨퍼런스 자료, pp.53~54).

31) http://www.gamblersanonymous.org

10단계: 개인적 문제점 파악 및 잘못된 점 즉시 시인
11단계: 복귀성공을 위한 기도와 명상
12단계: 생활 전반에 걸친 원칙실천 노력과 다른 도박자에게 전파

문제도박의 치유는 특별한 노력 없이 치유되는 경우, 자기노력을 통해 정상생활에 복귀하는 경우, 제 3자의 도움을 받아 복귀하는 경우 등으로 구분될 수 있는데, 하버드 의대 쉐퍼 박사(Howard Shaffer, PhD.) 등은 도박중독을 포함한 중독치유[32]에 정도와 원칙은 없다면서 어떤 경우든 자신의 치유노력이 절대적으로 중요하며, 문제도박자의 대다수가 스스로의 변화노력으로 회복하였다는 판단에서 자기치유 회복프로그램을 제안하고 있다.

첫 번째 시작단계에서는 우선 문제점을 평가하기 위해 ① 도박중독이 무엇을 의미하는지, ② 어느 정도의 단계에 와 있는지, ③ 도박중독증상이 있는지, ④ 불안장애·기분장애·충동조절장애·물질남용 등으로 인한 고통은 없는지를 판단하고 두 번째로 문제해결을 위한 새로운 방안을 고민하고 모색하며, 세 번째로 변화에 도움이 될 목표를 정하는 것으로 ① 큰 목표를 세우되 단계별로 접근하며, 적은 목표를 달성했을 경우의 자기보상책, 도움을 요청할 상대 등을 정하고, ② 단계적 목표는 구체적으로 세밀하게 정하며, ③ 장애물을 어떻게 극복할 것인지를 정하라고 제시한다.

두 번째 변화단계에서는 우선 도박활동을 통제하기 위해 ① 문제도박활동이란 어떤 것인지, ② 도박활동을 줄이거나 중단할 것, ③ 그

32) 미네소타대학의 연구결과에 따르면 아편수용 길항제(*opioid antagonist*)로 분류되는 날트랙손(*naltrexone*)이란 약을 병적 도박환자에게 투여한 결과 40%가 1개월 동안 도박을 끊은 것으로 나타났는데, 이 약은 도박이 가져다 주는 즐거움을 차단하고 계속하고픈 생각을 떨쳐버리는 데 효과가 있는 것으로 보인다(Howard Shaffer 외, 앞의 책, p. 67).

과정에서 도박충동을 인지하고, 돈 문제를 해결하기 위한 목표와 계획을 세울 것이며 필요한 경우 자진퇴출 절차도 밟고, ④ 필요한 경우 전문가들의 도움도 받으며, 다음으로 통제과정에서 발생하는 불안장애에 대응하기 위해 도박과 불안 사이에 어떤 연관성이 있는지 알아보거나, 감정이나 행동에 크게 영향을 미치는 부정적인 사고를 극복하려 노력하며, 스스로 또는 제 3자의 도움을 받아 불안 극복을 위해 노력하고, 기분장애 극복을 위해 도박과 기분의 상관관계 파악, 구체적인 기분전환 일정을 준비하며, 충동조절장애를 벗어나기 위해 다른 충동조절장애의 양태를 파악하고, 충동조절과 긴장완화 노력을 경주하며, 마지막으로 도박과 동시에 발생할 수 있는 알코올 · 약물 등 물질남용을 방지하기 위해 어떤 상관관계를 가졌는지, 함께 행동변화를 가져오려면 어떻게 대처해야 하는지 구체적으로 시도해 보라고 제안한다.

세 번째 정상생활 영위를 지속하는 단계로 행동변화나 특정 중독행동에서의 정상회복이 즉각적이거나 순조로운 경우는 드문데, 중독행동의 회복과정에 있는 사람들의 90%가 회복노력 1년차에는 사정이 악화되었으며, 회복노력이 잘 진행되는 경우에도 단기적으로 궤도를 일탈하거나 장기적으로 중독증상이 재발하는 사례가 비일비재하다. 문제도박 행동에서 벗어나고자 하는 노력에 찬물을 끼얹는 요인들이 많이 있는데, 카지노나 게임장에 들어가거나 큰돈을 거는 것 등은 피할 수 있으나 광고나 영화 · 소설 등에서의 도박장면, 게임에 우호적인 사회적인 계기들은 피할 수가 없다. 또한 자기옹호(*self-efficacy*), 자기연민(*self-pity*)이나 특정 사안에 대해 서로 상반되는 감정을 동시에 가진 양가성(*ambivalence*), 스트레스에 대한 대응이나 상황에 대한 도전 등으로 인한 도박행동의 재발방지나 상황악화를 위한 대안을 모색하고, 의지가 박약하다, 실패한다, 변화할 수 없다는 등의 부정적 사고를 떨쳐버려야 한다고 한다.

이러한 자기실천 노력을 위한 제안에는 상세한 설명문과 예시, 차트, 도표, 기록지, 시간계획 등이 첨부되어 있으며, 전 단계를 순차적으로 다 이행하지 않아도 되고, 필요한 부분을 취사, 실행해도 된다고 한다.

정부, 2013년부터 한국도박문제관리센터 설립운영

2010년 사행산업통합감독위원회가 발표한 일반인 천 명, 이용객 천5백 명을 대상으로 한 〈사행산업 이용실태 및 국민인식조사 실태보고서〉에 따르면, 중위험 도박자와 문제성 도박자를 합한 도박유병률은 복권구입자가 11.1%로 가장 낮고 경마, 경정, 카지노의 유병률은 39.3~79.3%로 아주 높게 나타났다. 즉, 이 통계대로라면 경마, 경정, 카지노를 즐기는 연간 수백만 명의 참가자들 중 40~80%가 도박중독자라는 얘기이다.

한국의 도박중독 유병률과 관련, 연구자들은 6.1~9.5%까지로 추계하는데, 이는 외국의 1.0~3.4%보다 훨씬 높은 것으로,[33] 중위험 도박자들은 도박중독 유병률 합산에서 제외되어야 하며 유병률 조사를 위해서는 조사표본이 최소 2만 명 이상이 되어야 한다면서 2009년 한국마사회가 2만 명을 대상으로 한 조사에서 병적 도박률이 0.9%이고, 2012년 발표된 보건복지부의 9,102가구 대상 정신질환실태 역학조사 결과 중 도박중독 유병률이 1.0%임을 감안할 때, 일

33) 백용매, “도박문제관리센터 설립방향 및 모델제시,” 사행산업통합감독위원회 주최 도박중독 예방·치유·재활시스템 체계마련을 위한 세미나(2012. 6.26) 발제문, p.93.

〈표 6-1〉 사행산업 활동별 도박중독 정도

(단위: %)

구분		비문제성 도박자	저위험 도박자	중위험 도박자	문제성 도박자	유병률
복권		73.2	15.7	8.2	2.9	11.1
경마	본장	42.1	18.6	23.6	15.7	39.3
	장외	8.6	18.6	33.6	39.3	72.9
경륜	본장	30.0	13.6	40.0	16.4	56.4
	장외	9.3	16.4	41.4	32.9	74.3
경정	본장	15.0	16.4	25.0	43.6	68.6
	장외	26.4	15.7	27.9	30.0	57.9
카지노		10.0	10.7	25.4	53.9	79.3

주: 사행산업통합감독위원회, 〈사행산업 이용실태 및 국민인식조사 결과 보고서〉 (2010).

〈표 6-2〉 일반 국민의 사행산업 참여 실태

구분	사행활동 참여시간	월평균 지출액	1일 최대 지출액
로또복권	7.0분	3.2만 원	2.5만 원
경마	5.2~5.8시간	169.6~182.2만 원	164.7~250.9만 원
경륜	5.1~5.2시간	75.4~124.5만 원	73.9~137.6만 원
경정	5.1~5.2시간	90.9~121.6만 원	40.6~40.7만 원
투표권(스포츠토토)	14.2분	9.6만 원	20.9만 원
카지노	10.3시간	596.6만 원	990.3만 원

주: 사행산업통합감독위원회, 〈사행산업 이용실태 및 국민인식조사 결과 보고서〉 (2010).

반인 908명~1,805명을 대상으로 한 도박중독 유병률 조사는 과대추정되고 있다고 비판하고 있다.[34]

이인혜의 연구결과에 따르면,[35] "기술전략적 게임을 선호하는 도박자의 도박심각성이 가장 높았고, 그 다음으로 운·우연 테이블게임, 그리고 운·우연의 머신게임 순으로 높았으며, 게임유형과 관계없이 남자가 여자보다 도박심각성이 높은 것으로 나타났다. 자신에게 행운을 가져다준다는 장소·시간·물건 등에 대한 집착인 비합리적 신념도 기술전략 게임선호 도박자가 가장 높았으며, 그 다음이 테이블게임, 머신게임 순이었고, 월요일 도박자가 토요일 도박자보다 기술전략게임을 더 선호하였고 도박심각성도 높았다.

이러한 문제도박에 대한 예방과 치유를 위해 현재까지는 위원회 내에 1개 과 단위 정도의 센터가 있으며, 4개의 광역형 지원센터가 있고, 사행사업자가 운영하는 예방치유센터로는 한국마사회가 운영하는 유캔센터(5개 직영상담센터), 강원랜드가 운영하는 2개소의 도박중독예방치유센터, 국민체육진흥공단이 운영하는 경륜·경정클리닉이 있다.

2012년 5월 23일 개정·공포되고 그 6개월 후인 2012년 11월 24일부터 시행되는 사행산업통합감독위원회법 제14조에는 "사행산업 또는 불법사행산업으로 인한 중독 및 도박문제와 관련한 사업과 활동을 하기 위하여" 한국도박문제관리센터를 설립한다고 규정하고 있으며, 부칙 제2조에서는 "이 법 시행일부터 30일 이내에 7명 이내의 한국

---

34) 한영옥, "도박문제관리센터의 중·장기 발전방안 검토," 위의 세미나 토론문, pp. 138~144.

35) 이인혜, "카지노게임 선호유형, 성별 도박심각성과 심리적 특성 간의 관계, 비합리적 도박신념과 충동성을 중심으로," 〈건강〉(한국심리학회, 2004), pp. 351~378.

도박문제관리센터 설립위원을 위촉하여 센터의 설립에 관한 사무를 처리하게" 하고 설립위원이 정관을 작성한 후 위원장의 인가를 받고 설립등기를 하게 되면 센터가 정식으로 활동하게 된다. 재단법인형태의 센터를 설립하게 된 것은 '개정이유'에서도 밝히고 있듯이 "현행법상 사행산업통합감독위원회는 합법적인 사행산업을 감독대상으로 하고 있으나, 불법사행산업으로 인한 도박중독, 가정파탄, 합법 사행산업의 잠식 등 사회적 폐해가 심각한 실정이므로 (중략) 사행산업의 중독 예방 · 치유업무를 사행산업의 관리 · 감독업무와 (분리하여) 독립적 · 전문적으로 하기 위하여 한국도박문제관리센터를 설립하여 관련업무를 전담하게" 한다는 것이 그 취지이다. 센터는 "1. 예방 · 치유를 위한 상담 · 교육 · 홍보 및 관련프로그램의 개발 · 보급, 2. 조사 · 연구 · 분석 및 평가, 3. 예방 · 치유를 위한 전문인력 양성, 4. 전문 의료기관 등과의 연계 · 협력, 5. 예방사업 및 중독자 치유 · 재활사업 지원, 6. 예방 · 치유 관련 국제교류 및 협력, 7. 정부 또는 위원회가 위탁하는 사업, 8. 그 밖에 사행산업이나 불법사행산업으로 인한 중독 및 도박문제의 예방 · 치유를 위하여 필요한 사업 또는 활동"을 하게 되는데, 필요한 경우 위원장의 승인을 받아 지역센터도 운영할 수 있도록 규정하고 있으며, 구체적인 조직은 정관이 승인되어야만 알 수 있다.

2012년 6월 26일 위원회가 주최한 '도박중독 예방 · 치유 · 재활시스템 체계마련을 위한 세미나'에서 전문가들이 발표 · 토론한 내용을 보면, 중앙의 센터본부 외에 광역자치단체별 지역센터를 설치하고, 잠재적인 도박중독자들이 치유센터에 도움을 요청할 확률인 3~12%를 고려하여 35개 내지 80개(백용매), 최소 46개소(조현섭)의 (일반형) 지역센터 설치와 함께, 주거불안정자 수용시설인 중간집, 거주시설, 직업재활센터, 임시거처인 쉼터설치(조현섭), 국립도박중독연구

원 설립(백용매)을 제안하고 있으며, 알코올상담센터, 정신보건센터, 가정폭력센터, 심리상담센터 등과 연계체제를 구축하여 서비스를 제공하는 협력센터 운영을 제안하고 있다.[36] 이러한 조직의 운영에는 상당한 경비가 소요되는데, 이번 법률 개정시에는 외국인대상 카지노를 제외한 사행사업자들로부터 연간 순매출액의 1,000분의 5 이내에서 대통령령이 정하는 '도박중독예방치유부담금'을 부과할 수 있도록 하는 근거규정이 신설되어 센터 및 그 하부 또는 유관조직들이 보다 적극적이고 구체적인 예방·치유활동을 할 수 있는 재정적 여건이 마련되었다.

도박중독치유를 위해서는 '왜 도박에 빠지는가?'에 대한 원인규명

---

36) 우리나라의 경우 "도박중독을 치료가 필요한 질병으로 보는 대중의 인식이 부족할 뿐 아니라 도박중독을 드러내지 않으려는 도박자들도 많기 때문에 치료에 참여하는 사람은 극히 일부일 것"이라면서 상담센터 수는 점차적으로 늘리는 것이 바람직하다고 한다(한영옥, 앞의 자료).

이 필요한데, 대한의학회는[37] ① 도박 자체가 주는 재미와 이겼을 경우 느끼는 쾌감, ② 도박에 대한 사회적 인식이나 지리적 · 인적 접근가능성 등 사회환경적 요인, ③ 자극추구, 현실도피 등 개인의 성격적 요인, ④ 유전적 · 생물학적 요인 등을 도박중독의 원인으로 열거하고 있으며, 치료방법으로는 도박욕구를 감퇴시키는 날트렉손 · 아캄프로세이트 등 항갈망제를 사용한 약물치료와, 돈을 잃으면 운이 나쁘고 따면 능력이라는 통제의 착각, 항상 이긴 것만 생각나는 회상의 편파성, 꿈 · 징조 등을 승패와 연관시키는 미신추구 등 잘못된 생각과 믿음의 교정에서 출발하는 인지행동치료방법을 제시하고 있다.

인지행동치료를 위해서는 ① 스스로 중독자임을 인정하고 도박중독은 치료가 필요한 질병임을 자각한다. ② 돈을 딸 수 없다는 것을 알아도 도박을 계속하는 것은 도박이 주는 쾌감에 뇌가 중독되어 있기 때문이다. ③ 약간의 기술과 분석이 필요한 게임도 있지만 도박은 시간과의 싸움이며 오래하면 잃게 된다. ④ 자신의 통제력을 시험하지 말고 의도적으로 도박기회를 피하는 36계전법을 써라. ⑤ 가족과 친구 등 주위의 재정적 도움은 도박에 몰입하게 되는 원인이 되므로 지양되어야 하고 스스로 결과에 대해 감당한다는 자세를 가진다. ⑥ 매일 도박 외의 소일거리를 찾아 실천한다. ⑦ 행동력 · 실천력이 떨어지는 중독자들이 스트레스를 받지 않도록 실천가능한 계획을 세우고 감시보다는 신뢰관계를 형성토록 한다. ⑧ 도박하지 않는 데 초점을 맞추기보다는 가정과 사회에 적응할 수 있도록 '하지 않고 무엇을 하는가?'에 초점을 맞추라는 여덟 가지를 명심하라고 조언한다.

그리고 가족들에게는 환자에 대한 비난과 집착, 질책이 도박행동

---

37) 이하는 대한의학회 홈페이지의 '건강교육, 알기 쉬운 건강정보' 메뉴의 '도박중독' 항목에 등재된 내용임(http://www.kams.or.kr).

을 강화할 수도 있으며, 가족간의 갈등, 의사소통 부족의 원인이 되어 치료를 방해하고 재발하는 요인이 될 수 있다면서, 가족들 역시 ① 질병이란 사실을 받아들이고, ② "하지 말라"는 말은 하지 말며, ③ 도박하지 않는 시간에 대신 무엇을 하느냐에 관심을 가져주고, ④ 홀로선 자만이 도울 수 있다는 것을 명심하고 지치고 우울해지지 않도록 스스로 몸과 마음을 돌보라, ⑤ 도박중독 치료는 마라톤이라는 사실을 명심하라는 등의 자세와 태도를 가지라고 조언한다.

도박은 인류의 역사와 함께하여 왔으며, 금지하려는 무수한 시도에도 불구하고 기술과 시대의 변천에 따라 새로운 방식의 게임이 등장하여 오늘날까지 번성하고 있다. 즐거움을 추구하려는 인간 욕구 실현의 한 방편으로 행해지고 있는 도박을 공권력을 동원해 통제하려는 시도는 성공하기 어렵다는 것이 역사적으로 실증된 만큼, 행위참가자들이 스스로 지나친 집착과 과도한 몰입을 자제토록 하는 것이 개인적·사회적·국가적 폐해를 줄이는 최선의 길이다. 문제도박이 희생자 없는 합의의 범죄라는 이유로 개인의 책임으로만 돌려서는 도박의 부정적 영향을 줄일 수 없으며, 우선은 개인의 행위가 노출되도록 하여 사회나 국가의 관리가 가능하도록 해야만 문제도박에 대한 공개적인 대처가 가능하다. 그렇다고 모든 사람의 도박욕구를 충족시킬 수 있도록 여러 형태의 도박을 모두 수용하고 합법적 도박장을 늘리자는 것은 아니며, 도박에 대한 열망과 부작용, 사회적 기여와 폐해의 양태 등에 대한 정확하고 신뢰할 수 있는 실상을 파악하고 이를 기초로 대응방안이 마련되어야 할 것이다. 앞으로 설립될 한국도박문제관리센터가 도박의 편익과 비용, 사회·국가에 미칠 영향을 공론화하고 도박으로 인해 파생되는 문제를 관리하는 중심적 역할을 하는 기관으로서의 소임을 다하기를 기대한다.

부록 : 도박, 사행행위 관련 특별법 판례[1)]

관광진흥법 위반 · 도박개장

(대법원 2009. 12. 10, 선고, 2009도11151, 판결)

1. 관광진흥법이 전용영업장(전문영업장) 등 엄격한 시설과 기구를 갖춘 경우에만 카지노업을 허가할 수 있도록 하면서 무허가로 카지노업을 경영한 행위에 대하여 도박개장죄(형법 제247조)보다 중한 형에 처하도록 규정하고 있는 것은, 같은 법 및 그 시행규칙이 요구하는 제반 요건을 모두 갖춘 경우는 물론 이러한 요건을 모두 갖추지는 못하였다고 하더라도 사실상 전용영업장에 준하는 시설과 기구를 갖추고서 허가를 받지 아니한 채 카지노영업을 한 경우에는 관광진흥법 위반죄로 엄하게 처벌하고, 이에 미치지 못 하는 경우, 즉 전용영업장에 준하는 시설과 기준을 사실상 갖추지 아니한 채 도박을 하게 한 경우에는 도박개장죄로만 처벌하려는 취지인 것으로 해석함이 상당하다. 그리고 전용영업장에 준하는 시설과 기준을 사실상 갖추었는지 여부는 기구 및 시설의 규모, 영업장의 위치 및 면적, 영업한 기간의 장단, 종업원들의 역할분담 여부 등을 종합적으로 고려하여 판단하여야 한다.
2. 무허가로 카지노영업을 한 사안에서, 비록 환전 및 딜러를 담당하는 직원을 따로 두었다고는 하나, 피고인 등이 준비한 게임기구는 조립식 탁자 1개 및 그 위에 깔 바카라게임판 1개, 다수의 칩에 불과하였던 점 등 제반 사정에 비추어, 사실상 전용영업장(전문영업장)에 준하는 시설과 기준을 갖추고 카지노영업을 하였다고 보기는 어렵다.
3. 무허가 카지노영업으로 인한 관광진흥법 위반죄와 도박개장죄는 상상적 경합범 관계에 있다(한 개의 행위가 여러 개의 죄에 해당하는 경우를 상상적 경합이라 하며, 형법 제40조에는 이 경우 가장 중한 죄

1) 법제처 국가법령정보센터에 등록된 판례 중 선별 · 발췌하여 요약한 내용임.

에 정한 형으로 처벌한다고 규정하고 있다. 즉, 무허가카지노업 경영은 형법과 관광진흥법에 위반되지만 처벌은 형법보다 더 중하게 규정하고 있는 관광진흥법을 적용한다는 의미다).

한국마사회법 위반
(대법원 2007.7.12, 선고, 2007도3496, 판결)

형사소송법 제383조 제3호에 의하여 "재심청구의 사유가 있을 때"는 상고이유로 할 수 있고, 같은 법 제420조 제5호는 재심사유의 하나로 "유죄의 선고를 받은 자에 대하여 무죄 또는 면소를, 형의 선고를 받은 자에 대하여 형의 면제 또는 원판결이 인정한 죄보다 경한 죄를 인정할 명백한 증거가 새로 발견된 때"를 규정하고 있는 바, 여기서 '원판결이 인정한 죄보다 경한 죄'라 함은 원판결이 인정한 죄와는 별개의 죄로서 그 법정형이 가벼운 죄를 말하는 것이므로(대법원 1997.1.13 자 96모51 결정 등 참조), 필요적이건 임의적이건 형의 감경사유를 주장하는 것은 포함하지 않는다고 할 것이다.

상고이유로 주장하는 바와 같이 피고인이 사설마권을 판매하고 관리하는 '총책'이 아니라 마권구매, 마권대금 전달을 하는 '모집책'이라고 하더라도 원심판결이 인정한 유사경마행위로 인한 한국마사회법 위반죄의 공동정범임에는 변함이 없고, 설사 종범으로 보더라도 형법 제32조 제2항의 규정에 의한 형의 필요적 감경사유에 불과하므로, 형사소송법 제383조 제3호, 제420조 제5호에 의하여 원심판결을 파기할 사유가 된다고 할 수 없다.

사행행위 등 규제 및 처벌특례법 위반·경륜·경정법 위반
(대법원 2005.4.15, 선고, 2004도8971, 판결)

1. 원심은 증거들을 종합하여 인터넷사이트를 개설하여 경마·경륜·경정의 경주권 구매대행업을 영위하던 피고인이 경마·경륜·경정의 경주권 구매대행 의뢰인들로부터 지급받은 경주권 구입비용 전액으로 경주권을 구매하지 아니하고 그 중 일부로 당첨자에 대해 당첨금 상당

액을 지급하고 나머지 금액을 취득하기로 마음먹고, 공모하여, 자신들이 개설한 인터넷사이트의 이용자들에게 마치 경주권 구입비용을 입금하면 그 전액으로써 경주권을 구매하여 줄 것처럼 속여 2003년 8월 1일부터 2004년 3월 23일경까지 천 9백 명으로부터 14,002회에 걸쳐 합계 33억 52,481,195원 상당을 받아 그 중 승자투표적중자에게 당첨금 명목으로 반환한 합계 16억 5,861,459원을 뺀 17억 46,619,736원을 편취한 사실을 인정하여 피고인을 각 특정경제범죄 가중처벌 등에 관한 법률 위반(사기)죄 및 경륜·경정법 위반죄 등의 실체적 경합범으로 처단하였는바, 기록에 비추어 보면 이러한 원심의 조치는 옳고, 거기에 상고이유에서 주장하는 바와 같이 심리미진 또는 채증법칙 위배로 인한 사실오인, 사기죄의 구성요건, 사기죄와 경륜·경정법 위반죄의 죄수관계, 공범관계의 성립 및 이탈·공모공동정범 등에 관한 법리오해 등으로 판결결과에 영향을 미친 위법이 없으며, 상고이유에서 언급된 대법원 판결들도 어느 것이나 사안과 취지를 달리하는 것으로서 이 사건에 원용할 만한 것이 아니다.

2. 구경륜·경정법(2004. 1. 29, 법률 제7133호로 개정되기 전의 것, 이하 '구법'이라 한다) 제21조는 "경주사업자가 아닌 자는 승자투표권 또는 이와 유사한 것을 발매하거나 승자투표적중자에 대하여 금전을 교부하는 경주를 하여서는 아니 된다"고 규정하고, 같은 법 제24조 제1항 제1호는 이에 위반하면 3년 이하의 징역 또는 1천만 원 이하의 벌금에 처한다고 규정하고 있는바, 그에 의하면 승자투표권 등 발매행위와 승자투표적중자에 대한 금전교부 행위는 각각 금지되는 행위로서 둘 중 어느 하나만 위반하여도 위 규정에 해당하여 처벌된다고 해석하여야 한다. 구법 제2조 제1, 2호에 규정된 '경륜' 또는 '경정'이라 함은 자전거경주 또는 모터보트경주에 관하여 승자투표권을 발매하고 승자투표적중자에 대한 환급금을 교부하는 행위를 가리키는 것이고, 구법 제4조가 위 '경륜'과 '경정'을 통틀어 '경주'라 한다고 규정하고 있으나, 이는 구법 소정의 경주사업자에 의하여 행해지는 적법한 경륜이나 경정의 개념을 설정하고 있는 규정인 데 반하여, 구법 제21조는 경주사업자가 아닌 자에 의한 유사행위의 금지 범위를 정하기 위한 규정이므로, 구법 제21조에서 '경주'라는 표현이 사용되고 있다 하여 반드시

승자투표권 등의 발매행위와 승자투표적중자에 대한 금전교부 양자를 다 갖추어야만 구법 제21조의 금지행위가 된다고 할 것은 아니기 때문이다.

원심이 피고인이 승자투표적중자에게 금전을 교부한 행위가 구법 제24조 제1항 제1호, 제21조에 의하여 금지·처벌되는 행위에 해당한다고 판단한 것은 위 법리 및 이 사건기록에 비추어 옳고, 거기에 피고인이 상고이유로 주장한 것처럼 구법 제21조에 관한 법리를 오해하거나 유추해석 금지의 원칙을 위배하는 등으로 판결결과에 영향을 미친 위법이 없다.

게임산업 진흥에 관한 법률 위반 ①

(대법원 2011. 11. 10, 선고, 2010도11631, 판결)

1. 게임산업 진흥에 관한 법률 제26조 제2항, 제45조 제2호의 규정 형식 및 취지에 비추어 볼 때, 같은 법 제45조 제2호 위반죄는 청소년 게임제공업 등을 영위하고자 하는 자가 등록의무를 이행하지 아니하였다는 것만으로 구성요건이 실현되는 것은 아니고, 나아가 영업을 하였다는 요건까지 충족되어야 비로소 구성요건이 실현되는 것이다.
2. 게임산업 진흥에 관한 법률 제26조 제2항에서 '청소년 게임제공업 등을 영위하고자 하는 자'란 청소년 게임제공업 등을 영위함으로 인한 권리의무의 귀속주체가 되는 자(이하 '영업자'라고 한다)를 의미하므로, 영업활동에 지배적으로 관여하지 아니한 채 단순히 영업자의 직원으로 일하거나 영업을 위하여 보조한 경우, 또는 영업자에게 영업장소 등을 임대하고 사용대가를 받은 경우 등에는 같은 법 제45조 위반에 대한 본질적인 기여를 통한 기능적 행위지배를 인정하기 어려워, 이들을 방조범으로 처벌할 수 있는지는 별론으로 하고 공동정범으로 처벌할 수는 없다.
3. 피고인이 甲, 乙의 부탁으로 자신이 운영하는 가게 옆에 크레인 게임기(일명 인형뽑기)들을 설치할 장소와 이용할 전력을 제공하고 대가를 받음으로써 이들과 공모하여 무등록 청소년 게임제공업을 영위하였다는 내용으로 기소된 사안에서, 원심이 게임산업 진흥에 관한 법률

제45조 제2호 위반죄를 진정부작위범으로 본 데에는 법리오해의 잘못이 있지만, 게임기들을 설치할 장소와 전력을 제공하고 대가를 받은 피고인은 영업상 권리의무의 귀속주체가 될 수 없고, 위와 같은 행위만으로 피고인을 같은 법 제45조 위반죄의 공모공동정범으로 보기 어렵다고 판단하여 무죄를 인정한 결론은 정당하다.

게임산업 진흥에 관한 법률 위반 ②

(대법원 2010.6.24, 선고, 2010도3358, 판결)

1. 게임산업 진흥에 관한 법률은 게임물이 음반, 비디오물과 함께 '구음반·비디오물 및 게임물에 관한 법률'(2006.4.28, 법률 제7943호 영화 및 비디오물의 진흥에 관한 법률 부칙 제3조로 폐지)에 규정되어 게임물만의 고유한 특성이 반영되지 못한 데 대하여 게임물에 관한 독자적인 법체계를 정비하려는 목적으로 입법되었고, 그 입법과정에서 게임물에 관한 기본적인 규제체제가 게임산업 진흥에 관한 법률에서도 그대로 유지된 점, 구음반·비디오물 및 게임물에 관한 법률의 게임물의 정의에서 '기기'는 영상물의 이용을 주된 목적으로 제작된 것에 한정되지 않음은 문언상 명백한 점, 게임산업 진흥에 관한 법률은 이와 같은 게임물에 관한 정의규정을 이어받아 구음반·비디오물 및 게임물에 관한 법률상의 '영상물 및 기기'를 '영상물 또는 그 영상물의 이용을 주된 목적으로 제작된 기기 및 장치'로 구체화한 것으로 볼 수 있는 점, 게임산업 진흥에 관한 법률조항을 전체적·종합적으로 살펴보더라도 구음반·비디오물 및 게임물에 관한 법률을 대체한 이 법이 종전에 구음반·비디오물 및 게임물에 관한 법률을 대체한 이 법이 종전에 구음반·비디오물 및 게임물에 관한 법률하에서 게임물의 범주에 포섭되었던 것을 게임물에서 제외하는 등으로 게임물의 범위를 축소하였다고 볼 만한 사정은 없는 점 등에 비추어 보면, 게임산업 진흥에 관한 법률 제2조 제1호 본문의 '그 영상물의 이용을 주된 목적으로 제작된 기기 및 장치'는 '그 영상물의 이용을 주된 목적으로 제작된 기기'와 '장치'를 의미하는 것으로, 당해 장치가 영상물의 이용을 주된 목적으로 제작되지 않았더라도 컴퓨터프로그램 등 정보처리 기술이나 기계장

치를 이용하여 오락할 수 있게 하거나 이에 부수하여 여가선용, 학습 및 운동효과 등을 높일 수 있도록 제작된 것이라면 같은 법 제2조 제1호의 '게임물'에 해당하는 것으로 해석하여야 한다.
2. 영상물의 이용을 주된 목적으로 제작되지 않은 '크레인 게임기'(일명 인형뽑기)를 게임산업 진흥에 관한 법률 제2조 제1호의 게임물에 해당한다고 본 원심판단을 수긍한다.
3. 게임산업 진흥에 관한 법률 제2조 제6호의 2 (가)목은 청소년 게임제공업을 '제21조의 규정에 따라 등급분류된 게임물 중 전체이용가 게임물을 설치하여 공중의 이용에 제공하는 영업'으로 정의한 다음, 제26조 제2항은 청소년 게임제공업을 영위하고자 하는 자로 하여금 문화체육관광부령이 정하는 시설을 갖추어 시장·군수·구청장 등 관할관청에 등록하도록 하면서, 이에 위반하여 등록하지 아니하고 영업한 자를 제45조 제2호에 의하여 처벌하고 있다. 이와 같은 법률조항의 문언 및 체계에 비추어 보면, 등급분류를 받지 아니한 게임물을 공중의 이용에 제공하는 것은 위 법 제2조 제6호의 2 (가)목에 규정된 청소년 게임제공업에 해당하지 않으므로, 그러한 영업을 관할관청에 등록하지 않고 하였다고 하더라도 이를 제45조 제2호, 제26조 제2항에 의하여 처벌할 수는 없다.
4. 이 사건 공소사실만으로는 이 사건 크레인 게임기가 등급분류를 받았는지 여부를 확인할 수 없으므로, 원심으로서는 앞서 본 법리에 비추어 이 사건 크레인 게임기가 등급분류를 받았는지 여부를 먼저 심리·판단하였어야 할 것인데, 이를 하지 아니한 채 관할관청에 등록하지 않고 공중의 이용에 제공하는 영업을 한 행위가 게임산업법 위반죄가 성립한다고 단정하였는바, 위와 같은 원심의 판단에는 게임산업법에 관한 법리를 오해한 위법이 있고, 이는 판결결과에 영향을 미쳤음이 분명하다.

게임산업 진흥에 관한 법률위반 ③

(대법원 2010. 2. 25, 선고, 2009도12117, 판결)

1. 2007. 1. 19. 법률 제8247호로 개정된 게임산업 진흥에 관한 법률

(이하 '게임산업법'이라 한다)은 그 적용대상이 되는 게임물을 컴퓨터 프로그램 등 정보처리기술이나 기계장치를 이용하여 오락할 수 있게 하거나 이에 부수하여 여가선용, 학습 및 운동효과 등을 높일 수 있도록 제작된 영상물 또는 그 영상물의 이용을 주된 목적으로 제작된 기기 및 장치라고 규정하면서 개정 전의 구게임산업법(2007. 1. 19, 법률 제8247호로 개정되기 전의 것)과는 달리 '사행성게임물'을 게임물에서 제외하였고(제2조 제1호 가목), 베팅이나 배당을 내용으로 하는 게임물, 우연적인 방법으로 결과가 결정되는 게임물, '한국마사회법'에서 규율하는 경마와 이를 모사한 게임물, '경륜·경정법'에서 규율하는 경륜·경정과 이를 모사한 게임물, '관광진흥법'에서 규율하는 카지노와 이를 모사한 게임물, 그 밖에 대통령령이 정하는 게임물로서, 그 결과에 따라 재산상 이익 또는 손실을 주는 것을 사행성게임물로 정의하고 있다(제2조 제1의 2호). 그러므로 게임산업법의 적용대상이 되는 게임물에서 제외되는 '사행성게임물'이라 함은 게임의 진행이 게임산업법 제2조 제1의 2호에서 제한적으로 열거한 내용 또는 방법에 의하여 이루어져야 할 뿐만 아니라, 게임의 결과에 따라 게임기기 또는 장치에 설치된 지급장치를 통하여 게임이용자에게 직접 금전이나 경품 등의 재산상 이익을 제공하거나 손실을 입도록 만들어진 게임기기 또는 장치를 의미한다.

한편, 게임산업법 제28조는 "게임물 관련사업자는 다음 각 호의 사항을 지켜야 한다"고 하면서, 제2호에서는 "게임물을 이용하여 도박 그 밖의 사행행위를 하게 하거나 이를 하도록 내버려두지 아니할 것"이라고 규정하고, 제3호로 "경품 등을 제공하여 사행성을 조장하지 아니할 것"을 규정하고 있으며, 게임산업법 제44조 제1항 제1호는 위 제28조 제2호를 위반한 자를 처벌하고, 게임산업법 제44조 제1항 제1의 2호는 위 제28조 제3호를 위반한 자를 처벌하도록 규정하고 있으므로 게임산업법 제44조 제1항 제1호 또는 같은 항 제1의 2호에 의하여 처벌대상이 되는 자는 '게임물 관련사업자'이어야 한다. 그런데 게임산업법 제2조 제9호는 '게임물 관련사업자'를 '제4호 내지 제8호의 영업을 하는 자'로 정의하였는데, 같은 조 제6호는 '게임제공업'을 '공중이 게임물을 이용할 수 있도록 이를 제공하는 영업'으로 규정하고 있다.

이러한 '게임물 관련사업자' 및 '게임물제공업'에 관한 게임산업법의 제 규정들과 앞서 본 바와 같이 사행성게임물은 게임물에서 제외된다는 점을 종합하여 보면, 게임물에 해당하지 않는 사행성게임물을 공중의 이용에 제공하는 영업은 게임산업법 제2조 제6호의 '게임제공업'에 해당하지 아니하므로 이러한 영업을 하는 자는 같은 조 제9호 소정의 '게임물 관련사업자'가 아니라고 할 것이며, 나아가 게임산업법 제28조 제2호에서의 '게임물'이라 함은 게임산업법 제2조 제1호 소정의 '게임물'을 의미한다.

따라서 사행성게임물을 이용하여 손님들로 하여금 사행행위를 하게 하거나, 사행성게임물을 이용하는 손님들에게 게임의 결과에 따라 경품 등을 제공하였다고 하더라도 이를 게임산업법 제44조 제1항 제1호, 제28조 제2호 또는 게임산업법 제44조 제1항 제1의 2호, 제28조 제3호에 의하여 처벌할 수는 없다(대법원 2010. 1. 28, 선고, 2009도12650, 판결 등 참조).

2. 원심판결 이유와 기록에 의하면, 이 사건 "오션 파라다이스" 게임물(이하 '이 사건 게임물'이라 한다)은 베팅해서 우연적인 방법으로 결과(점수)가 결정되고 누적된 점수에 따라 상품권이 게임기로부터 배출되는 것처럼 보이므로 사행성게임물에 해당한다고 볼 여지가 충분한 바, 원심이 이 사건 게임물이 사행성게임물이 아닌 게임물이라는 점에 관하여 명확히 하지 아니한 채, 피고인이 이 사건 게임결과에 따라 경품 등을 제공하여 사행성을 조장하였다는 공소사실에 대하여도 게임산업법 위반죄가 성립한다고 판단한 것은 게임산업법에 관한 법리를 오해한 위법이 있고 이는 판결결과에 영향을 미쳤다고 할 것이므로, 이 부분 원심판결은 그대로 유지될 수 없다.

3. 그러므로 원심판결 중 경품제공 사행성 조장으로 인한 게임산업법 위반부분은 파기되어야 할 것인바, 그와 실체적 경합관계에 있어 하나의 형이 선고된 나머지 게임산업법 위반부분도 함께 파기될 수밖에 없으므로 원심판결을 전부 파기하고, 사건을 다시 심리·판단하게 하기 위하여 원심법원에 환송하기로 판결한다.

게임산업 진흥에 관한 법률 위반 ④
(대법원 2010. 1. 28, 선고, 2009도13078, 판결)

1. 무허가 일반게임제공업 부분에 대하여 게임산업 진흥에 관한 법률(이하 '게임산업법'이라 한다)은 제2조 제6호의 2 (나)목에서 일반게임제공업을 "제21조의 규정에 따라 등급분류된 게임물 중 청소년 이용불가 게임물과 전체이용가 게임물을 설치하여 공중의 이용에 제공하는 영업"으로 정의한 다음, 제26조 제1항에서 일반게임제공업을 영위하고자 하는 자로 하여금 관할관청의 허가를 받도록 하면서, 이에 위반하여 허가받지 아니하고 영업한 자를 제45조 제2호에 의하여 처벌하고 있다. 이와 같은 위 법률조항의 문언 및 체계와 아울러 형벌법규의 해석은 엄격하여야 하고 명문규정의 의미를 피고인에게 불리한 방향으로 확장해석하거나 유추해석하는 것은 허용되지 않는 점에 비추어 보면, 등급분류를 받지 아니한 게임물을 공중의 이용에 제공하는 것은 게임산업법 제2조 제6호의 2 (나)목에 규정된 일반게임제공업에 해당하지 않으므로, 그러한 영업을 관할관청의 허가 없이 하였다고 하더라도 이를 게임산업법 제45조 제2호, 제26조 제1항에 의하여 처벌할 수는 없다(대법원 2009. 8. 20, 선고, 2009도4590, 판결 참조).

그런데 이 사건 공소사실 중 무허가 일반게임제공업 부분은, 피고인이 허가 없이 등급분류를 받지 아니한 게임물을 공중의 이용에 제공하는 영업을 하였다는 것이고, 이를 앞서 본 법리에 비추어 살펴보면, 피고인의 위와 같은 행위는 게임산업법 제45조 제2호, 제26조 제1항에 정한 죄를 구성하지 않는다 할 것이다.

그럼에도 원심은 이 부분 공소사실을 유죄로 판단한 제1심판결을 그대로 유지하였는바, 이러한 원심의 판단에는 관련법령에 관한 법리를 오해한 위법이 있고, 이는 판결결과에 영향을 미쳤음이 분명하다.

2. 게임물 이용 사행행위 제공부분에 대하여 게임산업법 제2조 제1호는 게임물을 컴퓨터프로그램 등 정보처리 기술이나 기계장치를 이용하여 오락을 할 수 있게 하거나 이에 부수하여 여가선용, 학습 및 운동효과 등을 높일 수 있도록 제작된 영상물 또는 그 영상물의 이용을 주된 목적으로 제작된 기기 및 장치라고 정의하면서 다만 사행성 게임물

에 해당하는 경우에는 이를 게임물에서 제외하였으므로, 게임산업법 제28조 제2호가 규정하고 있는 '게임물을 이용하여 도박 그 밖의 사행행위를 하게 하거나 이를 하도록 내버려두지 아니할 것'의 취지는 사행성 게임물이 아닌 게임물을 이용하여 사행행위를 조장하는 것을 금지하는 것이라고 할 것이다. 그러므로 게임산업법 제28조 제2호가 적용되려면, 제공된 게임물이 사행성 게임물이 아니라는 사실이 우선 인정되어야 할 것이다.

그런데 원심판결 이유에 의하면 원심은, 이 사건 게임물이 사행성 게임물에 해당하지 않는다는 점을 확인하지도 아니한 채 이 사건 게임물을 이용하여 사행행위를 제공하였다는 이유로 이 부분 공소사실을 유죄로 판단한 제1심판결을 그대로 유지하였는바, 이러한 원심의 판단에는 관련법령에 관한 법리를 오해한 위법이 있고, 이는 판결결과에 영향을 미쳤음이 분명하다.

3. 결론

그러므로 원심판결 중 무허가 일반게임제공업 부분 및 게임물 이용 사행행위 제공부분은 파기되어야 할 것인데, 이 부분은 원심이 유죄로 인정한 나머지 부분과 형법 제37조 전단의 경합범 관계에 있어 하나의 형이 선고되었으므로 원심판결을 전부 파기하고, 사건을 다시 심리·판단하게 하기 위하여 원심법원에 환송하기로 판결한다.

게임산업 진흥에 관한 법률 위반·도박개장·공무집행방해·상해

(대법원 2008. 10. 23, 선고, 2008도3970, 판결)

1. 형법 제247조의 도박개장죄는 영리의 목적으로 스스로 주재자가 되어 그 지배하에 도박장소를 개설함으로써 성립하는 것으로서 도박죄와는 별개의 독립된 범죄이고, '도박'이라 함은 참여한 당사자가 재물을 걸고 우연한 승부에 의하여 재물의 득실을 다투는 것을 의미하며, '영리의 목적'이란 도박개장의 대가로 불법한 재산상의 이익을 얻으려는 의사를 의미하는 것으로, 반드시 도박개장의 직접적 대가가 아니라 도박개장을 통하여 간접적으로 얻게 될 이익을 위한 경우에도 영리의 목적이 인정되고, 또한 현실적으로 그 이익을 얻었을 것을 요하지는

않는다(대법원 2002. 4. 12, 선고, 2001도5802, 판결 등 참조).

위와 같은 법리 및 기록에 비추어 살펴보면, 원심이, 적법하게 채용한 증거들에 의하여 그 판시와 같은 사실들을 각 인정한 다음, 피고인이 창원시 팔용동 (지번 생략) 소재 이 사건 (상호 생략) 성인PC방에서 그곳을 찾은 손님들을 상대로 카운터에 설치된 컴퓨터장치를 이용하여 도박에 사용되는 손님 아이디로 현금을 충전해주고, 현금을 충전받은 손님들이 이를 이용해 게임머니를 구입하여 '아마존' 도박게임을 이용하게 하고, 게임종료 후 남은 게임머니를 환전 사이트에서 환전을 받게 하며, 손님들이 게임머니를 구입한 금액의 5%를 수수료 명목으로 지급받아 이익을 취한 행위를 도박개장죄로 인정한 것은 정당하여 수긍할 수 있고, 거기에 상고이유로 주장하는 바와 같은 채증법칙 위배로 인한 사실오인이나 도박개장죄에 관한 법리오해 등의 위법이 있다고 할 수 없다.

2. 게임산업법의 입법목적이나 위 규정들의 취지 및 내용 등에 비추어 볼 때, 게임산업법 제21조 제1항 단서에서 인정하고 있는 예외사유에 해당하지 않는 한 게임물을 유통 또는 이용에 제공하기 위하여서는 반드시 게임산업법에 따른 등급분류를 받아야 할 것이고, 이는 해당 게임물의 서버가 국내에 있는지 해외에 있는지 여부에 따라 달리 볼 것이 아니다.

게임산업법 제21조에 의하여 게임물등급위원회가 등급분류를 함에 있어 그 구체적인 절차와 기준 등에 관하여 정하고 있는 게임물등급위원회의 구(舊) 등급분류심의규정(2007. 12. 26, 개정되기 전의 것. 이하 같다) 제3조 제2항 제3호에서 게임물등급위원회의 심의대상이 되는 게임물에 관하여 '국내서버로 한정'한다고 규정하고 있는 것은(2007. 12. 26, 개정된 현행 등급분류심의규정에서는 위와 같은 '국내서버로 한정'한다는 문구가 삭제되었다) 단지 해당 게임물의 서버가 국내서버가 아닌 경우에는 등급분류 심의대상에서 제외한다는 취지일 뿐이고, 따라서 해당 게임물의 서버가 국내서버가 아니어서 등급분류를 받지 못하는 경우 그 결과로서 해당 게임물을 유통 또는 이용에 제공할 수 없게 된다고 해석하여야 할 것이지, 위 구등급분류심의규정의 위 문구를 근거로 해당 게임물의 서버가 국내서버가 아닌 경우에는 등급분류를 받지 아니한 채로 해당 게임물을 유통 또는 이용에 제공할 수 있다고 해석할 수는 없는 것이다(관할 행정관청의 내부규정에 불과한 구등급분류심의규정에, 게임산업법이 정하고 있는 '등급분류를 받아야 유통 또는 이용에 제공할 수 있는 게임물의 범위'를 임의로 축소하여 '해외에 서버가 위치한 게임물'에 대하여는 등급분류를 받지 아니한 채 이를 유통 또는 이용에 제공할 수 있도록 허용하는 규정을 둘 수는 없다). 같은 취지에서 피고인의 이 사건 각 등급분류를 하지 아니한 게임물을 이용에 제공한 점(게임산업법 제44조 제1항 제2호, 제32조 제1항 제1호 위반의 점)에 대하여 유죄를 인정한 원심판결은 정당하여 수긍할 수 있고, 거기에 상고이유로 주장하는 바와 같은 채증법칙 위배로 인한 사실오인이나 게임산업법상 등급분류를 하지 아니한 게임물 이용제공에 관한 법리오해 등의 위법이 있다고 할 수 없다.

3. 원심은, 적법하게 채용한 증거들에 의하여 그 판시와 같은 사실들을 각 인정하고, 그 인정 사실들을 종합하면, 2007년 7월 19일 피고인이 운영하던 창원시 팔용동 (지번 생략) 소재 (상호 생략) 성인PC방에서, 경찰관 공소 외 1, 2는 피고인이 위 장소에서 도박게임이 설치된 컴퓨터를 이용하여 위 성인PC방을 운영하면서 도박개장 및 게임산업법 위반행위를 하는 것을 확인한 후, 위 성인PC방 운영현장을 캠코더로 촬영하고 위 성인PC방 내에 설치되어 있던 컴퓨터를 압수한 것이므로, 위 경찰관들의 위와 같은 행위는 적법한 공무집행이고, 위 경찰관들의 위 압수·수색절차가 적법절차나 비례의 원칙에 위배되었다고 보이지도 아니한다.

복권 및 복권기금법(당첨금지급)

(서울중앙지법 2008. 4. 24, 선고, 2006가합93996, 판결 : 항소)

1. 즉석식 복권은 복권 구매자가 구입 즉시 당첨 여부를 확인할 수 있는 복권이지만, 구매 즉시 당첨 여부를 확인할 수 있다는 것은 복권 발행업자가 발행을 의도한 진정한 복권을 전제로 한 것으로서, 통상의 복권의 경우에서 보듯이 제3의 기관에서 복권당첨번호를 추첨하는 등의 부가적인 절차를 거칠 필요 없이 복권을 구매한 당사자가 직접 원

하는 시간에 그 당첨 여부를 확인해 볼 수 있다는 의미일 뿐 그 즉시 최종적인 당첨 여부를 확인하여 확정적인 당첨금지급청구권이 발생한다는 의미는 아니다. 즉석식 복권은 복권 구매자가 당첨 여부를 확인한 후 연합복권사업단에게 제시하면 연합복권사업단이 복권의 진위, 하자 여부, 당첨 복권의 당첨금 지급기준과의 일치 여부, 복권면에 인쇄된 검증번호와 연합복권사업단이 발행을 의도한 검증번호에 따른 내역의 일치 여부 등을 당첨금 세부지급 규정에 따라서 확인하여 최종적으로 당첨금 지급 여부가 결정된다. 따라서 인쇄상의 오류가 있는 즉석식 복권의 경우 비록 복권 구매자가 구입 즉시 당첨복권으로 인지하였더라도 복권 발행업자 또는 복권발행규정에 따른 판단권자의 판단을 거쳐 그 당첨이 결정되어야 당첨금이 지급될 수 있다.

2. 즉석식 복권 "스피또 2000"의 당첨금 10억 원의 지급을 청구한 사안에서, 위 복권은 인쇄상 오류로 잘못 발행된 것으로 연합복권사업단이 발행을 의도한 진정한 복권이 아니고, 복권면에 인쇄된 검증번호와 연합복권사업단 및 농협중앙회가 보유한 검증번호가 일치하지 않으므로 당첨금 지급기준에 미달하여 당첨금지급청구권이 없다.

〈참고〉 : 복권사업

(1) 복권사업은 다수의 구매자들로부터 금원을 출연받아 이를 바탕으로 수수료, 광고비, 복권발행비용 등의 복권유통비용을 공제한 수익금을 재원으로 하여 복권기금을 조성, 공공사업에 이용하여 국민의 복지증진을 도모하기 위한 사업으로서, 국가는 복권사업이 사행심을 조장하고 준조세적 성격을 가지며 도박행위에 대한 사회적 용인이라는 부작용이 있음에도 불구하고 특정 공공목적의 재원조달에 용이한 장점이 있어 이를 공공재원의 확보 등의 수단으로 영위해 오고 있다.

(2) 복권이라 함은 다수인으로부터 금전을 모아 추첨 등의 방법에 의하여 결정된 당첨자에게 당첨금을 지급하기 위하여 발행하는 표권으로서 추첨식인쇄복권, 즉석식인쇄복권, 추첨식전자복권, 즉석식전자복권, 온라인복권이 있고, 즉석식 복권은 당첨방식을 미리 정한 후에 복권면에 당첨방식 내역을 인쇄하여 복권의 최종구매자가 구입하는 즉시 당첨 여부를 확인할 수 있는 복권을 말한다.

(3) 복권사업과 관련하여 과거에는 건설교통부, 과학기술부, 문화관광

부 등 10개 기관 또는 수탁사업자가 개별 법률에 근거하여 각자 복권사업을 영위하여 왔으나, 복권사업을 통합하여 체계적으로 관리·운영할 필요에서 2004년 4월 1일 복권 및 복권기금법(이하 '복권법'이라 한다)이 시행됨에 따라 국무총리 소속하에 복권위원회가 설치되었고, 2006년 1월 5일자 제15차 복권위원회의 의결 및 위 10개 수탁기관간의 협약에 의하여 2006년 2월 23일 피고가 출범하여 복권발행 관련 업무는 피고가 수행하게 되었으며, 그동안 각 수탁기관별로 발행되던 체육복권, 관광복권, 기술복권 등 13종의 복권발행이 중단되고 '팝콘복권, 스피또 2000, 스피또 1000, 스피또 500'의 4종의 연합복권이 발행되게 되었다.

(4) 복권위원회는 피고의 복권발행으로 인한 수익금 등으로 조성되는 자금 등을 재원으로 하여 복권기금을 운영, 관리하고, 이러한 복권사업으로 인한 수익금 중 30%는 과학기술진흥기금, 국민체육진흥기금, 근로자복지진흥기금 등의 기금에 배분되며, 위 기금에 배분되는 수익금과 경비 등에 사용되는 복권기금을 제외한 나머지 복권기금은 임대주택의 건설 등 저소득층의 주거안정 지원사업, 국가유공자에 대한 복지사업, 저소득층·장애인 및 성폭력·가정폭력·성매매 피해여성, 불우청소년 등 소외계층에 대한 복지사업, 문화·예술진흥 및 문화유산 보존사업, 그 외 공익사업으로서 대통령령이 정하는 사업에 쓰이게 된다.

(5) 원고는 2006년 9월 22일 피고에게 이 사건 복권이 10억 원에 당첨되었음을 이유로 그 당첨금의 지급을 요청하였으나, 피고는 위 복권이 인쇄상 오류로 잘못 발행된 복권이라는 이유로 그 당첨금의 지급을 거절하였다. 이 사건 복권의 뒷면에는 "이 복권을 분실, 오염, 훼손하였을 경우에는 당첨금을 받을 수 없으며, 인쇄상 하자가 있는 복권은 다른 복권으로 교환하여 드립니다"라고 기재되어 있다.

(6) 이 사건 복권과 같이 인쇄상의 오류가 있는 복권의 경우에는 비록 복권 구매자가 복권 구매 즉시 당첨복권으로 인지하였더라도 복권 발행업자 또는 복권발행규정에 따른 판단권자의 판단을 거친 이후 그 당첨 여부 및 당첨금이 지급될 수 있다 할 것이며, 적은 자본으로 고액의 당첨금을 타게 되는 복권제도의 속성상 복권 구매자에게 이러한 정도의 제한을 부과한다고 하여 그러한 제한이 복권 구매자를 부당하게

처우하는 것이라고 할 수 없다(따라서 즉석식 복권의 당첨 결정 기준은 복권면에 인쇄된 당첨방식 내역이고 당첨방식을 충족한 당첨자에게는 당첨금을 무조건 지급하여야 한다는 원고의 주장은 받아들이지 아니한다).

사행행위 등 규제 및 처벌특례법 위반(예비적 죄명: 도박개장)

(광주지법 2008. 5. 22, 선고, 2008노519, 판결 : 확정)

낚시터 운영자가 지방경찰청장의 허가 없이 일정한 요금을 내고 입장한 손님들이 미리 번호표 등을 부착한 물고기를 낚으면 상품권을 교부한 사안에서, 이는 일종의 경품업에 해당하여 사행행위 등 규제 및 처벌특례법 위반죄가 성립한다.

〈참고〉 공소사실의 요지

피고인은 (지번 생략)에 있는 ' (상호 생략) 낚시터'를 운영하고 있는 자인 바, 지방경찰청장의 허가를 받지 아니한 채, 2007년 4월 초경부터 2007년 11월 15일경까지 위 '(상호 생략) 낚시터'에서 약 6백 평 규모의 수조에 총 2천여 마리의 물고기를 넣어 두고, 이 중 70마리의 등지느러미에는 100번부터 169번까지 번호표를, 4마리의 등지느러미에는 500번부터 503번까지 번호표를, 2마리의 등지느러미에는 1,000번부터 1,001번까지 번호표를, 1마리의 등지느러미에는 2,000번의 번호표를, 1마리의 등지느러미에는 '활주로'라고 적힌 글자표를 각 부착한 다음, 손님들로부터 기본 2시간당 1만 5천 원, 5시간 이용료 3만 원, 8시간 이용료 4만 5천 원의 요금을 받고 낚시를 하게 한 후, 손님들이 경쟁적으로 낚은 물고기에 부착된 위 표시에 따라 '활주로'라는 글자표가 부착된 물고기를 낚은 경우에는 30만 원 상당의 활주로랜드 상품권을, 2,000번의 번호표가 부착된 물고기를 낚은 경우에는 20만 원 상당의 활주로랜드 상품권을, 1,000번부터 1,001번까지의 번호표가 부착된 물고기를 낚은 경우에는 10만 원 상당의 활주로랜드 상품권을, 500번부터 503번까지 번호표가 부착된 물고기를 낚은 경우에는 5만 원 상당의 활주로랜드 상품권을, 100번부터 169번까지의 번호표가 부착된 물고기를 낚은 경우에는 2만 원 상당의 활주로랜드 상품권을 각 교부해

주고, 위 표들이 부착되지 아니한 물고기를 낚을 경우 1kg당 천 원씩 계산하여 그에 해당하는 활주로랜드 상품권을 지급하여 손님들로 하여금 피고인이 운영하는 낚시용품점 및 식당에서 위 상품권을 현금처럼 사용할 수 있게 하는 방법으로 영업을 하여 월 평균 약 150만 원 상당의 수입을 올리는 사행행위영업을 하였다.

사기 · 도박

(대법원 2011. 1. 13, 선고, 2010도9330, 판결)

1. 도박이란 2인 이상의 자가 상호간에 재물을 도(賭)하여 우연한 승패에 의하여 그 재물의 득실을 결정하는 것이므로, 이른바 사기도박과 같이 도박당사자의 일방이 사기의 수단으로써 승패의 수를 지배하는 경우에는 도박에서의 우연성이 결여되어 사기죄만 성립하고 도박죄는 성립하지 아니한다.
2. 사기죄는 편취의 의사로 기망행위를 개시한 때에 실행에 착수한 것으로 보아야 하므로, 사기도박에서도 사기적인 방법으로 도금을 편취하려고 하는 자가 상대방에게 도박에 참가할 것을 권유하는 등 기망행위를 개시한 때에 실행의 착수가 있는 것으로 보아야 한다.
3. 피고인 등이 사기도박에 필요한 준비를 갖추고 그러한 의도로 피해자들에게 도박에 참가하도록 권유한 때 또는 늦어도 그 정을 알지 못하는 피해자들이 도박에 참가한 때에는 이미 사기죄의 실행에 착수하였다고 할 것이므로, 피고인 등이 그 후에 사기도박을 숨기기 위하여 얼마간 정상적인 도박을 하였더라도 이는 사기죄의 실행행위에 포함되는 것이어서 피고인에 대하여는 피해자들에 대한 사기죄만이 성립하고 도박죄는 따로 성립하지 아니함에도, 이와 달리 피해자들에 대한 사기죄 외에 도박죄가 별도로 성립하는 것으로 판단하고 이를 유죄로 인정한 원심판결에 사기도박에서의 실행의 착수시기 등에 관한 법리오해의 위법이 있다.
4. 피고인 등이 피해자들을 유인하여 사기도박으로 도금을 편취한 행위는 사회관념상 1개의 행위로 평가하는 것이 타당하므로, 피해자들에 대한 각 사기죄는 상상적 경합의 관계에 있다고 보아야 함에도, 위 각

죄가 실체적 경합의 관계에 있는 것으로 보고 경합범 가중을 한 원심 판결에 사기죄의 죄수에 관한 법리오해의 위법이 있다.

도박(일시오락의 범위)

(서울형사지법 1993. 7. 8, 선고, 93노1220, 판결 : 상고기각)

친목회 모임에서 다른 회원을 기다리는 사이 각자 5천 원 내지 1만 5천 원의 판돈을 가지고 2점당 5백 원짜리 속칭 고스톱 화투놀이를 한 것은 일시오락의 정도에 불과하다.
(피고인들은 이 사건 당시 각 직업에 종사하면서 각 월 50~80만 원 정도의 수입을 얻고 있던 자들로서, 그 무렵 이 사건 고스톱을 한 장소인 서울 영등포구 당산동 근처에 직장을 가지고 있거나, 또는 그 부근에 살고 있어서 평소 동네 이웃으로 서로 잘 아는 사이인 바, 이 사건 고스톱을 하게 된 1992년 9월 14일에도 그날 직장일이 끝난 후 피고인들이 전부터 추진해 오던 친목회를 구성하기 위하여 같은 회원인 공소 외 ○○○이 경영하는 영등포구 당산동 1가 (지번 생략) 소재 위 (상호 생략)에 모였다가 아직 오지 않은 회원을 기다리는 사이에 다 끝난 후 딴 돈으로 술을 사 먹자고 합의가 되어 약 1시간 10분 정도 3~17회에 걸쳐 매 1회당 3점에 5백 원으로 하고, 매 2점이 올라갈 때마다 5백 원씩 추가되는 방법으로 고스톱을 하게 된 사실 및 당시 피고인들이 각 가지고 있던 돈을 개인별로 보면 각 5천 원 내지 1만 5천 원에 지나지 않았고 전체 판돈의 합계도 7만 원에 불과했던 사실이 인정된다. 그렇다면, 피고인들이 위 인정의 고스톱을 하게 된 경위나 그 시간, 장소, 판돈의 액수, 피고인들의 직업 및 수익 정도와 딴 돈의 용도를 고려할 때 피고인들의 위와 같은 행위는 일시오락의 정도에 불과하다 할 것임에도 원심이 이를 도박죄로 의율처단하였음은 도박죄의 법리를 오해하여 판결을 그르친 위법이 있다 할 것이고 따라서 이를 지적하는 피고인들의 항소논지는 이유 있다 할 것이다.)

▪ 참고문헌

(국내자료)

가. 단행본

고수미(역) (2004), 《빅콘게임》, 마고북스.
김교헌 외(역) (2009), 《충동조절장애》, 학지사.
김영선(역) (2006), 《도박》, 꿈엔들.
김윤수(역) (2003), 《호모 루덴스》, 까치.
김정운(2005), 《노는 만큼 성공한다》, 21세기북스.
김혜남(2008), 《서른 살이 심리학에게 묻다》, 갤리온.
노영란(역) (2008), 《쾌락의 역사》, 지식을 만드는 지식.
다산연구회(역주) (1965), 《역주 목민심서》, 창비.
성석제(1999), 《홀림》, 문학과지성사.
양형은(편역) (2004), 《라스베가스 이야기》, 한올출판사.
유승훈(2006), 《다산과 연암, 노름에 빠지다》, 살림출판사.
이규승(1999), 《한국의 도박사들》, 서음출판사.
이정균 외(2003), 《정신의학》, 일조각.
전경수 · 이덕순(2004), 《여가관광론》, 원광대 출판국.
정찬모 · 이원태 · 유지연 · 황지연 · 권헌영 · 이현수(2007), 《온라인도박의 규제》, 정보통신정책연구원.
표정옥(2009), 《놀이와 축제의 신화성》, 서강대 출판부.
황현탁(2010), 《도박의 사회학》, 나남.

나. 기타자료

강명관(2009), "투전놀음에 날 새는 줄 몰랐다," 《조선의 뒷골목풍경》, 푸른역사.
강원대 사회과학연구소(2009), "한국사회의 도박 이용률과 이용실태 및 병적 도박 유병률 — 도박종류를 중심으로," 〈건강 6호〉, 한국심리학회.
강원대 산학협력단(2008), 〈합법적 도박이 도박참여자에게 미치는 영향〉, 사행산업통합감독위원회.
강용식(2010), "합법사행산업 키워야 불법 줄어," 〈조선일보〉, 2010. 3. 9.

국회문화체육관광방송통신위원회 국민체육진흥법 개정법률안 수석전문위원 검토 보고서, 2011.

권병휘(2006), "도박의 폐해," 〈사목〉, 한국천주교중앙협의회.

김교헌 · 성한기 · 이민규 외(2004), "도박성 게임 이용자의 심리사회적 특성과 문제성 및 병적 도박의 예측요인," 〈건강〉, 한국심리학회.

김도우 · 박경래 · 이창무(2012), "불법사행산업의 실태 및 대응전략에 관한 연구," 〈한국공안행정학회보〉 제 46호.

김영진(2004), "쌍륙의 역사와 놀이방법," 〈생활문화연구〉 제 13호, 국립민속박물관.

김형훈(2007), "풍속사범의 개념에 관한 연구," 〈경찰학연구〉 제 7권 제 1호, 경찰대학.

대검찰청(2009~2011), 《검찰연감 2009~2011》, 대검찰청.

말레이시아 현황, 주말레이시아 한국대사관 자료(http://mys.mofat.go.kr).

박미숙 · 이영진 · 이훈(2010), "사행성 의미를 통한 갬블링 여가활동의 재해석: 놀이와 도박의 개념적 접근," 〈관광학연구〉 제 34권, 한국관광학회.

박성호(2012), "온라인게임의 장르별 이해," 서울인터넷 및 온라인게임산업 국제심포지엄 자료, 게임문화재단.

박연희(1948), "도박"(콩트), 〈백민〉 9호, 백민문화사.

백용매(2012), "도박문제관리센터 설립방향 및 모델제시," 사행산업통합감독위원회 주최 도박중독 예방 · 치유 · 재활시스템 체계마련을 위한 세미나 발표문.

법원행정처(2009~2011), 《사법연보 2009~2011》, 법원행정처.

〈서울신문〉(2010. 1. 11), "불법사행성게임 기소자 대폭 증가."

신성만(2012), "도박중독예방 및 치유서비스의 접근성 및 전문성 제고방안," 도박중독예방 · 치유 · 재활시스템 체계 마련을 위한 세미나 발표문, 사행산업통합감독위원회.

싱가포르 현황, 주싱가포르 한국대사관 자료(http://sgp.mofat.go.kr).

아주대 산학협력단(2008), 〈불법도박의 실태조사 및 대책연구〉, 사행산업통합감독위원회.

연합뉴스(2010. 1. 10), "리니지 게임머니 무죄."

______(2012. 10. 1), "불법도박사이트 적발건수."

오용수(2005), "한국 카지노산업 발전을 위한 정책적 접근방안 연구," 경원대 박사학위논문.

유승훈(2006), “투전에서 화투까지 전통카드놀이 변천사,” 〈문화와 나〉 가을호, 삼성문화재단.
〈이데일리〉(2009. 12. 29), “한 · 홍콩 합작투자 캄보디아 카지노 Naga World 폐쇄.”
이선향(2011), “한국사행산업 정책의 변화과정과 정치적 함의,” 〈동향과 전망〉 2011년 봄호, 한국사회과학연구회.
이성욱(1995), “고스톱의 사회학,” 〈시사저널〉 307호, 시사저널.
이인혜(2004), “카지노게임 선호유형, 성별 도박 심각성과 심리적 특성 간의 관계 — 비합리적 도박신념과 충동성을 중심으로,” 〈건강〉, 한국심리학회.
이호용(2008), “사행행위의 개념과 규제범위 연구,” 〈경찰학논총〉 제3권 제2호, 원광대학교.
이흥표(2003), “도박의 동기,” 〈건강〉 V. 8, 한국심리학회.
______(2009. 6), “도박이용률 실태조사,” 〈건강〉, 한국심리학회.
〈조선일보〉(2011. 5. 9, A2). “싱가포르 총선.”
______(2012. 7. 8), “강원랜드 큰손들 필리핀으로.”
______(2012. 9. 18 인터넷판), “일 파친코 왕, 영종도에 1조 투자제안.”
〈중앙일보〉(2012. 6. 22), “안정환 월드컵경기 조작관련 인터뷰.”
한국문화관광연구원(2009), 《2008 여가백서》, 한국문화관광연구원.
한국카지노업관광협회(2008), 〈내국인의 해외카지노 이용실태 조사보고서〉.
한영옥(2012), “도박문제관리센터의 중 · 장기 발전방안 검토,” 도박중독예방 · 치유 · 재활시스템 체계마련을 위한 세미나 토론문, 사행산업통합감독위원회.
호남대학교(2009), 〈카지노 관련 이미지 조사연구〉, 한국카지노업관광협회.

다. 인터넷

국립중앙도서관 디지털자료(http://www.dibrary.net).
국민체육진흥법 개정법률안 관련 자료(http://www.assembly.go.kr).
대한의학회 건강교육자료(도박중독) (http://www.kams.or.kr).
도박중독의 사회경제적 비용(http://www.ngcc.go.kr).
디가 니카야(Digha Nikaya) (http://blog.daum.net).
사행산업통계정보(http://static.ngcc.go.kr).
정민(한양대) 블로그(종정도놀이) (http://www.kams.or.kr).

청소년들의 불법 스포츠토토 베팅(http://news.khan.co.kr).
큰손 훈남 블로그(내기시 인용)(http://blog.daum.net).

(외국자료)

가. 단행본

김찬근(1926), 《조선도박요람》, 동경.
郭雙林 외(1996), 《중국도박사》, 문진출판사(타이완).
宮武外骨(1924), 《賭博史》, 牛狂堂.
尾佐竹猛(1934), 《掏模賭博》, 犯罪科學書刊行會.
中村義正(1937), 《賭博》, 東京.
佐々木一彰(2011), 《ゲーミング産業の成長と社會的正当性 — カジノ企業を中心に》, 税務経理協會.
檜壇立哉(2008), 《賭博/偶然の哲學》, 河出書房新社.
三浦展(2007), 《富裕層の財布》, 프레지던트사.
吉越浩一郎(2008), 《殘業ゼロの仕事力》, 일본능률협회매니지먼트센터.
若宮 健(2010), 《なぜ韓國は、パチンコを全廢できたのか》, 祥伝社.
______(2011), 《カジノ解禁が日本を亡ぼす》, 祥伝社.
大川潤・佐伯英隆(2011), 《カジノの文化誌》, 中央公論新社.
Ashton, John(1895), *The History of Gambling in England*, Harvard College Library(2003 복제).
Bourie, Steve(2009), *2010 American Casino Guide*, Casino Vacation Press.
Cabot, Anthony N., Miller, Keith C.(2011), *The Law of Gambling and Regulated Gaming — Cases and Materials*, Carolina Academic Press.
Champion, Jr., Walter T. and Rose, I. Nelson(2012), *Gaming Law*, West.
Des Chenes, Elizabeth(2011), "Opposing Viewpoints," *Gambling*, Greenhaven Press.
Doak, Melissa J.(2009), *Gambling*, GALE.
Ferrari, Michelle and Ives, Stephen(2005), *Las Vegas*, Bulfinch Press.
Galston, William(2009), "The Memory of Sin," *Gambling*, Baylor University Press.
Gollehon, John(2012), *What Casinos don't Want You to Know*, Cardoza

Publishing.
Grinols, Earl L. (2004), *Gambling in America-Costs and Benefits*, Cambridge University Press.
Lim Goh Tong (2008), *My Story Lim Goh Tong*, Pelanduk Publications.
Linden, David J. (2011), *The Compass of Pleasure*, Viking: Penguin Group.
McMillen, Jan (1996), *Gambling Culture*, Routledge.
Paldan, Martin (2008), "Political Economy of Regulating Gambling," *Gaming in the New Market Environment*, Palgrave Macmillan.
Paher, Stanley W. (1971), *Las Vegas, As it began-as it grew*, Nevada Publications.
Reith, Gerda (2000), *The Age of Chance; Gambling in Western Society*, Routledge.
______ (2003), *Gambling*, Prometheus Books.
Packel, Edward (2006), *Mathematics of Games and Gambling*, The Mathematical Association of America.
Shaffer, Howard et al. (2012), *Change Your Gambling, Change Your Life*, Havard Health Publication, JOSSY-BASS.
Walker, Douglas M. (2007), *The Economics of Casino Gambling*, Springer Verlag.
Wolfe, Alan (2009), "The Culture War Issue That Never Was," *Gambling*, Baylor University Press.

나. 기타자료

〈아사히신문〉 (2011. 6. 3), "전설적 노름꾼 네즈미 고조우."
〈산케이신문〉 (2011. 6. 17), "지진피해 부흥재원 마련 위해 카지노 도입."
백기준 (2009), "Gambling Motivation, Passion, and Emotion: Recreational vs Pathological Gamblers," 강원랜드 주최 도박중독의 예방과 치유를 위한 국제컨퍼런스 발표문.
Australian and New Zealand Journal of Public Health, Volume 36, Issue 2 (April 2012).
Bauerkemper, Jerry (2012), "Moving Toward Best Practices: Reviewing the Implications of the Latest Gambling Research and Innovative Programming" (http://888betsoff.org).

Department of Justice (1977), "The Development of The Law of Gambling 1776-1976," DoJ.

Genting Press Release, 2011. 4. 15.

Hagar, Ray, "Is smoking ban in casinos inevitable" (http://www.rgj.com)?

James, David (2010), "Is Online Sports Betting Legal in the US?" PokerStar.com

Rose, I. Nelson, "A Present from the DoJ: Internet Lotteries (and Poker?) Are Legal"; "Barney Frank Bill to Delay UIGEA Regulation Up to 13 Co-Sponsors"; "Betting on New Jersey"; "But-Is It Gambling?"; "California Breakthrough"; "California's Internet Poker Bill"; "Can Corporate Banishment Save Las Vegas Sands?"; "Compulsive Gambler Just Can't Win"; "D. C. Proposes Rules for Internet Non-Gambling"; "Death Penalty for Underachieving"; "How We Got Here & Where We're Going"; "Internet Gambling Returning to the U. S."; "Land-based to Online"; "Kentucky Sues to Recover Poker Losses"; "The New UIGEA Regulations: Opportunities for Operators"; "Only The Difference Between Winning And Losing"; "Politics and Gaming"; "Seeking a Dangerous Precedent"; "The Fourth Wave"; "The Growing Third Wave of Legal Gambling"; "The Impact of the Great Recession"; "The Politics Behind the Internet Gambling Bills"; "Prohibition Is Not Regulation"; "The Reid-Kyl Letter on Internet Gambling"; "The U. S. Justice Department Opinion on Internet Gaming: What's at Stake for Tribes"; "Tribes and the New Internet Gambling"; "Unlawful Internet Gambling Enforcement Act Analysis"; "U. S. Casinos Bring Lawsuits to Macau"; "Voting For and Against Gambling"; "What Happens in Vegas … Is Reported to the IRS" 등 저자에게 송부한 자료.

Walker, Douglas M., Jackson, John D. (2008), "Do Casinos Cause Economic Growth?" *Perspectives on Gambling*, Wiley Blackwell.

Williams, Robert (2009), "Prevention of Problem Gambling: A comprehensive review of the evidence & recommended best practices," 강원랜드 주최 도박중독의 예방과 치유를 위한 국제컨퍼런스 발표문.

Zinkil, Randy (2009), "Casino Marketing," 카지노아카데미 강의자료, University of Nevada, Las Vegas, 한국카지노업관광협회.

Business Times(싱가포르, 2011. 4. 12), "마리나베이, 도박 빚 소송." "카지노 도입시 심사숙고."
L.A. Times(2009. 3. 25), "뉴저지주 도박가능 연령 21세에서 18세로 개정."
Las Vegas Sun(2011. 5. 4), "인터넷 게임시장 규모."
The Straits Times(2011. 4. 12, A5), "카지노 도입의 부작용."
______(2011. 4. 13), "카지노 도입 당시 정책결정과정, 리조트월드센토사 CEO."
The Australian(2010. 3. 18), "MGM MIRAGE, 보가타카지노 주식처분."

다. 인터넷

"Does Gad Plays Dice"(http://www. beliefnet. com)?
"Is Online Poker Legal"(http://www. playwinningpoker. com)?
MGM Casino(http://www. baltimoresun. com).
"Online Gambling"(http://en. wikipedia. org).
"Which Poker Rooms Accept US Poker Players"(http://www. casinator. com).
게임규제국제협회(http://www. iagr. org).
"게임산업 관련 문화체육관광부 자료"(http://www. mcst. go. kr).
게임종류별 하우스어드벤티지(http://gaming. unlv. edu).
"네바다주 게임매출액"(http://gaming. nv. gov).
"디트로이트 카지노 경제적 효과"(http://www. americangaming. org).
"단도박모임"(http://en. wikipedia. org).
"라스베이거스 카지노 수입구조"(http://gaming. unlv. edu).
"러시아 도박장규제"(http://worldcasinodirectory. com).
"말레이시아 싱가포르 관련 자료"(http://www. cra. gov. sg; http://statutes. agc. gov. sg; http://www. straitstimes. com; http://www. rwgenting. com; http://www. rwgenting. com).
"마카오 도박통계"(http://www. dicj. gov. mo).
"문제도박과 치료"(http://blog. ncrg. org).
"미국 20대 대도시 사행산업 허가현황"(http://gaming. univ. edu).
"미국게임시장통계"(http://gaming. unlv. edu).
"미국게임협회 게임규제개혁 백서"(http://www. americangaming. org).
"미국 내 합의에 의한 범죄"(http://www. halexandria. org).
"미국 도박여걸 Eleanore Dumont"(http://www. legendsofamerica. com).
"미국 법무성 스포츠베팅 자료"(http://www. justice. gov).

"미국 법제도"(http://en. wikipedia. org).
"미국 상업카지노 현황"(http://www. americangaming. org).
"미국 온라인도박"(http://www. mondaq. com).
"미국인들 소비지출"(http://www. americangaming. org).
"미국정신의학회 진단기준 개정"(http://www. dsm5. org).
"미주리주 카지노 뉴스"(http://casinonews. jp).
"벅시 시걸에 관한 자료"(http://gaming. unlv. edu).
"싱가포르 카지노규칙"(www. cra. gov. sg).
"싱가포르 카지노 출입금지자"(http://app. knowtheline. sg).
"싱가포르 병적 도박자"(http://app. knowtheline. sg).
"아시아 각국의 카지노업계 동향"(http://www. casinonews. co. jp).
"영국의 도박법"(http://www. legislation. gov. uk).
"영국의 도박광고"(http://www. asab. org. uk).
"영국의 도박산업"(http://www. gamblingcommission. gov. uk).
"영국도박위원회"(http://www. gamblingcommission. gov. uk).
"온라인도박 합법화시 효과"(http://www. americangaming. org).
"인디언카지노"(http://www. indiangaming. org; http://www. nigc. gov; http://www. indiangaming. org).
"일본 카지노업계 동향"(http://casinonews. jp; http://www. casinoshinbun. com).
"일본 파친코산업 현황"(http://ja. wikipedia. org).
"필리핀 카지노업계 동향"(http://news. yahoo. com).
"카지노뉴스"(http://www. azonlinecasinos. com; http://www. worldcasinodirectory. com).
"캐나다 마니토바주 게임자료(도박심리)"(http://www. getgamblingfacts. ca).
"캐나다 마니토바주 게임산업통계"(http://www. manitobalotteries. com).
"캐나다 마니토바주 게임 신기술"(http://www. mgcc. mb. ca).
"캐나다 마니토바주 게임통제위원회"(http://www. mgcc. mb. ca).
"캐나다 마니토바주 문제도박"(http://www. mgcc. mb. ca).
"타이완 카지노 건설추진"(http://news. yahoo. com).
"호주 도박의 비용편익분석"(http://www. pc. gov. au).
"호주 게임 관련 통계정보"(http://www. austgamingcouncil. org. au).
"호주 게임산업통계"(http://www. austgamingcouncil. org. au).
"호주뉴질랜드 게임평의회"(http://www. austgamingcouncil. org. au).

"호주 문제도박"(http://www.austgamingcouncil.org.au).
"호주 빅토리아주 도박자료"(www.justice.vic.gov.au).
"호주 빅토리아주 Crown Casino 자료"(http://www.austgamingcouncil.org.au; http://www.crownmelbourne.com.au).
"호주생산성위원회 이사장 발표문"(http://www.pc.gov.au).
"호주 수도특별주 문제도박 보고서"(http://www.austgamingcouncil.org.au).
"호주 연방정부 게임법 제정"(www.justice.vic.gov.au).
"호주 출입금지제도"(http://www.vcgr.vic.gov.au).
Rose, I. Nelson, Whittier Law School 교수 개인홈페이지(http:// gamblingandthelaw.com).
www.tremeritus.com(2012.3.9), "싱가포르 내국인 카지노 출입자 수."
www.WordPress.com(2012.2.26), "카지노 수입 중 싱가포르인의 기여비중, 입장횟수 제한."
www.ChannelNewsAsia.com(2012.2.23), "카지노 입장료 인상시 문제점."
______(2012.2.26), "카지노 통제법 개정 검토."
______(2012.7.7), "카지노 출입금지 대상자 수."
www.asiaone.com(2012.2.27), "싱가포르 카지노, 6만 개 일자리 창출."
www.calvinayre.com(2012.3.22), "정킷사업자 면허."

찾아보기

(용 어)

ㄱ ~ ㄴ

ㄷ ~ ㄹ

ㅅ ~ ㅇ

ㅋ ~ ㅌ

ㅍ ~ ㅎ

기 타

찾아보기

(인 명)

ㄱ ~ ㄴ

ㄷ ~ ㄹ

ㅁ ~ ㅂ

ㅅ ~ ㅇ

ㅈ ~ ㅊ

ㅋ ~ ㅌ

ㅍ ~ ㅎ

기 타